中原文化回望与前瞻

党的生活杂志社 编

中原出版传媒集团
大地传媒
大象出版社
·郑州·

图书在版编目（CIP）数据

中原文化：回望与前瞻/党的生活杂志社编.—郑州：大象出版社，2017. 5
ISBN 978-7-5347-9008-9

Ⅰ. ①中… Ⅱ. ①党… Ⅲ. ①中华文化—文集
Ⅳ. ①K203-53

中国版本图书馆 CIP 数据核字（2016）第 208842 号

中原文化：回望与前瞻

ZHONGYUAN WENHUA：HUIWANG YU QIANZHAN

党的生活杂志社　编

出版人　王刘纯
责任编辑　孙　波
责任校对　安德华　马　宁　裴红燕
封面设计　张　帆

出版发行　大象出版社（郑州市开元路 16 号　邮政编码 450044）
发行科　0371-63863551　总编室　0371-65597936
网　　址　www.daxiang.cn
印　　刷　河南瑞之光印刷股份有限公司
经　　销　各地新华书店经销
开　　本　787mm×1092mm　1/16
印　　张　26.25
字　　数　356 千字
版　　次　2017 年 5 月第 1 版　2017 年 5 月第 1 次印刷
定　　价　68.00 元

印厂地址　武陟县产业集聚区东区（詹店镇）泰安路与昌平路交叉口
邮政编码　454950　　　电话　0391-2527860

编委会

主　编：高金光

副主编：胡雪勤　李　陆

编　委：孙春青　王杨柳　陈　翔　韩　颖

侯　夷　付艳芳　李　皓　李　琪

顾　问：夏挽群　范文章

龙门石窟 高均海 摄影

少室山远眺　邵宝华　摄影

庆
祝

殷墟　张海林　摄影

嵩岳寺塔　　张海林　摄影

黄河流金　赵淮　摄影

观星台　赵亚洲　摄影

前 言

今天的中国正在从事前无古人、举世无双的事业，我们的国家从未像现在这样如此接近中华民族伟大复兴的梦想。经历着波澜壮阔的从农耕文明向现代工业文明转型时期的每一个中国人，都强烈地感知到这个历尽劫难、饱受欺凌之后重新崛起的民族的雄心和智慧。

国家的强大需要物质文明的支撑，还需要精神文明的支持，中国梦必然是物质实力与文化实力均衡发展、相互促进的结果。尤其是在当前，文化越来越成为我们民族凝聚力、创造力的重要源泉，越来越成为综合国力中的重要因素，越来越成为经济社会发展的重要动力，越来越成为我们国际话语权的重要方面。因此，社会主义先进文化的构建是摆在当代中国人面前的重要而光荣的责任。

在社会主义先进文化构建的过程中，我们拥有庞大而独特的资源优势，那就是中华民族传统优秀文化。这是一条历史文化的河流，在这个古老东方大国广袤的土地上流淌了5000年的沧桑岁月，它携带着深厚而又绵长的文化营养，传递着民族精神的基因，成为炎黄子孙价值观念、人文创造、族群标示、文化身份的载体，浸润和濡染了一代又一代的中国人，至今仍以其感召力给予我们强烈的激励、鲜明的昭示和有益的启迪，不断增强着华夏子孙的文化认同，增强着中华民族的凝聚力与亲和力。

尤其是中原，作为华夏文明的核心地域，它是中国历史的源头和文化的根脉。早在8000余年前，史前文明已在这里显露出明亮的曙光，多方部族汇集于此，奠定了中华民族多元文化的体系。夏、商、周三代，中原文化正式形成，特别是约公元前16世纪至前11世纪，中原建立了殷商王朝，创造了空前灿烂的殷商文化。在中国进入封建社会近2000年中，洛阳为九朝故都，开封为七朝故都，表明中原长期居于全国政治、经济、文化的中心。河南因其特殊的地理位置，曾为历代争霸者必争之地。在中国历史上，先后有22个王朝建都或迁都于河南境内，有“得中原者得天下”“当取天下之日，河南在所必争”的名言，说明了河南战略地位的不同凡响。特别是在秦王朝大一统之后所形成的汉唐文明与北宋文明，正是以洛阳、开封两个古都为中心所促成并辐射开来的。在中华民族可歌可泣、如诗如梦的历史上，河南这片生长文化的沃土，孕育出无数名芳千古的圣贤名流、叱咤风云的君主贤臣、开宗立派的思想大家、造福万代的科技巨星、才华横溢的文人学士……他们影响着中国历史的进程，完成了民族精神的塑造，把中原打造成中华文化的一片圣地。他们像一颗颗璀璨的星辰，永远镶嵌在中国历史的天幕之上。

传统文化并非仅仅是历史的空谷回响和过时的文化残留，它积淀在我们民族的血脉中，至今仍潜移默化地影响着我们国家、民族的发展，是新文化建设的重要精神因素。因此，我们不仅需要广纳博采现代西方文化的有益因素，而且更要研究与掌握文化发展嬗变的规律，在继承中华传统优秀文化的基础上实现人类精神文明的新突破、新发展，真正实现中华文化的伟大复兴。

传统文化这些人文道德的基本信念已经在中国人的血管里奔流了几千年，使中华民族一次又一次超越苦难，自强不息。然而，“蜂蝶纷纷过墙去，却疑春色在邻家”，近百年来，有一些人不相信中国这片土地上也能产生优秀的文化，一提起先进的文化，必将其归之于西方文明。他们没有真正了解中国古代人文社会思想的基本状态，当然更不会知道一种优秀的文化思想虽然从自己所处的土地上产生，但也可以超越产生这种思想的社会环境。他们贸然以为传统文化是农耕文明，现在是工业文明时代，认为传统文化早已过时，要予以全盘否定。

近年以来，中国在经历了若干次以“反传统”为标志的历史虚无主义和民族文化虚无主义的冲刷之后，那种非此而彼、非今即昔形而上学的思维方式，在今天一部分人心中仍然有所存留，从而将建立在辩证唯物主义和历史唯物主义哲学基础上的社会主义文化与民族传统文化对立起来，这种不分青红皂白地拿社会主义文化否定民族优秀传统文化的做法，在一定程度上造成了我们民族认同感稀释、民族意识淡漠和民族文化自信缺失的后果。

从本质上看，社会主义文化建设不仅不与民族文化相冲突，反而应该而且能够在与民族文化的交融中开拓自身的发展空间。社会主义文化一旦融入中华民族传统文化的沃土之中，必能更茁壮地成长。因而我们必须促进社会主义文化与民族传统文化的兼容并蓄，同时又使民族文化服务于社会主义文化发展的大局。

习近平总书记在“纪念孔子诞辰2565周年国际学术研讨会”开幕式上的讲话强调：“当代中国是历史中国的延续和发展，当代中国思想文化也是中国传统思想文化的传承和升华。要认识今天的中国、今天的中国人，就要深入了解中国的文化血脉，准确把握滋养中国人的文化土壤。”习总书记的讲话为我们厘正了中国当代文化与传统文化之间的不可切割的关系。

21 世纪将是中国文化重建的世纪。我们要创造文化的复兴，就必须尊重历史文化延续性的基本规律。中国古代文化不仅仅是建设当代中国先进文化的资源之一，它还应该是当代中国先进文化的基础。它与当代中国先进文化的关系，不是支流与主流的关系，而是主流的上游与下游的关系。我们要重拾民族的文化自信，也只有中国的大历史可以为我们提供无穷的滋养。

我们还必须尊重文化民族性的规律。那种完全舍弃民族固有的文化传统、全盘照搬西方文化的做法，不符合中国当代文化建设的客观实际。我们必须保持民族精神的独立，保持民族文化的高度文明与发展。因此民族文化的重建，文化个性的确立至关重要、刻不容缓。从世界文化发展的历史实践来看，一个民族的现代化，说到底离不开自己民族文化的现代化，不加分析地完全照搬外来民族的文化，不可能实现本民族的文化重建，从而形成独具风格的文化优势。

我们还必须尊重文化时代性的规律。随着当代科技的飞速发展，世界经济一体化、文化全球化倾向越来越凸显，它要求我们以开放的心态拥抱全世界，有选择地吸纳世界最新文明成果，使中华文化实现在继承传统基础上的现代化。

中国在数次大的文化论争之后，在经过了文化反思和各种理论的探索与实践后，出现了兼收并蓄、文化兼容的新局面，而且已然开始了在多元文化共存的前提下，探索如何运用自己民族的话语综合建设一种新的文化体系。有了这样的前提，我们对传统文化观念的梳理，便具有了十分重要的意义。

立足于 21 世纪的时代高度，面临实现现代化、迎接知识经济时代到来的历史任务，中华民族的文化认同绝不是向传统文化作简单的全面复归，而是立足现实，学会理解传统，从传统文化中汲取可以为今天所用的营养，进行创造性的转换，形成开放、宽容、具有灵活性自我调节机制的文化系统。

思考是人类的基本属性。我们现在探讨中国现代工业文明语境中的思想资源，清理和重估中国传统文化的历史作用和当代价值，对中国传统文化的历史和现实作用作出合理的说明，这对为现代文明时代提供优秀的思想资源，无疑是极其重要且十分必要的。诞生于中国土地上的博大精深的历史文化，必然可以像诞生于这个世界其他地域的同样古老的文化体系一样，为当代人文主义的构建提供无尽的智慧。

持续深入探讨传统文化形成的历史背景和社会基础，研究其基本内涵和发展轨迹，讨论启蒙人文主义与中国人文主义的碰撞和关联，清理近现代对中华完整文化形态的误解，重估其对当代文化构建的资源价值，呼唤社会对中华文明传承的关注，是我们不可推诿的历史责任和文化责任。

要探索人类精神与社会的未来走向，需要一批有担当的专家学者，立足于今天，一直眺望到人类思想的源头，去探究一个地域和族群的来历和去向，用“根”一样的深度，确定着每个人的文化身份，校对着我们观察这个民族、这个世界的视距，凝聚着我们的文化共识和民族情感。

我们的文化工作者要在一个古老民族心中重演过去惊心动魄的历史文化历程，必须具有开放的胸怀。要坚持古为今用、以古鉴今，坚持有鉴别地对待、有扬弃地继承，努力实现传统文化的创造性转化、创新性发展，使之与现代文化相融相通，从延续民族文化血脉中开拓前进，推进全球各种文明交流交融、互学互鉴，共同服务“以文化人”的时代任务。

假若我们对待传统文化、外国文化都持取其精华和有选择借鉴的态度，我们就不仅继承了它们，而且超越了它们。

我们的文化工作者要特别注重运用传统优秀文化为培育和践行社会主义

核心价值观服务的工作。对于一个民族、一个国家而言，最深层的力量是全民族共同体认的价值观念。习近平总书记指出的“培育和弘扬社会主义核心价值观必须立足于中华优秀传统文化”，为我们社会主义核心价值观的培育指明了方向，提出了具体要求。

当今时代，伴随着中华民族的迅速崛起，中华文化应当而且可以引领世界的潮流，中华民族将为未来人类和世界文化的发展，承担起它身为一个大国的责任。

在这里，党的生活杂志社选取《党的生活》中“大河讲坛”栏目已经发表和将要发表的文章集纳成书，展现出的就是对当代有中国特色社会主义文化建设的深入思考。

他们今天对中国精神之源的追索，不仅是出于对文化知识的热忱，不仅是出于中国文化“寻根”的需要，更重要的是对人类文明和中国向何处去的深情关切，因为，在一个崭新的时代，他们重新感受到精神存在的价值和江河般的力量。他们不仅将出版当作一种文化传播的方式，更当作我们承上启下这一代人对于社会主义新文化构建的不可推诿的责任。

中国历史的原野上矗立着许多文化的高峰，作为今天的文化人，我们的责任就是要继续行走在文化的巅峰之间，探究历史文化的每一个细节，并且把这种文化保护起来，传承下去，播扬开来，不断为社会进步提供文化的力量。

这也许就是我们的宿命：无论我们的国家将来如何现代化，我们不会因为走得远了就不再回家，也不会因为回家就不再远行。个人这样，我们这个有 5000 多年文明史的国家注定也会这样。

目　录

构筑民族复兴的文化根基

——学习习近平关于弘扬传统文化的思想

辛世俊

习近平任总书记以来，围绕学习和弘扬中华民族传统文化，发表了大量的真知灼见，在党内外引起强烈反响。认真学习习近平总书记关于弘扬传统文化的思想，对于培育与践行社会主义核心价值观，实现中华民族的伟大复兴具有十分重要的意义。

一、一个没有历史记忆的民族是没有前途的

2013年8月19日，习近平在全国宣传思想工作会议上指出："一个没有历史记忆的民族是没有前途的。"2014年5月4日，习近平在北京大学发表了《青年要自觉践行社会主义核心价值观》的讲话，指出："一个民族、一个国家，必须知道自己是谁，是从哪里来的，要到哪里去，想明白了、想对了，就要坚定不

移朝着目标前进。”

一个时期以来，在思想理论界刮起了一股历史虚无主义的思潮，这股思潮否定党的历史，美化侵略、丑化革命，其目的就在于让年青一代相信西方的价值观。清代思想家龚自珍总结朝代更替教训时提出一个振聋发聩的论断：“灭人之国，必先灭其史。”“史存而国存，史亡而国亡。”大凡侵略者都千方百计地掩盖其侵略的历史，不让被侵略国家的学生学习本国的历史，如日本占领我国东北、台湾省，法国占领越南都是如此。美国前总统尼克松在《1999：不战而胜》中指出：“当有一天，中国的年轻人已经不再相信他们老祖宗的教导和他们的传统文化，我们美国人就不战而胜了……”法国哲学家福柯深刻指出：“谁占有了历史的记忆，谁就掌握了行动的脉动。”这说明，让人们记住什么是十分重要的。在日本，一套为其侵略战争翻案的漫画书中，南京大屠杀被说成是美、英、苏、中等国在东京审判中捏造的谣言，这套书在日本卖出100多万套。参观过南京大屠杀纪念馆的日本青年，都表示从来不知道这些史实，相对于日本的欺骗宣传，我们对中国青年都做了些什么？我们的青年人对抗日战争的历史知道多少？《狼牙山五壮士》从小学课本中撤下来的理由据说是不利于生命教育；我们心目中的英雄也遭到一些人的质疑，譬如有人竟然从所谓“科学”的角度论证黄继光堵枪眼是不可能的，邱少云身上着火不可能不动等。军旅作家王树增经历的两件事发人深思：

其一，王树增到电视台做节目，年轻主持人问道：“王老师，如今说黄继光是假的，你怎么看？”王树增说：我就是黄继光所在部队的一员。我写《朝鲜战争》时采访过黄继光的上下级、亲友，甚至包括把黄继光破碎的遗体从山上背下来的女卫生员。

女主持人赶忙说：您别生气，我们只是娱乐一下。

王树增说：不是什么都可以娱乐的，祖宗可以娱乐吗？底线可以娱乐吗？

其二，有日本记者到中国一所大学采访，问大学生：“你们知道邱少云吗？”

有人却回答：“那是个傻帽，被活活烧死了。”记者回去写了一篇文章，题目是《堕落的支那人》。王树增说得好：如果你精神贫困，外国人就看不起你。

我们应清醒地认识到，西方敌对势力对我们和平演变，就是要实现“价值的颠覆”，让我们忘记历史，失去历史的记忆。西方人让中国人吸食鸦片，那是要掏空中国人的身子，使我们成为东亚病夫；现在的价值颠覆，则是要掏空我们的脑袋，使我们成为西方的精神附庸。

二、中华传统文化积淀着中华民族最深层的精神追求，代表着中华民族独特的精神标识，为中华民族生生不息、发展壮大提供了丰厚滋养

2014年3月27日，习近平在联合国教科文组织总部演讲时指出：“中华文明经历了5000多年的历史变迁，但始终一脉相承，积淀着中华民族最深层的精神追求，代表着中华民族独特的精神标识，为中华民族生生不息、发展壮大提供了丰厚滋养。”说到传统文化，很多人认为，那是农耕文明的东西，现在都进入21世纪了，那些东西都过时了。这是没有弄清楚传统的真谛。传统不是过去时，而是现在时。如果先民们都把过去的传统抛弃，我们能发展到今天吗？

2014年9月24日，习近平在纪念孔子诞辰2565周年国际学术研讨会暨国际儒学联合会第五届会员大会开幕会上的讲话指出：“当代中国是历史中国的延续和发展，当代中国思想文化也是中国传统思想文化的传承和升华，要认识今天的中国、今天的中国人，就要深入了解中国的文化血脉，准确把握滋养中国人的文化土壤。”中国传统文化中有我们取之不尽的“滋养”，现在很多人经常提到与西方接轨，其实，很多东西不能接轨。譬如：中国人

伦亲情的家庭模式，令西方老人羡慕；中国特色的政治发展道路，凸显了集中力量办大事的优势；等等。英国历史学家汤因比说过：“避免人类自杀之路，在这点上现在各民族中具有最充分准备的，是两千年来培育了独特思维方法的中华民族。”这个独特思维方法就是天人合一、允执厥中、仁者爱人、以和为贵、和而不同、美美与共等。作为具有5000多年文明史的大国，我们有深厚的传统文化的滋养，丢掉我们的宝贝而去拥抱不适合我们国情的东西，这恰恰是不自信的表现。

三、培育和弘扬社会主义核心价值观必须立足于中华优秀传统文化

2013年2月24日，习近平在政治局第十三次集体学习讲话中指出：“培育和弘扬社会主义核心价值观必须立足于中华优秀传统文化。牢固的核心价值观，都有其固有的根本。抛弃传统、丢掉根本，就等于割断了自己的精神命脉。博大精深的中华优秀传统文化是我们在世界文化激荡中站稳脚跟的根基。”

2014年5月4日，习近平在北京大学发表讲话时指出：“人类社会发展的历史表明，对一个民族、一个国家来说，最持久、最深层的力量是全社会共同认可的核心价值观。核心价值观，承载着一个民族、一个国家的精神追求，体现着一个社会评判是非曲直的价值标准。”

中华民族是一个尚德的民族。核心价值观，其实就是一种德，既是个人的德，也是一种大德，那就是国家的德、社会的德。“国无德不兴，人无德不立。”当前，我国正在富裕的道路上前行，但人们的道德出现了滑坡，如果不遏止这个势头，即使经济搞成功了，也没有任何意义。道德的堤坝一旦崩溃，没有谁是幸存者。

价值观既有普遍性，又有特殊性。正如习近平所指出的：价值观是人类

在认识、改造自然和社会的过程中产生与发挥作用的。不同民族、不同国家由于其自然条件和发展历程不同，产生和形成的核心价值观也各有特点。一个民族、一个国家的核心价值观必须同这个民族、这个国家的历史文化相契合，同这个民族、这个国家的人民正在进行的奋斗相结合，同这个民族、这个国家需要解决的时代问题相适应。

我们中华文明有其独特的价值体系。中华优秀传统文化已经成为中华民族的基因，植根在中国人内心，潜移默化地影响着中国人的思想方式和行为方式。今天，我们提倡和弘扬社会主义核心价值观，必须从中汲取丰富营养，否则就不会有生命力和影响力。习近平举了一些例子，比如："民惟邦本""天人合一""和而不同"，强调"天行健，君子以自强不息""大道之行也，天下为公"；强调"天下兴亡，匹夫有责"，主张以德治国、以文化人；强调"君子喻于义""君子坦荡荡""君子义以为质"；强调"言必信，行必果""人而无信，不知其可也"；强调"德不孤，必有邻""仁者爱人""与人为善""己所不欲，勿施于人"……像这样的思想和理念，不论过去还是现在，都有其鲜明的民族特色，都有其永不褪色的时代价值。……我们生为中国人，最根本的是我们有中国人的独特精神世界，有百姓日用而不觉的价值观。我们提倡的社会主义核心价值观，就充分体现了对中华优秀传统文化的传承和升华。

四、中国优秀传统文化中蕴藏着解决当代人类面临的难题的重要启示

由于中西方在科学技术上的差距，使儒家这个普遍性的知识体系被地方化了。西方人有这个倾向，我们中国人也有这个倾向。结果认为西方价值具有普适性，儒家文化则是特殊的价值。这种看法是片面的。现在越来越多的西方人认识到中国传统文化的普遍价值。他们看到以英美为主导的自由主义框架下的现代性，给人类带来了很多问题，解决这些问题需要儒家文化。

2014年9月24日，习近平在纪念孔子诞辰2565周年国际学术研讨会开幕式上指出："包括儒家思想在内的中国优秀传统文化中蕴藏着解决当代人类面临的难题的重要启示，比如，关于道法自然、天人合一的思想，关于天下为公、大同世界的思想，关于自强不息、厚德载物的思想，关于以民为本、安民富民乐民的思想，关于为政以德、政者正也的思想，关于苟日新日日新又日新、革故鼎新、与时俱进的思想，关于脚踏实地、实事求是的思想，关于经世致用、知行合一、躬行实践的思想，关于集思广益、博施众利、群策群力的思想，关于仁者爱人、以德立人的思想，关于以诚待人、讲信修睦的思想，关于清廉从政、勤勉奉公的思想，关于俭约自守、力戒奢华的思想，关于中和、泰和、求同存异、和而不同、和谐相处的思想，关于安不忘危、存不忘亡、治不忘乱、居安思危的思想等。中国优秀传统文化的丰富哲学思想、人文精神、教化思想、道德理念等，可以为人们认识和改造世界提供有益启迪，可以为治国理政提供有益启示，也可以为道德建设提供有益启发。"他号召各国学者把这个课题研究好，让中国优秀传统文化同世界各国优秀文化一道造福人类。

五、没有文明的继承和发展，没有文化的弘扬和繁荣，就没有中国梦的实现。实现中国梦，是物质文明和精神文明比翼双飞的发展过程

2014年3月27日，习近平在联合国教科文组织总部的演讲指出，实现中国梦，是物质文明和精神文明均衡发展、相互促进的结果。没有文明的继承和发展，没有文化的弘扬和繁荣，就没有中国梦的实现……实现中国梦，是物质文明和精神文明比翼双飞的发展过程。随着中国经济社会不断发展，中华文明也必将顺应时代发展焕发出更加蓬勃的生命力。

中国是有着5000多年文明历史的大国，这个大国的崛起，绝不单单是物质的富强，更是文明的崛起。撒切尔夫人曾经说过，不要担心中国的强大，

因为中国现在出口的是电视机，而不是思想；希拉里·克林顿也放出狠话：中国成不了超级大国，因为中国人没有信仰。这些话虽然偏激，但也切中时弊。中华民族的伟大复兴，一定要有文化的强力支撑。“言之无文，行而不远。”没有文化支撑的民族是短视的民族，是不可能真正实现崛起的。

追寻中原文化的永恒印记

张新斌

中国为什么叫中国与中华？毫无疑问，最能体现和代表“中央之国”与中华文化者，应该是中原以及相关的中原文化。

一

回望历史，中国历史的起点在河南。中国的雏形在这里诞生，中国的称谓在这里起源。

中原是个地域概念。与中原相关的词汇，如中国、中土、中州、中夏等，在早期文献中具有极为相似的意义。“中”字，在甲骨文、金文中均已出现，初义是指空间上居“中”的位置；“国”字则最早见于金文，即有天子所居之城的意义。“中国”作为一个词见于文献者，如《尚书·周书》所言：“皇天既付中国民，越厥疆土于先王。”意指皇天将中国的土地与国民交给周的先王治理。《诗经·大雅》亦有“惠此中国，以绥四方”的记载。属于西周初年的青铜器“何尊”，其铭文“余其宅兹中国”，则明确将都城的选址确定在以洛邑为中心的“河之南”一带。《史记·周本纪》则提到周初“营周居于雒邑”的原因，是“此天下之中，四方入贡道里均”。“中原”作为词组见于文献，如《诗经·小雅》云：“中原有菽”，“瞻彼中原”。这里所指为“原野之中”。但此后，中原也成为与中国相关的地理概念。从文献所记中原的地理范畴也可以看出，中原有广义与狭义之分。广义的中原，是以河南为核心的黄河中下游地区，其范围包括今河南省，以及山西、山东、河北和陕西的部分地区；狭义的中原，也即今河南。

从河南政区沿革的角度看，有两个重要的词：

一个是“豫”，河南的简称。“豫”是一个象形字，为人捕象。商代甲骨文也有捕象的记载，反映当时气候温暖湿润。《禹贡》将当时的地域划分为九州，而居中者为“豫州”。西汉时设置十三刺史部，河南中部偏南则属于“豫州”，东汉时豫州的范围已扩至豫东。三国、西晋时仍设豫州，并管辖今河南的大部分地区。唐初所设置豫州，主要在今驻马店市及其周围。自东汉以来，先后有安城（今正阳县北）、陈（今淮阳县）、洛阳、上蔡（今汝南县）、汝阳（今汝南县）为豫州治所。这反映了与河南关系密切的“豫”由地理概念向政区概念的转变，以及豫州辖区之变化。

另一个是“河南”。河南最早也是一个地理概念。《尔雅·释地》载：“河南曰豫州。”反映河南与早期豫州的范围相近。河南县，自西汉至金时设置，其间或有短暂的合并与改名，但大的朝代没有缺环，其治所在今洛阳市区涧水东岸。以洛阳县为中心，秦末时曾短暂设有河南国；西汉至隋设有河南郡；唐代设有河南道；元代设河南路；唐宋与明清设有河南府，至民国初方废止。而自元代设置河南省，明代为河南承宣布政使司（省），清代至今亦称河南省。

以河南为名称的建制由小到大。

河南以秦岭和昆仑山为靠背，左有太行山，右有大别山，前边的屏障（或称“案山”）为泰山，形成了以洛阳盆地为核心的中国最佳风水吉祥地，这就是《中国国家地理》所称的“中国最大的风水宝地”。这块宝地被古人誉为“天下之中”的建都地，也即狭义中原的河南省。

二

中国有5000多年的浩瀚历史，从夏朝到宋朝，悠悠3000余年，历史的主线在中原的山河间展开，历代帝王与宗教领袖留下了故都圣城。中原这片古老的土地，养育了无数文化圣贤，培育了中国文化的根芽，造就了中华万姓。中原文化是中华文化刚健有为的核心精神，是华夏儿女的精神家园。

中原文化，即中原地区物质文化与精神文化的总和。中原文化还包括两个层面：一是从时间上讲，中原文化是一个从古至今的发展过程，其由史前时期孕育，直到今天还在传承与发展，但一般来说，中原文化指古代中原地区的文化，或称中原历史文化。二是从形态上讲，从夏商至宋金，中原地区为中国古代的政治中心，中原文化为主流文化。中原文化与中华文化有着极大的关联性，中原文化实际上也是中华文化的象征。

中原文化发展经历了六个阶段。第一个阶段为中原文化的孕育期，主要是夏代之前的史前时期，尤其是进入新石器时代，经历了裴李岗文化、仰韶文化、河南龙山文化等阶段。这一阶段，农业较为发达，上古时期的代表人物如伏羲、黄帝、颛顼、帝喾等“三皇五帝”大都在中原生活，建功立业。第二个阶段为中原文化的形成期，主要是夏、商、周三个时期。这一阶段，中原地区政治中心的地位得到确认，以青铜文化与甲骨文为代表的文化相当繁荣，成为当时最具先进性的核心文化。第三个阶段为中原文化繁荣期，主要是东周、秦汉、魏晋南北朝三个时期。这一阶段，道家、儒家、法家、杂家等元典文化以及佛教文化在中原地区形成或从外部传入，中原地区政治中心的地位得以强化，南北文化的融合促进了中华民族主体文化的形成。第四个阶段为中原文化的鼎盛期，包括隋唐、五代、宋金三个时期。这一阶段，中原地区的政治中心实现了由洛阳到开封的转移，但中原作为全国政治中心的地位依然没有改变。北宋时期，城市繁荣，文化发达，已达到了当时世界的先进水平。第五个阶段为中原文化的衰微期，包括元、明、清直到民国时期。这一阶段，政治中心转移到中原之外，河南丧失了都城的优势。黄河泛滥，战争不断，造成了中原地区持续不断的天灾与人祸；人才缺失，文化落后，使中原丧失了话语权。第六个阶段为中原文化的振兴期，为中华人民共和国成立至今。自 1949 年，尤其是 1978 年改革开放以来，中原大地各个方面都呈现了振兴与发展的大好局面。中原文化的振兴也是中华民族振兴的具体体现。

三

河南居于“天下之中”的优势位置与环境，因而从上古时期开始便成为中国的政治与文化中心，并由此形成了中原文化的三大亮点。

（一）古都名城文化

上古“三皇五帝”时代，伏羲、炎帝都陈（今淮阳县），黄帝都于有熊（在今新郑市），颛顼与帝喾都于帝丘（今濮阳市西南）。河南也发现了黄河流域年代最早的史前古城，即郑州西山古城，其年代距今约 5300 年。中国的八大古都中河南有四个：郑州、安阳、洛阳、开封。

郑州作为大古都，主要是商都，郑州商城为“夏商周断代工程”所推定的“汤所居之亳”，郑州小商桥遗址为“中丁迁隞之都”，前后累积为商都共历12王，约180年；与之相关的新郑郑韩故城，为分裂割据时的王都，共146年。郑州商城不仅发现了都城城垣、宫殿、手工业作坊，以及大型窖藏坑等，所出杜岭铜方鼎则具有“王者之气”。安阳为七朝古都，大古都积年为351年，尤其是自商代盘庚开始历8代12王，历时254年，为商代后期都城。在殷墟发现的建筑基址、王陵、精美的青铜器和15万片甲骨文，代表了当时人类文明的最高水平。洛阳号称“十三朝古都”，大古都积年长达885年，在洛阳盆地东西长仅50公里的狭小空间分布了二里头夏都、偃师商城、东周王城、汉魏洛阳故城、隋唐洛阳城共五大都城遗址。东周时，洛阳文化发达，孔子专程到洛阳“入周问礼”，向老子请教学问。东汉时洛阳是全国的政治、文化中心，蔡伦在这里成功发明了造纸术；张衡在这里发明了浑天仪与地动仪；左思和一批文人写就不少汉赋名篇，以至一时“洛阳纸贵”。北魏为都时，孝文帝在此完成改革伟业，这里成为民族融合的焦点。唐代为东都的洛阳，吸引了来自西亚的客商，他们在这里采购中国商品，由此将中国文明传播到遥远的异国他乡。洛阳的历史，可以说是一部浓缩版的中国中古历史。洛阳在中国古都的东西轴线中居于中心地位，为其他大古都无法替代。开封为七朝古都，大古都积年达366年。早在战国时期，魏惠王迁都大梁，拉开了开封大古都的序幕，但开封历史的辉煌，无疑应属于北宋都城汴京时期。虽然有影响深远的汉唐文明，而汉唐长安却无法与北宋汴京的繁华程度相比。打破了围墙布局的开封，临街开起了许多店铺，吃的、玩的应有尽有，这里无疑是当时世界上最繁华的城市。中国的“四大发明”在这里完善提高；形象逼真的针灸铜人也在这里研制成功，使人们最为直观地感受到了人体穴位的奥秘；“包青天”在开封府秉公执法，以至于演绎成流传至今千年不衰的一段传奇佳话。这就是河南的四个大古都，一个代表中国最高文明的“河南时段”，长达3000余年的河南建都史。

河南历史的特殊性，造就了河南的古都群。河南有国家历史文化名城8个，中国历史名镇（村）3个，省级历史文化名城（镇）19个。除了四大古都，在河南的许多地方都保留有古城址，它们都会和一座古都或一件重要历史事件连在一起。在南阳、许昌、商丘、浚县、新郑、偃师、卫辉、邓州、沁阳、息县等地均保留有名城风韵，开封的朱仙镇、淅川的荆紫关镇、卫辉的小店河、郊县的临沣寨、博爱的寨卜昌、巩义的吴家山庄等遍布全省的古村小镇，仍是人们寻古探幽的最佳去处。

（二）名人圣贤文化

河南的历史名人，在中国古代圣贤群体中闪烁着耀眼的光彩。在二十四史中，立传的名人共5700余人，仅汉、唐、宋、明四个朝代，河南籍名人就达912人，占总数的15. 8%，名列各省第一。新乡“谋圣”姜太公，卫辉人，辅佐周武王取得了天下，建立了周朝。他谋略神奇，早已通过《封神演义》传播至民间，为大众所熟知。“姜太公钓鱼——愿者上钩”，也成为家喻户晓流传千年的歇后语。“运筹帷幄之中，决胜千里之外”的张良，手握羽扇、具有传奇色彩的诸葛亮等历代谋略大师，也都将姜太公作为宗师顶礼膜拜。“道圣”老子，周口鹿邑人，道家创始人，在灵宝函谷关著述了仅有五千言的《道德经》，铸就了整个民族的文化个性，成为世界顶级文化名人中的佼佼者。“墨圣”墨子，平顶山鲁山人，为东周元典思想家，墨家的代表性人物，他的哲学思想丰富了中国思想文化的宝库，是与老子、孔子等名流并列的著名思想家。“商圣”范蠡，南阳人，辅佐越王勾践卧薪尝胆，实现了灭吴兴越的历史重任。他急流勇退，弃政经商，成为当时最富有、最成功的商人，他的经商理论为历代商贾尊崇与效仿。“医圣”张仲景，南阳人，不但是东汉时的京都名医，其著作《伤寒杂病论》，更是学习中医者必读之书，为中医史上影响最大的三部古典名著之一。“科圣”张衡，南阳人，发明了浑天仪与地动仪，代表了中国古代天文与地震科学的最高水平。“字圣”许慎，漯河人，撰著了《说文解字》这部文字典籍，所提出的汉字的“六书”理论，至今仍是研究汉字的权威解读，这部书也成为“千古一书”，许慎被誉为“文宗字祖”。“诗圣”杜甫，郑州巩义人，他所写作的“三吏”“三别”等伟大诗篇，被称为“诗史”，历代为人们所传诵。“文圣”韩愈，焦作孟州人，是唐代古文运动的倡导者和实践者，其文章笔力雄健，气势磅礴，被尊为“百代文宗”，位居“唐宋八大家”之首。“律圣”朱载堉，焦作沁阳人，虽贵为王子，却放弃王位潜心研究乐律，首创十二平均律，并由此引发了世界音乐史上的一次革命，被中外学者誉为“百科全书式的科学家”“真正的世界历史文化名人”。河南的历史名人数量多、成就高、贡献大，是中国名人群体中最耀眼的群星。

从历史的角度看，宋金及其以前的名人想成大事者，必到中原。诸多影响中国古代历史进程的事件都离不开中原，“逐鹿中原”成为争创伟业的壮举。伏羲、炎帝正是建都淮阳，才被后人尊为人文始祖；商、周二族分别由东、西部地区到中原发展，才成为中国早期文明的主体；孔子也正是重回祖地周游列国，到洛阳“入周问礼”，才创立了影响世界历史发展进程、影响世界文化发展方向的儒家文化体系；蔡伦从湖南老家来到洛阳，才有可能发明造纸术，因此成为世界级的文化精英；魏孝文帝迁都洛阳，实行汉化政策，才成为千古名君；司马光在光山“砸缸”，在开封任职，在洛阳完成了史学名著《资治通鉴》，由此成为文史大家；“三苏”父子千里迢迢从四川来到开封，由此闻名天下，苏轼平生历尽坎坷，死后仍终葬河南，眷恋中原。中原对当时的人才有极强的吸引力与凝聚力，人们谋大业要到中原，干大事要到中原，成大家要到中原，出大名要到中原。换句话说，宋金及以前的重量级名人都会与中原联系，都可能有中原阅历。即使到现代，中原仍是人们创大业、干大事的福地。

（三）姓氏根亲文化

中华姓氏是中国文化中特殊的文化资源。从古至今中国人所使用的汉字姓氏多达 24000 个，当代仍在使用的姓氏不足 4000 个，但在占当今人口 80% 以上的 100 个大姓中，起源或部分源头在河南的姓氏竟达 78 个，另有 20 个姓氏在起源过程中与河南有关。在排名前 300 位的大姓中，起源于河南的姓氏达 171 个，还有许多姓氏的郡望地在河南。李姓为中国第一大姓，《新唐书》述及李姓的始祖为殷封王时的“利贞”。“至纣之时，理徽字德灵，为翼隶中吴伯，以直道不容于纣，得罪而死。其妻陈国契和氏与子利贞逃难于伊侯之墟，食木子得全，遂改理为李氏。利贞亦娶契和氏女，生昌祖，为陈大夫，家于苦县。”李姓的祖地为鹿邑县。王姓为中国第二大姓，《姓氏考略》云：“大抵子孙以王者之后，号曰王氏。”王氏来源复杂，但主要源头为姬姓之王、子姓之王、妫姓之王三支，源头均在河南。其中最重要的王姓之祖为东周灵王太子王子晋，其后代称为“太原”王氏与“琅邪”王氏。王子晋的居地在今河南偃师，当地还保留有“升仙太子之碑”等遗存。张姓为中国第三大姓，《元和姓纂》讲“黄帝的第五子青阳生挥”，挥公为颛顼时的弓正，是弓箭的发明者，他的居地在颛顼之都帝丘，在今河南濮阳市西南。刘姓为中国的第四大姓，刘姓的来源比较复杂，但主支刘姓为帝尧的后代，帝尧之后有刘累，《左传》记载他是夏代孔甲帝的御龙师，前半生住在当时的都城即今河南偃师，后半生则“潜于鲁”，即今河南鲁山县。而在我国台湾及海外最有影响的陈、林、郑、黄四大姓，其祖地也均在河南：陈姓祖地今淮阳，林姓祖地今卫辉，郑姓祖地今荥阳，黄姓祖地今潢川。这些地方都已成为吸引海内外华人到河南寻根的热门地区，成为联结豫台二地、河南与海外的牢固纽带。

河南之所以成为姓氏根亲文化大省，与河南的历史文化关系密切。一是古姓起源于母系氏族社会，而此时河南的文化最为发达。如河南境内新石器时代形成了裴李岗文化—仰韶文化—河南龙山文化完整的文化链条，还有更为具体的文化类型，这种文化链条的完整性在一般省区较为少见。二是与姓氏有关的中华人文始祖大都与河南有关。“三皇”之首的伏羲，首创风姓，他的都城在淮阳；炎帝的都城也在淮阳；“五帝”之首的人文始祖黄帝，故里故都在今新郑；颛顼、帝喾后裔的姓氏在300个大姓中占204个，其人口占总人口的60%。三是现代姓氏衍生最多的夏、商、周三代，都城与古国多分布于河南。如禹都阳城在今登封，帝予的都城在今济源，桀都斟鄩在今偃师；商汤都亳，中丁迁隞在今郑州，河亶甲居相在今内黄，祖乙迁邢在今温县，盘庚迁殷在今安阳。两周时期河南有封国100余个，东周时迁都洛阳。其他诸侯国的国都，如宋都在今商丘、陈都在今淮阳、卫都在今淇县、许都在今许昌、蔡都在今上蔡、黄都在今潢川、江都在今正阳、蒋都在今淮滨、郑都在今新郑、虢都在今三门峡、赵都在今鹤壁、韩都在今新郑、魏都在今开封等，仅郑、卫、宋三国衍生的姓氏便多达500余个。四是汉族在发展过程中融合了较多的少数民族，融汇的中心也在河南。如北魏拓跋族等少数民族汉化改为汉姓的姓氏多达114个，这些姓氏多与洛阳有关。汉唐之间设置的颍川郡（治禹州等）、河内郡（治武陟等）、河南郡（治洛阳）、荥阳郡（治郑州）、汝南郡（治汝南等）、陈郡（治淮阳）、南阳郡（治南阳）等，多已成为中华姓氏的郡望所在。五是因战乱而形成的中原士民南迁，也以河南为中心。如西晋末年的南迁移民与南方客家族裔有关，唐代的固始移民与闽台族裔有关，宋末的开封“珠玑巷”移民与岭南族裔有关，等等。在中国的汉族人口中，如果翻开家族的迁移史，人们就会发现，他们大多数人的根在中原，“老家河南”，河南是他们最早的原乡。

四

物质的、非物质的文化遗产，是文化的载体。精美绝伦、内涵丰富、魅力无穷的中原文化遗产，让我们深切感受到中原文化的厚重与灿烂。山岳河川、古都名城、古刹宝塔、会馆庄园、陵墓碑刻、玉器青铜、刺绣剪纸、陶器瓷器、菊花牡丹、文章诗词、武术杂技、戏剧曲艺……无不传承着永恒的文化记忆，散发着文化的芳香，滋润着人们的心灵。

（一）影响巨大的物质文化遗产

盘点河南物质文化遗产的家底，人们便会惊讶地发现，这是一个不断增加的宝库。河南的地下文物数量居全国第一，地上文物数量居全国第二，而且谁也难以预料河南的地下还会有什么惊人的发现，除了新近发现的曹操墓，也许还有更多想不到的东西。

河南不可移动文物有 6 万多处，包括世界文化遗产 5 处，全国重点文物保护单位 358 处，河南省省级文物保护单位 1231 处，市、县级文物保护单位 4000 余处，由各级政府公布的文物保护单位的数量，也在全国数第一。在评选出的 20 世纪中国 100 项考古大发现中，河南有 17 项入选；自 1990 年至 2007 年公布的全国年度十大考古发现，河南达 32 处；馆藏文物河南有 140 万件。这些都在全国数第一。龙门石窟于 2000 年正式列入世界文化遗产名录，从北魏历隋唐到北宋的近 600 年间，在长仅 1 公里的龙门山的峭壁上密布着佛龛 2355 个，题记和碑刻 2600 余品，佛塔 70 余座，造像 10 万余尊，可以说这是中古时期的佛教艺术宝库，代表了盛世中国的最高艺术水平。2005 年安阳殷墟正式列入世界文化遗产名录，从 1928 年至今对其进行了长达 80 余年的考古发掘，揭露了洹北商城，发现了 50 余处商代宫殿，发掘了 13 座殷商王陵及2000余座陪葬墓和祭祀坑，出土了“司母戊”大方鼎等大量精美的青铜器，尤其是出土了15万片甲骨，发现了殷商时期刻写的5000个单字，从而较为完整地向世界展示了中国的早期文明。殷墟无疑是中国早期文化的圣地。2010年正式被列入世界文化遗产名录的登封“天地之中”历史建筑群，包括具有较高知名度的观星台、中岳庙、太室阙、少室阙、启母阙、会善寺、嵩阳书院、嵩岳寺塔、少林寺常住院、塔林、初祖庵等8处11项古代建筑精华，时代历经汉、魏、唐、宋、元、明、清，构成了中原地区上下2000年形象直观的建筑史，是中国时代跨度最长、文化内涵最丰富的建筑群，是中国先民独特宇宙观与审美观的真实体现。2014年正式被列入世界文化遗产名录的“中国大运河”河南段和“丝绸之路”河南段。大运河河南段主要是指隋唐大运河通济渠和永济渠。遗产类型包括闸、堤、坝、桥、水城门、纤道头、险工等运河水工遗存，以及仓窖、衙署、驿站、行宫、会馆、钞关等大运河的配套设施和管理设施，和一部分与大运河文化意义密切相关的古建筑、历史文化街区等。入选世界文化遗产的7项遗产点，分别是洛阳含嘉仓遗址、洛阳回洛仓遗址、通济渠郑州段、通济渠商丘南关段、通济渠商丘夏邑段、永济渠滑县浚县段、浚县黎阳仓遗址。历经2000余年的持续发展与演变，大运河直到今天仍发挥着重要的交通、运输、行洪、灌溉、输水等作用。“丝绸之路”遗迹中，在河南省共有4处，分别是汉魏洛阳故城遗址、隋唐洛阳城定鼎门遗址、新安县汉函谷关遗址、陕县崤函古道石壕段遗址。丝绸之路见证了公元前2世纪至公元16世纪期间，亚欧大陆经济、文化、社会发展之间的交流，尤其是游牧与定居文明之间的交流；它在长途贸易推动大型城镇和城市发展、水利管理系统支撑交通贸易等方面是一个出色的范例。河南文物的级别之高、影响之大、系列之完整在全国仅见。

（二）丰厚庞大的非物质文化遗产

河南的非物质文化遗产，也是一个文化大宝库。河南现有国家级非物质文化遗产22项，省级非物质文化遗产121项。民间文学中，汝南的梁祝传说、武陟等地的董永传说等在国内有较高的知名度。民间音乐中，沁阳的唢呐艺术、南阳的板头曲等独具特色。民间舞蹈中，孟州的大龙舞、灵宝的齐天圣鼓等极具魅力。传统戏剧与曲艺是河南的强项，其种类之全、数量之多在全国数第一。豫剧、宛梆、越调、河洛大鼓、目连戏、曲剧、四平调、大弦戏、道情戏、怀梆、大平调、河南坠子等各有千秋，百花争艳。杂技与竞技中，以少林武术、陈氏太极拳为代表，它们是中国功夫的化身，已成为河南的名片。民间美术中，朱仙镇的木版年画，浚县的泥咕咕，都是在国内叫得响的民间艺术品。手工技巧中，杜康的酿酒工艺、钧瓷的烘制技术、镇平的玉雕工艺、洛阳的唐三彩、开封的汴绣工艺等，历史悠久，在海内外都具有一定的知名度。民俗与文化空间中，则以淮阳太昊伏羲祭典和宝丰马街书会最具代表性。“担经挑”是伏羲庙会中最有特色的民间表演活动，是上古文化的活化石；马街书会则是全国曲艺艺人的年度盛会，也是百姓最为喜闻乐见的艺术大宴。民间饮食中，以洛阳水席、开封第一楼小笼灌汤包子、郑州羊肉烩面、信阳土菜、西华逍遥镇胡辣汤最具特色，也是到河南旅游的游客必尝的美味佳肴。中医则以洛阳正骨最有代表性，电视剧《大国医》的热播，也让洛阳的中医正骨世家名扬全国；中药则以焦作的四大怀药种植与炮制以及禹州的中药炮制技艺最为有名。

如果用四个词来概述河南，那就是：缩影，圣地，家园，福地。所谓“缩影”，就是河南是中国的缩影。所谓“圣地”，是说河南是中华文化的圣地，而且是中华文化的核心区。所谓“家园”，是讲河南是中国人的根，是中国人的精神家园。所谓“福地”，是讲古代河南曾会聚各方英才，成就大业。

人类文明的曙光

夏　雨

人类从一派鸿蒙的原始洪荒走向现代工业文明，进入到信息时代，为了这一段路途，人类在几万年的沧桑岁月中跋涉。在人类从蒙昧走向文明的道路上，矗立着一座巨大的里程碑，这座用以将人类进化史区隔为史前史与文明史的界标就是文字。

如果说斧锤的发明十倍地增强了人类的力量，弓箭的发明百倍地延长了人类的手臂，那么，文字的发明则无限地扩展了人类的智慧。我们站立在经济社会高度发达、科学技术迅猛进步的今天，向几万年前迷蒙而神秘的原始时空发出一个遥远的叩问：假若没有文字，人类将会怎样？这大概会超出许多人想象力的极限。由此，我们就可以知道，用以进行文化积累和文化传播的重要载体，用以点亮人类文明的火炬——文字，对于我们到底意味着什么。

所以，作为中华民族的每一个成员，都没有理由不知道我们自己文字的前世今生，都没有理由忘却我们祖先一代又一代的伟大文化创造。因此，让我们来开启万年的汉字文化之旅，来倾听汉字这条古老文化河流那澎湃的涛声，来解读汉字那神秘的故事，来追寻中华民族那永远的骄傲……

一、世界古老文字的不同命运

距今 5000 年左右，在地球不同地理分野生活着的不同族群，几乎在同一时代，依照各自的不同方式，创造着属于他们自己的文字。但最古老的文字却是首先出现在世界的东方，出现在东方的几个文明古国。

大概在 5500 年前，西亚的底格里斯河和幼发拉底河浇灌着美索不达米亚的文明，这里的苏美尔人在建造宏伟的神庙和城邦时，在经历了文字产生前的图画符号之后，创造了世界最早的文字——楔形文字。

这是一种用芦苇笔压刻在泥版上的印符，这种文字的笔画一头粗，一头细，好像楔子一样，所以后人称它为“楔形文字”或“钉头文字”。现在这种刻有楔形文字的泥版已发现 75 万块。

令人扼腕叹息的是，这种楔形文字存在了约 3000 年，在经历了古巴比伦时期的兴盛之后神秘地消失了。直到 1851 年，美国学者罗林森在一位勇敢的小男孩的帮助下，在陡峭的石壁上拓印了刻有楔形文字的巨幅岩刻，破译了这块石壁上楔形文字的秘密，方才使我们今天的人得以窥见那个时期两河流域古老文明的历史风貌。

以庄严的金字塔和深奥的狮身人面像为标志的古埃及，是世界最早发明古老文字的又一个国度。生活在北非尼罗河流域的古埃及人，大约在 5000 年前，创造了图画式文字，并且将这种文字刻在金字塔、神庙和石器、陶器上。他们还把这种象形文字用芦苇笔写在一种纸草上，做成书卷，这是地球上最早的图书。

公元前525年，埃及被波斯人征服，存在3000余年的埃及的象形文字从此消失。当懂得埃及古文字的最后一位僧侣去世，世界上便再无人能读懂这种笼罩在神秘面纱之下的由无数埃及先民们集体创造、集体传承的文字了。

这是世界古老文字传续中断的又一个例证。

再一个古老文字传承中断的例证是印度。发源于喜马拉雅山、流经南亚次大陆的两条最大河流印度河和恒河，滋润着古印度的田园和百姓的日子，也孕育出印度4500年前的青铜时代的文化——哈拉巴文化。哈拉巴文化的时代，大约相当于中国的夏代。这种文化在3700年前突然消失。后来考古学家在哈拉巴城市遗址里发现了哈拉巴时期的文字，这些文字刻在石头、陶器或象牙制作的印章上，所以被称作“印章文字”。印章上面刻有精美的动物图像和象形文字。现在已经发现的印章有2500多个，文字符号500多个。

不像美索不达米亚的楔形文字与古埃及的象形文字那么幸运，印度的印章文字至今还没有被人译读出来，留给了我们后人一个重大而深奥的悬念，供人们去猜想。

由此，我们可以庄严地向世人宣告：纵观世界古今，唯一存留于世，而且不断演进发展，而今又生机勃勃地在信息化的时代再次扬帆起航的古老的文字只有一种，那就是中国汉字。

法国前总统德斯坦曾说：“中国的这种统一”，“是由语言加固的，不是因地区而异的口语，而是书面语，即那些在中国到处都绝对一致的著名汉字”。

汉字之所以不曾中断，是因为它自身的不断进步，它的每一次书写的变化都不是结束，而是下一次变化的开始。从古朴的记事岩画到刻契符号，从甲骨文到青铜器上的金文，从小篆到秦隶，从汉简到雕版印刷，从活字印刷术到计算机汉字输入技术，汉字一刻也没有停止过它持久而坚毅的前进步履。

二、古老传说中折射出的历史真实

关于汉字的起源，许多文字学家探索了很多年，最后判定，汉字的历史不会超过6000年，但在系统的文字出现之前，为这种成熟文字的产生所进行的铺垫和孳乳的时间，却可以追溯到几万年前。

（一）结绳记事

唐代《周易正义》说："古者无文字，其为约誓之事，事大大其绳，事小小结其绳，结之多少，随物众寡，各执以相考，亦足以相治也。"这个说法将文字起源与结绳联系了起来。东汉许慎的《说文解字》也提到结绳记事，说神农氏"结绳为治，而统其事"。

结绳主要是用来记数。随着原始社会生产力逐步发展，人们对计算和数量的记录产生了迫切需要，许多重大事件也有记录的必要，这种帮助记忆的方法与后来文字产生的动因从本质上是高度一致的。

有人根据后来甲骨文、金文中数目字的形体很像打结的绳子，认为汉字来源于原始的结绳记事。

根据记载，古埃及、古波斯、古代日本都曾有过结绳记事的方法，我国藏族、高山族、独龙族、怒族……都有结绳记事的风俗。这使我们感到十分惊异：人类在不同的地域，用同一种方法，进行着十分类似的文化创造。仿佛有一双看不见的手主宰着这一切，这双看不见的手就是历史文化发展的铁律。所以专家认为结绳记事的传说是一种历史真实。

（二）伏羲画八卦

古人说，伏羲画八卦，以通神明之德，从而产生了汉字。先天八卦是用来占卜的八组图形，由“—”和“- -”组成。“—”代表阳，“- -”代表阴，阴阳相配，三个一组，共有八组，每组为一卦。许慎认为，在仓颉造字之前，先有八卦。近代有专家认为，《易经》六十四卦，为文字之祖。但大多数专家认为汉字与八卦在形体上没有继承关系，就记录功能而言，八卦并不是固定地记录语言中的一个词或语素，与汉字的本质完全不同。八卦可以看作中国哲学的起源，但与汉字无关。

（三）仓颉造字

这是一个流传很广的神奇传说，也是关于汉字起源最有价值的故事。

仓颉造字的传说最早始于战国时代的文献，《吕氏春秋》《荀子》《韩非子》都有仓颉造字的记载。到了秦汉时代，这种传说流传更广，影响更深。

传说中的仓颉是黄帝的史官，刚生下来就会写字。仓颉有四只眼睛，善于观察世间万物。他抬头看天上星辰的排列，低头看鸟兽在地上走过的足迹，受到启发，造出了象形的汉字。仓颉造字惊动了天地，因为有了文字，人会变得聪明，天地神灵的秘密就会显露出来，于是出现了许多异象：天上下起粟米，鬼怪在夜里哭泣。说明文字的出现是一件惊天地泣鬼神的大事。因此，古人对汉字充满了神圣感，对仓颉无限地敬畏，于是把发明文字的仓颉称为“三教之祖”“历圣之宗”，作为神来供奉。

（四）仓颉陵庙

有关仓颉造字的传说很多，遗迹也不止一处，但历史最长、传说最多、历代祭祀香火最盛的地方，要数河南濮阳南乐县的仓颉陵庙。

仓颉陵位于南乐县梁村乡吴村古繁水（漳河故道）的一个高台地上，从新石器时代起这里就是先民的一个聚居地。据元延祐年间的残碑及史籍记载，仓颉庙原称仓颉祠，位于陵墓西侧，始建于东汉永兴二年（154 年）。由于战争和洪水，屡次被毁，但又都得到重建，对仓颉的供奉“历汉唐以来没有间断过”。唐代大兴土木，在原地建立了规模宏大的仓颉祠，并改名曰“仓颉庙”。北宋景德元年（1004年）九月，一代名臣寇准亲自前往拜谒了仓颉庙，并挥笔题写“盘古斯文地，开天圣人家”的千古名句。明代成化、弘治、天启年间，仓颉庙得到三次大规模的重修。弘治年间的施工中还出土了“上古遗像”残碑，这是现存最早的仓颉画像。天启年间的整修最为隆重，朝廷六部中的刑部尚书、工部尚书、吏部尚书和内阁大学士等都直接参与了陵庙的设计与整修。历代文人墨客过往多赋诗言志，抒怀古之幽情。

每年农历正月二十四的仓颉庙会盛况空前，仓颉陵庙现已成为远近闻名的旅游胜地。对仓颉的崇拜，历久不息，反映出中华民族重本尊亲、慎终追远、感念功德的伦理观。

今天看来，把汉字看作仓颉一个人的创造是令人难以相信的。一种文字的产生要经过相当长的发展过程。事实上，汉字是中国人的祖先在长期生产生活中集体创造、集体传承的。

但是这个传说却透露了这样一个史实：4500年前的一段时间，正是黄帝统一黄河流域的时代，也正是中华文明的起源时代，这样的时代是应该产生文字雏形的，而且多个不同地域产生的符号是会各不相同的。在黄帝统一各个部落之后，一定会有仓颉这样的一些有学问的人在做整理文字的工作，告诉人们某个意思应该用某个字，这个字应该怎么写。更重要的是，传说中仓颉造字的过程真切地告诉我们：汉字是一种表意的视觉符号，创造汉字是从画图画开始的。

仓颉是中国远古时期对中国汉字雏形进行整合的第一人。

三、汉字起源于图画

传说往往因缺乏历史和考古实证的支撑而受到人们的质疑。

具有历史考古有效支持的是：汉字起源于图画，这就是我们常说的“书画同源”。

文字的历史不会超过6000年，而绘画的历史可以追溯到几万年前，当人们要表达某种简单的意思时，不会有什么比画出图画来更直观、更便捷的了。至于图画进一步的抽象化和符号化，并形成有读音的文字符号，那就是很久以后的事情了。

（一）岩画

岩画是人类最古老的绘画形式，最早的岩画大约出现在2万至3万年前。这种早期人类雕刻或涂画在山壁岩石上的图画，再现了远古先民的劳动生活和原始社会风貌。著名的西班牙阿尔塔米拉和法国拉斯科的洞穴壁画，还有中国内蒙古、青海、云南、江苏等地的岩画，都生动地展现了古老而神秘的原始世界。这种文字出现之前的古老图画有记事作用。岩画是以艺术形象来表达某种意义，跟语言没有关系，也不会有读音，所以不是文字。不过，岩画描绘了自然事物和人类活动，是在用图形表意，这其实是在记事，也就是说，它起到过文字的作用。值得注意的是，中国远古岩画图像有些已经图案化、符号化，有的还很像后来的象形汉字，所以岩画对后来象形汉字的形成具有意义。虽然不能说岩画图像是文字，但是可以说远古岩画是产生汉字的最早源头和丰富的源泉。

（二）刻画符号

经历了仰韶彩陶的图画纹饰时期的表意性和图案化的过渡，中国人开始在石头上、陶器上刻画大量的符号，这类陶器刻画符号和汉字有了关系，成为我们探索汉字起源的重要资料。

如果去北京中华世纪坛参观，会看到在它的青铜甬道上有一段文字：“河南舞阳贾湖遗址的时代大约为距今9000—7800年之间……出现了七音阶骨笛和甲、骨、陶、石上的契刻符号。”

贾湖出土的甲、骨、陶、石器上发现了刻画符号，其中一片龟腹甲上契刻一“目”字，字形与殷墟甲骨文所见基本相同，但比殷墟甲骨文早4000年，比世界最早的古埃及纸草文字早1000多年，是世界上最早的文字雏形。此外，在一些墓葬中发现有完整的龟甲，龟甲的腹腔中藏有颜色不同、数量不等的石子，有学者认为是占卜的工具。

贾湖遗址是在中国新石器时代早期规模较大、保存完整、内涵丰富、原始生态保存较好的一处远古聚落遗址，它所表现出来的独具特色、灿烂辉煌的贾湖文化是中华民族历史长河中第一个具有确定时期记载的文化遗存，是“人类从蒙昧迈向文明的第一道门槛”。作为9000年前人类文化的象征，贾湖文化是人类文化史上一个重要的里程碑。

考古工作者在黄河中游地区的一些仰韶文化遗址，如陕西西安半坡村、姜寨等地，发现了很多陶器上的几何形符号。这些符号有很多是重复的，说明是有目的地刻画的，它们肯定有某种记事功能，其中一些符号大概就是某些汉字的起源。

（三）汉字起源时间推测

远古陶器几何形刻画符号的线形结构、图像形刻画符号的图形表意，正是后来成熟汉字甲骨文形体的重要特征。因而，远古陶器刻画符号应该是汉字的起源，其中图像形刻画符号与汉字的形成有着更为紧密的关系，它们大概是汉字的直接起源。如果这种认识符合汉字起源的历史事实，那么，汉字起源的时间大约是在距今6000年前后的仰韶文化时期。

又过了1000多年，比较成熟的文字出现了，那就是著名的“甲骨文”。甲骨文的出现，标志着汉字正式走进了“古文字”阶段。

四、中国古文字的诞生与演变

汉字形体的演变可划分为两大阶段，即古文字阶段和今文字阶段。甲骨文的出现标志着中国古文字阶段的肇始，包括其后的两周金文、战国文字以及秦代小篆，都属于古文字阶段。而从秦汉时代隶书开始，包括此后文字的演化，则属于今文字阶段。

（一）甲骨文

一直以来，我们对中国第一个朝代夏朝的情况知之甚少，以至于一些学者怀疑过夏朝的存在。而对于第二个朝代商朝的事情则知之较多，其中的原因是我们后来见到了商朝的甲骨文。

公元前 1300 年，商朝第二十代王盘庚将国都从奄迁到殷，即从今山东曲阜迁到今河南安阳，创造了以甲骨文和青铜器为标志的殷商文化。

经历了原始人类数万年岩画时代的积累，经历了仰韶文化时期契刻符号时期的演变，经历了夏代字符时期的进化，漫漫岁月的滋养和孕育，方才促成了殷商后期甲骨文的一次伟大的历史性飞跃。殷商甲骨文是现存最早成系统的、比较成熟的汉字，有 4000 多个单字，基本上可以满足当时语言记录的需要，在这一刻，中国汉字正式诞生。虽然创造甲骨文的人在历史的长河中寂寂无闻，但他们所进行的推动文明进步的宏大叙事，无时无刻不在向我们这些每时每刻都在使用汉字的后人，诏告着他们的不朽功业。

甲骨文是刻在龟甲、兽骨上的文字的通称。商代和周代都有甲骨文，但现在发现的甲骨文大部分属于殷商时期，因而人们习惯上把甲骨文视为殷商文字的代表。

因为甲骨文大多是从河南安阳西北的小屯村发现的，小屯村一带是晚商都城遗址——世界文化遗产殷墟，所以甲骨文又被称为殷墟文字。

甲骨文于19世纪末一经发现，便得以迅速发掘和收集，到目前为止，共发掘了约15万片，编收已识字1723个，附录收未识字2949个，共计收单字4672个。

甲骨文的内容相当丰富，但绝大部分是关于占卜的记录。殷商时代社会文明还比较落后，人们相信天帝左右一切，因而无论大事小事，诸如天气、收成、田猎，甚至做梦等，都要卜之于天。具体的占卜过程是：先对甲骨予以加工刮治，然后在它的反面凿出一个椭圆形槽，再在槽边钻出一个个小圆坑。当占卜时，用火烧灼钻穴，甲骨经火烧灼，在光滑面沿槽坑的位置，就出现“卜”形的裂纹，这种裂纹就叫作卜兆。商王或史官就是根据这些卜兆去判断所卜之事的吉凶。在占卜结束之后，还要把占卜的过程及内容等刻在卜兆旁边，这便是卜辞。

例如下面这条卜辞：“庚子卜，争贞：翌辛丑，启？贞：翌辛丑，不其启？王占曰：今夕其雨，翌辛丑启。之夕允雨，辛丑启。”意思是，庚子这一天占卜，一个叫争的史官卜问：“第二天辛丑，天晴吗？第二天辛丑，天不晴吗？”商王看了卜兆以后说：“今天晚上要下雨，第二天辛丑要晴了。”到了晚上果真下雨了，第二天辛丑，天也晴了。

从甲骨文构形的角度看，传统六书中的象形、指事、会意、形声四种造字方法，在甲骨文里都已具备。这说明，当时人们对汉字基础部件的各种功能已有了初步的认识，既看到了独体字符较原始的表形功能，也懂得了将它们转化为表意或示音功能，并且能够自觉地运用各种基础部件构造新字。所有这些，都为汉字构形系统的形成和进一步完善奠定了基础。

对于汉字学而言，如果没有甲骨文的发现，中国汉字发展史的链条便出现断裂，中国汉字的发展史将出现一个巨大的空洞。然而，这样重要的先民们的文化创造却在清代之前一直不为世人所知，被湮没在历史的厚厚土层之下，直到晚清才被人发现，而这个重大的发现完全出于一连串的偶然。

（二）商周金文

大约在公元前3500年前，世界的东方进入了青铜时代。那时候，美索不达米亚和埃及出现了最早的青铜器，中国青铜时代的开始略晚一些，时间大约在公元前3000多年前。奴隶社会的商周时期，中国青铜器铸造达到了高峰，这一时期为中国真正的青铜时代。

商周金文是铸在青铜器上的文字。我国上古时代称青铜为金，因此把青铜器铭文称为金文。钟、鼎是青铜器中乐器、礼器的代表，所以金文又叫钟鼎文。

在商代中期，金文已开始出现，但现在发掘的青铜器较少，并且都只有两三个字。到两周时期，在青铜器物上铸刻文辞开始盛行。金文的发展与盛行，与青铜器的藏礼作用有着非常密切的关系。所谓藏礼，就是寓礼于器，是古代宗法礼制在青铜器上的物化。商代的青铜器，主要是一些日用器具，其上多没有铭文，个别青铜器上也只是出现族徽性的单字。从商代后期开始，随着奴隶主宗法礼制的逐渐强化，青铜器的藏礼作用日益明显。到西周时期，一些日常用于祭扫宴享的青铜器被赋予了特殊的意义，青铜器的不同组合方式代表着不同的身份和等级，如天子九鼎、诸侯七鼎、大夫五鼎、士三鼎等。青铜器成了家族的荣耀、国家的象征，“问鼎”则意味着挑战和侮辱，“鼎迁”则意味着国家灭亡。家族成员立了战功，受了赏赐，就要铸刻在青铜器上，以便昭示后人，世代为荣，故金文中常用“子子孙孙永宝用”的字样。到了西周后期，青铜器的这种作用达到了顶峰，其上的铭文也变得越来越长。西周末年的“毛公鼎”共铸有497字，是现知最长的一篇青铜铭文。西周晚期以至春秋，宗法制关系逐渐瓦解，王室势力日渐衰落，到战国时期青铜器重又回复为日用器具，长篇铭文已非常罕见。

由于西周金文是在宗法礼制的推动下走向兴盛的，因而此期金文的内容多数与君臣、宗族有关。如祭祖典礼、颂扬先祖、征伐纪功、赏赐册命、训诰臣下等。在书体风格上，西周初期金文与殷墟甲骨文大体上一脉相承，象形、象物性仍然较强。所不同的是，由于金文是用形范铸出来的，比较容易体现毛笔书写点画形态，字的笔画经常出现粗细变化，有的笔画呈方、圆等形状的团块。如周武王时期的“利簋”表现出这种典型的书写风格。

西周中后期，金文有了显著的发展，与晚商和周初相比，此期的金文有以下几个方面明显的变化：

1. 字的象物性程度降低，笔画粗细悬殊的现象逐渐减少，一些呈方、圆等形的团块状笔画逐渐线条化。

2. 新的象形字很少出现，而形声字却大大增加。如“走”部、“言”部、“金”部、“厂”部、“食”部的字在甲骨文中很少或几乎没有，而到了西周晚后期则大量出现，并且多为形声字，是汉字构形系统走向成熟的重要标志。

3. 结构渐趋定型，异构字相对减少。甲骨文中一些字形态各异，到西周中后期形体基本固定下来；某些构件的置向及位置已不再随意改变，如从“彳”之字已基本将“彳”固定在左边，从“水”之字其“水”已基本固定在字的左侧或下边。

4. 由于书写材料和书写方式的不同，西周金文在笔画上一改甲骨文方折瘦削的特点，变得肥厚粗壮、圆浑丰润。字体庄重美观，大小渐趋一致。行款多为直书左行，排列也越来越整齐，有时甚至先打格后书写。

商周青铜器上的金文，是世界青铜文化的奇观。商周金文上承甲骨文，下启小篆，是汉字形体演变过程中的重要一环。

五、秦统一文字

商周之后，中国进入春秋战国时代。经过春秋时期的动荡，战国时期已经形成了诸侯割据的局面。在这200多年的时间里，战争连绵不断，战火从未熄灭。根据文献记载，他们“争地以战，杀人盈野；争城以战，杀人盈城”，战国时期发生大小战争222次。

战国时期，诸侯割据，造成了文字地域性差异非常复杂。秦居西周故地，基本上继承了西周文化，其文字形体也与西周金文一脉相承，除书写风格上渐趋规整匀称之外，结构上的变化并不明显。而六国文字则变化剧烈，自西向东，与西周金文差距越来越大。所以，人们习惯把战国文字分成两大系，即西方秦系文字和东方六国文字。

秦系文字上承西周金文，下启小篆，是汉字发展主线的一个重要环节，因而它是战国文字的主流。目前所能见到的战国秦系文字主要资料有石刻、金文、印章、陶文、简牍等，其中最值得注意的应该是保留着战国秦文字原貌的石鼓文。

石鼓文是刻在十个像高脚馒头的石碣上的文字。因为这些石头形状有点像鼓，故称石鼓。每个石鼓上面刻有一首六七十字的四言诗，记载秦国国君游玩打猎的情形，格调与《诗经》基本相仿。石鼓文是现存最早的石刻文字，但自唐朝初年发现以来，几经搬迁磨损，大约有一半的字已残缺不清了。这些石鼓文大小一致，结构端庄严谨，笔形布局极有法度，偏旁部首的写法和位置也都基本定型；笔道粗细均匀，已基本实现线条化；字体风貌已与小篆十分近似，明显处于西周晚期金文向小篆的过渡阶段。

秦始皇统一中国后，虽然雄视四海，鞭笞八方，但却出现皇帝的诏书下达后，人们不认识的现象。为了便于对六国进行统治，于是着手进行了度量衡和文字的统一工作。《史记·秦始皇本纪》记载，秦始皇二十六年（前221年）统一中国后，李斯上奏秦始皇：“一法度衡石丈尺，车同轨，书同文字。”两年后，即秦始皇二十八年，秦始皇东巡到琅邪山，立石纪功，又提到“器械一量，同书文字”，可见秦始皇对统一文字是相当重视的。

秦始皇命令宰相李斯主持统一文字的工作。李斯以原来秦国使用的文字为基础，废除了六国文字中与秦国文字形体不一致的文字，同时吸收各国之长，制定出统一的文字，那就是古代有名的美术字——小篆。而此前的商周金文则称大篆，小篆比大篆更加简化。

李斯是河南上蔡人，最初为吕不韦舍人，后又被任命负责保卫宫廷，得见秦王嬴政，于是写了《论统一书》，劝说秦王成就帝王大业，实现“天下一统”，秦王欣然接受，任命他为长史，后又拜为客卿。

李斯提出了统一文字的主张和实施方案，以秦国文字为基础，废除异体字，以小篆为标准文字，推行全国。在此基础上，李斯把统一事业推广到法律、货币、度量衡和车轨道等方面，从而奠定了中华民族大一统的格局，为中华文明的延续和发展做出了不可估量的贡献。

秦始皇四方出巡，刻石勒碑，其铭文均出自李斯之手，例如峄山刻石、泰山封禅刻石、琅邪刻石、东观刻石、碣石刻石、会稽刻石等，被后人尊为“传国之伟宝，百世之法式”，对汉晋石刻具有很大影响。中国历史博物馆今藏有李斯书琅邪刻石，山东泰山岱庙存有李斯篆书秦二世诏书刻石残片。这是我国已发现的最早文字刻石。

六、今文字的产生

（一）隶书

秦代，当人们用毛笔在细长的竹简、木简上快速书写小篆的时候，他们怎么也不会想到，一种新字体在他们手下诞生了，这就是“隶书”。隶书的出现是汉字发展史上的大事，汉字从此不再象形，字体是隶书和楷书。从隶书开始，汉字形体彻底脱离了图画，完全笔画化、符号化了，汉字成了不象形的文字，由象形性符号发展为象征性符号，是汉字形体的重大转变，在中国文字史上具有非常重大的意义。标志着古文字阶段已经过去，今文字阶段开始了，汉字从此基本定型。

秦代时还没有纸，纸是西汉时期发明、东汉末年经过改进才开始广泛使用的。秦代和之前战国时期的文字多用毛笔写在竹简和木简上，为了提高书写速度，负责写公文的役吏们按照民间的写法，把小篆那圆转的笔画写成直线，形体也做了简化，这样，字写起来就快多了。由于这种简化的新字体多是由负责书写的隶人们写出来的，人们就把这种字体叫作“隶书”。显然，毛笔的使用，篆书的快写，创造出了隶书这种新字体。这种古代人用毛笔快写的隶书字体，我们在出土的大量竹木简上可以看到，例如：湖北云梦睡虎地秦国竹简，上面的隶书形体已经完全不像小篆了；著名的居延汉简，已经出土了 3 万多片，汉简上那些扁平的隶书，不但表现了汉代人很高的隶书书法水平，而且能看出写字人的一种随意和轻松。考古证明，秦代除了小篆，隶书也是当时的通行字体，到了汉代，从官方到民间使用的就都是隶书了。

汉代人书写在竹简、木简或刻写在石碑上的隶书留存下来的很多，古代隶书的最高成就表现在东汉时期的碑刻上。东汉隶书碑刻数量丰富，风格多样，成就很高。像字体庄重秀美的《礼器碑》、优美典雅的《乙瑛碑》、粗壮古朴的《张迁碑》、奔放多姿的《石门颂》、方劲活泼的《西峡颂》等，历来是书法爱好者临摹学习的优秀样本。175 年，东汉大学问家蔡邕等人用隶书字体写了《诗经》《尚书》《论语》等主要的儒家经典，由著名工匠刻在 45 块石碑上，立在了洛阳太学（国家大学）门口，这就是著名的《熹平石经》。据说当时很多读书人都来洛阳观看和学习《熹平石经》，太学前“车乘日千余辆”，把道路都堵塞了。《熹平石经》是中国最早的官方儒家经本，上面的隶书为成熟汉隶的代表作，被称为隶书中的极品。《熹平石经》目前只有一些残片存留在世。

（二）楷书

楷书，也叫“真书”或“正书”，因为可以作学习写字的楷模，所以有了“楷书”这个名称。楷书出现在东汉末年，是由隶书（汉隶）演变而来，到了隋唐时期已经相当成熟。由于楷书比隶书好写，比草书好认，所以一直用到今天，成为使用最广泛、通用时间最长的标准字体。

据说三国时期（220—280 年）魏国大臣钟繇写出了最早的楷书。钟繇把隶书的波势笔画改为横平竖直，横、撇、捺的收笔处也不再向上挑起，出现了钩的笔画，形体也更加方正。这些变化使字的书写更加方便，这实际上也是字体的一种简化。楷书字形方正工整，结构匀称严谨，笔画线条丰满美观，方块形的汉字完全定型。很明显，楷书和隶书在形体结构上基本相同，不同的只是在用笔上，楷书笔画平直，没有隶书的波势和收笔处的上挑。

古代有很多写楷书写得很好的大书法家，他们不同的风格也体现在笔画线条上。例如，唐代颜真卿的字笔画肥壮，柳公权的字笔画瘦硬，人们就用“颜筋柳骨”或“颜肥柳瘦”来形容两人不同的楷书风格。再例如，唐代欧阳询的楷书圆畅方挺，元代赵孟頫的楷书圆润流利。人们称颜真卿、柳公权、欧阳询、赵孟頫为中国“古代四大楷书家”。

今天人们使用的汉字就是楷书印刷体和楷书手写体。自从宋代发明印刷术以来，楷书一直作为印刷书籍报刊的主要字体（楷体及楷书的变体，即宋体、仿宋体、黑体等）。这些印刷体又按字体的大小，分成不同的字号，用来满足印刷的需要。

楷书是汉字演变最后阶段的字体，楷书形成以后，除形体还在继续简化以外，就没有什么大的变化了。

（三）草书

草书是对隶书的简化和连写，草书打破了汉字的方块形，线条飞舞，笔画相连，生动而有气势。草书很难辨认，实用性很差，但艺术欣赏性很强。

草书分章草、今草和狂草三种，狂草写起来龙飞凤舞，作品具有美妙的艺术境界，历来受人喜爱。中国有很多写草书的好手，如唐代大书法家张旭的狂草就写得非常好，他的狂草自由奔放，充满动感和激情。人们喜欢张旭的草书，称他为“草圣”。

（四）行书

行书是快写楷书形成的，这种字体没有楷书那么工整，但也不像草书那么笔画相连，是处于楷书和草书之间的一种字体，很容易辨认。如果说楷书如“坐”，草书如“飞”，那么行书就是“走”了，“行”字的本义就是“走”。行书的实用性很强，人们平时所写的字就是行书。中国古代行书写得好的大书法家很多，东晋时期的王羲之就是其中的一个。王羲之是中国古代杰出的大书法家，楷书、行书、草书写得都很好，人们称他为“书圣”。王羲之用行书写的《兰亭序》，字体秀美，书写流畅，被誉为“天下第一行书”。

七、从《说文解字》到新中国文字改革

许慎，字叔重，汝南郡召陵县万岁里（今漯河市召陵区许庄）人，是东汉时期的著名经学家、文字学家。他在汉语文字学研究方面取得了巨大成就，被世人尊称为“文宗字祖”，其著作《说文解字》是我国第一部以部首检字、分析字形、考究字源的汉语文字学经典之作，被誉为“千古一书”。

许慎“少博学经籍”，精通“五经”，被人们称道为“五经无双许叔重”。

建初八年（83 年），许慎被选入京，任太尉府南阁祭酒，并师从于经学大师贾逵，由学习今文经改为学习古文经。

当时，正处于古文经学派与今文经学派竞争激烈的时代。许慎通过学习古文经，发现了今文经与古文经两种学派的区别：今文经学派总是曲解文字，认为经书就是圣人之言，并且常常断章取义，任意地引申比附；古文经学派认为解说经书就应该根据字的意思，应该重视语言文字之学，树立它在经学上的崇高地位。许慎认为：先有文字，而后才有“五经”，文字是经艺之本，王政之始，前人所以垂后，后人所以识古；曲解文字，则会篡改经艺，而不利于王政。许慎为了驳斥今文经学派曲解文字、篡改经艺的做法，开始撰写《说文解字》。其间，许慎曾被皇上选为县令，他坚辞不受，致力于在家乡从事《说文解字》的修订。《说文解字》正文 14 篇，《后叙》1 篇。正文收字 9353 个，重文 1163 个，解说达 333441 字。正文以部首分 540 部。该书采用部首编排，对后世编著字典者影响很大，如晋时吕忱的《字林》、梁时顾野王的《玉篇》及宋代的《类编》、明代的《字汇》、清代的《康熙字典》，皆沿用部首检字法。在说解中，《说文解字》采用《尔雅》等 30 多种典籍，并汲取前人和同代通儒的解说 141 处。在注音方面，《说文解字》采用直音，并对每一字进行释音，使后人能够了解古音。《说文解字》成书不久，曾引起东汉大儒们的重视，郑玄注释《周礼》《仪礼》，应劭著《风俗通义》，晋灼注《汉书》， 都引用过《说文解字》。后来的颜师古、陆德明、孔颖达等注释典籍，玄应、慧琳等著《一切经音义》，也无不以《说文解字》作依据。唐代开科取士，《说文解字》是必考的内容。唐玄宗曾称颂《说文解字》“最有品式”。清代学者王鸣盛称“《说文》为天下第一种书”。近代儒学大师章炳麟认为读书必先识字，识字必习《说文解字》。当代从事考古、整理古籍、研究文史，《说文解字》仍是必读之书。

当初，许慎之子许冲将《说文解字》与《孝经孔氏古文说》一卷一并献于朝廷，许冲获得御赐布40匹。之后，许慎一直在家乡教书直至逝世。

纵观汉字发展史，汉字经历的每一次变革实际上就是新的汉字规范的制订和推行，就是说，汉字正字法始终是和汉字的发展演变密切相关的。

新中国成立后，政府非常重视汉字改革，成立了专门机构，具体领导和实施汉字的整理和简化工作。

1949年10月，中国文字改革协会诞生。1952年教育部设立中国文字改革研究委员会。1955年10月召开“全国文字改革会议和现代汉语规范问题学术会议”，确立了汉民族共同语的语音标准是“以北京语音为标准音”。效仿于英语以伦敦音为标准，法语以巴黎音为标准，希腊语以雅典音为标准，俄语以莫斯科音为标准的国际惯例。

语音标准确立后，汉字的简化工作提上了日程。先后发布了《汉字简化方案》3个字表，第一表简化字230个，第二表285个，第三表54个，然后又整理了异体字，消除了一字多形的问题。

1988年3月25日，国家公布了《现代汉语通用字表》，全面体现了新中国成立以来的汉字整理和简化的成果。

八、从石壁岩画到汉字计算机输入

在纸还没有发明和使用之前，在最早的时候，人们记事用结绳、刻木、堆石等方法。文字的雏形产生后，人们把符号画刻在石头、陶器上。文字出现后，人们先用龟甲、兽骨刻画，后来铸刻在青铜器上，这就是著名的甲骨文和金文。到了秦汉，把字写在竹简、木简、丝帛上。竹木简比较细，一般只写一行字，如果字很多，就要把许多竹木简用绳子连接起来，这就成了“册”，即“简册”。古文字的“册”字就很像简册。战国时代的竹木简册已经出土很多，早在晋代时，就在战国墓中出土了很多简册，其中最有名的是《竹书纪年》，是一本历史书。之后，地下的秦汉竹木简册不断出土，数量惊人。

当时的书十分笨重，据说秦始皇每天要批阅120斤重的公文，需要大力士抬进皇宫里，他看的就是简册。在隶书出现后，宫廷里每天有大量公文，不得不招纳许多写手，进行誊抄，这些人被叫作隶人。中国有个成语“学富五车”，是说有个名叫惠施的人，很有学问，喜欢读书，他每次外出，都要用五辆车来装要读的书，这些书就是竹木简册。

直到东汉，纸张方才出现。造纸术是中国古代四大发明之一，对我国乃至世界文化的保存与传播产生了巨大的作用。这一伟大发明，就诞生于洛阳。大约在6世纪时，造纸术传入朝鲜半岛和越南，后传入日本；8世纪时，造纸术传入阿拉伯；12世纪再传入欧洲各地，从而取代了埃及的纸草、印度的贝叶、欧洲的羊皮。“蔡侯纸”很快成为世界范围内主要的书写材料。

被誉为“文明之母”的印刷术是中国古代四大发明之一。古代的印刷术分为雕版印刷术和活字印刷术两种。

雕版印刷术发明于隋代，盛行于唐而完善于宋。雕版印刷整版雕刻，可以大量印刷，这就避免了反复誊录的繁难。

到了宋代，为了适应雕版印刷术的需要，出现了一种新的汉字字体——宋体。在宋代，雕版印刷术已十分完善，由于当时的书籍每一版印刷两页，使用长方形木板雕刻制版。木板具有木纹，一般都是横向，刻字的横向线条和木纹一致，比较结实。但刻字的竖向线条和木纹交叉，容易断裂。因此，宋代字的竖向线条线粗，横向较细。由此产生了竖粗横细的字体字形。1000余年来，宋体字一直行用不衰。

后来的活字印刷术也首先发起于北宋国都东京。北宋庆历年间，毕昇在世界上首先发明了活字印刷术。活字印刷是单字雕刻，拼合印刷，单字可以重复使用，大大提高了印刷效率。有了活字印刷术，印刷的书籍成倍增长，图书的普及带动了文化的传播，也推动了教育的发展，中国的汉字历史进入了一个崭新的时代。

当代社会发生的、以现代科技推动的巨大变故，是计算机介入社会。人类社会已经进入了信息化时代，计算机已经深入到社会生活的各个方面，一个国家语言信息的处理水平，在某种程度上标志着这个国家的现代化发展水平。

世界上的文字大约有几百种，除了汉字都是表音文字。表音文字的符号有限，一般是几十个，数量少而简单，计算机处理起来方便快捷。但汉字数量多，结构复杂，计算机在输入、输出、存储方面都有许多困难和问题。经过努力攻关，中国突破了汉字信息处理的瓶颈，解决了计算机进行汉字处理的难题，其意义不亚于活字印刷术的重大发明。

其中的一个杰出人物是发明“五笔字型计算机汉字输入技术”的王永民。

王永民是河南南阳人，从 1977 年开始，他经过多年拼搏，发明了五笔字型输入法，首创“汉字字根周期表”，发明了 25 键 4 码高效汉字输入法和字词兼容技术。只用数字键，单手打汉字，可以输入简体、繁体汉字；会写汉字的人 20 分钟便可学会，在世界上首破电脑汉字输入每分钟 100 字大关，据 1992 年的调查，在当时的中国内地计算机用户中，有 85% 的人使用的是王码（五笔字型），王码已经成为全社会普及最广、装机最多、影响最大的电脑汉字技术。“五笔字型计算机汉字输入技术”的问世，解决了我国网络时代亟待解决的汉字输入社会化普及的难题，对提高汉字文化的国际地位及汉字在网络时代的应用水平产生了重大影响。王永民被誉为“中国电脑时代的毕昇”。

当我们回头眺望中国汉字昔日的漫漫岁月，我们至今仍能聆听到它从远古一路走来的强大足音，感知到它每一次跳跃时的宏大脉动和呼吸。它就是一个伟大的生命，在历史的长河里，时时与每一个中国人朝夕相处，时时与中华文明的每一次进步相伴相随。

仰以察古，俯以观今。当下的中国已经告别了漫漫的农耕文明，气势如虹地进入到现代化、全球化的时代，伴随着中华民族伟大复兴的进程，伴随着中国在世界影响力的提高，汉字还将在新的世纪，为中华文化的积累与传播，为中国经济社会的发展，为中华文化在世界话语权的提升，为国家文化安全的维护做出新的贡献。

历史是一出永远没有结局的戏剧，汉字从过去走到今天，汉字还将从今天再次出发，走向未知的将来。

让我们尊重汉字，珍爱汉字，让汉字文化与我们中华文明的进步永远相伴相随。

中国历史上的廉政文化

王武伟

廉政不仅是一种政风，更是一种文化。廉政文化是关于廉政的知识、信仰、规范、价值观和与之相适应的行为方式、社会评价的总和。它不因历代政治、制度的更迭而消失。廉政文化作为中华文化的主要组成部分，至今仍在中华文化的构建中发挥着重要的作用。

一、中国廉政文化起源

中国廉政文化萌芽于中华文化形成之初，有着悠久的历史。其源头可追溯到上古原始氏族部落联盟时期。那时，人类虽然没有后世严格意义上的廉政意识，却有了“平均分配食物”的概念，有了最早的廉政行为和措施，并给后世留下了民主议事、推举“有德者居其位”的廉政记忆。一位叫皋陶的氏族首领首先提出了“九德”，即“宽而栗，柔而立，愿而恭，乱而敬，扰而毅，直而温，简而廉，刚而塞，强而义”。这里所提到的“简而廉”，就是中华传统文化中关于廉政文化的最早记载。

把“廉”作为一种比较完整的道德观念和治国思想，则是在西周初年。《周礼·天官·小宰》曰：“以听官府之六计，弊群吏之治。一曰廉善（指善于行事，能获得公众好评）；二曰廉能（指能行政令，较好地贯彻各项法令）；三曰廉敬（指不懈于位，恪尽职守）；四曰廉正（指不倾斜，品行方正）；五曰廉法（指守法不失，执法不移）；六曰廉辨（指临事分明，头脑清楚，不疑惑）。”小宰是西周天官的属官，其重要职责之一就是评判官府的“善、能、敬、正、法、辨”六件事。这种以“廉”为本考查群吏的政绩，裁断高下优劣的做法，称为“六廉”。

沿着《周礼》的脉络，2000多年的中国封建社会都把“廉”作为传统道德的核心，形成了一个比较完整的道德体系。春秋战国时期，诸子百家无一不褒扬“廉”，其中法家更是把“廉”和“政”结合起来考查，认为“礼义廉耻”是立国之本，并制定了“廉不蔽恶”的原则。墨家学派也同样强调“廉”在道德伦理中的重要意义，因而最早把“廉”作为重要德行提出来，认为君子之德有廉、义、爱、哀“四行”。此后的各个朝代都设立了各种监察与反贪机构，出台了各种法典以奖廉罚贪。如我国历史上最早的监察法——汉惠帝时的《监御史九条》，汉武帝时的《刺史六条》，明初颁布的一系列劝勉官吏的文书和诰谕，清朝实行的养廉银制度等。在我国历史上，涌现出许多尽职尽责、政绩卓著、清廉守正、严于执法的清官廉吏，产生了诸如“吏治廉洁的标准”“治贪之道”“节俭治贪”等廉论，以及许多或讴歌廉洁，或鞭挞贪腐的廉诗、廉文、廉对、廉谣、廉谚、廉戏和廉政故事、格言、警句等，形成了我国最早的廉政文化。

这些在廉政文化发展的历史进程中产生的观念形态和出现的人物事件，构成了内涵丰富、外延清晰的中国廉政文化发展脉络。

二、中国廉政文化发展中的典章与制度

我国的廉政典章与制度伴生于中华廉政文化萌芽时期。其中，官职设置上的互相制约，道德教育与法制规范的相互配合，严厉惩处与细密防范的有效措施，正确处理廉政建设与经济社会发展的关系等，尤为值得我们认真地总结和借鉴。

《尚书·尧典》有“鞭作官刑”的记载。《尚书》的《胤征》《伊训》等篇记述了夏商两代统治者对官吏职责、义务的界定及官吏失职、渎职、贪污等犯罪行为处罚的具体内容。

先秦是中国传统文化的萌芽和初步发展时期。在这一时期，随着国家的形成，廉政制度初步建立起来，“民本”“德治”“仁”“道”“法治”等深刻影响后世的廉政典章与制度也在此时产生。

战国以降，官僚行政制度逐渐取代了旧的世卿世禄制度。头脑比较清醒的执政者，大多是廉政思想的倡导者和践行者。他们能够意识到，属下官吏廉洁自律和崇尚廉政的社会风气，会直接影响政权的兴衰存亡。正如《晋书》所说：“王道之本，经国之务，必先之以礼义，而致人于廉耻。礼义立，则君子轨道而让于善；廉耻立，则小人谨行而不淫于制度。”

历史上，各个时期的廉政制度都有不同程度的建树。如，先秦两汉时期汉代对受贿罪的惩治，魏晋隋唐时期的魏晋南北朝考试选拔官吏、吏部考司的考课复审、唐代选拔监察官员的标准，宋元明清时期的官吏任职回避、官吏的考课制度、元典章、大明律、晚清的监察和官吏考核等。

三、中国廉政文化与道德

中国廉政文化与中国传统的“官德”密切相关。中华民族历来就有“德治”的优良传统，“大禹治水八年于外，三过其家门而不入”，为后世树立了榜样。“周公吐哺，天下归心”，成了从政者的座右铭。大凡开明盛世的统治者，都明白“水清沙自洁，官贤弊自绝”的道理，十分重视官吏的道德品质。历朝历代对于中国廉政文化的传承与创新，造就了一系列的“官德”规范，推动廉政文化不断发展，历久弥新。

作为观念形态，古代社会的廉政思想不断呈现。《周礼》关于廉政的思想显然已不再停留于廉政的简单含义，认为衡量一个官吏廉政的标准，不仅关乎其人品、道德，而且还有一个能力、职位问题，并对如何衡量廉能、廉法等，设计了具体、细密的考核办法。这无疑大大拓宽了对廉政的理解范畴，扩充了廉政文化的内容。统治者倡行廉政的基本思想自然与维护统治集团的长远利益有关，但在客观上也维护了社会的长治久安，并在一定程度上维护了一个国家应有的正义。这是毋庸置疑的。

春秋时期，经历“百家争鸣”的洗礼，儒学得到迅速发展，廉政文化也随之与时俱进，廉政思想成为儒家宣扬的重要的道德思想。儒家认为“礼义廉耻，国之四维，四维不张，国乃灭亡”。“国之四维”，即维系国家生存发展的四大道德伦理和精神支柱。其中，“廉”，即廉政思想又得到进一步的提升，强调“廉者，政之奉也”。儒家代表人物孔子更是明确地提出了“为政以德”的主张。据此，古代中国的统治者们为了稳固国家的统治，维护各自集团的利益，都不同程度地推崇和实施廉政思想，并把廉政作为官德的重要内容和衡量社会风气好坏的重要准则，廉政文化也因此得到不断的加固和弘扬。例如先秦两汉时期的孔子“节用爱人”、孟子“民为贵”、董仲舒“食禄者不与民争利”、司马迁“奉法循理”，魏晋隋唐时期的曹操赏罚分明、诸葛亮“威之以法，限之以爵”、魏征“居安思危、戒奢以俭”，宋元明清时期的宋太祖“勤政节俭”、王安石的廉政思想、耶律楚材的廉政思想、明太祖“治乱世重典”、康熙的廉政思想、康有为的廉政思想等。

四、中国廉政文化与清官廉吏

廉政和廉吏相互依存，互为因果。廉政要求规范着廉吏的行为，廉吏的行为又践行着廉政的要求。历史上，几乎每提到“廉”，都会与“贪”相比较，“廉”和“贪”似乎成了形影不离的历史现象。“廉”与“贪”自古以来就是两个对立的道德观念。“廉”是一种高洁的美德。孔子认为，在善、能、敬、正、法、辨“六事”中，应当“以廉为本”。《薛文清公从政录》中提出居官的“七要”，其中重要的一条就是“正以处心，廉以律己”。他还进一步分析说，廉洁自律具体表现为三种不同的道德境界：“有见理明而不妄取者，有尚名节而不苟取者，有畏法律、保禄位而不敢取者。见理明而不妄取，无所为而然，上也；尚名节而不苟取，狷介之士，其次也；畏法律、保禄位而不敢取，则勉强而然，斯又为次也。”

从古到今，我们既有一部清官史，也有一部贪官谱。为政清廉的人各有不同，有的慎独不取，有的体国恤民，有的清操励节，有的俭约朴素。如先秦两汉时期甘棠遗爱的召公、一饭三吐哺的周公、施惠南阳的召信臣，魏晋隋唐时期比之召公的谢安、明断是非的狄仁杰、塞贪竞之门的姚崇、居官鲠正的宋璟，宋元明清时期先天下之忧而忧的范仲淹、一策安中原的耶律楚材、不惧皇权的刘肃、“要留清白在人间”的于谦、“铮铮一汉子”海瑞、“一枝一叶总关情”的郑板桥等。他们用自己的崇高人格和高尚行为，在历史上树立了清正廉洁的光辉形象。而为政贪婪的官吏其本质是一样的，大都为满足个人的私欲，置国家、人民的利益甚至个人的名节于不顾。历史上也不乏其人，如先秦两汉时期指鹿为马的赵高、东汉头号贪官梁冀，魏晋隋唐时期争奇斗富的石崇、卖官宰相元载，宋元明清时期搜刮遍天下的“阉党”魏忠贤、“和珅跌倒，嘉庆吃饱”的和珅等。

五、传承和弘扬中国廉政文化的意义

当代中国的廉政文化，是中国共产党人在廉洁从政方面所建构的思想、道德、政治、法律、制度体系的标志，烙印着崭新的时代特征，反映了廉政建设的变化、发展和进步状态。发展中国特色社会主义的先进文化，极其重要的一个方面就是要发展廉政文化。深入开展党风廉政建设和反腐败斗争，建立适应社会主义市场经济体制的教育、制度、监督并重的惩治和预防腐败体系，需要以廉政文化为支撑和动力。因此，廉政文化建设作为新时期党风廉政建设的重大课题，越来越受到党的各级组织和纪检监察机关的重视。历史发展到今天，大力继承和弘扬廉政文化，深入研究和创新廉政文化，对于共产党人领导的建设具有中国特色的社会主义宏图大业来说，将会有十分重大的意义。

改革开放30多年来，我国的经济建设取得了举世瞩目的伟大成就，但是“腐败”也成为目前存在于我们党和国家的一个不容忽略的问题。我们的执政党和国家权力机关正经受着利欲横流、诱惑充溢的国际、国内环境的挑战和考验，社会上贪腐沦落之风如瘟疫般侵蚀、渗透和染指我们健康的肌体。虽然我们年年喊反腐，但权钱交易、行贿受贿、拉帮结派、蝇营狗苟、违法乱纪等诸多问题，大有前“腐”后继之势。如任由“腐败之风”蔓延，则有亡国亡党之危险。

前事不忘，后事之师。历史上，因社会腐败而酿成的悲剧屡有发生。例如南宋时期，商品经济迅猛发展，商业和手工业十分兴盛。临安的繁华，曾让西方人马可·波罗惊讶得瞠目结舌，叹为观止。令人难以想象的是，如此强盛的南宋王朝竟会被区区数万蒙古铁骑所踏灭。在甲午战争爆发 120 多年后的今天，不少人曾一度认为，中国之所以在这场战争中败北，是因为当时的中国经济落后。其实不然，造成这样屈辱的历史悲剧也不外乎清政府的妥协投降和当时社会的腐败。

早在延安时期，毛泽东等老一辈无产阶级革命家，一盏油灯，四壁黄土，穿的是补丁摞补丁的衣服，吃的是红米饭南瓜汤，在艰难困苦中领导中国革命从胜利走向胜利。1936 年美国记者斯诺访问延安时断言：这种清廉节约的作风一定会产生一种伟大的力量。13 年后，国民党政权行将灭亡，美国驻华大使司徒雷登对国民党军官说："共产党战胜你们的不是飞机大炮，而是清廉，以清廉换得的民心。"新中国成立之后，我们党的历代领导人都把反腐倡廉作为坚定的政治追求，赋予了廉政文化崭新的内涵。现在，以习近平同志为核心的党中央将反腐倡廉工作的重要性提到了前所未有的高度。习近平同志在十八届中纪委第二次全会的讲话中指出，坚定不移惩治腐败，是我们党有力量的表现，也是全党同志和广大群众的共同愿望。我们党严肃查处一些党员干部包括高级干部严重违纪问题的坚强决心和鲜明态度，向全党全社会表明，我们所说的不论什么人，不论其职务多高，只要触犯了党纪国法，都要受到严肃追究和严厉惩处，决不是一句空话。

最后，让我们以内乡县衙一堂、二堂、三堂的几副楹联作为结语，与大家共勉："欺人如欺天，毋自欺也；负民即负国，何忍负之。""法行无亲，令行无故；赏疑唯重，罚疑唯轻。""得一官不荣，失一官不辱，勿说一官无用，地方全靠一官；吃百姓之饭，穿百姓之衣，莫道百姓可欺，自己也是百姓。"

取今复古，别立新宗

——对“文化自觉”的一些断想

马　驰

美国学者亨廷顿在其与哈瑞森共同主编的《为什么文化很重要》一书的序言中曾将亚洲的韩国与非洲的加纳加以比较：“当时（20世纪60年代）加纳与韩国的经济状况非常相似，国民所得差不多，几乎都是以原料出口为主，只是韩国有一些制造业产品。这两个国家都接受相同程度的经济援助。30年后，韩国成为工业大国，是全世界第14大经济体，拥有跨国性企业，是汽车、电子设备与其他制造业产品的主要出口国家，国民平均所得接近希腊。更重要的是，民主制度日益巩固。加纳却还是一样，现在的国民所得只有韩国的十五分之一。”这种悬殊应该如何解释呢？经过缜密的分析研究，该书得出结论，几乎所有的差异都是因为文化。韩国人重视节俭、投资、努力工作、教育、有组织纪律，而加纳的价值观完全不同……这个个案的分析很清楚地说明，文化的影响很大，而文化的背后是一个国家、一个民族的价值观或价值取向。由此我们理解了文化与文化自觉的现实意义。

今天我们生活在一个万象更新的时代，激烈的社会变革时常让我们深感不安。因此，我们总是紧跟时代的先进步伐，迫不及待地为自己设定学习的榜样和跟进的目标。然而，在这个匆忙追赶的过程中，我们几乎没有时间来反思自己，以至于我们快要不知道自己是谁了。由此我们有必要重温古希腊德尔斐神庙上的箴言“认识你自己”，因为一个不能认识自己的人就是一个无知的人，而一个无知的人一旦遭受挫折，就只会怨天尤人。如果说一个只会怨天尤人的人多少有点“天作孽，犹可恕”的话，那么一个只会怨天尤人的民族则只可能是“自作孽，不可活”。回首中国被卷入现代世界中的这170多年的历史，可谓是历经了无数的屈辱与挫折。面对这些屈辱与挫折，我们的民族或多或少都有怨天尤人的时候（例如近代曾经对传统文化的彻底否定性的批判），但是我们最终还是能够自立自强，原因就是我们能够深刻地认识自己并且改造自己。今天的中国已经基本建成一个现代民族国家，但现代化的任务并没有完成，甚至在全球化浪潮的猛烈冲击下，我们将遭受更大的挫折并更加彷徨。因此，认识自己的任务并没有完成，甚至更为艰巨了，因为一旦我们在这巨大的浪潮中失去了方向，很可能就陷入万劫不复之地——丧失了“文化自觉”。

较之于1840年之前，中国人的生活方式已经发生了巨大的变化，我们心安理得地享受着现代技术带来的各种便利，并且代表着外国文化的事物（如麦当劳、NBA等）也成了我们生活中不可缺少的一部分，甚至进入了我们的汉语词典。但是，中国人之所以还是中国人，是因为我们仍然有着不同于其他民族的生活方式。在很大程度上，我们还生活在乡土中国，这就决定着我们在一定程度上延续着乡土社会的生活方式。那么，到底哪些生活方式改变了，哪些没有改变？为什么这样变而没有那样变？将来会变成怎样呢？如果我们不相信历史会终结的话，那么，以上这些都是迫切需要我们思考的重大问题。当然，强调这些问题的重要性是由理论预设的，即一方面承认历史的进程是不以人的意志为转移的，另一方面人在把握了历史运动规律之后又可以主动地选择前进的方向。因此，历史中的行动者在行动时可能对历史是自觉的，但后来者在反思前人的行动时却只能把他们看成是历史不自觉的。正是在这个意义上，我们才有必要审视我们当下的生活方式。我们的生活方式是由无数个体的行动所承载的，作为单个的个体，他的行动当然受他的自由意志支配，但由这无数个体行动所承载的生活方式，却不是由人的意志所能改变的。对于一个想认识自己的个体来说，他需要考虑的问题是我做了些什么，我还能做些什么，我应当怎样做；对于一个想认识自身的民族来说，它所考虑的问题只能是什么决定着我们要像现在这样生活，我们将来可能怎样生活。

出于这样的思考与逻辑起点，费孝通先生晚年一再用“文化自觉”来反思自己的学术生涯，也反思我们当下的种种社会问题，这是知识分子的一种十分深刻的文化反思。他对其再三呼吁的“文化自觉”的内涵、途径、意义曾有这样一个界定和概括，他认为文化自觉只是指生活在一定文化中的人对其文化有“自知之明”，明白它的来历、形成的过程、在生活各方面起的作用，也就是它们的意义和所受其他文化的影响及发展的方向，不带有任何“文化回归”的意思，不是要“复旧”，但同时也不主张“全盘西化”或“全盘他化”。自知之明是为了加强对文化发展的自主能力，取得决定适应新环境时文化选择的自主地位。文化自觉是一个艰巨的过程：首先要认识自己的文化，根据其对新环境的适应能力决定取舍。其次是理解所接触的文化，取其精华，去其糟粕，加以吸收。各种文化自觉之后，这个文化多元的世界才能在互相融合中出现一个共同认可的基本秩序和形成一套各种文化和平共处、各抒所长、联手发展的共同守则。他用“各美其美，美人之美，美美与共，天下大同”

十六个字来概括人类实现“文化自觉”的美好愿景，反映了实现“文化自觉”由低到高的发展程度与层次的步步提高。从“各美其美”肯定自己的民族文化开始，进而发展到肯定和容忍他民族文化的“美人之美”，再上升到不同文化之间取得文化价值标准的共识，做到“美美与共”，从而走向“天下大同”，实现世界人类的美好愿望。“天下大同”既是对人类美好愿望的反映，也是“文化自觉”所追求的最终目标。

要实现“文化自觉”，就应该对我们的传统文化和当下的文化状态有一个深刻的反省和批判。我们曾经有过一些值得称道的文化创新，如“鞍钢宪法”（实行干部参加劳动，工人参加管理，改革不合理的规章制度，工人群众、领导干部和技术人员三结合，即“两参一改三结合”），但非常不幸的是，它并没有最终在中国的大地上扎根结果，却移栽到了东瀛的企业，成了人家的企业文化。日本的所谓“丰田生产方式”，就是工人、技术人员和管理者的“团队合作”，不固守僵化的技术分工，随时随地解决“无库存生产方式”中出现的问题。回顾20世纪80年代，我们大众的偶像是陈景润、蒋筑英，文艺作品的社会主义新人形象是陆文婷、乔光朴，可如今的大众偶像已经是清一色的各类明星（看看流行杂志封面人物即可证明），明星所以为人们羡慕，根本原因是他们身上的奢侈品，而且明星实际上也是诸多奢侈品的形象大使、形象代言人。明星和奢侈品之间可以画等号。毋庸讳言，我们当今的社会文化存在着一些明显的价值误区，如：炫富现象和嫌贫爱富的价值观，赤裸裸地轻视底层大众，就如那些房地产商的广告。有的房地产商公开说：我的房子就是为富人盖的。在西方，这种炫富也很少，很多富人都夹着尾巴做人，很低调。一个正常社会的价值导向应该站在穷人、弱势群体一边，而在当今中国正好相反。富人不但实际过着高人一等的生活，而且在话语领域也敢于赤裸裸地藐视和数落大众，我们的文化敢于赤裸裸地教导“怎么嫁给一个有钱人”，鼓吹“宁可在宝马车里哭，不愿在自行车上笑”。很多国家都存在富人压制穷人的不合理现象，即便在发达的资本主义国家，这种事情也只是可以做而不可公开说的，像今天中国的大众文化敢于把一种“歪理”公开说出来是很少见的。这一切都说明当下我们的文化出了问题，我们的价值取向出了问题，这就使得“文化自觉”不仅必要，而且迫切。

西方的一些思想家和战略家是很清楚中国的独特性的。亨廷顿在晚年明确批评过布什政府对阿拉伯世界的政策，他认为伊斯兰在未来的世界里，并不构成对西方文明的真正挑战，也没有实力去挑战美国的霸权。他认为，在当代世界，只有一个文明具有挑战西方文明的潜力，就是中国。首先，中国的潜力不在于西方有没有这个意识，西方想不想，而在于中国本身有这个实力；其次，中国不仅是一个国家，还意味着一种文明，而文明意味着不可逾越的鸿沟，不可能通过同化解决。欧洲跟美国虽有冲突，但欧洲不会在文明上挑战美国。亨廷顿描述的未必是一个事实判断，但是他代表的是一种对塑造美国政治有影响的意识形态。他意识到了中国的发展有其自身在文化上和政治上的价值，这个价值也是要通过其自身的历史和与外界的关系中发展出来的。

但与中国发展相伴随的价值应是普遍性的，我们应有一个真正的世界图景，有一个对于更加平等的世界的认识，更加理解我们在无限丰富的文明图景中的位置。我们不必要去重复 19 世纪以来西方帝国主义和殖民主义通过工业化和全球军事化所完成的历程。中国在这方面应该有巨大的贡献，因为中国不仅有强大的潜力，也有深厚的文明基础。

因此，更重要的问题是怎么通过自己的崛起，来创造不同于 19 世纪以来的世界图景。有学者提出，“自觉并不仅仅是对某种文化抽象原则的认同，它毋宁产生于对中国的历史传统和现实处境的深刻理解，产生于对当代世界的历史形势及其未来趋势的全面把握”；“这一命题中的‘自觉’表达的是在全球化的处境中对于中国的文化自主性的关切和思考。而这一切关切和思考都不可能不涉及中国如何在开放条件下，寻求经济、政治、法律、教育等领域的独特的变革道路这一现实问题”。我们赞成这样的立场。

早在20世纪初，鲁迅就在《文化偏至论》中热情呼唤新的中华：“外之既不后于世界之思潮，内之仍弗失固有之血脉，取今复古，别立新宗，人生意义，致之深邃，则国人之自觉至，个性张，沙聚之邦，由是转为人国。”鲁迅“取今复古，别立新宗”的主张，是一种真正意义上的文化自觉的态度：既不是简单地复制传统，也不是简单地照搬现在与西方，而是要创造一个新的模式。我们要走一条独特的道路，并不是为了强调自己跟别人多么不同，而是因为其他的道路（包括我们自己走过的弯路），在西方世界和其他世界都造成了很多问题。我们要想“文化自觉”，就要有一个真正的世界文明的图景来理解这个问题。“文化自觉”并不是一个保守的态度，而是创造性的，是把各种各样的传统重新激发起来，形成我们自己的价值。

近代历史上，中国有很多次的“自觉”。晚清时的《海国图志》是一种自觉，新文化运动与五四运动也是一种自觉。新文化运动将文化与伦理置于政治概念的核心，新、旧文化上的对立也正是一种深刻的政治对立。因此，自觉意味着一种不同于以往的新政治的诞生。政治不是单纯的权力，如果我们的文化对今天资本逻辑深入到所有的领域、对一切的支配毫无反省，如果我们的文化同样被其支配的话，我们就没有什么自主性可言，也毫无自觉可言。“文化自觉”，必然包含着对今天处在主导地位的发展模式和意识形态的质疑和追问。今天，在资本主义主导下的发展模式，对世界各文明的摧毁性都极大。在这个意义上，“文化自觉”就意味着立足于今天世界的发展、立足于我们自己古代与现代两方面的历史传统，来创造一个新世界的开端。

我们的先人们为我们留下了众多的文化遗产和许多独有的思想精华，如解决人与自然关系的“天人合一”思想，处理人与人之间关系的“己所不欲，勿施于人”思想，为克服争权夺利而处理义利关系的“重义轻利”思想，处理公私关系的“天下为公”“先公后私”思想，解决尖锐对立冲突的“以德服人”而非“以力服人”的思想，解决不同思想文化之间如何相处的“求同存异”“和而不同”思想，解决民族关系的“多元一体”、“天下一家”、互补共生思想，解决国内不同地区、不同制度、不同意识形态的“一国两制”思想，处理对外关系的“和平共处”“互相平等”“互不干涉内政”思想。这些思想和主张对解决当代世界面临的生态失衡、冲突对立、强权政治、霸权主义、南北差距、重利轻义、道德沦丧、精神空虚等问题，都可发挥积极的作用和影响，我们应该认真汲取其中的文化养分。

文化自觉的目的是自我反省、自我创建，即我们通过反思自己为什么是现在这个样子，来预测并描绘我们将来可能的样子，而不论我们将来会变成什么样子，这种预测和描绘本身就意味着我们具备了主体性，即“不怨天，不尤人”，“人能弘道，非道弘人”。正是基于这样的目的，中国有良知的知识分子们的努力都是为了一个目的——重新确立中国人的生存意义，这就是文化自觉。而且在当下中国，文化自觉的工作还远没有完成，如果我们想向全球化时代的世界充分表达并坚定持守“中国特色社会主义的发展道路”，我们就必须清楚地表达作为“中国特色社会主义”之根本价值理想的文化道德和价值方向。而缺乏足够充分的文化道德资源和足够清晰的价值方向感，正是当下中国社会最紧迫、最关键的问题之一。

当今，西方一些有见识的学者逐渐将目光投向了遥远的东方，他们崇尚儒家祖师的人格魅力，深受道家精神的启悟，希冀从中开发出更多的精神资源。反之，我们东方学者是否也应该具备这样的立场和心态呢？随着多元文化格局的进一步发展，中西文化在交流过程中必然会展现出更多的包容心态和开放精神，彼此能够以一种由衷的宽容和敬重，放开胸襟，相互学习，求同存异，和平共存，共同发展，从而走向真正意义上的理解和交融，共同努力实现人类文化百花齐放的繁盛局面。我们坚信“黄土文明与海洋文明的融会，有如黄颜色和蓝颜色调和出绿色，将产生人与自然和谐的新的绿色文明”。

费孝通先生从80岁以后开始进行认真的学术反思，“就是要求自己对过去发表过的学术思想回头多想想，我的思想是怎么来的，为什么这样想，现在看来是否还有点道理，是否要修正，甚至改动”，他把这种反思视为是其个人的“文化自觉”，他说“反思是个人要求了解自己的思想，文化自觉是了解孕育自己的思想文化”。他在学术反思中，还重新学习、补课，不仅读自己过去的著作，读国内外社会学、人类学名著，还读前辈国学大师们关于中国文化的论著，撰写了多篇反思论文，并在反思过程中，深入思考了“文化自觉”问题，不断就此发表谈话，开展对话，撰写了一系列论文，这是他留给我们后人重要的精神遗产。费孝通先生是从20世纪走过来的人，曾亲身经历了两次世界大战给人类带来的灾难，绝不希望这种灾难在21世纪重演。他又看到了两次世界大战后，民族的觉醒、各殖民地的独立，使世界上呈现出政治经济多元化的格局。尤其是近20年来，随着“冷战”结束，美苏争霸的局面被打破，国际社会进一步呈现政治多极化，文化多元化，以及随着科技的发展，交通信息的发达，又加速了世界经济一体化的势头。在新的形势下，世界各地区、各民族、各国家之间的交往日益密切，另一方面相互间的竞争也日益加剧。在这种局面下，各个民族和国家之间究竟如何相处？是和平共处，求同存异，还是对抗冲突，互不兼容呢？上述种种问题，如若处理不当，就有可能重蹈两次世界大战的覆辙，那将会造成全人类的灾难，这是全世界爱好和平与发展的人们都不愿意看到的。

我们知道，“自我中心”是人类文化心理初级阶段的产物，任何民族在其发展初期都会由对本民族文化的热爱而产生排斥异族文化的心理，这是完全正常的。但是在人类文化发展的一定阶段，随着人类心理的成熟，对于世界文化特别是不同民族优秀文化的承认会取代早期的自我中心观念，形成新的主体观念。如果我们拥有了费孝通先生提出的“美美与共”的文化心态，拥有了开放包容的文化合作态度，而非非此即彼的思维模式，那么多元文化彼此借鉴、取长补短，共生共荣，中西文化互相借鉴、互相融合、美美与共的未来必将到来。

中国佛教文化的独特性

洪修平

习近平主席在巴黎联合国教科文组织总部发表演讲时指出："佛教产生于古代印度，但传入中国后，经过长期演化，佛教同中国儒家文化和道家文化融合发展，最终形成了具有中国特色的佛教文化，给中国人的宗教信仰、哲学观念、文学艺术、礼仪习俗等留下了深刻影响。……中国人根据中华文化发展了佛教思想，形成了独特的佛教理论，而且使佛教从中国传播到了日本、韩国、东南亚等地。"这里提到了"中国特色的佛教文化"和"佛教同中国儒家文化和道家文化融合发展"。那么，中国佛教文化的特色是什么？其形成与佛教同中国文化的融合发展之间是什么关系？笔者认为，中国佛教文化的特色是由中国文化的独特性造就的，因而从中国佛教的视角也能来观照中国文化的独特性。

一、中国佛教的特点

佛教在中国的传播发展，经历了一个不断中国化的过程，最终完全融入了中华传统文化之中，成为其极为重要的组成部分之一。中国佛教既继承了佛陀创教的根本情怀和基本精神，同时又在传统文化的土壤中，生成了它鲜明的不同于印度佛教的思想特点和文化精神。中国佛教的特点表现在不同的方面，例如“农禅并重”就是中国佛教在小农经济的中国社会中形成的不同于托钵化缘的印度佛教的鲜明特点。从思想文化的角度，中国佛教的特点主要有以下一些方面：

一是形成了以融会般若性空论为特色的心性学说，彰显了印度佛教中将人的内在心性作为解脱之道的思想。这种思想的理论表达因与印度佛教的根本教义“无我”说不合而在印度佛教中并未得到充分的发展，但它与中国传统的灵魂不死观念和儒家的心性论有异曲同工之妙而受到中土人士的欢迎，从而在中国佛教思想中占据了主流地位。二是肯定人人皆有佛性，人人能成佛，鼓励每个人靠自己的努力来实现解脱，这与儒家无论是“性善”论还是“性恶”论，都强调“人皆可以为尧舜”，都将主体自身的为善去恶作为道德完善和人的本质实现的基本条件是一致的。儒家的人性论思想及其对理想人格的塑造和追求，对中国佛教这一特点的形成产生了深刻的影响。三是重“顿悟”的直观思维方式，这与中国道家所倡的重直观、重体悟的思维方式不谋而合，因而在中国佛教中成为主流。四是崇尚简易性。佛教传入中国后，其理论和实践虽然都有更进一步的发展，但在中国得到最广泛流传的却是印度佛教中所没有的禅宗和净土宗，而这两个宗派都以理论的简要和修行方式的简易为特色，这特别适合了中国普通民众的需要。五是对传统思想文化的调和性。佛教传入中土，以“随机”“方便”为理论依据，努力调和与儒、道等思想的矛盾冲突，不断援儒、道等传统思想入佛，从而形成了它鲜明的调和性的特点。六是佛教内部的融合性。印度佛教有大小乘、空有宗等的区别，传入中土后，又受不同地域文化的影响而形成了不同的学风或学派、宗派，但中国佛教通过各种“判教”而对佛教内部各种理论学说进行了调和与融合。七是禅的精神和修行方法深深地浸淫到中国佛教的方方面面，影响到教、净、律各派的发展。八是中国佛教与社会政治和伦理有密切的关系，这显然与中国王权政治力量强大和宗法伦理影响深远密切相关。

二、中国佛学的精神

佛教一向以高超的思辨和深邃的思想著称于世，以至于有“哲学的宗教”之称。博大精深的佛学传至中土后，经与儒、道为主要代表的中国文化融合发展，形成了中国佛学思想和中国佛学的独特精神。中国佛学的精神表现为圆融精神、伦理精神、人文精神、自然精神、实践精神等多个方面，其中圆融精神、伦理精神和人文精神是中国佛学精神的最主要方面。

中国佛学圆融精神的主要内涵，表现在中国佛教的儒佛道三教融合思想，“立破无碍”“会通本末”等判教思想，以及中国佛教“三谛圆融”等理论学说等方面。中国佛学的伦理精神则在中国佛教伦理的善恶观、戒律观、修行观和孝亲观中均有具体体现，特别是中国佛教对孝亲观的强调，成为中国佛学伦理精神融合吸收儒家伦理精神的突出表现。例如宋代禅僧契嵩继承了儒家以孝为天经地义的观念，认为孝道是天下之大本，在戒孝关系上，他提出了“孝名为戒”“孝也者，大戒之所先”的观念。同时，他还强调佛教对孝道的拓广和深化，认为佛教的戒杀不仅孝顺现世的父母，而且把对父母的孝顺推及一切有情众生（按照佛教的轮回理论，其他众生可能是前世父母转世），这种将孝道推及有情众生的思想，实际上又发展了儒家的“仁爱”观，体现了佛教的慈悲精神。

中国佛学的人文精神是最值得关注和加以强调的。印度佛教本是强调出世解脱的宗教，其根本宗旨是把人从人生苦海中解脱出来，其立论的基点是对人生所作的“一切皆苦”的价值判断。但佛教的终极理想，仍然是追求永超苦海的极乐，其业报轮回观念中也透露出了靠自己的努力来实现人生永恒幸福的积极意义。只是这种积极意义在印度佛教中并没有得到充分的彰显，但它在中国传统文化重视人和人生的氛围中却获得了新的生命力，并得到了充分的拓展。中国佛学的人文精神突出地体现在禅宗和人间佛教的理论和实践中。禅宗是中国化最为典型，也是对现实的人及人生给予最多关注的一个宗派。禅宗一方面破除对佛祖等外在权威的迷信和崇拜，强调每个人的自性自度；另一方面又将解脱理想融化于当下的现实人生之中，把修道求佛的修行贯穿在平常的穿衣吃饭之间，主张直指人心、即心即佛、“平常心是道”，强调凡圣平等、人佛无异和自然任运、自在解脱。禅宗以人性解佛性，把抽象神圣的佛性拉向人们当下本善的智慧心，它所说的“修行”实际上就是人的自然生活本身，而它所说的“佛”，实际上也是指那种内外无著、来去自由的“解脱人”。近现代以来中国佛教逐渐走上了人间佛教的道路，倡导发达人生，参与世间事业，建设人间净土。

中国佛教的圆融精神是外来佛教适应中土社会文化环境过程中调和佛教内部及其与中国传统思想文化之间关系的产物，伦理精神特别融合吸收了与中国传统宗法社会相适应的儒家世俗伦理，具有宗教伦理与世俗伦理相结合的特征，人文精神则融合吸收了中国传统文化关注现实社会人生的精神特质，从而使出世的佛教融入了更多的关注现实人心、人生、人间的思想内容。

三、中国佛教信仰的特色

佛教虽有“哲学的宗教”之称，但它毕竟是宗教，信仰无疑是其最核心的内容，对人能够觉悟成佛的信仰构成了佛教的本质特征。但佛教与一般宗教的重要不同之处在于，它的解脱是“慧解脱”，佛教的全部学说，都是围绕着如何通过信奉佛法而修行从而获得智慧实现解脱这一根本目标展开的。中国佛教在信仰方面有三个特色也值得注意：

一是三世轮回的善恶报应论。“诸恶莫作，众善奉行，自净其意，是诸佛教。”佛教正是通过三世业报轮回说而把人们引向“诸恶莫作，众善奉行”的人生道德实践，以追求永超苦海的解脱。这种教义经东晋慧远“神不灭论”和“三报论”等融会中印思想而形成的天堂地狱那一套轮回报应说，成为中国佛教的基本信仰。这种信仰蕴含着中国佛教的独特精神，即强化道德行为的责任感，每个人需对自己的行为负责。这表明，弘扬优秀中华传统文化，需要我们深入挖掘包括佛教在内的各种文化内蕴的积极文化精神并进行适合现代需要的创造性转化。

二是佛菩萨崇拜。在中国，四大菩萨（文殊、观音、普贤、地藏）及其显灵说法的四大名山（五台、普陀、峨眉、九华）几乎家喻户晓，其中观音菩萨的形象更是深入人心，发展到后来，观音菩萨不仅救苦救难，而且还会显灵送子、有求必应，因而在民间更受到了普遍的信仰，既表达了对生活的美好愿望，也体现了中国传统宗教和哲学都以现世现生的生存与幸福为出发点和归宿的中国文化的独特精神。

三是人的解脱即心的解脱。中国佛教与儒、道有着很强的互补性，它们分别在经国、修身和治心方面发挥各自独特的作用，如古人说“以佛治心，以道治身，以儒治世”，虽然这种区分只是相对的，因为三教在历史的演变中往往形成了你中有我、我中有你的复杂性，但中国佛教在印度佛教强调人的解脱即心的解脱的基础上，进一步对人心、佛性和解脱做了特别的发挥，从而创立了禅宗这一“心的宗教”。禅宗也称“心宗”，传禅也称“传心”，解脱的境界就是心的开悟。并由“唯其心净，则佛国清净”发展出了人间佛教和建立人间净土，从而为佛教更好地与社会主义社会相适应提供了重要的思想基础。

总之，中国佛教文化的特色在中国文化的氛围中形成，而透过对中国佛教平等慈悲、仁爱众生、心性解脱、圆融无碍等文化特色的了解，我们也可以窥见包容守中、和而不同、人文关怀等中国文化的独特性。

关于华夏文明传承创新的若干思考

耿相新

在人类历史的发展进程中，中国正处于农耕文明、工业文明、信息文明三种文明交织、交汇、交融的发展阶段，这一历史图像完全不同于欧美西方工业化发达国家的线性历史发展进程，由农耕文明而工业文明，由工业文明而信息文明。三种文明在同时空竞相发展的同时，必然也带来思想的迷茫、文化的困惑和文明的冲撞。如何以信息文明的技术与思维刷新、革新、创新工业文明与农业文明，工业文明如何顺应、适应和应用数字技术以再次革命并以新的生产方式和升级状态融入信息文明，农耕文明的文化遗产如何传承扬弃和簇发新绿，这一系列问题，已成为当下中国各阶层人群不得不思考的问题。无疑，在这一大时代背景下提出中华文明的走向研究，提出华夏文明的传承与创新，自然具有十分重要的现实意义。下面，结合国家战略之一——华夏文明传承创新实验区，结合中原文化和出版产业发展，谈几点自己的看法。

一

信息技术加速了全球化的进程，迫使处于不同文明形态的国家和民族站在了同一个历史舞台上，迫使每一个国家不得不重新定位自己在全球中的角色，迫使每一个国家不得不调整自己的发展方向和发展道路。作为历史悠久、人口最多、经济体量庞大的中国，毫不例外，也正处于文明发展的转型中。

当今世界文明的发展，呈现以下四个特点：

第一，全球化。就历史发展阶段而言，农耕文明最早的五个发源地，古巴比伦、古埃及、古希腊、古印度、古中国，均是在相对隔绝的状态下独自发展的。工业文明是建立在地理大发现的基础上而发展起来的一种新型社会文明，它始于 18 世纪 80 年代英国的工业革命，随后迅速波及欧洲诸国，首先是产业和经济革命，其次是社会革命，最后是文化革命。如果说 15 世纪末 16 世纪初地理大发现标志着全球化的开始，那么工业革命则是全球化的催化剂，殖民地及其市场成为全球化中的首批牺牲品。信息革命发轫于 20 世纪 50 年代的美国，以数字技术为基础，经过计算机革命、互联网技术革命、带宽革命等一系列让人眼花缭乱的技术革命后，世界上任何一个国家无一不被信息技术所绑定，全球化的链条将世界各国越绑越紧。从此，世界各国不得不在紧紧相偎中明争暗斗，在相互依赖中竞争已是中国人必须学会的一种新的文明发展策略。

第二，差异化。由于所处的地理环境不同，由于不同文明所选择的制度以及发展道路不同，由于科技发展水平不同，以致造成了当今世界各国经济、社会发展处于严重失衡状态，国与国之间差异十分巨大。美国是信息文明的揭橥者，它引领全球进入信息文明时代，它不仅是数字技术的首创者和领先者，同时还是信息文明游戏规则和各种标准的制定者，它已经发展成为高度发达的信息社会，信息技术高度发达并由此而产生了庞大的信息经济、数字化工业和相关信息产业，信息化的社会关系和初露端倪的信息哲学、信息思维和信息观念均走在世界各国的前面。由美国带领，欧洲各国、日本等工业发达国家迅速跟进，已成为新文明大国，它们仅落后于美国。而中国、俄罗斯、巴西、印度等国家又落后于除美国以外的西方发达国家。但更多的非洲、拉美国家在信息文明的建设过程中已经沦为落后国家。这种巨大落差造成信息生产量、信息拥有量、信息应用量的巨大不平衡，与此相匹配的是知识话语权、政治话语权和经济发展权的丧失。信息差异化应是我们创新文明发展的原动力之一。

第三，个性化。与工业文明追求大规模大批量机器化生产不同，信息文明崇尚的却是通过信息技术改造工业机器而使之在生产领域满足特殊定制、小批量生产、个性化服务。在生产关系中，工业化的产业工人是生产线上的机器，必须互相紧密协作与配合才能进行生产，而信息技术却将机器软件数字化，只需数人甚至一人与机器相协调，并可根据需要适时调整生产流程、节奏和规模，生产关系也逐步趋于个性化，产业工人之间的团结纽带正在松懈。在人与人之间的关系层面，信息文明正在推进人类从熟人社会向陌生人社会过渡，无论是农耕文明还是工业文明，人们在生产生活过程中均是以互相熟知为基础，但信息文明所创造的推特网、脸谱网、QQ 群、微信群等，以及生产过程的数字化传输和远距离分工乃至独立操作的 3D 打印，无一不将人与人之间拉开距离。为了拉近人与人之间的距离，人们纷纷在互联网上寻找与自己兴趣相近的群体，未来社会将由建立在虚拟空间的成千上万个兴趣小组所构成。这一社会结构也许会消解目前国家、民族之间的张力，但它却将文化共识、思想共识、宗教共识推至权力持有者的面前。个性化消解权力，但却助长了文化的影响力。利用数字技术传承传统文化，利用数字技术创造新的时代文化，并借助信息技术扩大其影响力，吸引更多更大的共识应是中华文明复兴的重要思考题之一。

第四，合作化。数字技术是一种技术标准竞争的技术，一旦一种技术标准确立其主导地位，它又转化成在一种技术标准框架内各用户又必须合作的技术，各用户都必须在这个技术标准下进行再开发、再应用、再推广。标准上是竞争关系，应用上又是合作关系，而标准与标准之间，目前又是朝着兼容并存发展。兼容越来越成为共识，这一共识却又越来越要求标准更加单一。标准的单一化意味着技术权力的集中，技术集权必然带来经济集权、话语集权与政治霸权。美国已经成为数字技术集权和信息文明霸权的象征，一旦霸权形成必然招致众多的反对威权之声，企图建立更多的技术标准，推动技术标准多样化，已成为一种全球不同文明国家的共同民主之声。但这种技术民主的呐喊，似乎忘记了数字根技术、数字信息根服务器均在美国掌控中的现实。信息文明中似乎充满了悖论。但无论如何挣扎，由数字技术所引发的社会变革已是不可逆转，人们只有走向对话、互动、协同以及合作，才符合数字文明的逻辑。因此，中华文明如何扩大与世界各文明尤其是扩大与美国信息文明的对话，如何在传统技术和信息技术以及在经济、社会、文明等诸层面扩大与世界各国的互动，如何协同创新与世界各国的平等合作，同样成为中华民族伟大复兴之路上需要破解的问题之一。

当下，全球化、差异化、个性化和合作化的时代特征为我们传承创新华夏文明提供了一把开启未来之门的钥匙。全球化将为我们提供前所未有的市场，差异化将为我们提供文明创新的巨大动力，个性化将为我们指明技术进步和哲学思考的方向，而合作化则为我们指明凝聚人类共识、共同发展、共赢发展、共享发展成果将是信息文明时代的本质所在。当今时代的四种趋势是我们传承创新华夏文明的立足点、出发点和创新点。

二

从线性历史角度考察，中原地区不仅是中华文明的摇篮，并且还长期是文明发展的核心区和中心区，同时，她也是中华文明向外传播的出发地和中华文明创造发展的创新之地。

（一）中原地区是中华文明诞生、成长、发展和鼎盛繁荣的核心区和中心区

中原地区在地理位置上居中国之中，在中华民族5000年文明史上，中原作为中国的政治、经济、文化中心长达3000多年，有近20个王朝200多位皇帝建都于此、执政于此。夏代自公元前21世纪立国，历17帝王400余年，都城屡迁，但其都城基本在河洛之间。商自公元前16世纪灭夏立国，至公元前1046年国灭，历17世30王约500年，《史记·殷本纪》谓汤至盘庚凡五迁都，都城所在地均在河南。周分西周、东周，自公元前1046年至公元前256年秦亡东周，凡790年，西周定都镐京（今西安市附近），但灭周7年后又在洛水之滨营建东都洛邑（今洛阳市），形成西、东两都制。公元前771年平王东迁洛邑为都城，洛邑成为唯一都城。其后，东汉三国魏、西晋、北魏（自孝文帝）均都洛阳。隋唐均都长安，但东都洛阳仍居全国政治中心地位。五代之后梁、后晋、后汉、后周均都开封，后唐都洛阳。北宋都开封，但又设西京（今洛阳）、南京（今商丘）为陪都。自公元前21世纪至公元12世纪，3000多年来中原地区始终处于都城所在地或京畿畿辅地位，长期位居中华文明繁荣发展的中心区和核心区，这一无可匹敌和无可替代的地理区域优势正是华夏文明传承创新实验区的坚实基础。

（二）中原地区是中华文明的发源地

据考古发现，河南已发现旧石器时代遗址和人类化石地点70多处，其中著名者为距今约四五十万年前的“南召猿人”，距今10万—8万年的“许昌人”。新石器时代，发现于新郑的裴李岗文化，距今8000—7000年。在中原地区已发现裴李岗文化遗址150余处，其遗存范围与传说中的三皇活动区域基本吻合。继起的是发现于渑池的仰韶文化，距今约7000—5000年，在河南境内发现仰韶文化遗址1000多处，分布范围遍及河南全境，按其文化特征，可划分为以三门峡为中心的庙底沟类型、以嵩山为中心的大河村类型、以豫北为活动区域的后岗类型和以豫西南为活动区域的下王岗类型。新石器时代晚期，仰韶文化发展为中原龙山文化，距今约5000—4000年。早期中原龙山文化遗址主要分布在三门峡、洛阳、安阳、郑州等地，而南阳以屈家岭文化为特征，周口以大汶口文化为特征，信阳、驻马店则兼有屈家岭文化和大汶口文化。在距今4600年左右，屈家岭文化和大汶口文化同时消失，为河南龙山文化所替代。这一时期以制陶而闻名，其活动地区与活动时间，大体上与“五帝传说”事迹相符合。据《竹书纪年》《史记》等文献记载，伏羲生于成纪（今甘肃天水），都于陈（今淮阳）。炎帝号朱襄氏，都于朱（今柘城）。皇帝号有熊，都新郑。颛顼，高阳氏，都帝丘（今濮阳）。帝喾，号高辛，邑于高辛（今商丘），都亳（今偃师），葬顿丘（今内黄）。尧为帝喾之子，号陶唐，都平阳（今山西临汾西南金殿镇）。舜生于姚墟（今濮阳附近），舜耕历山，渔雷泽，陶河滨以及负夏（瑕丘），其地均在今濮阳县境内。舜禅让禹，禹传子启，启都阳城（今登封），夏王朝建立，国家制度逐步建立与完善。“五帝”时期的考古发现已经可与文献记载相印证，这一时期的伟大发明开创了其后夏、商、周时代的文明奠基。创始与奠基时期的中华文明，其渊薮无一不与中原地区有关，如农耕技术、天文历法、青铜文化、刻画符号、甲骨文字、国家制度以及河图洛书的数理思想，《易》之诞生以及诸子百家哲学思想的孕育成熟，等等。中原地区是中华文明的发源地，这一无可辩驳的史实以及丰厚的农耕文明遗产，已经成为当下我们传承创新传统文化的一座璀璨宝库。

（三）中原地区是中华文明的传播地

中原地区的文明向外传播大致经历三个历史时期：一是中华文明的奠基时期，二是中华文明的成熟时期，三是中华文明的鼎盛时期。新石器时代，中原地区先后发展起裴李岗文化、仰韶文化、河南龙山文化，在其周边分布有甘肃大地湾文化（约前 5850—前 5400 年）、甘肃马家窑文化（约前 3300—前 2050 年）、山东龙山文化（约前 2900—前 1900 年）、内蒙古红山文化（约前 3500 年左右）、山东大汶口文化（约前 5400—前 2500 年）、四川大溪文化（约前 4400—前 3300 年）、湖北屈家岭文化（约前 3500—前 2600 年）、浙江河姆渡文化（约前 5000—前 3300 年）、浙江良渚文化（约前 3300—前 2200 年）等等，这些文化尽管各有特点，但它们均不同程度地接受了中原文化的影响。中原仰韶文化、龙山文化成为各文化区的中心，居中而向外辐射，并成为各文化的联系纽带。以炎帝、黄帝两部落结盟为标志，华夏族群崛起于中原地区，其后裔递次所建之夏、商、周王朝，更是据中原、据黄河中下游而向四周扩张。居长江上游的大溪文化，其陶器中有黑陶、彩陶，肯定受到了中原仰韶文化、龙山文化的影响，三星堆文化显然受到了夏、商文化的影响。长江中游的楚文化，早在屈家岭文化晚期，其文化遗存中已含有中原龙山文化的特征。商周时期，中原文化更是大举南下，中原文化已是楚文化的精神主干。商居殷后，至武丁时国势最强，其征伐西北至羌方，北至鬼方，势力达到今河套地区，又南征荆蛮，军力进于江淮。周灭商后，周公分封诸侯立国，“以藩屏周”，其封国北至燕（都蓟，今北京市），南至楚（都丹阳），东南至吴（都蕃离，今江苏无锡东南），西至渭水上游的秦。

春秋战国时期华夏文明继续向周边扩张，至秦统一中国，华夏文明随着书同文、车同轨而拓展到了前所未有的阶段，北至辽东、河套，西至陇西，西南至蜀、滇，南至桂林、象郡，东淹至海。华夏文明至秦汉进入新的历史时期，以汉民族为主体的汉文化进入成熟成型期，其文化传播达到葱岭以东、昆仑山以北、巴尔喀什湖以南（西汉）和天山以南（东汉）的广大西域地区，南端传播影响及于今越南南部（当时设日南郡）。魏晋南北朝时期虽然战争频仍，但华夏文明向外传播的步伐并未停歇。至唐，华夏文明达到鼎盛时期，不仅恢复了对西域的控制，同时北疆还拓展至黑龙江流域。唐自安史之乱（755—763 年）后，陷入方镇割据，历五代十国分裂，至北宋又形成与辽、西夏南北对峙。自唐至宋，这一时期，是丝绸之路最为繁忙的历史时期之一，也正是中国四大发明——造纸、印刷术、指南针、火药向外传播的时期，东路传至朝鲜、日本，西路则从中亚而至欧洲。中华文明对于世界的这一贡献，改变了东西方未来的发展格局。时至今日，梳理、总结和研究华夏文明的对外传播史，无疑仍具有重要的现实意义。

（四）中原地区是中华文明的创新地

创新精神是中华文明萌动的初动力。中华文明起始时期的生产生活中的发明创造大多诞生于中原地区。上古时期五帝时代，中华文明中的服饰、饮食、房舍、舟车、农业、手工、矿冶、商业、货币、刻画符号、图画、弓箭、音乐、医学、药物、婚姻、丧葬、历数、阴阳五行等发明创造多是发源于中原地区。概论之，支撑中华文明进步的最核心因素主要体现在以下几个方面并均诞生于中原：

一是早期城池。夏代都城偃师二里头遗址，是中国最早的王城建筑遗址；商朝早期郑州商城，面积达 25 万平方米，宫殿面积达 6 万平方米，比安阳商代后期殷墟宫殿面积尚大两倍；西周营建洛邑成周，东周洛阳王城周长达 15

公里左右，其王城格局对中国城池建造具有标准示范意义。此外，登封王城岗城堡遗址被考古学家认为是夏鲧之都、夏禹之都，此城早于偃师二里头遗址，城内发现有祭祀坑，出土有青铜器残片，陶器上有刻画符号。这些人类文明的标志性符号充分表明中原地区已率先进入文明时代。

二是中原地区开创了青铜时代。早在龙山文化时期，已开始出现人工冶炼红铜、锡青铜、铅锡青铜和原始黄铜，但青铜时代开启的标志则是青铜器冶铸作坊。最早的青铜作坊发现于偃师二里头遗址，在此出土了一批壁均薄的爵、鼎、斝等青铜礼器和形状准确的青铜器工具、兵器，其中所出用绿松石镶嵌的华丽的青铜牌饰，开创了我国金属器物装饰材料和装饰技术多样化的先河。商代殷墟青铜铸造作坊占地面积有 1 万多平方米，安阳所出妇好墓青铜器和商代青铜器中最重者司母戊方鼎均是青铜文明鼎盛时期的文化标志。青铜文明盛于中原，与夏商周三代的历史事实是最为吻合的。

三是原始文字、甲骨文字开创了中国文明的新时代。舞阳贾湖新石器时代遗址中所发现的甲骨契刻符号，年代大约在公元前 6500 年左右，是迄今发现的中国最早的刻画符号。登封王城岗遗址、偃师二里头遗址均属于夏文化，其所出土的陶器上均发现有刻画符号，距今约 4000 年，这些龙山文化晚期的符号已有别于仰韶文化的陶器符号，应当视为原始文字。郑州二里岗商代早期遗址出土有陶器刻画符号，还发现有两块刻有文字的牛骨，而中国最为成熟的成系统的文字则是发现于安阳殷墟的甲骨文字。甲骨文字的发明是中华文明史上的里程碑，这是迄今世界上唯一还在使用的形音义相结合的一套来自上古时期的文字符号系统，它对于传承中华文明起到了不可言喻的巨大作用。

四是中原地区的农业革命位居世界文明前列。农业起源于新石器时代，西亚两河流域是人类农业起源的最早地区，约在公元前 8000 年—前 5000 年。新石器时代早期距今约 1 万年至 8000 年，属于刀耕火种农业阶段，还不能称之为严格意义上的农业。新石器时代中期为锄耕农业阶段，距今约8000年至5000年，黄河流域的裴李岗文化、磁山文化是这一时期中国农业革命的先驱。裴李岗文化遗址中出土有大量的生产工具，尤其是农业工具，包括石斧、石铲、石镰、石磨棒，制作精致，还同时发现有粟遗存，并已定居。紧随其后的是早期仰韶文化的郑州大河村遗址，发现有稻遗存，定居式村落证明农业已是主要的生活来源。新石器时代晚期犁耕农业萌芽，距今约5000年至4000年间，中原地区最早的水井见于河南汤阴白营早期龙山文化遗址，龙山文化晚期洛阳矬李遗址中也发现一口井，井之发明对定居农耕意义尤大。中原地区定居村落的扩大导致城池防御和商业交易的需要，农业革命成为文明起源的先声。

五是国家制度的创立奠定了中华文明制度基础。相对于黄河下游文化区、长江下游文化区、内蒙古辽西文化区等，黄河中游河洛地区的河南龙山文化率先进入文明的门槛，洛阳偃师二里头文化已越来越被学术界公认为是夏文化的一部分，是中国“国家文明”诞生的标志。二里头文化遗址发现有宫殿、宗庙等大型礼制建筑础基，并出土相当数量的成套青铜礼器和玉器，标明“礼制”已经形成，而“礼制”正是中国国家制度建立的重要标志。“礼制”在中国早期文明中具有举足轻重的地位，礼器制度、用牲制度、丧葬制度、礼乐向燕制度、祭祀仪礼等礼仪制度，不仅仅是阶级相别的等级标识，同时它还是国家职能的一个有机组成部分。失礼则意味着触法，史载“夏有乱政，而作禹刑”，夏代已制定完备的法律可屡屡证诸文献记载。二里头文化中手工业已相对独立，并且分工已较精细，青铜兵器戈、箭、镞的出土标志着军队已成为国家机器的一部分。二里头文化中的大型宫殿象征着王权，玉器钺、璜、圭等不仅代表着权力，并且还是财富的象征。夏王朝国家的诞生是中华文明史上的一个分水岭，自此世袭制击败禅让制，家天下的历史一直延续至20世纪初。

六是自然科学的成就中原地区居于领先地位。首先是天文学成就已达到世界先进水平。《夏小正》是见于中国文献记载的第一部历法，殷商时期历法实行阴阳历，甲骨文中保存了大量天文历法资料，对日月食的关注尤其为甚。西周周公曾在登封观星台观测日影，天文授时计时出现。春秋战国时期中国天文学体系已形成雏形，已将一年分为 12 个月，一年 365 又 1/4 日，由于日数的分数为 1/4，故名“四分历”，它比罗马人的四分历要早 5 个世纪。其次是数的发明和广泛应用。商甲骨文中已出现完整的数学十进制系统，计算工具算筹至迟于战国时期已经制度化。西周已发明乘法歌诀，春秋战国时期中国已经知道勾股定理，《周髀算经》《考工记》《墨子》中记载了大量数学知识。最后是中国医学形成了世界上独特的医学体系。春秋战国时期，《黄帝内经》问世，这是一部以阴阳五行为宗，重视脏腑经络，强调人体整体的带有总结性质的医学理论著作，为中医奠定了理论基础，直到今天它还是中医的经典必读书。针灸是中医奉献给人类的文化遗产，甲骨卜辞中已可见针灸医病之情形，在商代文化遗址中发现有砭石、无孔细长骨针和青铜针。巫医、药疗、针灸、按摩甚至外科手术，我们均可在甲骨文卜辞中找到记载，当时已可诊断、治疗“疾目”“疾心”“疾骨”等 34 种疾病。春秋战国时期，中医的“切脉、望色、听声、写形”诊断法已很成熟，中医理论和实践均奠定了未来 2000 多年来的医学基础。

七是中国的哲学思想奠定于中原地区。传说中的河图洛书出现于河洛地区，据今考证所见，它们实质上是中国人认识数理的发端。河图洛书启发了伏羲八卦，之后又有周文王演六十四卦，故此，《易》之源头可找到河图洛书。《易》是中国哲学思想的基础，其阴阳两种自然性质的高度概括，是中国哲学的基石。八卦，象征着由阴阳构成宇宙物质世界的八种基本成分，即“乾（☰）为天，坤（☷）为地，震（☳）为雷，巽（☴）为风，坎（☵）为水，离（☲）为火，艮（☶）为山，兑（☱）为泽”，万物均由它们衍生。与《周易》同时，商、周之际商遗臣箕子论说水、火、木、金、土五行，这一理论与阴阳、八卦相结合共同构成了中国哲学的主干。其后，诸子迭起，道、墨、儒、法、阴阳、名、兵、农、纵横、杂家等百家争鸣，但其哲学思想却并未超越《易》之范畴。

总体而言，中原地区以炎黄后裔为主体的部落联盟率先进入阶级社会，率先进入文明的门槛，率先建立王朝国家，它所创造的诸多文明成就，构成了中华文明的核心主体，并由中部中心地带而传播至四方周边，乃至东亚以及世界各地，以至于今。

三

探索华夏文明传承与创新，本质上就是探索中华文明的传承与创新。只有站在这个出发点上，我们才能确立正确的战略方向和战略布局。

探索华夏文明的传承与创新，其目的是通过扬弃农耕文明文化，数字化传承传统优秀文化；通过数字化工业文明，创新工业文明文化；通过创造信息文明的技术和哲学，创造信息文明新文化。在信息文明时代，创造带有中华民族文化基因的凝聚积极向上共识的价值观，增强中华民族凝聚力，提升中华文化软实力，扩大中华文化品牌的国际影响力，以普惠当代世界各国民族和族群，这应是我们传承创新华夏文明的战略目标与追求。

探索华夏文明传承与创新，关键在于文化的重建。创造中华民族新文化，借此实现中华民族伟大复兴应当也始终应当是我们一以贯之的精神追求和行动力量。创造中华民族信息文明新文化，我们必须明了传统文化发源地文化地理的战略布局，必须明了历史文化传播和现代文化传播的战略布局，必须明了当代文化主体创新的战略布局。我们已经明了中原地区是中华文明的地理中心区和文化核心区，已经明了中原地区是中华农耕文明的发源地和传播地，已经明了中原地区是中华文明的创新地，这是我们思考创造新文化的战略基础。具体而言，在中原地区的地理框架下布局华夏文明传承创新的未来战略，我认为当从文化地理、文化传播和文化主体创新三个纬度破局和定局。

历史文化地理的基础决定文化地缘战略。中原作为中华文明的核心区，其核心内核是文化。其最表征的文化标识是中原古都群和黄河文化带、淮河文化带，而其最深层次的文化内涵则是根深叶茂于中国人精神世界的儒、释、佛、道思想。

无论是中原古都群还是黄河、淮河两个文化带，它们都是农耕文明馈赠给我们的文化遗产，这里是出发点，但我们更应当思考的是，在信息文明时代，如何借鉴农耕文明创造文化的模式创造出信息文明的新文化。我们应重点思考当下文化主体的创新问题。

所谓文化主体，我们将其分为农耕文明、工业文明、信息文明三种形态。就华夏文明传承创新的战略思路而言，我们认为应当紧紧围绕农耕文明数字化体验区、工业文明数字化创新区、信息文明科技创新集聚区三大建设重点突破，这是符合历史发展规律的现实选择。

农耕文化是中华民族文化之根、思想之魂、精神之魄。中华文明的历史根基是农耕文明。中国的农业革命始于距今 8000 年的裴李岗文化，其后是舞阳贾湖文化，它们的最典型特征或者说最具革命性的变化是农业工具的大量使用，石斧、石铲、石镰广泛运用于农业，贾湖遗址的骨耜和装柄石铲的大量出土说明农业已进入耜耕农业阶段。换句话说，农业工具的革命带来了农业技术的革命，最终带来了农业革命。铜铲、铜镢、铜镈广泛应用于商周时代的农业生产，相较石制农具是一次革命。战国时期，我国进入铁器时代，铁犁铧、镢、锄、臿、镰、刀等铁农具普及，并普遍使用牛耕，这是农业发展的又一次里程碑式的革命，中国农业进入铁制工具的犁耕农业时代。早期农业革命昭示了一条规律：每一次农业革命都是由新技术所引发的。谁拥有了先进技术，谁便拥有更多的话语权。近代以来，西方农业机械化所主导的再一次农业革命让西方世界领先于其他文明，如今世界又进入以数字技术为基础的农业工具革命、农业技术革命、农产品基因技术革命。毫无疑问，中国的现代农业、当代农业必须选择机械化、数字化、信息化才有可能再次引领人类的农业革命。数字化农业是我们的不二选择。

数字技术正在改变人类的方方面面，它不仅仅改变农耕文化以及农业文明，也同样改变工业技术和工业文明。18 世纪 80 年代史无前例、意义深远的工业革命首先在英格兰展开，从此以后，工业革命在不同国家、不同地区展开，至今方兴未艾。从此，地球上开始并存两种主要文明：农业文明和工业文明。工业文明已经经历了两次工业革命，目前正在进行第三次工业革命。工业革命在给社会带来巨大财富的同时也带来了环境污染、资源浪费和生态失衡，工业化必须借助数字技术进入可持续发展的高科技化经济模式才有可能继续。同时，信息革命已经或正在改变人类经济生活及物质文明的几乎一切领域，信息技术正在改变工业产品的生产模式，机械化大生产正在让渡于个性化生产，这一数字化按需生产的生产方式将颠覆工业文明的理论基础。因此，工业化和数字技术的结合是工业发展的必然要求，工业社会向信息社会的过渡也是社会发展的必然趋势。

数字技术革命已经引发一系列革命，如信息技术革命、产业革命、智能革命、社会革命、文化革命等，它将人类文明推向农业文明、工业文明之后的信息文明，它将人类社会推向信息社会化、信息产业化、信息智能化阶段。信息化正在改变产品生产方式、产品传播方式、产品消费方式，由此，工业化产业结构正在改变，新兴的信息产业正在崛起并走向产业主导地位，产业信息化和信息产业化将成为信息时代的主流产业模式。信息化正在改变生产关系、社会关系和人际交往关系，信息社会化正在改变政治权力结构、经济权力结构和个人以及族群权力结构，信息社会化正在改变人们的思维方式、思想观念、价值观以及哲学取向，进而它将改变社会制度、国家制度和政治制度。信息智能化正在改变人类的生活方式、生存状态和生命质量，智能化工具如智能化手机、智能穿戴乃至智能互联网等将深刻改变人们的行为和思想以及观念。信息技术正无孔不入于人与社会的各个角落，信息制造产业、信息传输产业、信息服务产业将全面发展，信息技术的创新将成为一个国家的核心竞争力。因此，聚焦高新数字技术和信息技术产业，已成为国家进步的首要战略。

具体就华夏文明传承创新实验区建设而言，我认为现代农业数字化的基本途径主要有：一是生产工具的机械化以及机械化工具走向数字化、智能化；二是生产过程数字化管理，利用空间定位技术、利用气象卫星、利用各种测量设备等，使农业种植过程实现全流程智能监控；三是生物基因技术广泛运用于农业生产；四是生态农业、循环农业经济模式实现数字化产业发展；五是培育农业产业化形态下的农耕新文化；等等。与此同时，我们还必须研究、总结和传承农业文明时代的文化遗产，其基本途径主要有：一是建设中原古都群文化旅游体验区。自西向东、向北依次是洛阳、偃师、登封、新郑、荥阳、郑州、开封、濮阳、安阳等，利用现代数字技术，虚拟、模拟自黄帝以来各个历史朝代不同帝都的生活场景和文化场景，创造新的文化产品，创新中原文化品牌。二是建设以黄河文化带、淮河文化带为主体的人文景观、山水文化旅游体验区。以诸侯国、方国城池考古遗址，以石窟、佛寺、道观等宗教建筑，以世界文化遗产和中国历史文化遗产人文景观和各文化主题博物馆，以黄河、淮河及不同时代的运河航运文化体验等为主线，以虚拟人文景观和大型演艺表演为辅助，创造华夏文明人文体验、山水体验新品牌。三是以数字化技术传承非物质文化遗产。整合中原地区传统文化资源，倾全省之财力、人力及智慧，以数字化技术为手段，以信息化、智能化传播为媒介，创造传统文化品牌与数字技术相结合的新文化品牌。如少林武术、太极拳，钧瓷、汝瓷、官瓷，南阳玉艺术，濮阳杂技，高仿唐三彩与青铜器，豫菜，茶文化，中医针灸等等。赋予文化新价值、工艺新特点的新文化品牌应以全球为市场，以文化品牌产业化为方向，以信息文明为坐标走向国内国外两个市场。四是以数字化技术传承中华文明记忆文化遗产。将记忆文化遗产分为口头记忆和文献典籍两大类别，以数字加工和全媒体呈现、全介质存储为手段，创造中华文明新的记忆文化品牌，倾力打造两个品牌系统：一个是将中国各民族、各县域民间故事、民间传说、民间歌谣、民间神话、民族史诗、民间俗语谚语歇后语、民间谜语等口头传说，以摄像、录音形式记录传承人、讲述人的影像资料，并以文字、图片、影音结合的数字书籍形式制作成数据库，以数据库的出版形式走向国际；另一个是将中国历史上的文献典籍全部数字化，将文书档案、书籍以及文稿分门别类数字化，制作各类内容主题的可供检索的大型数据库，创建中华文明文献数字图书馆，将其列为华夏文明传承创新实验区的一个重大文化品牌工程，使之成为世界文化品牌之一。

工业文明数字化创新实验区是华夏文明传承创新的另一维度的战略布局。工业文明是一种内在要求不断革新、不断创新、不断发明的社会形态，工业社会的本质要求永远的创新和变化。工业文明的主要特点是工业化、规模化和城市化。我认为，创新工业文化应重点思考建立三种新的工业文化模式：第一，将工业产业集聚区和高新技术产业集聚区以及数字技术领先企业三者合而为一区，在一个区域内解决能源消耗、垃圾污染和环境破坏等工业化问题，创建在数字技术、信息技术、智能技术主导下的循环工业和生态工业新经济模式，创建信息智能型工业文化园区。第二，将城市规划、建设和管理与云计算、大数据结合起来，与物联网、智能技术结合起来，以创建数字城市、智能城市、智慧都市为目标，以城市社区为载体，创建社区文化微连锁服务体系，创建信息智能型社区文化和文化社区。第三，将市民生活与城市公共文化服务设施和服务体系结合起来，将当代文化与数字技术结合起来，创建新型业态文化产业，如数字技术主导下的大型主题公园，如与山水结合的大型城市文化综合体，探索创建信息智能型的娱乐文化综合体。从工业的机械化基础而言，工业信息化、工业数字化更应聚焦于工业生产和工业制造的改造，但工业文明最终改变的却是人、人与社会、人与城市的关系，因此，工业文明的信息化服务其落脚点还必须围绕人、社会与城市而展开。

我们正身处信息文明的前期，数字技术究竟能将人类带向何等的历史深处，我们还不得而知。美国尽管开创了信息文明，但信息文明时代的价值观、制度规范以及文明伦理，究竟用何种哲学去解读才能通行于信息世界，美国并没有给出明确的答案。在我们着手兴建信息文明科技创新集聚区的同时，我们更应当思考信息文明的文化形态，以及信息文明的民族性问题。首先，在数字技术领域，中国应当集聚全民族的力量和智慧去创造和发明，中国只有在生命科学、生物技术、基因工程、太空技术、能源技术等一系列高新科技领域取得革命性领先地位，才有可能重新走在信息文明时代的前列。树立华为、中兴等民族品牌仅仅是中华民族伟大复兴之路上的一个小小的科学发明的垫脚石，只有伟大的科学发明才能支撑伟大的文明民族。创建中原数字技术高新产业园区，聚集中国及世界各国高新数字技术企业，对实现中华民族信息文明的快速发展具有极其重要的现实意义。其次，创立中华民族信息文明时代的核心价值观。中华民族当代的核心价值观，根源于中华民族五千年的历史文化，根源于中华文明的哲学传统，根源于当代信息文明的新思维、新观念和新的价值追求，我们认为应当创建信息文明研究院和新儒家研究院，以此为载体去研究信息文明时代的哲学。我认为，信息文明时代的中华民族的核心价值观可用“和合，诚信，公德，民主，自由”十个字来概括，在信息文明时代，每个人都必须讲人性和合，人格诚信，每个人都必须讲社会公德，每个人也都拥有追求民主与自由的权利，人由和合而诚信，由诚信而公德，由公德而民主，由民主而自由，最后是由自由而人性和合。第三，创建数字文化创意产业园。将数字技术与文化结合起来，将数字文化与文化产业结合起来，将文化产业与艺术创意结合起来，将艺术创意与文化产业结合起来，将文化产业和数字出版产业结合起来，其本质上就是倡导文化与科技深度融合，数字、文化、创意与传播四位一体，这种跨界融合的文化产业模式必然是未来的主流模式。第四，搭建中华文化传播平台，创建中原数字出版产业园。中原自古居“天下之中”，素为“九州心腹”“十省通衢”，华夏文明之所以近拓周边，远播海外，主要得天下交通枢纽之利。道路与汉字是中华民族凝聚的内在动因。我们认为传播华夏文化，应从三个层面破局：一是构建“空中丝绸之路”。明确提出中原要打造21世纪版的空中交通枢纽——空中丝绸之路，郑州航空港以货运为主，其起点已经蕴有“空中丝绸之路”之义。二是构建陆上丝绸之路与海上丝绸之路出发点的新枢纽，向西、向北铁路货运已经抵达欧洲、俄罗斯，向东铁路、高速公路延伸至出海口连云港可通达世界各地，郑州已成为陆上、海上丝绸之路的交会点。三是创建华夏数字文化产业园。创建一个通向世界不同文化区域的“华夏数字文化”内容平台，将中华文明文献数字图书馆、数字博物馆、数字影像馆、数字音乐馆、数字艺术馆等各种数据库出版物，全部置放于一个专门传播华夏文明、中华文化的数字平台上，这一平台建设将是华夏数字文化产业园的品牌产品项目，这一平台将成为21世纪的中外文化交流中心和文化交通的心脏。第五，实施汉字汉语汉文化对外推广计划。世界的竞争本质是文化的竞争，文化的竞争将落脚于语言的竞争。信息文明时代，庞大的信息流是最强有力的文化武器，每一种语言文字所产生的信息流量占比将成为国家战略之一。中原是汉字故乡，拥有汉字文化的深厚积淀，将汉字汉语汉文化推广到世界各地具有义不容辞的责任，这份责任，更是一份文化的自信，我们坚信，汉字不仅凝聚中华民族，同时，她还将是信息文明时代最好的语言表达。

总之，我们认为华夏文明传承与创新实质上就是中华文明的传承与创新，我们只有站在中华民族伟大复兴的高点上去思考，去思考如何统筹农耕文明、工业文明、信息文明的共同发展，从而创造中华文明新文化，只有如此，方可找到华夏文明传承与创新的正确路径。

守护民族的精神家园

豫　夫

一、丰厚的中原民间文化沉积

我们国家正经历着一个历史的创新、一个新时代的起飞。我们将告别漫漫的农业文明，迎来黄金般的盛世。与这种新旧更替同时并存，而且永远不会磨灭的是6000年中华民族生生不息、持续不断的文化精神，而这种文化精神具体承载形式中最具民族性、群众性，最具生命力的是至今仍存活在田野乡村的民间文化。她是远古吹来的风，携带着久长而深厚的历史信息和文化因子，从物质内容到文化习俗，从精神方式到哲学信仰，无所不包地、光彩夺目地透视出古代人们的生存方式、生存想象和审美意识，一代又一代地传递着民族心理的密码。在我们的历史上，传统文化曾在某些阶段被无知荒唐地虐待过。而在今天，一个清醒、理性、雄心勃勃的民族，一定会对自己的祖先创造的文化充满着无限的敬意，它将作为全人类的精神财富而永远发扬光大。

在广袤的中华文化的原野上，河南是一个文化大省，河南是一个民间文化大省。

河南民间文化资源丰富，品类繁多，其中许多优秀民间文化品种堪称国之瑰宝，在中国长期的农耕时代对人们的思想意识、道德观念、行为规范发生过重大影响。

（一）民间文学

河南民间文学蕴藏量极为丰富。除史诗之外，我国民间文学的所有类型都在这里存在，主要有神话、传说、故事、歌谣、谚语等，堪称中国民间文学的一个缩写本。特别是中原神话，受到国内外学术界高度关注。如新郑、新密、登封、灵宝、济源一带的黄帝神话群，桐柏山地区的盘古神话群，淮阳一带的伏羲神话群，西华一带的女娲神话群，商丘一带的阏伯神话群，濮阳一带的帝喾和颛顼神话群，济源王屋山一带的王母神话群，禹州、登封一带的大禹神话群，灵宝一带的夸父神话群等等。这些神话群都有古老的神庙或“遗迹”作为依托，而形成一定的语域中心。

从商周到明清，史籍所载的许多著名历史人物，河南的民间传说都有表现，构成了一部“民间口述通史”。这些传说在河南的出现，是与中原地区长期作为全国的政治、经济、文化中心的特殊地位分不开的。在远离都市的山区村镇，民间传说更为丰富，如临颍、西华一带和卫辉、淇县一带的殷商传说群。秦汉之后，一些出生在河南的历史人物，民间传说都给予浓墨重彩。河南民间传说涉及的历史时期，集中在汉、魏晋、唐宋、明清几个阶段。

中原大地上的山水草木都有美丽的传说，各种民间节日也都有独特的风俗故事。各种传说和各种民间寓言，与民间戏曲、民间歌谣、民间谚语一样，是河南人民的百科全书。

河南民间文学呈现出全国少有的“古典性”色彩，即与古典文化在整体上吻合，这是河南民间文学的一个重要特色。河南民间文学在中国文化史上具有独特的价值和意义。比如，中原神话保存之完整、流传之广泛，被学者称为“文化史上的一个奇迹”。它是中华民族文化的重要组成部分，是民族文化的底色。它发自社会最底层，最具人民性的“心声”。民间文学是我们丰富而珍贵的思想资源、精神资源和文化资源，全社会都应该关注它。

（二）民间表演艺术

民间戏剧：源于先民们生命原动的艺术表现。民间戏剧具有植根民间的群众性，传承保留方式的口头性，流传过程中的变异性三大特点。原始劳动歌舞乃民间戏剧的源头，历经先秦、汉魏、唐宋，到明清两代达到全盛。其中，河南民间戏剧在全国占有主流地位。明末清初以来河南有据可查的剧种80余种，以锣戏、卷戏、梆子戏最为盛行，几乎遍及全省。梆子戏因地域而存在艺术风格的差异，如河南梆子、大平调、怀庆梆子、怀调、宛梆、乱弹。其他有大弦戏、越调，还有流行于豫北的南调。清康乾时代还有不少外来剧种如昆曲、弋阳腔（清戏）、徽戏、汉调等流入河南，对河南民间戏剧的发展产生过影响，有的扎根河南，演化为具有乡土特色的民间剧种。如流行于南阳一带的汉调二黄，及流行于新乡、许昌的“土二黄”。清中后期又出现了二夹弦、落子腔（乐腔）、道情戏、扬高戏及豫南花鼓戏、嗨子戏、四股弦、四平调等。河南民间戏剧品类繁多，各有千秋。其戏剧文学、戏剧表演艺术、戏剧音乐都具有无与伦比的文化价值。

民间舞蹈：民间舞蹈艺术至少在5000年前的新石器时代就已产生，经历代发展，传承至今。其种类因地域而有别，内容十分丰富。如：《跑帷子》

和《跑阵舞》是由古代战争中的陈兵布阵演变而来；《打独角兽》和《扛箱舞》反映了上古人与兽的搏斗；《龙舞》《狮舞》《麒麟舞》《赶犟驴》《竹马舞》和《猫蝶舞》是典型的模拟舞蹈；《打春牛》和《打铁舞》是模仿人们生产劳动时的情景；《八美图》《荷花灯》《菊花灯》《旱船舞》《高跷舞》等表现了劳动群众对美好生活的向往；大型群众舞蹈《秧歌舞》和《腰鼓舞》是解放战争时期产生的革命舞蹈；《抬阁》《肘阁》是典型的道具性舞蹈；震撼人心的《鼓舞》《大铜器舞》场面壮观，情绪热烈，气势恢宏；《刘海戏金蟾》《鹬蚌舞》《斗金龟》和《寿星观花》是取材于神话寓言的舞蹈。其他还有多种形式的民间传统舞蹈，难以一一详述。动用道具进行表演，歌舞结合和采用虚拟、象征的表现手法是中原民间舞蹈的明显特征。

民间曲艺：河南民间曲艺历史悠久，唐代有说唱故事的“说话”“转变”等；宋代有“鼓子词”“诸宫调”等；元明清三代又出现许多曲种、曲目。曲艺演唱在民间俗称说书，说书在河南民间文化生活中历来占有十分重要的地位。明清以来，在河南城镇市井、乡间村头，说书成为人们日常主要的娱乐方式，并且对群众的思想、道德观念有着很大影响。民间曲艺取材多为历史故事、演义小说，也有劝人行善讲论纲常的家常小段儿。有的地方形成书会，宝丰县每年农历正月十三的马街书会，在元代延祐年间已经成俗，至今不衰。流行于河南的曲种主要有坠子、大鼓书、评书、快板、琴书、三弦书、渔鼓道情、大调曲子等。

其他，还有民间杂技和与民间戏曲有关的民间音乐，不再一一赘述。

在世界艺术史上，中国的民间表演艺术占有重要地位。作为世界戏曲三大源流，古希腊戏剧、印度梵剧早已绝迹，唯独中国戏曲顽强地延续至今。作为现代舞蹈的源头，民间舞蹈不仅表现出东方才有的内向深沉的民族性格，而且折射出人类最初的生存方式和生存想象。民间戏剧、民间曲艺、民间舞蹈，还有民间音乐和杂技，作为一种凝固的历史的“化石”，理所当然地应当得到国人的重视和“珍藏”。然而，事实上，由于各种复杂的社会因素，这些散存于民间的艺术瑰宝已在经历着弱化和消亡的过程。我们应当从开发资源的角度，尽可能地存留下来一些典型的民间艺术活的样本。我们应当以与保护地下文物同样的热情和坚定，去保护这些地上的“活的文物”。使我们和我们的后代子孙可以永久地去探察它们的文化魅力、艺术想象，以及所折射出的先民们无边无际的生活和情感。

（三）民间工艺艺术

中原工艺美术源远流长，品种浩繁，具有很深的历史渊源和文化内涵，是博大精深的民族文化瑰宝的组成部分。

我省民间工艺艺术的品种大体有以下 7 类：

陶瓷类：钧瓷、官瓷、汝瓷、青瓷、唐三彩、仿古陶、黑陶、彩陶、彩瓷、装饰民用瓷、金沙壶及各种窑类的瓷艺、陶艺。

雕塑类：玉雕、石雕、翡翠雕、木雕、根雕、角雕、金属雕、微雕、蛋雕、彩石镶嵌、泥塑、面塑、淮阳泥泥狗，及玻璃、钢、铜、塑料、金银雕塑。

绘画剪纸类：木版年画、农民画、麦秆画、漆画、烙画、内画、卵石画、剪纸、剪叶、风筝、工艺扇、彩灯、彩蛋画。

刺绣编织类：汴绣、织锦、民间刺绣、挂毯、绢人、毛猴、草编、竹编、鬃编、发制品。

服饰类：民族服装、戏装、帽子、头饰、首饰、宗教装饰、扎染。

各种民族乐器、各种表演用道具、烟火爆竹制作工艺。

其他类：天坛砚、澄泥砚、传统剑艺、黄河奇石、天然大理石艺术品等。

河南的民间工艺有北方黄河文化的典型特征，与举世闻名的裴李岗文化、仰韶文化、龙山文化有着明显的传承关系。总的基调是朴拙、粗犷、豪放。

（四）民俗文化

民俗文化及其遗存，充斥在百姓生活的方方面面、各个角落，有有形的物质遗产，如民居、造景、雕塑、碑刻、设施、工具、器械、器皿、服饰、玩具、美术品等。也有无形的、口头的、非物质的遗产，如环境知识、生产技术、消费习惯、交际礼节、人生仪式、节日庆典、组织制度、娱乐游戏、艺术技能、信仰心理等，其内容丰富，包罗万象。它们是过往生活的凭证，有着历史、地域、民俗、宗教、人文、社会、心理、经济、政治等广泛而具体的内涵和价值，是有独特载体的民众的文化，是国情、民情的重要组成部分。

二、民间文化遗产迅速消亡的情况及主要原因

在经济全球化的大背景下，在社会主义现代化迅猛发展的今天，一切传统文化和传统观念正接受严峻考验，民间艺术赖以生存的土壤——民俗文化逐渐发生变化。社会的经济结构、生产方式、生活方式和审美意识必将直接影响到民间文化的生存与发展。我国广大农村也发生了巨大的变化，市场经济的发展和农民对物质生活迅速提高的追求，已经迫使不少民艺绝活后继无人，民间艺术已面临自行消亡、逐渐绝迹的趋势。我省被称为拥有民间艺术的大省，如果不采取必要的措施，我省的“民艺大海”也会自行干枯。

（一）民间文学作为一种口承文化，随着社会环境的变迁，随着群众娱乐方式的多样化和社会心理、欣赏习惯的变化，已不再流传

老一辈的故事讲述者相继亡故，民间口头文学与之一同逐步消失。如我省桐柏县一位能讲述1000余则民间故事、曾被联合国教科文组织命名为中国十大故事讲述家之一的曹衍玉老太太于2000年辞世，大量流传千年的民间故

事也随她一并化为尘烟了。

调查显示，农村45岁以下的中青年，能够讲述传统民间故事或背诵民间歌谣者已经甚少，仍使用谚语者稍多。

洛阳市田山村中青年讲述民间故事百人调查统计表 （单位：人）

能讲述民间故事数量	31—45岁	21—30岁	10—20岁
1则	10	5	0
10则以上	5	3	0
20则以上	0	0	0

民间文学的口承方式正在急剧消亡，它唯一的存留方式是图书馆化。

1984年以来，河南省民间文艺家协会曾在全省范围内进行了中原民间文学的抢救性普查工作，组织省、市、县、乡、村五级数千人对河南民间故事、歌谣、谚语进行搜集、整理，积累了约一亿字的文字资料。但内容最为丰富、最具地方特色、数量最大的县级普查资料普遍没有出版，珍贵的资料面临二度流失的危险。

（二）民间美术的消亡令人扼腕叹息

据调查，洛阳泥娃娃作为一种极有地方特色的民间彩塑，20世纪50年代还风行豫西，现在制作者已荡然无存。皮影制作原在河南流布甚广，被专家称为民间艺术的精粹。目前只在灵宝市和桐柏县保存两个民间演出团体，在地方文化部门的扶持下勉强维持演出，并坚持制作，其他地方则早已绝迹。

朱仙镇木版年画是中国木版年画之鼻祖，是中国民间艺术之瑰宝。它源于唐，兴于宋，鼎盛于明清。朱仙镇木版年画主要采用水色套印，颜料采用天然植物泡制，史称“世界绝活”。它继承了汉唐壁画的传统，绘画技法具有构图饱满、线条粗犷、形象夸张、色彩鲜艳、久不褪色的特点。朱仙镇木版年画题材和内容大多取材于历史戏剧、演义小说、神话故事和民间传说，乡土气息浓郁、民间性强烈，具有独特的地方特色。明清鼎盛时期，朱仙镇一带有年画作坊300多家，每年销售3000多万张。当地曾有“家家都会沾染，户户皆善丹青”之说。

朱仙镇木版年画独特的历史地位在国内外产生过深远影响，日本、法国、加拿大、英国、比利时、德国、缅甸、俄罗斯等国博物馆收藏有朱仙镇木版年画，并被国际专家学者誉为中国的国宝。近代以来，有日本平凡社印行的《东洋版画》、北京中法汉学研究所1942年编选的《民间新年神像图画展览会》、法国出版的《朱仙镇木版年画》、日本编印的《中国明清之版画》、奥地利编印的《朱仙镇木版年画集》、德国编印的《中国木版年画集》等国外专集都介绍了朱仙镇木版年画。德国编印的《中国木版年画集》特别记述了1907年7月11日，俄国伟大的民间艺术家柯利可先生到朱仙镇实地考察木版年画的情况。1988年，中法友协执行局委员兼艺术委员会主席吉莱姆先生专程到朱仙镇考察木版年画的现状，对其抢救发展提出了可行的意见。

但在年画产地朱仙镇，1949年新中国成立时，还有23家年画作坊，而20世纪80年代只有一家仅有8人的年画社和赵庄村的4家农户，作为一种副业在农闲时少量印制销售。年画社也是惨淡经营，至今还有20多万元的债务无法偿还。掌握刻版技艺的老艺人仅剩2人，掌握用天然植物熬制颜料绝技的，只剩下54岁的刘金禄师傅1人。朱仙镇本地在年节也不再张贴年画了，年画已由实用的年画变为收藏的年画。2002年10月，中国民间文艺家协会等单位联合在开封、朱仙镇举办了中国木版年画国际学术研讨会暨中国木版年画大联展，通过媒体的大力宣传，年画的生产、销售形势略有好转。

淮阳泥泥狗是中州泥塑艺术中之佼佼者，是淮阳太昊陵古庙会上的一种独特的民间工艺品，系太昊陵陵区近邻金庄、武庄、陈楼、丁楼、白楼等村村民的祖传技艺，世代传承，历史悠久。其泥制的人物、走兽、飞禽、虫鱼、玩具等，统称泥泥狗。

泥泥狗取材广泛，造型独特，古朴淳厚，不务华丽，不仅工艺精湛，而且古色古香。其涂色全为黑底，然后再用红、黄、白、绿、粉五色绘以点线结构图案，既有楚漆器文化的格调，又有绳纹、方格纹古陶的画法。

泥泥狗有很高的艺术价值和考古价值，尤为人类文化学家和考古学家所重视，被专家们赞扬为“真图腾、活化石”和“现代活文物”，对于研究人类史前文化具有重要意义。许许多多生动活泼稀奇古怪的造型，与《山海经》所记古代氏族图腾的形象基本相似。特别是人面猴别具特色，具有远古人类的形象特征。其下身绘有女阴生殖符号，显示了母系社会早期的女阴崇拜，与甘肃马家窑出土的新石器时代陶罐裸女夸大的女阴浮雕有异曲同工之妙。当地泥塑艺人根据祖传规矩，对泥泥狗的造型及绘画，恪守古法，不作改动，使泥泥狗至今保持原始的状态。据此可以说明，泥泥狗从远古传承至今，与伏羲、女娲用黄土造人的传说紧密相关。

但是，淮阳金庄、武庄、陈楼、丁楼、白楼等村制作泥泥狗的农户越来越少。据专家统计，淮阳泥泥狗 1988 年在人祖庙会上的出售摊位，只占 1982 年的 38%；2003 年的出售摊位，只占 2000 年的 28%。原来庙会上热销的泥泥狗，已经被外地的大棚歌舞等媚俗演出所代替。

调查过程中还了解到不少知名的很有价值的民间美术品种已经彻底灭绝。如虞城泥砚、卢氏木猴、浚县木制玩具等等。市场经济的发展和社会环境的变迁，已迫使不少民艺绝活后继无人，老艺人一旦亡故，这门艺术将就此断绝。

（三）民间表演艺术消亡的情况也十分令人担忧

以淮阳太昊陵庙会上的民间舞蹈“担经挑”为例，20 世纪 80 年代，当地百姓会唱的“经歌”尚有 150 余首，2003 年统计只剩下 12 首。

“中国十大民俗”之一的宝丰马街书会也正在走向衰落。

过去，每逢正月十三，河南、安徽、河北、山东、湖北、湖南等省数千曲艺艺人从四面八方汇聚宝丰马街，说书卖艺，争夺“状元”。书会自元祐年间成俗，代代相传，从无间断。海内外专家学者惊呼“这样一个民族的、民间的、历史悠久的文化遗产，在全世界也是独一无二的”。

据文字记载，1863 年，参加马街书会的民间艺人达到 3700 人。近两年，参加的艺人不足千人。过去马街周边的农民都是热情义务接待艺人，现在再也没有“白吃白住”的事儿了。以前书会占了谁家的麦田都没有异议，如今农民要求政府赔偿青苗费了，甚至发生过驱赶艺人的情况。今年专程来马街拍摄电视专题片的日本京都电视台的工作人员感慨地说，恐怕马街书会将要风光不再，这样的民俗文化消亡了，太可惜了。

中州，由于其丰厚的戏曲文化积淀，所以在“诸宫调”和宋杂剧于开封形成之后，复经艺术上达到极致的“元曲”之浸润，受各地语言、民俗及姊妹艺术品种的影响，至明代中叶以后，呈现出百花绽蕾之势。仅从万历十年（1582 年）算起，曾相继在河南境内产生、存在和流行过的各类剧种便有近 80 个之多，其中戏曲剧种约 65 个，属本土的占三分之二。

受社会、经济影响和“优胜劣汰”“适者生存”等艺术规律的制约，400 多年来又几多兴衰，几多蜕变，有的隐而复起，有的一蹶不振，以至到新中国成立之初，竟然只剩下 8 个剧种。到 1956 年，“河南省首届戏曲观摩汇演”时，参加演出和观摩的剧种达 23 个。20 世纪 80 年代初期，国家艺术科研重点项目“十大文艺集成·志”启动，《中国戏曲志·河南卷》经过近六年的田野调查，进一步摸清了河南的戏曲宝藏。计有专业剧团演出的剧种 20 个，即豫剧、曲剧、越调、大平调、宛梆、怀梆（怀调）、大弦戏、柳子戏（百调）、二夹弦、五调腔（四股弦）、四平调、落子腔（乐腔）、坠剧、道情戏、柳琴戏（拉魂腔）、河北梆子、山东梆子、京剧、汉剧、蒲剧。在此之前，昆曲、清戏、评剧、越剧、罗戏、山梆（靠山黄）、八调腔、豫南花鼓（光山花鼓）、迷胡（眉户）戏等，于不同历史时期也曾一度有过专业剧团；之后，则又有汉剧、山东梆子、河北梆子和五调腔等相继衰落，变为业余演出。此外，已无专业剧团，但仍有业余演出活动的，除上述罗戏、汉剧、山梆、八调腔、迷胡、山东梆子、河北梆子、豫南花鼓等 8 个剧种以外，还有卷戏、嗨子戏（花篮戏）、清音戏、扬高戏、秦腔、上党梆子、黄梅戏、豫东花鼓、丁香戏、蛤蟆嗡、梨黄、灶戏等 12 个剧种。这就是说，至新旧世纪之交为止，仍兴旺、存活或尚有踪迹可寻的，总共为 37 个剧种，其余均已消亡或退出河南。

20 世纪 80 年代后期，中国曲艺整体上出现了危机，整个曲坛处于凋敝不振的境地，从业人员和表演团体急剧减少、演出场地极度匮乏、观众甚少且老化现象日益严重，一些曲艺品种近乎失传，曲艺衰势日渐其深，到了亟待抢救的濒危边缘。

传统民俗的消亡则表现得尤为突出。许多民间习俗已不再流传，许多传统节日也逐渐淡出我们的生活，取而代之的是洋节大行其道。即使凝聚着中国人最厚重文化精神的春节也随着时代的迁移，尤其是城市化的发展而开始了它的文化变迁，在这种变迁过程中，春节的仪式片段、文化符号、文化形式逐渐淡化甚至消失，凝结于国人深层意识中的仪式感也一步步地遗失，以至于让许多人感慨“年味”越来越淡。

导致民间文化遗产迅速消解的主要原因有以下几个方面：

第一，农耕时代将要消亡，随着工业化、城市和乡村城镇化的加速，随着生产方式的转变，新技术革命的影响，原有农耕文明架构下的一切文化形态和方式都在迅速瓦解与消亡。

第二，风靡全球的商业性强势的流行文化，正在猛烈地冲击世界各民族——也包括我们民族的文化。在这种全球化的飓风中，首当其冲的便是处于消解过程的民间文化。

第三，民间文化遗产是一个民族精神情感的重要载体，是民俗风情的结晶，是普通百姓代代相传的文化财富，但因为是下里巴人的，于是难登大雅之堂，似乎过于世俗而不足为惜。这样的认识误区和文化盲点，导致对民间文化的漠视，导致在历史上从未认真清查过这一弥足珍贵的文化遗产，同时也没有任何法规加以保护。因而，在当代现代化发展的浪潮中，面临着“摧枯拉朽”般的灾难。

第四，由于种种历史偏见，民间文化没有处在精英文化同等的位置上。民间文化从来没有得到过记载，一部中国通史，记录的仅仅是上层文化。民间文化大多只是凭着口传心授，以相当脆弱的方式代代相传。一旦没有传承人，就如断线风筝，即刻消失，化为乌有。所以民间文化的生存方式一直是自生自灭的。于是，在工业化和全球化的今天，它必然遭受致命的冲击。

三、抢救与保护民族民间文化的必要性与紧迫性

新中国成立以来，党和政府已经为抢救和保护民间文化遗产做出过巨大的努力，并且取得了丰硕的成果和伟大的业绩。但是，随着全球化、现代化时代的来临，民间文化受到疾风暴雨的冲击，抢救民间文化遗产的任务依然迫在眉睫。

20 世纪 60 年代日本和法国在现代化发展的高潮时刻，不约而同地开展了民间文化遗产的国家性抢救工程。法国进行了文化史上最重要的一次文化遗产“总普查”，“大到教堂，小到汤匙”，巨细无遗，全要登记造册。日本也实施了由国家组织的“民俗资料紧急调查”“民俗文化分布调查”“民谣紧急调查”，20 世纪 80 年代又再次实施由政府立项拨款进行的无形文化财富记录工作，颁布了相关法律法规，举办全国民俗艺能大会等。把祖先留下来的财富清理得心中有数，加强了民族文化的认同和对乡土的热爱，也极大地激发了人们的文化自尊和民族自信。

民间文化是一个民族所共有的文化，也是人类的共同遗产。对于任何民族来说，民间文化既是民族源远流长的文化遗产，又是民族现代文化的重要基础；而特别重要的是，民间文化是确认一个民族（或文化社区）文化特性的文化符号。

在中国，社会的工业化进程，特别是改革开放以来，社会结构和思想意识的巨大变革，电视、信息网络等现代媒体的发展和普及，信息社会的到来，市场化文化即通俗文化的蔓延，外国文化的持久、深入影响，都会给民族民间文化的正常延续和发展以冲击。民间文化搜集研究者在田野调查时，也常常遇到“人亡歌息”的情况。如对于一个民族具有重要意义的民间创作，或族源史诗，或史传神话传说等，由于老歌手或故事家的夭亡而造成失传。这是民间文化面临的一种现实的危险。民间文化的中断或失传，是一个民族的最大遗憾，对任何民族来说，失去自己固有的民间文化，无异于失去自己的民族文化生存的特性，无异于丧失了自己民族的生命力，这当然是十分可悲的。

21 世纪之初我国重新出现了民俗回归的新景观和文化新趋势。有学者认为，当前这段民间文化热的发生，根本的原因是整个社会的文化立场、文化观念的转变。他们所说的整个社会的文化立场、文化观念的转变，首先是指自“五四”以来学者们对民间文化的评价和态度的转变。继而是经济的全球化，强劲的“欧风美雨”带来的生活方式的变化，现代化过程和生活节奏的加快，文化的庸俗化或文化的缺失，使中国老百姓的文化心理承受能力面临着一次新的考验和洗礼、弃取和选择，人们渴望那些已经消逝的或正在消逝中的传统民俗文化，用以平服和慰藉自己动荡不安的心灵和满足对文化的饥渴。

“民俗热”的出现，一方面，使我们欣喜若狂地听到了文明进步和思想解放的足音；另一方面，对民族固有的民间文化的惆怅和忧虑，也与日俱增、与日俱浓。文明的进步，是历史发展的必然，但它使产生于农耕文明土壤上的民俗文化，每日每时地呈现着减弱、变异甚至消亡之势。民俗民间文化随着社会观念的变迁而发生或快或慢的嬗变，这是文化发展的铁律，这个法则是绝对的。民俗民间文化的嬗变，一般是在一种“层垒式”的积演中产生又变异，变异又新生的，我们所谈论的和捕捉到的民俗事象，只不过是一定时空下的具体的民俗民间文化，而不是恒态的、不变的民俗民间文化。民俗民间文化是永远不会湮灭无闻、不会“断流”的。综观历史，使民俗发生巨变的原因很多，最强烈的是来自政治的（施行某种强硬文化政策）或民族的（如民族或国家灭亡等）。来自政治的或民族的某种不可抗拒的强力因素，使某个社区或某个族群的民俗民间文化发生巨变，甚至消逝于一旦；民俗民间文化也会在遇到春风拂面之时，便又发芽复苏。

不能否认的事实是，基于农耕文明土壤的传统形态的民俗民间文化，在现代社会环境下正在发生着巨变，有的已经面临着消失不再的命运。而传统形态的民俗民间文化不仅是下层社会成员的精神载体、思维模式和生活样式，也是延续了几千年的中华传统文化和中华文化传统的不可分割的重要组成部分。中华文化之所以具有活力，在很大程度上，是因为它扎根于生生不息的亿万社会成员之中，生长于亿万社会成员的富有创造精神的思想活力之中。因此，民俗民间文化的减弱和消逝进程，以及其消逝给一个从未断流过的中华民族文化所带来的莫大损失，不能不引起有责任感的文化人和学术界的惆怅和忧虑。我们应该和必须采取可行的方式方法，对因自然原因和人为原因而行将消逝的民俗民间文化进行有效的抢救，或延缓其消逝的过程，或把它们记录（笔录、录音、摄像、实物收藏等）下来，出版公布于众，或藏于档案馆、博物馆中，从而把我们的民族传统和民族精神传之后代子孙。

四、民间文化的多种社会功能

中国民俗文化源远流长、绚丽多姿，留存着人类独特的文化记忆，这些民俗事象是社会发展到一定阶段，人类群体在社会生活中约定俗成的产物，与天文、历法、民族思维方式、民间信仰、文化心理等有着密不可分的关系，蕴含着社会学、人类文化学、哲学、文艺学等丰富内涵。民俗从社会生活产生，又反馈给社会生活，被社会生活所取舍，同时在变异中作为一种文化意识陈陈相因，承袭流传，逐步形成一种文化形态。在中国漫长的农耕时代，对人们的社会心理、价值观念、道德标准、审美特性，乃至民族精神产生过重大而深远的影响，发挥着融合民族情感、形成文化共识、积淀社会文化、促进商品交换的作用。

但是，伴随着现代化时代的来临，加之社会认识的误区和文化盲点的惯性，我们祖先数千年创造的弥足珍贵的民间文化正以惊人的速度湮灭着、消亡着、流失着，中国文化的多样性和丰富性正在受到严重威胁。例如，民间传统节日近年来逐渐淡出我们的生活，而与中国传统节日渐趋式微的同时，洋节反而大行其道。圣诞节仅仅是一个开始，此后还有平安夜、情人节、万圣节、愚人节等等。中国人兴趣盎然地装饰圣诞树、举行舞会、赠送礼品，尽管他们并不了解圣诞节的真正含意是什么，他们仅仅感受到时髦。

其实，西方的节日在中国没有文化基础，因为西方的文化体系和宗教体系与中国截然不同，而西方的节日几乎都是建立在这两大基础之上的。我们这些黑头发、黄皮肤的中国人，不了解西方文化，不信奉基督教，也不理解西方节日的内涵，而对自己根本不了解的节日趋之若鹜，不是一件十分可笑、十分滑稽、十分怪诞的事情吗？难怪韩国人将中国大陆形容成“伪节日的天堂”。我不禁要问，中国过圣诞节在纪念什么？难道我们可以在一个晚上把自己千百年积累起来的记忆和情感一下子抹掉吗？

国际亚细亚民俗学会会长陶立璠教授说：“节日文化是一个民族共同创造、共同享受的文化，这些文化自然会形成一个民族的凝聚力在里面，所以我们不能轻视节日的文化内涵。”

（一）民间文化具有教化人心、匡正风气的功能

在中国，习俗习惯是民俗的法约表现，是国家法律的基础和补充，国家的统治管理需要有效地运用民俗的力量，譬如春节所表现出的敬奉祖先、家庭和睦、邻里和谐的“和合”精神；端午节所张扬的对真善美的执着追求及强烈的爱国主义情怀；七夕节所蕴含的忠贞不渝、诚信友爱的观念；重阳文化所尊奉的“五伦之孝，推家至国；以孝齐家，以孝治国，达至和谐大同”的传统美德等。倡导传统节庆的弘扬，对于尊崇人伦观念、规范言行礼仪、调和人际关系、调适群体生活、提升道德水准乃至构建和谐社会无疑具有重要作用。

（二）弘扬民间文化具有传承中华优秀文化的功能

中华文化有着一条明晰而绵延不绝的传承链条，通过一代又一代人的积累，形成了本民族深邃的文化记忆，这是我们的一笔巨大的文化财富和精神资源。

我们不能听任这种博大精深的民族民间文化在我们这一代人的手中发生断裂，出现断层，化为乌有。在此中间，传承民族民间文化的重要手段之一是恢复传统民俗，因为传统民俗是各种民族民间文化最重要的综合载体。包括神话、传说、民间戏曲、民间美术、交际礼节、人生仪式、娱乐游戏、艺术技能、信仰心理等，内容丰富，包罗万象，它们无一不在传统民俗中得到存活和赓续。我们弘扬了民俗文化，也就使它们所承载的丰富文化得

到了延续。

（三）弘扬民间文化具有培育民族精神的功能

每一个伟大的民族都有使其伟大的民族精神。而我们的民族精神源自全民族的文化共识，源自民族文化的优良传统，我们东方民族的魅力也在于我们的民族传统文化。

数千年的农耕时代，在民间，在老百姓日出而作、日落而息，看似单调的日子里，深藏着博大雄沉的优秀文化因子，构成了绵延不断的历史信息链，无所不包地传递着中华民族心理的密码，它们是民族个性特征和独特精神的重要表征，为民族精神提供着无尽的营养、彰明的昭示和有益的启迪。其中，文化信息承载最为密集、情感色彩最为浓烈、道德教化作用最为深刻、记忆传承最为有力的，当属中华民俗文化。

（四）弘扬民间文化具有捍卫国家文化主权和世界文化的话语权的功能

当韩国把源自中国的“端午祭”在联合国申注为人家的非物质文化遗产时，引起了国人的情绪激动。我们的春节会不会被别国再次申注，成为我们的又一个心结和悬念。可以设想，当我们的包括传统节日在内的民族传统文化都一一消失，一一被西方文明代替了的话，我们的文化主权何在？在面对世界多元文化的时候，我们还有说话的权力吗？

这是事关国家与民族的软权力之争，事关维护自己的文化身份、维护中国民族文化的生存权和发展权的问题。我们只有立足于本民族的现实文化土壤，才能实现与世界文化的平等对话，为世界文化做出自己的独特贡献。

（五）弘扬民间文化具有拓展文化产业的功能

韩国的“端午祭”已经成为江陵的一项重要的文化产业，西方的圣诞节所带来的商机也十分惊人。中国民族传统节日与演艺、旅游、商贸本来就有着天然的嫁接基因，是文化产业的重要资源。

精神文明不是从天上掉下来的，也非随心所欲制造出来的，而是对古老文明在现实基础上批判继承的结果。如果我们自觉地、有意识地利用传统节日进行风俗的扬弃，充分发挥传统节日的多种功能，将对社会主义精神文明建设有很大的助益。因此，我们应正确认识传统文化，剔除其糟粕，吸收其精华，让它们在今日的文化建设中熠熠生辉。

我们惊喜地看到我国当代出现的一幅壮丽图景：一方面改革开放，打开国门，积极吸纳世界当代人类最新文明成果，从而增强国家的硬实力；另一方面积极弘扬中华优秀传统文化，整理国学，回归传统，充分利用中华数千年文化积淀的巨大潜能，进行文化重建、道德重建，构建和谐社会，塑造民族形象，实现以传统文化为基础的文化复兴，从而增强国家的软实力。这是一片盛世的胸襟、盛世的景象。这种景象的出现，反映出我们对经济全球化、文化趋同化趋势的警醒，反映出我们对“五四”到改革开放前一个历史时期文化观念的反思，反映出我们对先进文化、未来文化建设的思考，反映出我们对新时期道德建设的认识，反映出我们对文化资源利用意识的苏醒。

为此，在政府主导下，学术界应首先对需要抢救的民间文化作出科学界定，对其主要对象、基本范围、民俗内涵、扬弃标准、正确导向、方式方法进行调查研究和认真论证，形成调研报告，为党委和政府的决策提供依据。召开各类“传统文化与新文化建设”学术讨论会，以会议的名义组织专家向政府和社会发出呼吁，力陈继续传统文化的现实意义，营造其舆论氛围。新闻媒体应就抢救民族民间文化的重要文化意义及对民族精神的培育、现代化的发展、两个文明建设的积极影响进行广泛有效的宣传。在上述工作的基础上，形成切实可行的方案，上报有关领导部门，使其进入党委和政府的工作视野，转换为一种政府行为。普及民间文化知识、培养民族情感、承继民族精神，要从中小学教育入手。要将民间文化列为中小学传统教育的内容之一。民间文化遗产，最具民族审美情趣和民族艺术特色，它的继承和发扬应是全民性的理解与承传。民间文化遗产涉及面广，包括各民族、各地区、各门类，既有物质形态，也有非物质形态，涉及各民族人民生活的各个角落，只靠一两个部门或业务单位的重视是很难承担全部工作的，它需要党委和政府、专业部门、专家与学者、新闻工作者、民间艺人等方面的通力合作才能完成。因此，政府有关部门协调各方面的力量，推进工作的进展。

文化建设是历史赋予我们的使命，怀着这样一份责任和光荣，本文涉及的几个领域，记录了几位文化工作者的思考及对文化建设的建议，拳拳之心，溢于言表，谨供各界参考。

如何弘扬中华文化

高占祥

对于什么是中华文化，什么是弘扬，什么是中华文化的价值核心，什么是文化自觉，如何正确认识我们自己的文化，如何正确处理本位文化和其他文化的关系，如何看待当前弘扬中华文化过程中出现的一些值得注意的倾向等，应作出我们的判断和思考。

一、什么是中华文化？什么是弘扬？

中华文化已成为海内外中华儿女广泛的文化认同，已成为增强民族凝聚力、促进国家统一、推动社会进步与现代化进程的内在动力，已成为全球化背景下中华民族共有的精神家园。弘扬中华文化，已不再仅仅是一个学界的提法、民间社会的提法和海外华人的提法，而是上升为一个涵盖全党、全民族、全社会共同使命的提法。

首先，什么是中华文化。许多学者认为，中华文化主要是指上下五千年、中华大地上各民族共同创造的、中华民族的传统文化。那么，这个文化究竟如何分类，以及包含什么样的内容和价值呢？许嘉璐先生曾经提出表层文化、中层文化、底层文化之说。此外还有所谓物质文化、制度文化和价值观念之说。亦有学者提出，可分为物质文化方面、制度文化方面、历史文化方面、文学艺术方面、民俗文化方面、哲学价值方面，和以儒学为代表的诸子百家学说，以及宗教文化、蒙学读物等，由此构成中华文化博大精深的体系。我们已走出百年以来的全盘否定和全盘肯定的极端化争论，现在到了科学、理性、客观地认识自已文化的时候了。

其次，什么是弘扬。弘扬即发扬光大。保存、整理、研究固然是十分重要的基础工作，但重点是发扬光大！正如周有光先生所说，弘扬中华文化“不是文化复古，而是文化更新”。正是基于这种理念，我们提出“当代阐释”，提出“创造性转化”，提出“反对照搬古人，反对原教旨主义，反对琐碎的复古主义”。近年来，我尝试创作了《新三字经》《新弟子规》，实践证明效果是好的，因为时代变化了，中华文化精神的表现也应随之改变。如二十四孝所宣扬的孝道观念及其表现形式，就不应“照搬”，不能再讲“埋儿奉母”“卧冰求鲤”那些而今看来不近情理的故事，也不能让当今子女再去遵守父母“丧三年，常悲咽，居处变，酒肉绝”那种无法接受的陈规。

“创造性转化”是海外学者提出的，仅从字面也可以看出其要旨：一要创造，二要转化。转到哪里，当然是转到当今的时代。而原教旨主义的问题，主要是过分执著原始教义，而且具有强烈的排他性。这样的文化形态，肯定不可取。反对琐碎的复古主义，是余秋雨先生提出的。主要是说我们传承文化，重点是精神文明，是价值伦理观念，而不是这样那样琐琐碎碎的外在形式。例如，让孩子们穿着古代的服装读经，弄一伙人抬着猪头、羊头祭祀，还有那些半文不白、连念的人也未必懂得的祭文。这些东西过多，必将使中华文化庸俗化。例如《今注本二十四史》编纂出版工程，我们邀集300多位史学家做了18年，一个基本的目标就是实现转化二十四史的现代解读形式。二十四史是文言文，只有前四史有古人残缺注释。有了“今注本”，具有大学文化程度的人都可以通读。

在这里，我想引用香港城市大学前任校长张信刚教授的一段话，与大家分享。他说：“我想促进的中华文化是现代的、发展中的、包含不同元素的新文化，这个新的中华文化决不是文、武、孔、孟时代文化的再现，也不仅是汉唐盛世文化的复兴，我们崇敬先贤的成就，但是更重视今人的成就，我们以本民族的文化传统为荣，但是更愿意借鉴其他文化的优点，我们的立足点是今天，我们的着眼点是未来。”

二、什么是中华文化的价值核心？什么是中华民族的优良传统？

近些年来，人们对这个问题进行过多次讨论。许多学者从不同视角出发，提出过多种看法。例如“和”“仁”“忠”“恕”“敬”“中庸”“己欲立而立人，己欲达而达人”“己所不欲，勿施于人”。这些讨论显然是为了比较明确地概括中华文化的基本价值理念，概括中华民族的优良传统。那么，这个价值核心和优良传统是什么？

毫无疑问，中华民族历久弥新的伟大精神和具有历史超越性的道德伦理是中华民族的价值核心。我认为，将民族精神和道德伦理这两项作为中华文化的基本价值，或者价值核心，起码是具有重要参考意义的。不仅如此，我还想在这里简要说明民族精神和道德伦理的主要内容。

其一，是否可以将中华民族历久弥新的伟大精神归结于“自强不息、厚德载物”八个字。1914 年，梁启超先生以“君子论”为题在清华大学演讲。其中讲到《易传》中的两句话：“天行健，君子以自强不息”，“地势坤，君子以厚德载物”。梁先生认为，一个人做到这两条，基本就可以称为君子了。众所周知，后来清华大学将“自强不息、厚德载物”八个字作为校训。另一位是我国当代杰出的哲学家之一张岱年先生。张先生在某次回答记者提问时曾讲：“中国文化的优秀传统用八个字来概括，就是‘自强不息、厚德载物’。这是中国文化进步的基础，也是其优秀传统的核心。”张岱年先生晚年，还曾在多处强调这一观点，认为这八个字前者是进取精神、奋斗精神，后者是包容精神、开放精神，前者刚的成分多，后者柔的成分大。刚柔相济，儒道互补，中华民族因此生生不息、衰而复兴、与时俱进。再一点是道德伦理。道德伦理具有历史超越性，从根本上说是因为道德理性是一种超越性的价值，比如孟子所说，“富贵不能淫，威武不能屈，贫贱不能移，此之谓大丈夫”。这种道德精神，在任何时代、任何地方都是适用的。

那么，我们的“具有历史超越性的道德伦理”是什么呢？也许可以考虑所谓“三纲五常”中的“五常”：仁、义、礼、智、信。如果我们能对这五个方面作出当代的解释，将非常具有现实意义。民国初建，也是一次历史转折，但是我们知道国父孙中山先生仍然没有丢弃传统道德，他提出“四维八德”。“四维”即礼、义、廉、耻。我小的时候就曾背诵“礼义廉耻，国之四维，四维不张，国乃灭亡”。孙先生是把道德伦理视为民族的维系和国家的支撑。“四维”之外还提出“八德”：忠、孝、仁、爱、信、义、和、平。而今，台北市不但有四维路、八德路，还有忠孝路、仁爱路、信义路、和平路。可以想到，百废待兴之际，孙中山先生仍然将道德伦理视为维系民族团结的纽带和支撑国体的梁柱，并创造性地将传统道德观念适用于现代国家。

三、什么是文化自觉？如何正确认识和处理本民族文化和其他文化的关系？

文化自觉，是费孝通先生1997年提出的。主要意思是说，应当了解自己的文化，对自己的文化有自知之明。还包括了解其他文化。在这个基础上，经过自主的适应和其他文化一起和平共处、各抒所长、联手发展。

历史经验值得注意。我们在思想文化方面，往往容易走极端，一种倾向掩盖另一种倾向。清末以后，我们的民族、我们的文化一再被屈辱、被否定。我们不能不讲民族意识，不能不讲民族文化意识。民族文化是中华文化之“根”，守住这个“根”，是我们文化自觉的前提。离开这个“根”，去谈文化自觉，就是无源之水、无本之木。

问题是，在我国经济飞速发展、国际地位日益提升、民族意识空前高涨之时，如何保持理性和清醒的思考，要防止忘乎所以。不能忘记我们还在奔小康，还处于社会主义初级阶段。在对民族文化的认识上，也要清醒、理性、客观。既要看到积极面，也要看到消极面甚至阴暗面，还要看到中华文化赖以产生和发展的历史条件已发生了巨大变化，如何适应新的时代仍是一个艰巨的课题！为什么反对过分夸大民族文化的特殊性？因为任何事情一旦讲过了头，就会走向反面，走向封闭，走向孤立。

我们5000多年未断层的文化，确实值得自豪，确实具有独特的优越性，但不能过分夸大优越性，不能认为自己的文化群冠其他文化，这会导致文化沙文主义，导致文化歧视。我们如果要想弘扬中华文化，就必须尽可能接触一些其他国家、民族的历史文化，可以使我们具有国际视野和全球化眼光。

如果我们读一点世界史，就会知道以文字、城邦、宗教、礼仪、工艺品制造为标志的巴比伦文明，要比中华文明早出现1000多年。而以文字论，苏美尔人的楔形文字也比迄今为止所发现的最早的汉字（甲骨文）早1000多年。多了解一些世界文化，可以少些盲目性，避免夜郎自大。

中华文化与其他文化之间应该是什么样的关系？各民族各地区之间的文化应该是什么样的关系？我们的回答是“和谐”。这方面，古人说得很多，“和而不同”“道并行而不相悖”“万物并育而不相害”。这里，我还想提到“大同”。大同和小康是古代先贤对于理想社会、现实社会的对应表达。康有为写过《大同书》。那么，“大同”的“大”字究竟是什么含义？仅仅是物理的、空间的概念吗？不是的。庄子说“不同同之之谓大”，是说把不同的东西囊括在一起，融合在一起，这就是大。从这里，我们也更深刻理解到，为什么说“有容乃大”。可见“大”不仅是一个量的概念，更重要的是体现大度和包容。

我们处在全球化时代，不同国家、不同民族之间的联系、接触、交流与合作从来没有像现在这样密切和频繁。池田大作先生在与我的对话集《联结地球的文化力》中谈到，19世纪、20世纪是民族至上、国家至上的时代。假如可以这样说，那么21世纪呢，还是民族至上、国家至上吗？恐怕应当重新思考、深入思考，或许我们应该，也一定能够寻找到一种新的平衡：在本国与他国、本族与他族之间，在本国、本族与人类之间，在故乡、本土和地球之间。相信人类的智慧将引导人们在新的时代创造新的文化，而新的文化引领我们去创造新的未来！

四、如何看待当前弘扬中华文化方面出现的一些值得注意的倾向？

我们强调人文价值，强调改善文化风气，也提出目前文化发展方面、工作方面出现的一些倾向。比如，文化市场的畸形化，文化产品的低俗化和娱乐至上化，急功近利和“运动”式发展文化，文艺创作和文化活动中出现的某些浮躁、浮肿、浮夸“三浮”现象，以及文风中出现的套话、大话、假话等不良风气。这里面既有老问题也有新问题，还有些是文化转型中出现的难以避免的问题。而重要的问题是，我们应当善于反思，善于总结教训，善于把教训及时地转化为财富。

我国当前的文化建设在文化事业、文化产业双轮驱动下，正朝着文化强国的方向迈进。为了使我们的文化建设更科学地发展，回顾一下历史的经验教训是有益的。

我们文化发展的问题出在哪里？从大的方面看，可否说新中国成立以后前30年是有过度政治化的倾向，而近30年则是有过度商业化的倾向？我们的文化事业是在曲折的道路上向前发展的。

近些年为什么强调以人为本，强调人文价值？因为这是文化的灵魂所在。离开文化的人文价值，去谈“文化是民族的灵魂”那便是贴标签的一句空话。

说到以人为本，就要强调以文化人，谈到文化强国，就必须强调文化强民。因为文化的终极目的在于人的完善。陆费逵先生是我国近代有名的教育家，也是一位出版家，是中华书局的创办人和主持人，他曾提出：“盖教育得道，则民智开，民德进，民体强，而国隆盛矣。教育不得道，则民智塞，民德退，民体弱，而国势衰亡矣。”陆费逵先生强调民智、民德、民体，核心是一个“民”字，民是国之本，要文化强国，必先文化强民。文化强民是文化强国的前提。

文化风气问题也很突出。冯骥才同志多次批评“政绩文化”。这种风气之所以不好，是因为其目的不是文化，而是以文化作借口、作幌子，以图其他。我听说，目前全国性和地方性的非物质文化遗产项目已经突破百万。各地都在争，争的是文化吗？这是个疑问。起初是希望有个名牌，名牌太多也就显不出来了。听说连挂面、月饼都成了“非物质”文化遗产？据说是因为包含着非物质的工艺和创意。哪一项物质遗产是没有工艺、没有创意的呢？物质、非物质也搞不清楚了。

而从另一个方面看，在改革开放和社会转型过程中出现一些问题也不为怪。实际上，许多思想、文化、道德上的新问题，不仅发生在中国，也发生在世界各地；不仅儒家文化传统面临挑战，西方文化传统也面临挑战。新的文化，包括新的中华文化，会在新时代的挑战中应运而生。

最后，我还要特别强调，我们每一个人都要努力做一个文化自觉的先行者、民族文化的传承者、现代文化的开创者，为中华民族的伟大复兴，为中华文化的发扬光大，尽心尽力！

谈谈企业文化

徐光春

文化，对于一个国家、一个民族、一个地方、一个单位、一个人来说，都十分重要。没有文化的国家，不可能发达；没有文化的民族，不可能兴旺；没有文化的地方，不可能繁荣；没有文化的单位，不可能和顺；没有文化的人，不可能贤达。所以，古今中外，很多国家、民族、地方、单位和人们都十分重视文化，认真学习文化，精心培育文化，着力发展文化，善于利用文化，以求得国家、民族、地方、单位和人的更好发展、全面发展、永续发展。

我热爱文化、赞美文化，也研究文化、倡导文化。今天，我就讲讲企业文化问题。

一、什么是企业文化

简单地说，关于企业生存、发展、振兴的文化问题、文化工作，就叫企业文化，或者叫企业文化问题、企业文化工作。企业文化，不是单纯地唱唱歌，跳跳舞，写写字，画画画，赛赛球，跑跑步；也不是有多少大学生，有多少硕士生，有多少博士生；更不是要建书画院，要建博物馆，要建体育场。现在，我们很多企业在这方面有误区，以为做了上面这些事，我们企业就有文化了。最近，我看到一则报道说，曾经是全球最大的鞋业加工基地和当地政府眼中的"标杆企业"、最高峰时用工人数超过10万人，如今却因数次大规模的罢工、内部劳资纠纷问题难以化解等原因，导致企业经营信心严重不足，主动收缩规模开始外迁。这个企业就是位于广东东莞的台资裕元鞋厂。报道说，这个长期被视为全球最大的运动鞋及休闲鞋制造商，主要为耐克、阿迪达斯等国际品牌代工，厂区内运动场、幼儿园、文化广场等设施一应俱全，历来是外界公认的"模范企业"，如今这个"模范厂"成了"麻烦厂"，罢工仍持续不断，原有10万多名工人上班，现在只有3万多名，不少工人不上班，在河边钓鱼、闲耍，在文化室里唱歌、上网，工人大多打算买单走人，企业也准备外迁重建。这个企业出现的问题，充分说明"文化设施一应俱全"并不是真正的企业文化。这个企业之所以遭遇逆境，不是外部的市场问题，而是内部的文化问题；不是产品没有竞争力，而是企业没有凝聚力。那么，具体地说，企业文化是什么？包含哪些内容？

一是企业的精神。一个人要有精气神，一个企业也要有精气神。这种精气神，就是企业文化的重要体现。对一个企业来说，最重要的是要有进取精神、拼搏精神、抗压精神、团结精神、奉献精神。有了这些精神，在激烈的市场竞争中，企业才能不怕困难，奋勇前进；才能遇强不惧，顽强博弈；才能迎风击浪，稳坐渔船。

二是企业的灵魂。人没有灵魂，是行尸走肉；企业没有灵魂，是无头苍蝇。企业的灵魂是什么？是企业的理想、企业的信念、企业的追求、企业的抱负，是企业文化的核心所在。一个有理想、有信念、有追求、有抱负的企业，在市场经济的大潮中，就能昂起头、挺起胸，伸直腰、站稳脚，心连心、肩并肩，胜不骄、败不馁，一鼓作气往前走。

三是企业的风格。风格就是特点，就是特长。企业的风格，就是一个企业区别于其他企业而独有的一种精神风貌、一种发展理念、一种行为准则、一种经营模式、一种产品特色，就是一个企业比较其他企业所独有的某些方面的优势，如财力优势、人才优势、资源优势、产品优势等等，这些优势一个企业不可能都具备，但至少具备其中某个方面或某些方面。企业的这些风格，是企业文化的题中之意。

四是企业的品质。企业的品质，包括企业的精神状态、企业的思想道德、企业的价值追求、企业的文明素养、企业的知识技能、企业的管理水准、企业的站位眼界等等。企业的品质是企业文化的主要内容。企业的品质直接影响企业的成长和发展。高品质的企业，是一个高成长性的企业，也是一个对风险对困难对危机具有高抗力的企业。

五是企业的传统。一个企业在成长、发展的历程中，总会留下一些经验积累和文化积淀，这些经验积累、文化积淀在企业内的存留和流传，就形成这个企业的传统。企业的传统是企业文化的宝贵财富。一个有良好传统的企业，是一个有教养的企业，一个有历练的企业，一个有文化的企业，也是一个有影响的企业。

六是企业的力量。推动企业发展的力量，除财力、物力外，还有不少属于精神层面的力量，如凝聚力、创造力、决策力、竞争力、影响力、感召力、掌控力、应变力、活跃力、自信力等等。企业应该具有的这些精神力量，是企业文化的重要组成部分。企业的物质力量，加上这些精神力量，就能形成企业蓬勃发展的强大动力。不要小看精神力量，精神可以变物质，精神力量有时可以胜过物质力量。有了物质力量，如果没有精神力量，物质力量也往往不能得到很好发挥。

总之，企业文化是企业精神、企业灵魂、企业风格、企业品质、企业传统、企业力量的总和，是企业各种精神文化因素的综合反映，是企业的核心竞争力。

二、企业文化的着力点

建设和发展企业文化，要做很多工作，是一个系统工程。在这个系统工程中，有三个主体工程，也就是说有三个着力点，即以文“化”人、以文“化”物、以文“化”事。

一是以文“化”人。所谓以文“化”人，就是以文去教化人。企业文化的着力点之一，就是要用企业文化去教化企业队伍，提升队伍素质。这里讲的企业队伍，不只是指企业员工，也包括企业领导者和管理层。企业队伍的素质包括很多方面，而最主要的素质应该是这样三个方面：

第一，是思想道德素质。思想道德素质的核心是要践行和培育社会主义核心价值观，从对公民层面的核心价值观要求来说是爱国、敬业、诚信、友善这四个方面，无论是企业领导者、管理层，还是普通员工，都应该具备思想道德方面的这些基本素质。爱国，对中国的企业从业人员来说，就是要热爱祖国。我们的祖国是社会主义的，因此，说到底要热爱社会主义中国。具体地说，企业要处理好国家与企业的关系，企业要牢固树立为国家服务、为国家奉献、为国家争光的思想信念，在服务国家的过程中发展自己，在发展自己的过程中服务国家，坚决不做损害国家利益的事情。敬业，对企业从业人员来说，要爱护自己的企业，要敬重自己的工作，并在企业不同的岗位上，为企业的振兴和发展做出自己的贡献。要有与企业同坐一条船的意识，有与企业共生存、同命运的情怀，做到有难齐上、有事共商、有福同享，把企业当作自己的家。诚信，对企业从业人员来说，要说老实话、干老实事、做老实人。企业内部人与人之间要讲诚信，企业领导对员工要讲诚信，员工对企业领导也要讲诚信，反对当面一套、背后一套，反对你哄我、我骗你，反对讲话不算话、做事不阳光。企业对社会、对客户也要讲诚信，不欺骗社会，不损害客户利益，不搞假冒伪劣，做诚实守信的企业。友善，对企业从业人员来说，要以善待友，不以恶相交，企业领导、管理层、员工都要这样，切实培育团结友爱、合作共事的团队精神。要以善待客，不欺生骗熟，对所有的客户都公平公正，以礼相待，视客户为上帝，把服务当责任。

第二，是科学文化素质。科学文化素质是企业必须具备的基本素质，其他素质都建立在这一素质的基础之上，是企业综合素质的基石。总的来说，现在企业的科学文化素质相对都比较高，但这里讲的科学文化素质是指一般的科学文化素质，各企业共有的科学文化素质。当前急迫需要提升的这方面的素质主要有三类：第一类是新知识、新技术。信息时代，是知识爆炸的时代，各种新知识、新技术层出不穷。新时代企业发展的水平如何，直接与企业掌握的新知识、新技术相关，谁掌握得快，谁就发展得快，谁掌握得多，谁就发展得好。现在企业普遍存在的问题是，一般知识、一般技术不缺，而新知识、新技术非常不足，严重制约了企业的发展。第二类是创新意识、创新能力。这也属于科学文化素质的范畴。现在很多企业里，产品多年一面貌、经营多年一模式的问题十分突出，原因就是从企业领导到管理层到员工缺乏创新意识，缺乏创新能力，其结果是企业产品市场萎缩，企业发展没有后劲。第三类是专业知识、专业技能。这是指本企业独有的生产经营专门知识专门技能。现在企业存在的问题是“万金油”管理者多，行家里手少；一般操作者多，熟练工人少；能讲的多，会做的少。这三个“一多一少”说明企业队伍中的专业知识、专业技能比较薄弱，影响了企业管理水平的提高，影响了企业产品质量的提升。

第三，是纪律法制素质。企业是一个生产经营单位，这个单位要有序运转，必须要有纪律、讲规矩。市场经济是一个法制经济，所有的企业无一例外地要在市场经济中生存、发展，必须依法治企、依法行商。纪律和法制，是企业生存的必要条件，也是企业发展的重要保障。因此，每个企业都要不断增强纪律法制素质，企业领导要这样做，管理层要这样做，普通员工也要这样做。党要全面从严治党，国家要全面依法治国，一个企业也要全面从严治企、全面依法经商。现在，在遵纪和守法两个方面，一些企业都程度不同地存在问题。主要表现是意识淡薄、以言代纪、随风逐浪。意识淡薄，是说企业普遍地重生产经营，轻法纪教育。以言代纪，是说企业领导、管理层用自己个人的好恶和言行代替纪律和法规，来管理企业，来开展经营。随风逐浪，是说企业自己没有行为准则，没有法纪底线，别人做自己也跟着做，认为“法不责众”。在法纪方面存在的这些问题，需要引起企业的高度重视，加强法纪教育，切实遵纪守法，为企业发展提供稳压器和防护网。

二是以文“化”物。所谓以文“化”物，就是以文去变化物。企业文化的着力点之二，就是要用企业文化去变化企业物质方面的东西，提升物质价值。企业物质价值主要在这样三个方面：

第一，是产品价值。产品是企业的“命根子”。有好产品，才有好市场，才有好企业。那么，如何提升产品的价值呢？要靠企业的文化，也就是说要往产品中输入优质文化，才能使产品的价值得到提升。一件钧瓷产品，本来与其他钧瓷产品在工艺上没有区别，只是设计样式上更加新颖，富有时代气息，而且是2014年北京举办亚太地区经贸合作组织国家元首、政府首脑会议时，中国政府送给每位国家元首、政府首脑和部级以上官员的“国礼”，这一文化因素的注入，使这件钧瓷产品立马走俏市场，供不应求。一处新开发的楼盘，本来地处偏僻，但冠以“欧美的风情、浪漫的生活、养人的地方、白领的追求”这样一些文化内涵，立即为楼盘的销售打开了局面。一件做工普通的衣服，一旦贴上了国际名牌的标签，身价大变，原先几百元一件的衣服可以卖到几千元甚至上万元，这也是文化的作用。一个房门的把手，本来是圆的，小孩开门不知道往哪个方向转，老人开门转不动，一般人手湿打滑也不好用，后来设计师把圆把手改成横把手，无论老人、小孩和普通人只要轻轻往下一按，门就打开了，结果使横把手的销量远远大于圆把手，现在几乎已看不到用圆把手了。这种在产品设计中的人文关怀使产品价值大大提升。

第二，是财力价值。财力是企业的“钱袋子”。财力大小，直接影响企业的经营发展。在财力的问题上，文化因素起很大作用。有文化，可以使财力由小变大；没文化，可以使财力由大变小。这个文化主要体现在如何管理和使用企业财力上。如何管理和使用财力，涉及决策水平、战略理念、市场判断、理财知识、规章制度等，这些都是属于文化范畴的东西，需要努力学习、认真实践才能具备。为什么同样有 10 万元钱，这个人几个月就把它花完了，而那个人省吃俭用，把钱投资在有价值的项目上，几年后 10 万元钱变成百万元钱。这两个人的差别不差在钱上，而是差在管钱用钱的理念和能力上，这理念和能力就是文化。因此，企业只有加强这方面的文化建设，才能为企业财力的增值创造条件。

第三，是物资价值。物资是企业的“菜篮子”。物资丰富，企业的生产经营就有保障；物资匮乏，企业的生产经营就有困难。如何管理和使用物资，如何使有限的物资发挥最大的作用，这里面也有文化的问题，同样有一个用什么样的理念和靠什么样的能力来对待和使用物资的问题。同样规模的煤矿，这个矿乱采滥挖，几年就停产了；那个矿精采细挖，十几年后还在挖。同样面积的一块地，不同的经营思想产生不同的效果，这块地的经营者获利几个亿，那块地的经营者获利几千万，差距十分大。可见，不同的文化，也可以使同样的物资产生不同的价值。

三是以文“化”事。所谓以文“化”事，就是以文去演化事。企业文化的着力点之三，就是要用企业文化去演化企业所遇到的各类事情，提升处事能力。市场是个汪洋大海，有风平浪静时，也有狂风恶浪时；有艳阳高照时，也有暴雨倾盆时；有顺风顺水时，也有暗流涌动时。企业在这样一个生存和发展的环境中，会遇到各种各样可以预测和不可预测的事，如何应对和处理这些事情，使企业能够在顺境中不麻痹，在逆境中不退缩，克难攻坚、逢凶化吉，勇往直前？我的回答是要靠企业文化的力量，也就是说要以文“化”事。要做到以文“化”事，关键是要具备这样三种能力：

第一，是决策能力。所谓决策能力，就是研究决定企业发展战略、策略的能力，就是研究决定企业重大事项的能力，这对于企业来说是至关重要的。很多企业的成功，就成功在决策的正确上；很多企业的失败，就失败在决策的错误上。决策要超前，有预见性，否则成了毫无用处的“马后炮”。决策要科学，要在深入调查研究、充分掌握情况的基础上，知己知彼、瞻前顾后、权衡利弊，慎重决策。决策要民主，要在管理层内充分听取意见，还要采取适当的方法听取广大员工的意见，也可以听听同行同业的意见，集思广益，完善决策。只有这样作出的决策，才是可靠的、正确的、管用的、有效的。双汇集团在已经占领国内肉类市场的大部分、国内发展遇到瓶颈的情况下，决定收购美国最大的肉类加工企业，这样双汇把销售的渠道通过这家美国企业扩大到了国外，为双汇的扩张发展创造了条件。双汇收购美国企业的这一决策显然是正确的。而这种决策能力，就是企业文化力量的表现。

第二，是掌控能力。所谓掌控能力，就是企业了解形势、组织生产、把握市场、协调平衡、管理队伍的能力。掌控力的大小，反映了企业的成熟程度。掌控力的大小，取决于企业对形势、对趋势的深入研判，取决于企业对自己、对别人的深刻了解，取决于企业对市场、对政策的深透研究。所以企业要增强掌控力，就要从以上几个方面下手。有了较强的掌控力，企业就可以稳步发展，就可以持续发展，就可以安全发展。我发现，建业集团的胡葆森对企业的掌控力是很强的，多少年来有关建业集团的是非很少；多少年来建业集团始终稳步发展，没有大起大落；多少年来建业集团的经营区域没有超越河南，不搞东一榔头、西一棒槌，盯住中原、扎根中原；多少年来建业集团企业做大了，财力雄厚了，可他们从不胡吹乱说，踏踏实实做产业。这就是掌控力，这就是有文化的表现。

第三，是应对能力。所谓应对能力，就是应对困难、应对风险、应对危机的能力。现在，国际国内的经济、政治形势空前复杂，各种矛盾、对抗此起彼伏，在这样的情境下，企业没有很强的应对力，就很难生存发展。习近平总书记指出："我们的事业越前进、越发展，新情况新问题就会越多，面临的风险和挑战就会越多，面对的不可预料的事情就会越多。"因此，迫切需要我们增强应对各种矛盾、困难、风险、挑战、事端、危机的能力，使企业能挡风遮雨、遇难而进、化险为夷。应对力来源于坚定的信念、顽强的意志、团结的精神、科学的决策、灵活的策略、集体的智慧、高超的运筹以及企业的自信，这样一些文化因素构成了企业应对力的源泉。大家知道，诺基亚公司是从纸浆作坊起家，演变为世界第一大手机制造商的。1998 年，诺基亚联合摩托罗拉、爱立信、三菱等公司共同投资成立塞班公司，开发兼容手机和其他终端的开放性操作系统，塞班成为当时最受推崇的操作系统。2007 年，塞班智能手机占据世界市场 62% 的份额。就在诺基亚最得意的 2007 年，苹果公司的智能手机问世，这款苹果手机不再仅仅是移动电话，而是兼具电话和电脑功能的小型手持移动设备，这就开始了向诺基亚的挑战。然而，诺基亚公司决策层没有引起足够重视，错误估计形势，轻视了移动互联网浪潮的力量。面对市场份额的急剧下降，诺基亚联合英特尔公司推出新的操作系统，但仅生产了一款机型就宣布放弃。于是，诺基亚又与微软合作，希望借微软的操作平台来翻盘。2013 年，诺基亚将手机业务低价卖给微软，这样诺基亚彻底失去了手机的地盘。回顾诺基亚从巅峰跌入低谷的历程，特别是面对强手挑战的表现，业者认为，它有三大失误。一是未抓住战略先机。诺基亚是第一个生产智能手机的公司，开创了智能手机时代。但面对人们逐渐熟悉智能手机，对手机上网、互联互通、即时娱乐的兴趣增强的情况，诺基亚未能提早部署开发新一代的迎合人们需求的智能手机，而是一味地做大它已开始不受欢迎的塞班手机，结果被苹果占了上风。二是错过翻盘机会。在失去先机的情况下，如果能找到差距，在更高的水平上加速创新，仍有希望与苹果公司决一高低。但诺基亚仍认为自己的那款塞班手机是最好的，盲目自信，错过了翻盘的机会。三是面对苹果、谷歌的挑战，诺基亚自乱阵脚，未经深思熟虑，仓促上马，推出新一款技术并不优越的塞班手机，企图挽回败局，但弱手斗不过强手，在与苹果、谷歌的挑战中必然败下阵来。从诺基亚这个手机王国的衰落，可以说明应对能力对于企业来说是多么重要。

三、怎样建设企业文化

2015 年，习近平总书记在“五一”讲话中提出：“要实施职工素质建设工程，推动建设宏大的知识型、技术型、创新型劳动者大军。”这对我们建设企业文化提出了新要求。下面，我从队伍、工作、路径三个层面，讲讲企业怎样建设企业文化。

第一个层面，是队伍层面。企业队伍既是企业文化的享用者，也是企业文化的建设者。企业队伍主要由三部分人组成：企业领导、管理者和广大员工。企业文化是企业领导、管理者和广大员工集体智慧的结晶，是共同创造的财富，也是并肩齐担的责任。在这三部分成员中，建设企业文化的地位和作用是不一样的。企业领导处在领导的地位，要发挥主导和引领的作用；管理者处在助理的地位，要发挥推行和协调的作用；员工处在主体的地位，要发挥参与和推动的作用。

首先，企业领导要发挥主导和引领作用。企业文化是一个企业的精神支柱，是一个企业的前进动力，是一个企业的团结纽带，也是一个企业的软实力。作为企业领导来说，要把企业文化当作治理企业的法宝，推进发展的利器。因此，在建设企业文化这件事上，企业领导要做到：思想上高度重视，要坚持两手抓，两手都要硬，一手抓生产经营，一手抓文化建设；要亲自挂帅、亲自出征，要自己主抓文化建设，不要委托别人搞，做到既挂帅又出征；要身体力行，模范践行企业文化，用自己的人格力量去引领企业的文化建设。不知大家读过《365 金言》这本书没有？这本书 20 世纪八九十年代曾经风行中国。书稿摘编了日本松下公司创始人松下幸之助的 365 段讲话。松下幸之助在治理企业中有一个习惯，每天上午他要把公司各岗位的主要负责人召集到一起开个碰头会，他作一个简短的讲话，内容主要是有关公司的经营和文化。这 365 段讲话，相当于松下幸之助一年讲话的总汇，每一段讲话都很精练，很有思想，很有特点，很有针对性。这些讲话的精神，不仅是松下幸之助治厂、理财、行销、用人的思想理念的集中反映，而且成为松下公司广大员工共同信仰和践行的精神和准则，成为松下公司独有的企业文化。正是有了这样一种文化、这样一种传统，松下这个百年老厂至今屹立不倒，这要归功于松下幸之助这个创始人对松下文化的奠基和开创。

其次，管理者要发挥推行和协调的作用。企业管理者无论在企业的经营发展中还是文化建设上，都发挥着承上启下、贯彻落实、统筹协调的重要作用。在文化建设工作中，管理者要很好地发挥推行和协调的作用。企业有关文化建设的决策、部署，管理者要在自己管理的部门积极推行，认真贯彻落实。这里的关键是不要单打一，只管生产经营，不管文化建设；不要敷衍应付，要主动地创造性地去推进。对管理者来说，对于文化建设中遇到的困难和问题，要积极协调解决，本着对上负责和对下负责的一致性来解决影响文化建设发展的各种矛盾和问题。

最后，广大员工要发挥参与和推动的作用。员工是企业的主体，承担着生产、经营等各方面的主要任务，既是生产经营的主体，又是文化建设的主体。企业员工要以主人翁的姿态，积极参与企业文化建设。首先要认真践行企业的文化精神、优良传统，同时对企业文化建设给予大力支持并提出合理化建议，不断推动企业文化建设的发展，与企业领导、管理者共享企业文化建设的成果。现在一些企业对员工在文化建设中的主体地位重视不够，只把员工当作受教育者，没有把员工看成建设者，这个思想误区需要纠正。否则，其后果是你讲你的，我做我的，员工对企业领导、管理者的主张和要求根本不予理睬。这个现象要引起企业领导层、决策层的注意，切实克服文化建设中上头热下头冷的问题。

第二个层面，是工作层面。企业文化建设从工作层面讲，需要做的事情很多，但当前从企业的情况分析来看，迫切需要做好以下三项工作。

首先，是解决思想问题。思想不重视，是企业文化建设不力的主要原因。特别是企业主要负责人不重视企业文化建设的问题比较突出，不明白企业文化建设事关企业的生存和发展，不明白企业文化建设是一件投资少收益大的事情，不明白企业文化建设是慢功夫、长效应，所以不把企业文化建设放在企业建设的重要位置上抓，导致企业没有精气神，没有凝聚力，没有进取心。另一个思想问题是片面认识企业文化建设，以为企业文化建设就是唱歌跳舞、写字画画，这样捡了芝麻，丢了西瓜，使企业文化建设流于形式，收效甚微。这两个思想问题要切实解决。

其次，是要解决投入问题。一般讲，企业在生产经营方面的投入是舍得的，而在企业文化建设方面的投入是吝啬的，甚至有的企业在这方面根本没有预算。这是企业文化建设不力的重要原因。企业在文化建设的硬件上、软件上都应该有必要的投入，这是企业文化建设的重要保障。巧妇难为无米之炊，没有必要的投入，企业文化建设根本搞不起来。

最后，是要解决计划问题。一件事情要长久发展，必须要有近期计划、远期规划，企业文化建设同样如此。现在的问题是不少企业对文化建设根本没有计划，更没有规划，想起来抓一抓，想不起来就放一边，三天打鱼，两天晒网，不成气候，也没有效果。我建议每个企业要有两个发展的时间表、路线图，一个是生产经营发展的时间表、路线图，一个是企业文化建设的时间表、路线图，只有这样，生产经营与企业文化建设才能统一起来，企业文化建设才能落到实处。

第三个层面，是路径层面。路径层面要解决的是企业文化建设的方向问题、道路问题、方法问题。这不是大道理，而是真道理，是企业文化建设的根本问题。

首先，要坚持文化建设的先进性。所谓先进性就是要坚持走中国特色社会主义文化发展道路，弘扬社会主义先进文化，推动社会主义文化在企业内生根、发芽、开花、结果，不断丰富企业从业人员的精神世界，增强企业的精神力量，努力发展健康向上、积极进取的企业文化。企业的文化阵地必须由社会主义先进文化来占领，不能让封建的、腐朽的、西方不良的文化来侵蚀企业人员的头脑。特别是要注重践行和培育社会主义核心价值观。社会主义核心价值观是社会主义先进文化的内核和精髓，抓好社会主义核心价值观的践行和培育，就抓住了社会主义先进文化的本质和关键。因此，企业文化建设的重要内容是要在广大企业从业人员中结合实际、深入持久地开展社会主义核心价值观的学习和实践活动。

其次，要大力弘扬中华优秀传统文化。中华传统文化是我们民族的“根”和“魂”，积淀着中华民族最深沉的精神追求，包含着中华民族最根本的精神基因，代表着中华民族独特的精神标识，是中华民族生生不息、发展壮大的丰厚滋养。企业文化建设要注重中华优秀传统文化的教育和弘扬，要结合企业实际，对传统文化进行创造性转化、创新性发展，使企业从业人员从中华优秀传统文化中汲取丰厚的养料。

再次，要学习和借鉴国外对我们有用有益的文化。我们说不要让西方文化占领我们企业文化的阵地，不是说要排斥所有西方文化，而是说不让西方的意识形态、西方的价值观来侵蚀我们员工的头脑，对于西方的先进科学技术、先进管理经验、可取的经营理念、健康的文化艺术等对我们有用有益的文化，我们还是要抱着学习和借鉴的态度加以利用，在企业文化建设中要以开放的姿态来对待。

最后，我想讲一下企业党组织在企业文化建设中应有什么样的担当。第一，企业党组织是企业文化建设的领导者和组织者。企业党组织在企业中不具体领导和管理企业的生产经营工作，但应该是文化建设的当然领导者和组织者，通过对文化建设的领导和组织，来体现党组织的地位和作用；通过对文化建设的领导和组织，来加强企业党团队伍的思想建设、组织建设、作风建设、反腐倡廉建设和制度建设，来提高党团组织的先进性和纯洁性，来提高党团队伍的战斗力、凝聚力；通过对文化建设的领导和组织，来团结和教育企业的干部、员工，提高干部、员工的思想道德素质、科学文化素质、纪律法治素质，为企业的发展振兴做贡献。第二，企业党组织要主动谋划和部署企业文化建设，协同行政领导有力推进企业文化建设。企业领导对企业的发展要“两手抓，两手都要硬”。这里的“两手抓”，我的解释是两层意思。一层意思是行政和党组织都要两手抓：一手抓生产经营，一手抓企业文化建设；另一层意思是要搞好企业文化建设也要两手抓：一手抓行政领导，一手抓党组织领导。也就是说，对于生产经营和企业文化建设，行政与党组织都要抓，生产经营由行政主抓，企业文化建设由党组织主抓。因此，党组织要主动谋划和部署企业文化建设，同时要协同行政一起推进企业文化建设。第三，党组织要率先垂范先进文化，既要做企业文化的领导者，又要做企业文化的先行者。通过自身的模范践行，带动企业文化建设健康有效发展。

2015 年，习近平总书记在“五一”讲话中指出：“我们一定要深入实施科教兴国战略、人才强国战略、创新驱动发展战略，把提高职工队伍整体素质作为一项战略任务抓紧抓好，帮助职工学习新知识、掌握新技能、增长新本领，拓展广大职工和劳动者成长成才空间，引导广大职工和劳动者树立终身学习理念，不断提高思想道德素质和科学文化素质。”这为我们加强企业文化建设指明了方向，提出了要求。让我们在认真学习贯彻习近平总书记重要讲话精神的过程中，把企业文化建设搞得更加红火、更加有效。

中国文化三角

高有鹏

在中国文化发展中，民间文化、传统文化与时尚文化三者相互关联，共处于社会发展的文化生活整体之中，形成中国文化的三角，三足鼎立。在我国历史上，几乎每一个朝代都存在着这样三足鼎立的地域文化，从而相互补充，相互支持，共同发展的普遍现象。在某种意义上讲，如果仅仅懂得时尚而不了解习俗，就不可能真正了解中国文化的全部内容。而更重要的是正确对待文化的发展、创新、传承与保护，特别是科学地对待时尚问题。同时，要充分注意到对民间文化尤其是民间文学和民间艺术的尊重与保护。

人们习惯以为，北京和上海是中国两个最大最重要的城市，它们之间的冲突、对峙和交流形成对垒鲜明的“京派”“海派”，甚至有学者把这种自南而北发生社会变革思潮的现象称为“城市季风”。这的确是一个异常突出的问题。这两个城市在现代中国的文化格局中具有十分不寻常的意义，但是，仅仅看到这两个城市是远远不够的，在这两个城市的背后，以河南和山西为典型的中西部广大地区作为历史悠久的民间文化的存在与发展，事实上构成了中国现代文化的底色。民间文化的存在与发展，同样是举足轻重的。所以，在某种意义上讲，如果仅仅懂得时尚的先锋性特征，而不了解习俗作为传统存在的合理性，就不可能真正了解中国文化的全部内容，包括民间文学。

首先我们应该看到，历史地考察中国文化的三角格局这样一种普遍现象是很有必要的。不用说远古神话中黄帝南平炎帝、北逐蚩尤，也不用说夏商周之间的相互影响，以及战国时代的群雄逐鹿，只要我们细致地了解汉代末年所形成的魏、蜀、吴三足鼎立的局面，就会更深刻认识到在一个民族文化的整合背景下，三国政治和文化其实是在内部互动的具体存在。在我国历史上，几乎每一个朝代都存在着这样的地域文化呈三足鼎立，从而相互补充，共同发展的普遍现象。三足鼎立的格局，在汉末至隋统一之前，基本上是以强大的中原文化为中心，面对东南充满生机的吴越文化和西南别具特色的巴蜀文化，它们之间各显优势，也各具特色。这种格局在唐代随着经济中心的南移，出现了天下“扬（扬州）一益（成都）二”的南方文化与北方文化对垒的局面，其实，这中间还存在着一个新兴的汴州文化屹立于帝都东侧，在整体上构成一个新的大三角。之后的宋元明清也基本上都是这样，首先有一个政治经济文化的中心，然后又有一个以时尚而著称的新兴城市，再者是第三种更广大的边缘性与悠久历史相融合的地区作为待深入开发的对象。三种文化属性并不是一成不变的，而是常常在变换位置，关键的内容不是地域上的具体差别，而是人们心理上因为自我设置所形成的精神障碍常常限制了我们民族文化的迅速发展。

这三种文化类型的存在，我们初步将它们分别划分为A、B、C。A是京都文化即上层文化，无论它在哪个地方，它的居民都有很强的且十分明显的地域优越感。他们居高临下，甚至不乏盲目地自高自大、刚愎自用。在这一地域，官本位的思维方式有着突出的支配作用。B是市民文化即时尚文化的典型，以时尚作为自己的文化特色。它的居民并没有建立在官本位这种传统价值评估体系上的优越感，而是随着城市文明的迅速发展，常在整体上居于经济和文化的先锋地位。C是A和B的存在基础，一方面它是传统文化的集中存在区域，不乏帝都废墟的文化遗风；另一方面它是民间文化的典型，消解着传统与先锋而保持自身较为稳固的文化个性。它远离政治中心，经济相对落后或滞后，甚至排斥迅速发展的文明，更多地固守着传统（包括自身的传统）。在民俗学的视野中，C是最为重要的关注对象，几乎所有的科学考察都把C作为重要的个案内容，但是，忽视A和B，民俗学的人文价值就会失重，无疑这是一种人为的残缺。特别是我们在对待民间文化的控制与管理这一课题时，对B的存在应该给予更多关注。在过去的一个世纪，我们的民俗学研究较多地把精力投入到C中，这无疑是很有必要的，有许多学者自觉或不自觉地投身于这种背景下的文化启蒙之中。柳田国男所提出的“民俗学要研究日本为什么贫穷”，在这样的背景下得到学者们的广泛响应。但是，不难看出，真正能够解决社会贫穷问题的，还是应该将更多的精力投进B，着力发展更丰富的经济与文化生长点。培养和发展B文化就有了更为独特的价值和意义。

在历史上，B文化的处境常常是尴尬的。在C的范围内，普遍存在着对B的排斥和仇视，这是农耕文明狭隘的文化生活空间所培养的心态；在A的范围内，它一方面享受着B的精神成果和物质成果，而另一方面它又有意压抑B的社会地位。其典型的事例有两个：一个是隋文帝东征西归的途中遇到汴州殷富甲于天下的恐慌，抑制其商贸、交通的生长点，以求解除其对自身的威胁；一个是唐宋时期，政府对扬州这一充满生机的商业城市的摧残和压抑。对商业的摧残和压抑，形成了农耕文明条件下社会相对稳定，但是，它更多地阻碍了全民族文明程度的提高，是对生产力发展的严重破坏。这种思维方式至今还相当广泛地存在着。

（一）A文化的双重意义

A文化发展中，其主流话语常被权力行为所支配。俗语讲，京都人看别人都是外省的下等人。这种心理存在的直接原因即官本位，与农耕文明作为社会文化发展的主要支配者是息息相关的，更是宗法制为基础的专制政治的价值体现，其实质仍然是与文化相同的。这种文化的弥漫，更多地导致了全社会对权力的尊崇，从而将秩序的稳固作为社会控制的基本目的。学而优则仕就成了文化发展的严重误区。应该说，这种社会价值评估体系的畸形膨胀，并不仅仅表现在京都地区，但在这一特殊地区它确实更严重地存在着。

考察这种文化的历史存在，我们几乎在所有的古代都城中看到皇权为中心的普遍性表现，这些都城在建筑格局中明显地遵守着权力行为的文化规则，这就是迄今还能看到的古代城市风水信仰。它的中心并不是整个都城的十字街口，而是方方正正的都城区域划分中的西北方位，正应了古代诗歌中的“西北有高楼，高与浮云齐”，以及远古神话中的女娲西北补天的内容。这是自然崇拜的结果，也是天人合一文化哲学思想的具体表现。以此伸展开，我们可以十分清晰地看到，在古代都城中存在着这样一个四方文化格局，即西北为天，东南为地，西南为人，东北为鬼，天地人鬼的文化角色设置深入城市文化心理世界。东南为地，恰应了古代诗歌中的“孔雀东南飞”和远古神话中的女娲斩鳌足背景下的“地不满于东南”。在西南主位，人的位置以娃娃庙的设置为典型，我们由此联系起莫言《红高粱》中的歌谣：“娘，娘，上西南，长长的大道，弯弯的宝船。”在城市的东北方位，镇邪的设施诸如镇邪塔、城隍神庙更为集中。一个城市的四方设施的安排并不是无缘无故的，其中巫术的意义被自觉或不自觉地体现出来。当然，随着现代文明的发展，这些古老的信仰正日渐式微，但这种格局的意义是值得我们深入研究的。社会稳定与文化传统的确立，是社会发展必不可少的因素。

A 文化的意义，一方面体现为对 B 的文明成果的享用或掠夺，成为社会发展中物质文明的最大受益者；另一方面则体现为社会生产力发展的相对阻碍，而其支持者或其存在基础，则不折不扣的正是 C。古老的民间信仰在人文研究中无疑是我们的宝贵财富，而在社会发展中，它更多地充当了愚昧、保守的重要角色；那么，A 文化的传播及强制性文化渗透的意义就更值得我们深入思索了。超强的稳定性几乎是所有历史上统治者的政治追求。应该承认，没有稳定的环境，社会发展同样会陷入失衡，成为另一种意义上的畸形形态，但是，建立在这样一种哲学思想基础上的稳定，其实质难免是相当脆弱的，尤其是潜在危机常寓于表面的稳定。无论如何，用最优秀的现代文明充注 A 文化，在全民族的文化控制与管理中是极其重要的。

（二）B 文化的特殊意义

B 作为时尚类型，它常介乎现代文明与古老习俗之间，但它更多地呈现为两极倾向：一方面，它相当急切地吸收现代文明，更剧烈地冲荡传统生活，充分体现出趋进先锋；另一方面，它似乎更强烈地表现出对古老习俗的留恋。它与 A 不同的是，它本身的价值评估体系就对传统的消解、对秩序的强化有着本能的排斥与挑战，代之传统价值评估体系的生活准则则是不断创新。近来有不少学者关注到都市民俗问题，显然时尚也就成为被关注的重要内容。时尚对习俗的冲击是猛烈的，诸如电子产品和生物技术逼迫着我们改变传统的生活态度。当然，一个民族的文化精神并不是简单地能在冲击中保持和发展的，它需要恪守最为核心的内容，这就要求它面向民间。这又使我们想起历史上“扬一益二”的文化辐射问题，人们一提起扬州，就想起繁华、富庶，扬州的生活习惯自然被他人所模仿、接受。诸如当代长江三角洲和珠江三角洲地区的影响一样，成为全国大部分地区能够而且愿意接受的内容。在粤语中，“八”和“发”是同义的，所以，发财致富的趋同心理把“八”作为吉祥数字很快推向全国。而在中原地区，“八”原来是一个并不吉祥的数字，不用说人们用“王八”去骂人，日常生活中就有“七不出，八不归”的禁忌，人们崇尚更多的是“三、六、九”，但是，“八”到底还是为中原人所接受了。这就是恩伯在《文化的变异》中所讲的道理：“西方社会的扩张所带来的最重要的变迁之一就是世界各地对商业交换依赖的增强。”“但是，一旦新的商业化习俗站稳了脚跟，接受习俗的社会的经济基础就改变了。这种变化必然伴随着社会、政治，甚至心理等广阔领域的其他变迁。”从某种意义上说，时尚文化的流行与传统习俗相呼应，它才能真正流行，而传统习俗对时尚文化的充注，更刺激了社会文化和人们精神生活的多元发展。

时尚转换成习俗是可能的，这需要特殊的机遇。而且，时尚与习俗的划分不是很简单的，它们常常融合于某一种具体事项。应该指出的是，现代民俗学决不应该排斥时尚，而应该密切关注时尚，甚至在必要时积极进行时尚与习俗的有机合成，这样才能真正促进文化的大繁荣。一个民族的文化与精神的健康发展，最重要的标志就是敢于并善于接纳所有优秀的文化，大唐时代长安流行胡乐就是明证。所谓礼崩乐坏的哀叹，其文化心理基础是相当脆弱的。事实上，习俗文化何尝不是积累而形成的！

（三）C 文化的控制与管理问题

有相当多的学者提到，对待民间习俗应当尊重。这是必要的，但是，基于现代文明的有效控制与疏导是更为必要的。民间文化的控制与管理问题，应该成为现代民俗学所关注的重要内容，C 文化并不是仅仅被改造的问题，即 C 的文化社会地位与 A 和 B 是并重的，看到 C 为当代民族文化的底色是一个前提。

在我们的历史文化的长河中，“礼失求诸野”是一个经久不衰的规律。所谓“野”，即失去规范的文化，而事实上，文化本身的规范也是相对的；文化作为一个民族的精神生活，它是极其丰富的，而且是在不断发展变化的。C 也是这样，它不被规范，并不是不能规范。诸如民间游戏和民间舞蹈就是规范的艺术，只是它的信仰基础还停留在相对落后的文化层面。关于这一点，弗雷泽曾经在《魔鬼的律师》中为民间信仰的价值和功能进行辩护。问题在于控制和管理作为一种规范手段，应如何面对C的存在。长期的改造民间文化，诸如“破四旧、立四新”，进行文化的“革命”，显然有许多已成为惨重的教训。而合理地开发与利用C，在这些年的改革开放中，收益更为明显。同时，我们也可以看到，C 的存在有许多大大小小的文化单位，即俗语中所说的“十里不同风”。在 C 的发展中有效进行不同地域的“杂交”，能培育出更多更优美的文化良种；当前的旅游开发与展示中，这种“杂交”的优越性越来越明显。增进 C 的自身交流，并没有使 C 改变自身的审美、娱乐等功能，而是促进了其与现代文明的结合，浚疏了那些有悖于现代文明的内容——这就要求我们全面、深入、准确地理解 C 的价值与意义，认识它能够成为更广大地区人民主要精神生活内容的原因。C 是一座富矿，中国古典神话的修复即民间活在口头上的古典神话的成功发掘就是一例，更不用说它包含着千百万人卓越的聪明智慧，千百年来一直激励着人民大众与邪恶进行不屈的斗争，追求和创造着美好的生活。C 更是一条河，日夜奔波，永不干涸，任何刀剑都割不断它。有效地控制和管理 C，必须真正走进人民大众，直面人生，尤其要真正认识和把握其独特的规律。

A、B、C 三种文化相互影响、相互作用，它们之间的互动有着非常复杂的成因。全面而深入地理解这些内容，并且积极推进其互动进程，在我们加入WTO的特殊历史时期，更有价值，也更有意义。这里应该提到的是，我们国家在现代文明建设与发展中，曾经武断地割裂了A、B、C之间的互动结构，带给我们非常深刻的教训。1954年，美国发展经济学的代表人物威廉·阿瑟·路易斯曾提出发展中国家的经济发展二元结构，即我在上面所列的A、B两种文明为背景的工业部门与C为背景的农业部门，农业部门的剩余劳力可以向工业部门转移。但是，我们的户籍制度、教育制度和供给制度等机制，形成"城里人"和"乡下人"两大群体，后者被歧视、鄙视，同时也使前者受到伤害。那么，加快城镇化建设的改革，B的大力发展与对C的有机融合，应当使我们有一个非常清醒的认识。就当下三种文化的境遇看，我们常常更注重的仍是A文化和B文化，而对于广大社会民众沐浴其中的C文化的重大价值往往视而不见，其中的一个重要原因就在于我们缺乏尊重、保护民间文化的意识，甚而说是我们缺乏对底层民众权益的尊重和保护。就比如说在当前的城镇化建设或改造旧城的过程中，我们往往重视的是如何以现代的、时尚的也即A文化或B文化的内容取代旧的蕴含C文化内涵的内容。虽然在这一过程中我们也会有意识地保留一部分旧的文化形式，比如一些旧的建筑物，但这不等于就是保护或者说尊重了C文化。因为就C文化的生存条件而言，很重要的一点在于它本身的生活性和日常性，它像空气、阳光和水一样，人们生于斯、长于斯，处于一种日用而不觉的状态。而改造旧城，不仅使老城的风景丧失了，也使老城的礼仪、生活方式不见了，更重要的是随着居住方式的改变，即便保留着几条有特色的胡同，保留着几个有特色的四合院，也只是像放在博物馆里的文物古董，这不等于保护了民间文化。因为就存在于人们日用之中的民间文化而言，一旦失去其使用价值和生存价值，也必将逐渐改变其主体的思维方式和意识方式。因而，我们认为在当前的文化建设上，尤其是民间文化的保护和传承上，必须坚持与时俱进，正确理解好保护与转型、传承与创新的关系，让A、B和C三种文化之间形成良好的互动关系，树立正确的民间文化保护观，并且建立一种合理的民间文化知识产权的保护机制，制定相应的法律和条例。否则，历史上的文化悲剧还会重演。

笔者强调的是并不是所有的文化都能够成为产业。文化首先需要的是尊重，其知识产权的保护是多种多样的。它需要发展、创新，但是必须有尊重与理解作为基础。

简而言之，中华民族优秀的传统和精神在A、B、C三种文明中共同发展，才能保证我们全民族的健康发展。A和B的文明中，懒惰、虚荣、自私、懦弱等劣根性日益明显，而且毒害到青少年一代，这个问题现在已经到了非解决不可的时候了。相对而言，在C文明中较多保存了优秀的民族精神内容。同时，我们也可以看到，在A、B、C三种文化格局中，流动人口等问题又带来了新的难题，但它也无情地冲击着城市人格的封闭与狭隘，给全社会的发展带来新的机遇。人生而平等，贵族意识和精英意识即上智下愚的壁垒将在全球文化大格局中受到更猛烈的冲击，它是谁也阻挡不了的大趋势。在这样的背景下，促使A、B、C三种文化的科学互动，建立康健、理性的民族文化，在某种程度上也就落实在了尊重、保护和传承处于弱势地位的C文化，关注其知识产权，并进而建立有效的C文化的生态保持和保障机制，进而合理有效地开发和使用C文化也就成为当前文化建设中亟待解决的问题。

民间文学存在于中国文化的整体之中，是中国传统文化的一部分。而它又不同于一般意义上的传统文化，它常常以簇新的姿态不断出现在人们日常生活中，成为时代的晴雨表。就总体而言，民间文学属于中国传统文化的一部分，与上层文化作为主流意识，形成主导社会发展的社会思潮态势相比，它处于下层，常常表现出与上层社会的对立；与时尚文化的时新相比，它处于传统和稳固的态势，一再重复着固定的叙说模式，被作为文化遗产。

文化强省背景下的中原文化软实力提升战略

王 凌

一、中原文化软实力的概念、构成与地位

“软实力”（soft power）是美国哈佛大学政治传播学教授约瑟夫·奈于1990年提出的概念，是相对于政治、经济、军事等国家“硬实力”而言的另外一种国家外交实力的称谓。文化软实力现在被用来指一个国家和地区的文化认同所体现出来的精神创造力和社会革新力，以及由其所显示的人种、宗教、民族、语言、文学、艺术等思想意识层面的精神影响力。从实践上看，文化软实力通常体现于各种媒介载体之中，依靠传播造成力量，其功效是一种不可忽略的巨大聚合力、裂变力和群体意志力。中原文化软实力就是中原地区的文化认同所体现出

来的精神创造力和社会革新力，以及由其所显示的人种、宗教、民族、语言、文学、艺术等思想意识层面的精神影响力。

从中原文化软实力构成的角度而言，它至少包括五个层次：一是推动河南发展的强大向心力的中原文化凝聚力；二是谋求河南振兴、追求领先发展的中原文化创新力；三是将文化要素组织成最大有机整体的中原文化整合力；四是吸纳其他区域效仿的中原文化吸引力；五是对外传播中原观念的中原文化辐射力。

二、中原文化软实力提升的战略思想

对于中原文化软实力提升来讲，必须树立战略思想，也就是找到中原文化软实力提升的魂魄和根本，探寻到中原文化软实力发展的主要方面。从这个角度来讲，我们认为中原文化软实力的提升必须确立以下几个主要思想。

一是将社会主义核心价值观作为中原文化软实力提升的根本命脉。2014年2月24日，习近平在中共中央政治局第十三次集体学习时指出："核心价值观是文化软实力的灵魂、文化软实力建设的重点。这是决定文化性质和方向的最深层次要素。一个国家的文化软实力，从根本上说，取决于其核心价值观的生命力、凝聚力、感召力。"从中原文化软实力提升的角度而言，将社会主义核心价值观作为根本，首先就是要不断增强建设社会主义核心价值观的责任感、使命感和紧迫感，把核心价值观植根于中原文化资源的挖掘和梳理之中，充分汲取中原文化优秀传统美德蕴含的丰富思想道德资源、丰富的家国情怀、丰富的法治理念，打造融通国家、社会和个体三位一体的我省全面推进社会主义核心价值观建设的生动局面。中原文化中家国情怀的故事可以说是比比皆是，比如"诗圣"杜甫的爱国情怀，巾帼英雄花木兰代父从军的感人故事，南宋爱国将领岳飞精忠报国的壮志，一直激励着中华儿女抵御外侮、报效祖国。这些英雄故事、历史豪杰，历来都是人们尊崇、歌颂的对象，是中原文化最核心的价值渊源，正是我们弘扬富强、民主、文明、和谐是国家层面的价值目标的重要文化资源。这些文化资源中也蕴含着丰富的自由、平等、公正、法治社会层面的价值取向，无疑是我们围绕着中原文化多角度加强社会主义核心价值观的绝妙资源。当代中原名人中也有很多值得我们大书特书的凡人善举，比如一诺至孝三十载的谢延信、带妹妹上学的洪战辉、舍己救人英雄李学生等，这些当代名人及其真实感人的故事，无疑也是爱国、诚信、敬业、友善这一个人层面价值的最好资源。

二是确立在文化传承中提升中原文化软实力的战略思维。任何一个国家和民族文化的传承、变革与发展，都是在传统文化基础上进行的。传统文化是中华文化的源泉，为全民族传承着共同的思维方式、道德理念、传统风俗和精神遗产，形成全民族认同的价值取向、理想信念和精神家园。离开文化传统，丢掉传统习俗，乃至割断文化血脉，文化发展就会失去基础，文化软实力的提升更无从谈起。中原文化软实力的发展更是这样，必须将中原传统文化的传承提高到刻不容缓的战略层面，重新检视我们这个区域绵延几千年的历史文化传统和精神文化内涵，以更加礼敬、自豪、自信和包容的态度对待中原文化传统，努力做到在继承中原优秀传统文化的基础上，大力开展资源保护利用、普及弘扬、学习推广、创新发展。

三是树立在文化开放交流中提升中原文化软实力的战略观念。当今世界，是一个开放的世界。全球化如热浪翻滚，地球村已然成为现实。在这样一个时代，任何一个国家和地区都不可能孤立起来搞建设。封闭锁国、孤立退缩，只会把自己引向发展的反面。文化软实力的提升更是这样。因为不同文化之间的互相学习、互相借鉴才是文化发展的必要条件。以开放的心态发展中原文化，不仅要学习和借鉴外来文化，更要加强对外文化交流，推动中原文化走出去，使其走向全国、走向世界，在世界文化的舞台上展示中原文化的魅力和中原文化的精神。

三、中原文化软实力提升的发展路径

战略决定方向，战略决定成败。在大文化发展战略决定之后，就要分析文化发展的具体路径和具体思路，在文化发展的变动中推动文化发展，在文化进程的动态演变中把握文化发展规律。具体来讲，有这样几个方面：

一是着力增强中原文化的凝聚力。文化凝聚力，是文化软实力最为基础的构成，它是指对内增强区域凝聚力和向心力，对外增强区域亲和力和影响力，是一个地区乃至国家文化软实力的重要体现。从某种程度上来讲，中原文化软实力提升的过程，就是中原文明素质提升的过程，就是中原人民认同心、自信心提升的过程。要提升中原文化的凝聚力，就要增强对中原文化多维价值的高度认同。如前所述，中原文化博大精深，厚重出彩，在整个中华文明进程中发挥着不可替代的重要作用。正是因为中原文化的重要地位和作用，有人曾经提出“一部河南史，半部中国史”的观点。尽管围绕这一观点，众人褒贬不一，但是中原文化在中华文明进程中的巨大作用是有目共睹的，是整个学界的重要共识。比如，从文明发展的源头看，标志着中华文明发源的夏、商、周三个朝代均发端于河南，可谓中华文化的源头和支干。从文明形成的标志来说，早在《易经》中就有“河出图，洛出书”的传说，从一个侧面说明最早的文字记录和书籍形制都是在中原产生的。其中，尤以殷商甲骨文的诞生更为有意义，它从根本上确立了中华文化有文字记载的端绪。从影响华夏文明发展的思想看，悠久丰富的中原思想文化是儒、道、墨、法等百家思想的集大成者，是各种元典文化的诞生地和主要传播场，影响了中国近千年的历史进程。中原文化在中华文化形成、发展过程中的作用可见一斑，而这才是中原文化凝聚力的根本所在，是中原人民引为自豪自信的根本所在，也是中华文化能够永续发展的根本所在。

二是着力提高中原文化的传播力。当今世界，媒介的社会化进程波涛汹涌，愈演愈烈。伴随着媒介技术的快速发展，人类社会已经进入媒介社会或者说信息社会已成为社会发展的现实。在这个全球化的媒介社会里，文化的生命力不仅表现在文化的创造力上，更体现于其传播力上。从这个角度来讲，提升中原文化软实力的过程，既是中原文化传播的过程，也是中原文化媒介化程度实现的过程。中原文化的影响力，不仅取决于中原文化内容是否具有独特魅力，还取决于是否具有正确的传播理念、先进的传播方法和传播手段以及现代的传播体现、强大的传播能力。当下，数字技术、网络技术、卫星通信等信息技术的发展日新月异，一日千里。媒介对整个人类的生产、生活和思维方式的影响越来越大，尤其是以互联网为标志的新媒介，已经成为文化传播的主要载体和主要通道。

要提高中原文化传播力，就要首先梳理文化媒介观念，必须进一步改进文化传播的途径和手段，充分利用互联网尤其是移动互联网等战略性新兴媒体，不断创新中原文化传播的表现形式、发展样式、传播方式、传播业态，改变文化的生产、加工、传播、交易和消费方式，催生和发展新的文化载体、文化通路、文化样式和文化业态，不断创新文化传播的话语体系、话语风格和话语立场，在媒介文化发展中不断扩大中原文化的影响力。

三是着力增强中原文化的创新力。中原文化资源得天独厚，博大精深。但是，文化资源不等于文化软实力，资源要成为实力，还需要一个转化过程。这个转化过程，既是文化内容的传播过程，更是文化内容的创新、创造过程。文化的生命力在于文化的创造力，文化的影响力在根本上也取决于文化的创新力。创新是一个民族的灵魂，也是文化的生命力所在。文化创新，就是对优秀传统文化和外来有益文化进行一定的视野多维的价值重构与超越，赋予它们新的时代意义、新的时代精神、新的时代形式，进一步延续和丰富它们的生命力、影响力和精神力。要增强文化创新力，就要深入分析中原文化资源转化为中原文化实力能力不足的根源，从体制机制上解决文化创造力的解放问题。这其中最重要的问题，就是要加快推进文化体制改革，建立健全党委领导、政府管理、行业自律、社会监督、企事业单位依法运营的文化管理体制和富有活力的文化产品生产经营机制，发挥市场在文化资源配置中的积极作用，创新文化走出去模式，为文化繁荣发展提供强大动力。其中，最为重要的就是要构建一个富有生机和活力的文化生产机制，不断地确立文化生产主体的市场地位、法人地位，通过市场的观念、市场的手段来解放中原文化的创造力、传播力和生命力。

叩问苍穹：中国历史天幕上那颗煌煌巨星

夏挽群

中国思想文化的河流在历史上有过几次强大的注入，一次是春秋战国时期，作为东方文明轴心标志的道、儒、墨、法等诸子思想被奉为中华文化的元典，之后有印度佛教传入中国，与道、儒融合。汉唐以降，道儒互补，再加上佛教的调适，三教合流，在宋代最终形成了中国文化的主流意识形态，成为我们民族性格特征、价值理念、心理密码、文化特质和精神品格的基因，并以其强大的内力引领着东方文明的进程。道儒互补是中国思想哲学这棵大树的主干，但其根是道。英国学者李约瑟说，中国如果没有道家，就像大树没有根一样。作为中国伟大的思想家、哲学家，中国道家学派创始人、道教鼻祖的老子，他那深邃得像太空、抽象得像梦境般的学说，以及产生这个学说的土地，令我们不得不去关注。

虽然我们匆匆告别了农耕时代，进入了21世纪的现代工业文明，但是我们的确不能就此停止对历史的眺望。我们站立在今天向昨天瞭望，瞭望久了，就会让我们衔接上传统的成熟，更衔接上传统的活力。只要你调整好望远镜的焦距眺望，你必然不会忽略中国思想文化的根脉：老子、老子的哲学，以及产生这种宏大而深刻思想的那座历史古城——鹿邑。这样，你才真正能接通文化的风水和地气。

在这里，我们必须先来述说一条河流。这条发源于开封，一路向东南而去，最后注入淮河，全长382公里的古老河流，没有黄河般的烟波浩渺，没有长江般的惊涛拍岸，就那么静静地、优雅地、谦逊地在无际的黄淮平原上流淌了千万年。在古代，这条河流的两岸也曾巨树掩映、青草如茵、鹿鸣呦呦；再后来，这里也曾是帆樯如林、喧声如潮。这条河流是豫皖之间的水运要道，它叫涡河。

自从涡河这个文明之犁在其疆域里开垦出第一块耕地之后，这片土地便再也不肯荒芜。涡河承载着千年的波涛在文化间流动，这些文化曾是它在漫漫的岁月里雕琢而成的。涡河雕琢出来的第一座城邑叫“厉”（读 lài）。厉这个地名出现时，它与远古传说时代的葛、昆吾等民族封地有大小相同的地位。然而，像葛、昆吾这些地名在古老的中国版图上仅仅是昙花一现，唯独厉，从公元前17世纪的商，延续至西周、东周、秦汉……直至今天。朝代屡更，地名几易，但厉的位置始终未变。它就是鹿邑的前身。公元前773年，当时属于陈国的厉的旁边出现了苦（读 gǔ）县。春秋时期，厉称厉乡，属苦。苦先属陈，之后，陈为楚灭，苦又属楚。所以，司马迁在《史记·老子韩非列传》中给了老子里籍一个权威的说法：“老子者，楚苦县厉乡曲仁里人也。”苦县就是现今的鹿邑县，厉乡曲仁里就是现今鹿邑太清宫镇。

一切都遥远得像神话，优美得像诗歌一样，但它们却都是历史真真切切的存在，而且涡水流域这块方圆百里的地方，的确一度在中华民族繁衍生息的舞台上占据过聚光灯下的中心位置。

8000多年前，三皇之首、人文始祖伏羲率其部族告别了干旱缺水的黄土高原，一路风尘沿黄河东下，来到了这片土地上，遂定居于此，在这里开创了华夏的史前文明。伏羲始创八卦，揭示天地阴阳、世间万物的对立统一规律，“天道观”已在这个时期初见雏形，辩证、循环的思想在八卦易理里也有清楚的演示。从黄土高原一路东行的还有女娲部族，他们在这里形成了娲皇文化，展现了“阴柔包容”的哲学命题。神农氏，继风姓而王，也在这里开创了农耕文明。神农治世身先于民的亲民思想、不用甲兵的反战主张、返璞归真的理想主义追求都对后世产生了影响。五帝之后，一个新兴起的东夷部族，就是后来建立了以青铜器、甲骨文为标志的商朝的殷商族，也起源于涡河流域。东夷、华夏、苗蛮三大部族交会融合，拉开了中华民族形成的序幕。

这一切都可以看作是老子思想哲学诞生的前奏和铺垫。就连距离老子故里不足百里之遥的宋国的老子思想的继承者庄子也坦率地承认：老子和自己的思想并非各自的首创，而是来自“古之道术”。文化的土层在这里厚厚地堆积，为思想之树的生长周详地预备了肥沃的田园；早期文明的萌发和酝酿，在这里造就了文脉旺盛的地望和风水。当一切筹备就绪之后，这片土地便急切地呼唤着涵天覆地、宏阔精深的大学问的出现，等待着震古烁今的大贤哲的来临。于是，老子在公元前571年应运而生了，他在涡河流域挑选了自己的出生地，这个地方是鹿邑。他姓李，名耳，字聃。所以，鹿邑是幸运的。

说到老子其人。如果以上讲述的是老子在涡河流域出现的文化基础，也就是其必然性，那么，我认为老子的一生其实还充满着一系列的偶然性，这些偶然在老子的人生路途上挑战似的等待着他。

李耳成年后在周王室当了一名“守藏室史”的官。顾名思义，守藏史是一个管理王朝典籍的职位，相当于今天的国家图书馆馆长。只有在这个位置上，才能使他捕捉到得以博览各诸侯国“古之道术”的机会。我想，他在图书馆里肯定阅读了《尚书》《左传》《国语》《诗经》《战国策》《周易》……完成了自己的知识沉积。30年的积累和熔炼，他俨然已成大家。连孔子都说：“吾闻老聃博古通今，通礼乐之源，明道之归，吾师也。”于是后来到鹿邑与老子有一番晤谈。回到鲁国后，孔子对他的弟子说：“我知道鸟会飞，兽会跑，鱼会游。会跑的可以挖陷阱去捕获它，会飞的可以用箭射下它，会游的可以用钓具钓起它。至于龙，我就不知道该怎么办了，它是乘着风飞上天，高深莫测。我见到的老子大概就是吧。”可见，这时候老子的学问已经如龙一样，上可飞天，下可潜渊，进入了自由境界。成就老子的是他30年“守藏室史”的经历，这是老子的一个偶然，也是他的一个幸运。这是他的造化所致，或者上应着天意。

公元前516年，周王室腐败而愚蠢，甚至发生了争夺王权的内乱。抢夺王权的王子朝失败，“奉周之典籍以奔楚”。李耳见诸侯国之间充斥着龙争虎斗、谋略权术、战争杀戮，极度失望，便决意回到苦县设坛讲学，专事学术。这是他的一个十分关键的决定。设若没有王子朝“奉周之典籍以奔楚”，李耳可能会将就着继续自己的官场生涯，继续在朝廷议事时站在旁边依着柱子做他的记录。那样的话，世间就多了一个官吏，而少了一个英才。历史上为官者不可胜数，但大多都寂寂无闻于荒草野冢之间，所以，当李耳意兴索然地走出洛阳的时候，其实正是自己走向辉煌的开始。这是他的又一个偶然和幸运。

李耳回归乡野之后，专心治学，经过又一番参悟，必是越发哲思如潮，浩阔无际，更加臻于成熟，进入化境了，以至于孔子以“行年五十有一而不闻道”，又数度到苦县问道于老子。

到了公元前492年，楚灭陈，老聃再遭亡国之痛，遂决定去秦国，这就到了函谷关。函谷关位于今河南三门峡灵宝市北15公里的王垛村，古时是“崤函古道”的咽喉，“襟带两京”的锁钥，雄关要塞，深险如函，历来是一个天生的战场，浓重的杀气弥漫在山峦之间，至今难以消散。但偏偏当时这么重要的关隘的守将是一个文化人。

老聃骑着青牛缓缓地来到函谷关，关令尹喜见“紫气东来，料有真人通过”，便留下了老子，说：“子将隐矣，强为我著书。”老子“乃著书上下篇，言道德之意五千言而去”。所著之书便是那册石破天惊、经纬天下的千古绝响《道德经》。老子西去后，不知所终。也有说尹喜也干脆随老子去了秦国，还有说老子到了终南山附近修道、论道、传道，最后死在扶风，葬在槐里。这些说法，学人们至今仍在絮絮地争论不休。

函谷关写经是老子一生中最大的一次偶然，设若防守函谷关的是一介武夫，不曾留老子著书，从此便无《道德经》传世，因为除了《道德经》，老子的著述存世者极稀。我觉得这简直就是中国古典知音文化的又一个例证，尹喜不仅是老子的知音，而且是一个智者，没有他，中国文化的宇宙将留下一个永远不可知的空洞。老子驾鹤西去了，但有《道德经》流传，成了照亮后世的明亮光源。正如庄子所说：“蜡烛和柴薪的燃烧是有穷尽的，火却传下去，永远没有穷尽的时候。”纵观古今，凡一位大人物的产生往往有其必然，又有其偶然。必然可以常遇，偶然不可常得。各种必然和偶然能够毫无疏漏地集合在一起，方能成就一个伟人，但是这种情况更是少之又少，所以圣人的出现是艰难的。

老子的思想哲学之所以伟大，是因为它以“道”为核心概念，以“道法自然”“尊道贵德”“清静无为”为基本原则，创立了世界思想史上第一个系统探讨世界存在“始源”问题的哲学理论体系，提出了对立统一的辩证思想。老子“世界哲学之父”和“世界辩证法鼻祖”的地位是毋庸置疑的。《道德经》用“道”来描述世界的始源、根本、本质、规律，强调人与自然、人与人相统一的终极基础。道作为万物的始源而存在，虽无形无名，不可言说，但道生万物。他把道德置于自己学说的核心，把重积德作为人与道合一的根本途径，把修身、修家、修乡、修邦、修天下融合起来，洋溢着伦理精神的光辉。老子主张“道法自然”，反对违逆自然而肆意造作的“妄为”，希望顺道而为，达到“无所不为”。他提出“寡欲”的主张，强调“守中”“知足”“知止”“慎欲”，反对对个人私欲无止境地追求，表达出对于朴素、纯真、本然和恬淡的本性追求。老子提出的“玄览”与孔子提出的“格物”、禅宗宣扬的“了悟”一起成了中国哲学“悟性主义”思维方式的典型表征。

《道德经》之所以辉煌，并不仅仅因为其2000多年的“古老”，而是因为它思想和形式的“深刻”。它迫使每一种文化、每个人反思，它其实是用一种穿透精神的“根”的深度时刻提示着我们：什么是我们应该秉持的世界观、价值观、道德观？面对着它，我们不仅是在眺望历史，更重要的是，我们也在眺望自己。

自老子学说问世之后，从古迄今，研老注老之风流行2000余年，在某些时候甚至形成了一泻千里的大潮。先秦以降，研老注老的著作不绝如缕，超过4000余种。老子思想是全人类共同的文化瑰宝，老子文化热正以一浪高过一浪之势风靡世界。20世纪以来，在法国、英国、德国、美国、俄罗斯、意大利、日本等发达国家，以及东南亚众多国家和地区，《道德经》相继翻译出版，单是日本就有300多种版本。老子是站在地球之巅对全人类讲话，所以《道德经》在全世界译了又译，注了又注，译本近500种，译本之多仅次于《圣经》。黑格尔、尼采、雅斯贝斯、罗素、海德格尔、托尔斯泰、爱因斯坦、李约瑟等享誉世界的哲学家、文学家、科学家，都从老子文化中吸取了丰富的思想营养并予以高度评价。

浩瀚的宇宙有一颗星，叫“鹿邑星”，由哈佛大学美籍华人邵正元发现，并以他的故乡而命名。世界文化的天际，还有一颗星，那就是老子。从某种意义上讲，这颗星也属于鹿邑。鹿邑的母亲河涡河为老子的临世做了万事俱备的铺陈，老子成名之后，鹿邑这个地域更是与老子须臾不可分离，就仿佛鹿邑是专门为老子而存在的。

老子的成名使鹿邑在历朝历代受到上至宫廷、下至庶民的共同注目，鹿邑这个地方从此便常常车马如潮、龙旗如云、人声喧嚷、香烟缭绕起来。自汉桓帝延熹八年（165 年）派大臣到鹿邑朝拜老子，并修建老子庙开始，历代皇家祭祀老子的场面便绵延不绝。汉桓帝一年之中两次派专使到苦县朝拜老子。三国初年，曹丕见老子祠因战乱而“楼屋倾颓”，曾下令修整。后又亲自去苦县察看，见老子祠已经“殊整顿”，就是特别的华丽。到了唐代，老子及老子的学说受到了空前推崇。武德三年（620 年），唐高祖李渊追认老子为李姓始祖，以老子庙为太庙，“特起宫阙如帝者居”。唐太宗李世民贞观六年（632 年）敕修太上老君庙。乾封元年（666 年）二月，唐高宗李治偕武则天皇后及文武官员至厉乡老君庙朝谒老子，虔诚致敬李氏祖先，追封老子“太上玄元皇帝”尊号，改建老子庙为李氏祠堂，建紫极宫，改谷阳县（原苦县）为真源县，其意是说此地乃道家、道教之源。武则天称帝后，为纪念李耳的母亲，再改真源为仙源。后又改为真源。到了宋朝，宋真宗赵恒朝谒老子是历代帝王中规格最高、仪式最隆重、记载最详细的一次。宋真宗加封老子为“混元上德皇帝”，建太清楼，“庙貌甚侈”，还亲自“御制御书”并篆额，又下诏改真源为卫真，以表明他比唐王朝更加维护老子及道教的至尊地位。另一位到过鹿邑太清宫的北宋皇帝是宋徽宗，他亲自到太清宫恭行谢礼。1127 年，金人南下，北宋灭亡，太清宫所在地也不归宋所有。然而金人并没有冷落太清宫，金章宗泰和二年（1202 年）十一月甲子，仍“遣使报谢于太清宫”。

出于对老子及道教的尊崇，历代在老子生地兴建的纪念建筑层层叠叠，不可计数，到处是殿宇崇矗，匾额高悬，湖水潆洄，古柏苍郁。经风雨剥蚀、兵燹匪患，这些建筑屡修屡毁，屡毁屡建，有幸保存下来的还有老君台、太清宫太极殿、赶山鞭、洞霄宫正殿，皆极珍贵。

祭拜老子的古建筑皇皇然如帝苑，其碑刻则必是矗立如林。它们历尽沧桑，经岁月剥蚀，仍立于大野，或藏于地下，无言地宣示着这座古城昔日的荣光。其中特别著名的碑刻有《唐开元神武皇帝道德经注碑》《宋先天太后之赞碑》《太清宫崇真桥记》《金续修太清宫碑记》……

时至今日，面对这些历史的陈迹，我们仿佛还能听到持续了2000年的人与天的深情对话，仍能看到凝结在碧霄九天的、寄托着无数百姓祈愿的袅袅香烟，还有老君台那静穆的汉唐残阳，洞霄宫那悠悠的宋金钟鼓，明道宫那明清时的潇潇秋雨……便有一种高山仰止的敬畏和韶华易逝的淡淡惆怅、苍凉向你袭来，让你悚然而不知身在何乡。

近年来，当地修复了太清宫，规制宏阔，殿宇巍然，烟水缥缈，是对老子及对我们祖先的告慰。又修建了老子文化广场，刻《道德经》于石壁之上。老子雕像岿然而立，慈眉善目，长耳垂肩，双眼微闭，似在继续着2000年前的深思。

德国著名哲学家雅斯贝斯曾提出文明“轴心时代”的命题，他认为，公元前500年前后，在古希腊、以色列、印度和中国几乎同时出现了灿若星辰的伟大的思想家和文化巨匠，他们都对人类关切的问题提出了独到的看法，并在此基础上形成了不同的文化传统。在中国，有老子、孔子；在古希腊，有苏格拉底、柏拉图；在印度，有释迦牟尼；在以色列，有犹太教的先知们。雅斯贝斯提出：“人类一直靠轴心时代所产生的思考和创造的一切而生存，每一次新的飞跃都回顾这一时期，并被重新燃起火焰。”

而在当今，我们似乎不再注重这些大思想了，社会的思想似乎变小了。不是因为我们比前人愚钝，而是因为大家不像从前那么在乎思想了，于是我们只能把经验拿来当作思想。20世纪八九十年代，大家认为中国只要把经济和科技搞上去了，就什么问题都解决了，于是我们进入了一个物质主义、重商主义的时代。大家认为那些铸造民族精神品质的大学问，如果不能快速转化为GDP，它的价值就微不足道了。这种趋势造成了唯利是图的信仰、不劳而获的财富、没有理智的享乐和没有道德的商业……

面对社会风气和道德的诸多问题，我们最大的问题是急功近利的思想文化。于是，许多人提出，社会应当重建我们的思想文化道德体系，重建我们的理想主义。而我们新的中华文化的大厦决不能构筑在西方文化的基础之上，我们重建的基础必定是数千年形成的，并且符合我们这个东方民族特性的传统文化，其中首先就是老子文化。

如今，中国社会已经意识到儒家的文化力量，一提软实力则言必称孔夫子。但春秋轴心文化不只有以人为本的儒家思想，还有以自然为中心的道家学说。在中华民族文化精神形成的过程中，道家为体，儒家为用，道的本体是哲学和宇宙观，而儒家形成了比较完整的政治、社会、伦理、道德理论体系，二者是互补的关系。庄子批评儒家忽视了道的本体，而游乎于仁义，是舍本而逐末。虽然此言有失偏颇，但确实是在提醒我们不要忘记思想哲学的本源。

我赞成中国的软实力尽快西进，特别主张老子文化的西进，因为当前这个纷乱的世界尤其需要老子的思想。我们的世界是核子巨人、道德侏儒的世界，人们精通战争甚于和平，熟谙攫取甚于和谐。社会堆满了欲望，欲望的狡黠在于：它推动人类前进，也加速人类灭亡。几百年来鼓励人们不顾一切地，有时甚至不惜用战争手段来实现发财美梦的资本主义理念，会给世界带来什么？地球还能不能承受环境的破坏和战争的摧残？人类能不能把重点放在解决自己的真正的重大问题——人类的生存而非杀戮——上？地球孕育人类，人类该如何与地球相处？人类自己之间该如何相处？许多先知先觉的圣贤都发出了自己的呼喊，留下了许多醒世恒言。老子对自然的保护、对和谐的信念、对贪婪的批判、对战争的反对、对女性的赞扬等，对西方人类来说都是天籁之音，是振聋发聩的软实力。

我相信老子的思想哲学里存在着引导人类意志的力量，它宏大壮美、寂寥无垠，在它的面前，我们的得失显得那么微不足道。

望我们所有的人都好自为之。

道、儒、释：中原文化树

范文章

东汉明帝永平十年（67年），对于中原乃至中国来说，都是一个值得纪念的年份。这一年，悄无声息地发生了一件大事：一种外来文化完成了同中华民族本土文化的嫁接。

这种外来文化就是佛文化，亦称释文化。

一位研究中国文化的学者曾经形象地把中国文化比作一棵参天大树：道家思想是它的“根系”，儒家思想是它的“树干”，而佛家思想则是生长在这棵大树上的“枝叶”。中国的文化，无论从形态上看还是从内涵上看，都是一个多元化的复合体。它们互相依存，彼此共长，形成“道、儒、释”三位一体的多元互补结构，使这棵在古老中国的沃土上成长的文化大树饱经沧桑，万古长青。这种比喻既形象又精辟。诚然，把道家思想比作中国传统文化的“根系”，是因为它在中国思想发展史上确实起源较早，于先秦时期就形成了派别最多、著述最丰、影响力最大的态势；把儒家思想比作中国传统文化的“树干”，是因为它被“独尊”为封建统治阶级的意识形态以后，在2000多年的封建社会里，总体上它一直占据着主导地位，它的存在和发展是中国古代特殊的意识形态决定的，从一开始形成就受到了道家文化的影响，并在不断地吸收道家的哲学才达到了最高形态——宋明理学；至于佛家思想，虽然它是一种舶来的宗教学说，作为一种人生哲学，它也有着深刻而独特的社会价值，只要看看它自汉魏以来广泛流传的情况和创造出的文化奇迹，就不难想象出它对中国古代政治、经济、文化、思想、艺术乃至整个国民性格的影响。它之所以能在中国这块古老的土地上找到自己的生长点，却是通过道、儒思想的中介来实现的。如果它不借助于道家思想和儒家思想，要想在中国立足也是很难想象的。它正是依附着儒、道思想实现了其思想的中国化，并不断地在中国化的过程中对儒、道思想的发展产生着影响。道家起源于中原，其创始人老子为中原人，自不必说。儒家源起地山东，则为中原的近邻。据考证，儒家创始人孔子的祖籍亦在中原，且他周游的列国也大都在中原地带，是中原这方底蕴丰厚的文化沃土哺育出了这棵根系发达、干直且壮的中国传统文化的参天大树。佛独具慧眼，选择了这棵大树，毫不犹豫（也许是一种巧合，中原正是古之豫州之地）地把这棵大树作为嫁接的母体，正是由于有了这种遗传基因，这棵大树从此根深叶茂，生生不息！

在古老的中原大地上，流淌着两条大河：黄河和淮河。当它们流经坦荡如砥的豫东大平原时，有一条河流像纽带似的把它们联系起来，这便是涡河。据《水经注》记载，涡河发源于黄河北岸的原阳到开封之间的蒗荡渠，在豫东大平原上辗转流过800里，注入淮河。在涡河的粼粼波光里，闪耀着中国道教文化的辉光。公元前6世纪，我国伟大的思想家、道教文化的创始人老子，就诞生在涡河孕育的这片土地上。司马迁的《史记·老子韩非列传》记载：

“老子者，楚苦县厉乡曲仁里人也。姓李氏，名耳，字伯阳，谥曰聃，周守藏室之史也。”楚苦县厉乡曲仁里即今鹿邑县的太清宫集。老子出生在豫东，做官在豫中（在这里权且把洛阳算作豫中之地吧），著述在豫西（在函谷关著《道德经》），在横贯中原的大地上完成了自己的学说体系。毋庸讳言，这里有他的天赋，有他的勤奋，但中原作为中华民族的发祥地给了他丰厚的营养，也是不容人诘难的。任何一种文化的形成都有它不可逾越的规律，首先是它的继承本能，然后才是它的发展欲望。道教也不例外，也不能例外。英国学者李约瑟曾在《中国之科学与文明》中说：“中国如果没有道家思想，就会像是一棵某些深根已经烂掉了的大树。”有学者则在论及中国古代“百家争鸣”时说：“道家为百家所从出。”老子就诞生于那个文化自由发达的时代，比儒家学说的创始人孔子年长 19 岁。孔子曾数次问礼于老子，向他请教学问。周敬王二年（前 518 年），孔子准备编写《春秋》，在鲁昭公的支持下，与门人南宫敬叔一起来到东周都城洛邑，问礼于老子。今洛阳市瀍河边，有座“老子祠”，大门西壁上嵌有石碑一方，上刻“瀍东寺老子故宅”，当年孔子与老子就是在这里切磋学问的。那时，孔子刚过而立之年，风华正茂，才思横溢，而老子则已过知天命之年，正在周王朝守藏室之史任上，掌管着周王朝的图书典籍，精通礼乐。当时老子的一席话，直说得孔子口服心服。回到鲁国，孔子对弟子们说：“鸟，吾知其能飞；鱼，吾知其能游；兽，吾知其能走。走者可以网，游者可以纶，飞者可以矰。至于龙，吾不能知其乘风云而上天。吾见老子，其犹龙耶？”老子以他那博大精深的道家文化和孔子创立的儒家文化一起构成了中华民族文化的两大重要支柱，把我国的古代文化推向了一座彪炳于世界东方的文化高峰。老子比释迦牟尼早生 7 年，佛教文化的传入以及在中国土地上的发展当是道、儒两教形成以后的事。

说来真是不可思议，佛教文化传入中国这么一件破天荒的大事，却缘于一个皇帝做的一个近乎荒唐的梦！

东汉永平七年（64 年），汉明帝刘庄夜寝南宫，蒙眬中梦见有一身高丈六、头佩白光的金人飞绕殿庭，甚觉惊奇。翌日早朝，刘庄就此梦事询问群臣，博士傅毅奏道：臣闻天竺有得道者，名曰“佛”，飞行虚空，身有白光，其形如陛下所梦。刘庄听后信以为真，就派大臣蔡愔、秦景等出使天竺，拜佛求经。他们西行至大月氏国，正遇上印度高僧摄摩腾和竺法兰，并得到了佛经和释迦牟尼佛像。这就是我国佛教史上著名的“永平求法”的故事。三年后，应东汉使者邀请，摄摩腾和竺法兰以白马驮载佛经、佛像来到东汉京城洛阳。刘庄礼请两位高僧暂住朝廷鸿胪寺，第二年即敕令于洛阳城西雍门外三里御道之北侧修造一座僧院。为纪念白马驮经之功，遂将此僧院取名为“白马寺”。因其为自佛教传入中国之后的第一座寺院，白马寺被视为佛教在我国的发源地，又因历代高僧和外国僧侣常到这里来诵经讲法，白马寺又被尊誉为“祖庭”或“释源”。

世界佛教源于恒河流域的印度，中国佛教传于黄河流域的中原，白马寺成为中国佛教早期传播和佛事活动的中心。随着我国佛教兴起，梵法渐盛，传统文化受到了强烈的冲击，人民的思想和生活受到了广泛而深刻的影响。自东汉至今近 2000 年来，历朝历代几经兴衰，白马寺也曾几度兴废。东汉时，中原地区仅有几座寺院，而且规模也不算大。按照当时的法律，汉人是不准出家的，因此，几座寺院专门为西域来的佛教徒所用。到桓、灵帝之时，安息人安世高、月氏人支娄迦谶等还都在白马寺弘法传教。曹魏时期，八斗之才曹植贪读佛经，明帝曹叡带头崇佛，开始兴建佛塔。曹髦甘露五年（260 年），中原颍川人朱士行冲破戒律出家为僧，这是迄今为止知道的第一个出家的汉人。西晋时，洛阳城的寺院已达 40 多座。北魏佛教大起，寺院陡增至 1300 多座。隋唐两代，佛教达到鼎盛时期，武则天敕修白马寺时，寺内僧众已达千余。重修后的白马寺规模宏丽，殿宇嵯峨，全非以往制度。相传，唐代高僧鉴真在东渡日本前也曾来白马寺朝拜过。“安史之乱”燃起战火，回纥兵放火焚烧了白马寺，火焰累旬不熄。至宋代淳化年间，宋太宗曾下牒文复建白马寺。据寺内碑文记载，复建后的白马寺“天风高而宝铎锵洋，晴霞散而雕横辉赫，周之以缭垣浮柱，饰之以法鼓胜幡，远含甸服之风光，无殊日域；旁映洛阳之城阙，更类天宫”，僧人仍达千人以上。宋徽宗时，追封摄摩腾为“启道圆通大法师”，竺法兰为“开教总持大法师”。元世祖忽必烈颁诏大规模扩修白马寺，并于寺内敬塑佛及天王像。明代再次扩修，大体上奠定了今日白马寺的规模和布局。时至今日，历代洛阳城内外的众多寺院，绝大多数已荡然无存，唯有白马寺仍然保护完好，香火不断。

在白马寺院内，有座“清凉台”。它原是刘庄幼时的避暑台和读书台。这里古柏凝翠，金桂吐馥，清代康熙年间住持僧人如诱曾赋诗赞曰：“香台宝阁碧玲珑，花雨长年绕梵宫。石磴高悬人罕到，时闻清磬落空濛。”台上建有毗卢阁，里边放有大藏经柜。据说，当年白马驮回的佛经就珍藏在这里。毗卢阁东西两侧为“二僧”殿，殿内分别塑有摄摩腾、竺法兰的塑像。他们护送经书和佛像从印度来到中国以后，一直住在这里翻译经卷。我国最早的一部汉文佛经——《四十二章经》，就是他们在这里共同译出来的。摄摩腾圆寂后，竺法兰又相继译出了《十地断结经》《法海藏经》《佛本生经》等佛教典籍。从此，“佛法东渐”，佛家思想开始融入中国的传统文化，并与道家思想、儒家思想一同构建起中国传统文化的三大精神支柱。我国人民为铭记这两位僧人在中印文化交流中所建树的功绩，在这里为他们立了塑像，修筑了墓冢，以示永远的崇敬和怀念。

说到弘扬佛法，就不能不提到另外两位大德高僧。一位是佛祖释迦牟尼的第 28 代孙达摩。他不远万里，漂洋过海来到中国，经过广东，到了金陵，一路布教，历尽千辛万苦。在金陵，他见到了梁武帝萧衍。萧衍本是位大力提倡佛教的皇帝，平时总是手捏佛珠，喃喃念经，而且每天早晚都要去寺院拜佛，说是替百姓消灾积德。他还先后四次“舍身”出家当和尚，一共让朝廷花去了4亿钱赎金，才算把他赎回来继续当皇帝。按理说，一位传经布教的高僧遇到像萧衍这样的皇帝，可谓幸焉。然而，史书记载他与萧衍见解相左，究竟如何相左，又相左在什么地方，则不见记载。以愚之见，萧衍提倡佛教，带头信佛，本就是他当皇帝的一种手段。他伪装仁慈，是为了骗取士民的同情，进而巩固自己的统治地位。信佛讲究的是诚意，萧衍缺乏诚意，自然就会与达摩这位虔诚的僧人“见解相左”了。于是，达摩便辞别了萧衍，暗中折苇凌波渡江，风餐露宿，辗转进入中原地带，落脚传教。他在中岳嵩山的一座山洞里面壁坐禅修炼，默默地探索佛教中国化的路子。

达摩在印度已是造诣颇深的高僧，有满肚子的经纶，他来到中国传教弘法，应该是一辈子也传不完的，为什么还要面壁九年苦苦修炼？不少人在参拜达摩面壁洞时，往往会发出这样的疑问。究其实，这是他在踏上中国土地作了一番调查研究后不得不做出的选择。印度佛法固然博大精深，然而，如果不和中国的实际相结合，就很难落地生根。为了感悟中国文化，谋求其与佛家思想的嫁接点，他在中国的腹心地带，找到了一个人迹罕至的深山老林，又在这个深山老林里找到了一个原始的洞穴。在这凡尘不及的空也虚也的地方，他得以顾影自视，扪心自问，体证真如本性，感悟自在之真谛，久而久之，终于找到了佛家思想和中国文化嫁接的不二法门。我们完全有理由说，如果没有达摩面壁九年之功，便没有颇具中国特色的禅宗。这是佛教中国化之路上的一座里程碑，也是达摩为中国文化的发展做出的不可磨灭的重大贡献。本来，佛教的“五蕴皆空”“心无所住”和中国道家老子的“致虚极，守静笃”、庄子的“万物齐一”“嗒焉丧我”就有着相通相融之处，经达摩这样一嫁接，便有了共同的禅义，成了中国人极易接受的文化。这样一来，许许多多的中国人开始学禅了，悟道了，不知不觉地接受了外来文化，并在日复一日地接受外来文化的同时，丰富着中国本土的传统文化。达摩把一种经过嫁接的文化，辐射在辽阔的中原大地，普及于全中国。

另一位是国人皆知的玄奘。他于隋文帝开皇二十年（600 年）诞生在洛州缑氏县陈堡谷。他本姓陈，名祎，玄奘是出家后的法名。他自幼聪敏过人，在崇奉佛教的父亲的熏陶下，养成了广泛探索学问的兴趣，尤其爱好钻研当时风靡全国的佛学。他的二哥在洛阳净土寺出家当了和尚，他经常从家乡步行到那里去听老和尚宣讲佛法。到了 11 岁那年，他也在净土寺削发受戒，当上了一名小和尚，成为隋朝大理卿郑善果剃度的 27 名和尚之一。唐高祖武德元年（618 年），玄奘来到长安庄严寺学习佛理，随后又怀着研究佛学的极大兴趣，游历各地，遍访名师，质疑问难。他专心佛事，博闻强记，不久便在佛教界崭露头角，被当时的佛门大师誉为佛教界的“千里驹”。此时的玄奘，“尝谓翻译者多有纰缪，故就西域广求异本以参验之”。正好印度的波罗蜜多罗和尚住在长安，向玄奘说起印度那烂陀寺的戒贤法师深通“瑜伽”经典，又精佛学诸家，玄奘于是决定不远万里去那烂陀寺投戒贤法师取经。

唐太宗贞观元年（627 年）秋天，长安一带饥馑成灾，28 岁的玄奘混进西逃随丰就食的灾民中，开始了乘危远迈的万里征途。他冒着被通缉杀头的危险，巧妙地偷越了座座关卡，靠枯骨引路，横穿茫茫沙漠，翻过帕米尔高原，到达印度境内。在北印度的犍陀罗国，玄奘一一参观了古印度佛教文化胜迹，而后东南行，来到小乘佛教发源地之一的迦湿弥罗国，住在阇耶因陀罗寺，同几十位有学问的和尚讨论佛学，学习小乘经典和声明（语言文字）学、因明（逻辑）学。两年后，玄奘又沿着恒河游历，来到曲女城向三藏法师学习佛教理论，还巡礼了蓝毗尼花园释迦牟尼诞生地、菩提树释迦牟尼成道处、给孤独园释迦牟尼常住处、灵鹫山释迦牟尼说法处、拘尸那释迦牟尼逝世处等佛教圣地，最终到达这次西行的目的地那烂陀寺。他在那里遍览佛教经典，研修印度语文，住持那烂陀寺讲席，参加曲女城学术辩论大会，名字响彻了整个印度。贞观十九年（645 年）正月，玄奘回到了长安，先后在几座寺院住持译经活动。至龙朔三年（663 年），一部 600 卷、梵本 20 万颂的佛经巨著《大般若经》的翻译工作即已完成。紧接着，他又着手《大宝积经》的翻译，直至离开人世。据统计，他一生共翻译经论75部，共1335卷。他不但把梵文经卷译成中文，而且还把在印度已经失传的《大乘起信论》由中文译成梵文；他不但翻译佛教经论，还把我国老子的道家学说译成梵文，介绍给印度和西域各国。

长期以来，人们谈起中原，总是说那里是中华民族的摇篮，华夏文明的发祥地，中原人也每每以此引为自豪。但中原处于祖国的腹心地带，有时难免会给人以封闭、保守等猜忌。诚然，处于内陆地域的中原，也难免有其传统意义上的局限。但中原也有自己的性格、自己的选择。中原有时的确是封闭的、保守的，甚至封闭得一丝不露，保守得如顽石一般。但这只是它性格的一个方面，当它的这一性格在某一时期达到极致的时候，它还会极致地向相反的方向发展，做出些让人瞠目结舌、难以置信的选择。认识不到这一点，就不能算作从本质上认识中原。它没有固守着在先秦已呈迅猛发展势头的道家文化不放，而是毫无偏见地用从中原大地汲取的营养同时哺育了儒家文化。而且，它还把目光放得很远，寻找着更大的发展机遇和空间。当佛文化在冥冥之中向它招手的时候，它就以极其宽阔的胸怀接纳了摄摩腾、竺法兰，接纳了跋陀、达摩，试想，在那个时候，该是多么有气魄的举措！同时，为了自身的发展，它还输出了玄奘。这种输出，其实体现的也是一种胸怀——古老的、肥沃的大中原的胸怀。有了这种胸怀，在中原大地上才有了白马寺、少林寺、相国寺、白云寺……有了经过嫁接的佛文化，继承和发展了中国的传统文化，造就和改变了一代代的中国人。

这就更让人怀想老子和他的《道德经》。函谷关是老子著《道德经》的地方，人们向而往之，于静幽、空灵、神秘、深邃的氛围里细细咀嚼《道德经》，感悟天地之始、造化之根、神明之本之经义，体味和合“三才”、孕育“五行”、结成“万象”的大道之理，就会不知不觉地融入老子关于自然、社会、人生以及对生命的深刻思辨之中。古老而又丰厚的中原传统文化氛围造就出像老子这样的文化伟人，而像老子这样的文化伟人又推动了中国传统文化的向前发展。“五千言道德真经法天法地法自然，三百代太初之光生一生二生万物。”数千年前，道教文化从东方一个古老国家的中原地带起步，逐渐走向整个世界，极大地影响着中华民族文化乃至世界各民族文化的共同发展。老子的智慧，《道德经》的魅力，无时无刻不在吸引着人们去体味和探索。这大概是因为“中国人的特性中，很多最吸引人的地方，都来自道家的传统”啊！

道、儒、释：好大的一棵树，就这样生长在中原大地上，其根粗壮，深深地扎进中原泥土，源源地吮吸着丰厚的营养；其干挺直，顶天立地，彰显出百折不挠的力量；其冠如垂天之翳，笼罩着整个中原，荫及整个华夏……

中华传统文化引领修身立为

侯远长

优秀的中华传统文化是中华民族的血脉，是我们在世界文化激荡中站稳脚跟的基因，它根植在中国人内心，潜移默化地影响着我们的思想方式和行为方式。习近平总书记说，抛弃传统、丢掉基因，就等于割断了自己的精神命脉。因此，要继承弘扬传统文化，引领践行社会主义核心价值观，修身做一个有道德的人，立为做一个有奉献的人。

一、修身：做一个有道德的人

中华传统文化中就有“修身、齐家、治国、平天下”的教导，其中“修身”是第一位的，当前，全党开展的“三严三实”专题教育实践活动，其中“严以修身”居于前提和基础的位置。

可见，“修身”是做人、做官的根本。

（一）做一个有道德的人首先要努力学习

古人云：“学者非必为仕，而仕者必为学。”习近平总书记强调，只要加强学习，才可能达到“三个才能”：才能增强工作的科学性、预见性、主动性；才能使领导和决策体现时代性、把握规律性、富于创造性，避免陷入少知而迷，不知而盲，无知而乱的困境；才能克服本领不足、本领恐慌、本领落后的问题。否则，盲人骑瞎马，夜半临深池。

习近平总书记讲到论学习重要性时指出：“18 世纪以前，知识更新速度为90年左右翻一番；20 世纪 90 年代以来，知识更新加速到了 3 到 5 年翻一番；近 50 年以来，人类创造的知识比过去 3000 年总和还要多。在农耕时代一个人读几本书就可以用一辈子；在工业经济时代，一个人读十几本书才能用一辈子；到了知识经济时代，一个人必须学习一辈子才能跟上时代前进的脚步。”他还说有些干部“新办法不会用、老办法不管用、硬办法不敢用、软办法不顶用”。这种现象的存在与不学习有关。学习是一件苦差事，学海无涯苦作舟。对此，习近平总书记对我们提出三个要求：一是学习要有“望尽天涯路”那样志存高远的追求；经得住“昨夜西风凋碧树”的冷清和“独上高楼”的寂寞，静下心来、通读苦读；二是学习要勤奋努力，刻苦钻研，下真功夫、苦功夫、细功夫，即使“衣带渐宽”也“终不悔”，“人憔悴”也心甘情愿；三是学习贵在独立思考、学用结合、学有所悟、用有所得。学史可以看成败、鉴得失、知兴替；学诗可以情飞扬、致高昂、人灵秀；学伦理可以知廉耻、懂荣辱、辨是非。学习是一个过程，“积少成多，积沙成塔，积跬步以至千里”。

（二）做一个有道德的人要立德、守德、修身

国无德不兴，人无德不立。做人做事第一位的是“崇德修身”。古人都

把修身放在第一位。说“修身、齐家、治国、平天下”。为官者“不患无位而患德之不修”，“不患位之不尊，而患德之不崇”。道不可坐论，德不可空谈。

做好人要树立“三德”思想。习近平总书记曾讲过：“一个人只有明大德、守公德、严私德，其才方能用得其所。”“明大德”，是铸牢理想信念，坚持党性修养、坚持政治立场和政治方向都是大德。“守公德”，是坚持公共道德，强化宗旨意识，全心全意为人民服务。“严私德”，是锤炼意志品质，洁身自好，廉洁自律修好私德。

如何立德、守德？一是要做到意志品质坚如磐石，耐得住清贫寂寞，顶得住歪风邪气，经得起金钱美色诱惑，始终保持党的政治本色；二是加强社会思想道德建设，使人们形成善良的道德意愿、道德感情；三是培养正确的道德判断和道德责任；四是引导人们讲道德、尊道德、守道德，形成向上、向善的力量。只要中华民族一代接一代追求美好崇高的道德境界，我们的民族就会永远兴旺发达。

做一个有道德的人，要严以修身。立德、修身、践德是一个人终身的课题。如何立德、修身、践德，实现人生的终身课题？刘云山说要“三个带头”“两个常思”“四个自我”“四个面对”。“三个带头”：带头弘扬社会主义核心价值观，带头恪守社会公德、职业道德、家庭美德、个人品德，带头弘扬中华优秀美德。“两个常思”：常思“严”之益，常思“纵”之害。防止精神沦陷，自己打倒自己。“四个自我”：自我净化、自我完善、自我革新、自我提高能力。“四个面对”：面对金钱，定要谨记“为官就不发财，发财就别来当官”；面对美色，定要洁身自好，严守操行，不能自甘堕落；面对亲情，一定要吃透严是爱、宽是害，不能徇私情而背原则；面对朋友，定要把握分寸、谨慎交友，不能因哥们儿义气而丢掉党性原则。

（三）做一个有道德的人要学习水的品格

水的品格，是包容、透明、柔和。水的三大品格体现在各种形式的水中应是：溪水之自在；湖水之平静；江水之坚强；海水之包容。有诗云：水，微小却无处不在而博大；水，柔弱却破石穿空而刚强；水，珍贵却甘居低下而不卑；水，短暂却生生不息而永恒。因此，水以其博大，故天下无所不容；水以其能下，故天下无所不归；水以其能柔，故天下莫能与之争。

做好人，就要学习水的特性。做到平和心态静如水，正直为人清如水，对待名利淡如水，直面坎坷韧如水。与此同时，还要学习水的三种精神：滴水穿石、以柔克刚的精神，洁白透明、一尘不染的精神，水流入海、一往无前的精神。

（四）做一个有道德的人要学会“放下”的智慧

幸福来自安定，快乐来自自由。人生如潮水，有起有落，起伏得失。每个人历史不同、文化不同、能力不同、境界不同，成就自然也不同。对此，一要有自知之明，二要尽力而为，才能做一个有道德的人。其中最重要的是在任何时候都不要背包袱，要拿得起、放得下，这就是“放下”的智慧。

布袋和尚有诗云：“布袋、布袋，放下布袋，何等自在。”“布袋”象征着包袱。包袱沉重，苦不堪言；放下包袱，则自然脱离烦恼。人人都有包袱，但包袱里装的内容不同，有的包袱里装着健康、幸福、爱情、友谊、事业等，也有的包袱里装的是执着、烦恼、仇恨等。放下包袱，不是放下需求，而是放下贪求；放下包袱，不是放下希望，而是放下奢望，放下欲望。

做好人，就要学会“放下”的智慧。归结起来，有“七个放下”：放下执着，才能通达世情；放下贪念，才能知足常乐；放下傲慢，才能虚怀若谷；放下嫉妒，才能欣赏别人；放下恐慌，才能心安理得；放下不安，才能逍遥自在；放下忧患，才能随遇而安。

能够放下的人，才是智者，是仁者，是勇者。放下心中的自己，会收获更多的自己；心里只有自己，没有别人，这是人格不成熟的表现。人格成熟的人，心里有自己也有别人。放下就是幸福，放下从心践行。美丽人生，由爱而激发，由智慧所引导，由放下所践行。爱人是从爱自己开始的，善待自己才能宽待别人。舍得是智慧，放下是幸福。放下，是身陷烦恼之人的唯一出路。要放空、放松、放下，才能自得、自足、自乐。因此，再恼，也要保持轻松的心态；再累，也要保持愉快的心情；再失败，也要保持旺盛的斗志。放下，是一门生活的艺术；放下，是一种智慧的抉择。放下压力，获得轻松；放下烦恼，获得幸福。整日疲于奔波的人，收获的只有焦虑、痛苦和迷茫；懂得放下的人，才是最后的赢家。一念放下，万般自在。看透是智慧，放下是功夫。把偏执放下，快乐就在脚下。放下负面的想法，才能走出烦恼困境。放下灯红酒绿，放下高官厚禄，放下名利物欲，放下多余的一切，一切顺其自然，才能获得健康快乐、美满幸福。

（五）做一个有道德的人的标准

做一个好人，其标准还未有人概括，但下面有关党员干部的标准则可以借鉴。

一是习近平论好干部五条："信念坚定，为民服务，勤政务实，敢于担当，清正廉洁"。二是做"四强"干部。"四强"即政治上强、能力上强、作风上强、心力上强。三是要做到"四有""四戒"。"四有"即心中有党、心中有民、心中有责、心中有戒。"四戒"即戒财，不为金钱所累；戒色，不为异性所乱；戒杯，不为酒绿所醉；戒乐，不为贪玩所伤。四是如中国农业大学校长柯炳生讲的，做一个"令人尊敬的人、有理想的人、有用处的人、有付出的人、有信誉的人"。五是做一个有德、守道、有为的人。首先，做一个有德之人。

古人云："士有百行，以德为首。"德乃立身之本，德是衡量一个好人首选的标准。习近平总书记指出："在历史的长河中，那些帝国的崩溃、王朝的覆灭、执政党的下台，无不与其当政者不立德、不修德、不践德有关，无不与其当权者作风不正、腐败盛行、丧失人心有关。"其次，做一个守道之人。世间万物皆有其道，做人处事也要守道。这里讲的"道"，是指人生信条、社会规范、行为准则。守道是一种自尊、自爱、自主、自修的人格体现。最后，是做一个有为的人。习近平总书记指出："共产党的干部就是人民公仆，就要多一份责任，多一份辛劳，多一份担当。"心里装着百姓，唯独没有自己，抒写无怨无悔的人生。一个人的能力有大小，只要尽最大努力做好工作、尽一份责任，就是有为的人。

做好人，就是做一个有德的人、守道的人、有为的人。但绝不能做一个"五个无"的人。"五个无"的人的表现是：心中无数的人，凭经验，想当然，拍脑袋决策；胸中无事的人，不担当、不装事、不记事、不懂事，遇事惊慌失措；眼中无活的人，对事视而不见，听而不闻，反应迟钝，拨一下动一下；手中无牌的人，有想法无办法，干事不知从何下手，无思路，无出路；落实无果的人，只开花不结果，"只听楼梯响不见下楼人"，开空头支票，有始无终。"五个无"的人的特点：一是事业心的缺乏，责任心的缺失，精神状态不佳，作风不实，能力不强；二是不投入，不敬业，只求过得去，不求过得硬，只管差不多，不管差多少，满足于"做一天和尚撞一天钟"；三是工作标准不高，要求不严，压力不大，工作不实，动力不足，管理不善。整天是"一杯茶，一支烟，一张报纸看半天"。

二、立为：做一个有奉献的人

做一个有道德的人不是目的，其目的是做好事，做一个为人民为社会有奉献的人。如何做一个有奉献的人，关键是靠实干、靠敬业，走正道、干正事、扬正气。

（一）做一个有奉献的人要靠实干

习近平总书记讲：“实干兴邦，空谈误国。”要把握“四个一切”，看实干的意义：一切难题，只有在实干中才能破解；一切办法，只有在实干中才能见效；一切机遇，只有在实干中才能抓住；一切成果，只有在实干中才能收获。马克思说：“一个实践等于一打纲领。”实干要发扬“三种精神”“三股劲”。“三种精神”是：踏石留印，抓铁有痕的精神；滴水穿石，铁杵成针的精神；逢山开路，遇水架桥的精神。“三股劲”是：狮子率队的狠劲；燕子垒窝的恒劲；蚂蚁啃骨头的韧劲。

一切问题的关键在实干，实干包括：算着干、现场看、盯着办。一是算着干。就是干什么、怎么干，脑子要清醒，心中要有数，既要在岗，又要在干，还要在行。二是现场看。就是坚持在一线了解情况，解决问题，了解群众，与群众打成一片。三是盯着办。就是发扬钉子精神，保持力度，保持韧劲，善始善终，善作善成，严防劳民伤财的政绩工程。

（二）做一个有奉献的人要敬业、诚信

一是敬业。什么是敬业？总的说，是干一行，爱一行，不挑不拣；干一行，成一行，善始善终；干一行，精一行，精益求精。包括乐业、勤业、精业、献业，是“四业”的统一。乐业，是指对职业的认同感、归属感，敬畏和热爱从事的职业，不懈追求、自我激励、自我鞭策，获得人生的成就和生活的充实快乐；勤业，是指对待职业的态度和行为，对工作勤勤恳恳、一丝不苟、任劳任怨；精业，是指对职业技能的驾驭能力和取得相应职业成就、创造行业认可的重要业绩，“业精于勤”，三百六十行，行行出状元；献业，

是指对职业的执着追求和无悔的付出，无私奉献，享受行业的尊敬。上述“四业”是统一的，一环比一环高，一环比一环难。如何做到敬业？曾国藩曾有十六字箴言，即“家俭则兴，人勤则健；能勤能俭，永不贫贱”。对于当代人来讲最重要的是四条：一是树立职业理想；二是担当职业责任；三是追求高超职业技能；四是勇于无私奉献。

二是诚信。诚信是做好一切工作的基础。诚与信是中国传统文化的基石。常言道：“人无信不立，业无信不兴，国无信不宁。”“国以诚立心，人以诚立身。”诚信社会的标准是：制度有信用，人有信念和信仰，社会充满信任。目前，信用缺失的四大表现为：一切向钱看，有钱啥都干，权钱做交易，为钱可逆天。诊治信用缺失的六种药方：法治、规治、德治、心治、综治、长治。

（三）做一个有奉献的人要走正道、干正事、扬正气

人生不能虚度。其一，走正道，不能陷入邪路。正道，就是为人民服务的路，为社会、为国家服务的路。其二，干正事，要正心、正身、自制、自律、慎独、慎微、拒腐、防变。努力多干事，积极干正事，多干打基础、利长远、得民心的事，不干脱离实际、得不偿失、劳民伤财的事。其三，扬正气。弘扬正气，弘扬社会主义核心价值观，弘扬民族精神；爱党、爱国、爱社会主义、爱人民群众。

因此，走正道、干正事、扬正气才会赢。那么做一辈子的好事，就要学习“赢”字的五种品格，要发扬“赢”的五种意识。“赢”字是由亡、口、月、贝、凡五个字组成。“亡”提醒我们，任何时候都要有危机意识、忧患意识；“口”要求我们，话不能乱说，东西不能乱吃，病从口入；“月”指我们的心要像月光一样洁白，光明磊落，珍惜时光；“贝”指钱财，手莫伸，伸手必被捉，清白做人，勤恳做事；“凡”意指平凡，保持平凡心态，做好工作。得也罢、失也罢，成也好、败也好，莫失平常心态。

宋代河南书院沿革及人才培养探析

赵国权

书院之设及“书院”之名始于唐，五代时书院制度初步确立。到宋初，各种社会及文化因素促使书院制度进一步发展和完善，使书院很快成为我国封建社会一种特殊而重要的教育组织形式。而河南地处中原，宋都又置于开封，河南就自然成为当时全国的政治、经济和文化中心区域，同时也是教育的中心区域，因而当时河南的书院教育相对于其他地区来说是处于领先位置的。对宋代河南书院教育的研究，将有助于全面了解和把握整个书院的发展情况及其规律。

一、宋代河南书院兴起的历史背景

宋代河南书院的兴起有其深刻和复杂的历史背景。宋初采取“右文”政策，“右文”之义在于崇尚文治而抑制武事，这是统治者鉴于前朝诸侯强盛、藩镇割据而使皇权削弱的经验教训，同时也基于一种政治权术的需要而采取的一项基本国策。宋太祖赵匡胤以兵权夺得天下后，他既害怕属下以同样的方式从自己的手中夺走皇位，又深刻意识到武以打天下、文以治天下的道理，因而他十分推崇文治，明确提出：“宰相需用读书人。”宋太宗也秉承太祖遗风，自谓“朕无他好，但喜读书，多见古今成败”，力主“兴文教，抑武事”，“以文化成天下”。宋真宗更是做《劝学诗》，极力宣扬读书学文的好处。这种以文治国、以名利劝学的政策价值取向很快形成一种社会风尚，对当时的思想、学术及教育产生了重要影响，为河南书院的发展提供了宽松的环境、良好的机遇和政策支撑，河南书院就是在这种情况下开始兴起和发展的。

（一）书院兴起是对官学的重要补充

宋初，统治者因急需人才而非常重视科举考试，却在一定程度上忽略了学校教育，以致在 80 年内官学几无发展。与此同时，广大士子读书要求异常强烈。就在政府无暇顾及教育，没有足够实力兴学设校的情况下，河南书院便应运而生。诚如吕祖谦所言：“国初……学者尚寡，海内向平，文风日起，儒生往往依山林，即闲旷以讲授，大率多至数十百人。嵩阳、岳麓、睢阳及是洞为尤著，天下所谓四书院者也。”这样，书院的兴起既满足了相当一部分读书人的求学要求，又弥补了当时学校不足之需，是对官学的重要补充，尤其是为统治者解决了既急需人才又缺乏人才这一日益突出的社会矛盾。

（二）政府鼓励支持河南书院的发展

正因为书院为统治者解决了人才的培养问题，因而统治者对书院的发展采取鼓励和支持态度。如宋太宗赐“太室书院”额及“九经”；宋仁宗敕令官员重修太室书院，赐额更名为“嵩阳书院”，给田百亩供书院膳食；宋真宗赐额“应天府书院”；宋仁宗时以应天府书院为府学，给田十顷。还将应天府书院升格为国子监，称为南京国子监。

甚至像程颢、范仲淹、文彦博、晏殊等朝廷官员，一边为官一边直接参与创办和办理书院，或者间接地支持书院的发展。当程颐求助河南通判文彦博将洛阳城南龙门山一处旧寺址拨给作为讲学之所时，文彦博回信说：“先生斯文已任，道尊海宇，著书立言，名重天下，从游之徒，归门甚盛。龙门久荒，虽然茸幽，岂能容之。吾伊阙南鸣皋镇小庄一址，粮地十顷，谨奉构堂，以为著书讲道之所，不惟启后学之胜迹，亦当代斯文之美事。无为赐价，惟简是凭。”

（三）书院是理学思想形成、传播和发展的重要阵地

统治者既重文尊孔又提倡佛道，为三教融合提供了有利条件，同时为儒学的改造和发展提出了新的方向。于是，周敦颐开其端，经过张载、程颢、程颐的发展，促使儒学的新变种即理学的诞生。无论是周敦颐、张载、程颢、程颐、邵雍，还是杨时、游酢、谢良佐等，均以书院为阵地，著述讲学，形成理学思想，传播并发展理学理论。据史料记载，程颐曾自述自己的著述时间是在 60 岁以后。而从 60 岁以后至逝世这段时间，他又常在伊川书院居住，这就意味着程颐的《周易程氏传》《孟子解》《论语解》《书解》等大量著述大都是在伊川书院完成的。

（四）名师在书院讲学的吸引力

因为宽松的学术环境，无论是河南籍的还是非河南籍的，无论是在职的、退隐的还是无意于仕途的学术大师，纷纷云集书院，授徒讲学，这对年轻的求学者及无意科考的读书人有很大的吸引力，他们便纷纷慕名而至，拜师求

学。诸如程颢知扶沟，程颐亦曾同往，程颢建书院收授门徒，从游者有游酢、谢良佐、吕大中、吕大钧、吕大临等。范仲淹主讲应天府书院后，“由是四方从学者辐辏，宋人以文学有声名于场屋朝廷者，多其所教也”。王洙被聘为应天府书院说书后，“一时名臣贤士，皆称慕之”。这在一定程度上推动了河南书院的发展。

（五）受前人办学或讲学的影响

前人办学或者办理书院有一定的社会影响，直接或间接受益于其影响的学者意欲秉承前人之志，造福于后代，于是就创办书院，授徒讲学。如戚同文承继老师杨悫学业，筑室称睢阳学舍，即睢阳书院。程颐在给文彦博的《上文潞公求龙门庵地小简》中写道：“唐王龟创书堂于西谷，松斋之名，传之至今。颐虽不才，亦能为龙门山添胜迹于后代，为门下之美事。可否，俟命。”可见，程颐是想学古人兴学育才，才向文彦博提出拨地要求的。

除此之外，河南书院还深受佛教禅林制度的影响。佛教自传入中国后，佛教徒每就山水名胜之地建立禅林，作为修道讲习之所，并制定有详细的规程。河南书院自创立之始就深受这种禅林讲学制度的影响，诸如嵩阳书院、龙门书院、伊川书院、太极书院等，从创办者动机、地址选择、教学形式及内容等，都有禅林讲学的遗风。

二、宋代河南书院的经营管理模式

河南书院经过一段时期的发展，形成了比较规范的经营管理和教学模式。

就管理而言，河南书院一开始就步入较为规范化运作。表现为：

1. 书院有私立、官立和私立公助等多种形式，官立又包括中央财政支持或直属的（如应天府书院升格为南京国子监）和地方政府办理的书院（或者称为公立书院，如程颢在宝丰创办的春风书院、范仲淹在邓县创办的花洲书院等）。

2. 书院的创办人、主持人、主讲人大都是著名学者或朝廷命官，有的既是学者又是命官，如程颢、范仲淹等。

3. 书院设置有负责具体管理工作的职位，诸如院长、掌教、助教、说书、讲书等。如宋仁宗天圣六年（1028 年），晏殊请以王洙充应天府书院说书；宋仁宗明道二年（1033 年），应天府书院准置讲授官一人；宋仁宗景祐二年（1035 年），登封知县王曾奏准设院长掌管院务；等等。

4. 书院的费用来源有个人捐赠、政府赠地等多个渠道，一般来说是以院田的形式出现的。如宋仁宗景祐二年，政府划给嵩阳书院百亩良田供书院膳食，以后便成为定制；宋真宗大中祥符二年（1009 年），应天府书院升为府学，给田十顷；宋神宗元丰五年（1082 年），程颐得到河南通判文彦博赠送的粮地十顷而创办了伊川书院；等等。

5. 书院制定有初步的教学管理制度，虽比不上朱熹以后的学规、学约，但也发挥着重要作用。如范仲淹主讲应天府书院时，“常宿学中，训督有法度……夜课诸生读书，寝食皆立时刻”。

6. 书院的学生来源，不分地域限制，四方之士皆可属学肄业。如“程门四大弟子”中的杨时、游酢二人皆来自福建，还留下了“程门立雪”的千古佳话。还有就学于嵩阳书院的陕西人司马光、杨偕，就学于应天府书院的山东人戚纶、刘师道等。

7. 书院不仅有大量藏书，还承担有刻书的任务，为教学和学术研究提供了方便。所藏书籍有的是院方购买的，有的是受捐赠的，有的是请赐书籍。如宋太宗至道三年（997 年），赐太室书院“九经”，书院即刻印九经以供来学之徒；宋仁宗景祐二年，曹诚出资为应天府书院聚书 1500 余卷。

8. 书院的布局大都围绕着讲学、藏书、供祀和斋舍四个部分的规划来建置的。讲堂占据中心位置，左右两侧为院生居住的斋舍。如应天府书院建学舍多达 150 间；伊川书院设置有正房 5 间为讲堂，东、西厢房各 3 间，为弟子所居之所。藏书楼在讲堂后的中轴线上，比其他建筑显得高大些。供祀建筑的位置一般不固定，除供奉先圣先贤外，还供奉书院的创办人、书院主讲大师以及当地学问大家等。如明道书院设置明道先生祠，以纪念理学大师程颢（明道）；上蔡书院设置有显道祠，以纪念书院的创办人、理学家谢显道（良佐）。除此之外，书院还设置有供师生休闲娱乐的场所，如花洲书院的春风阁、览秀亭，西湖书院的展江亭，扶沟明道书院也筑亭以供师生游息。

9. 书院与科举结缘。受统治者用人政策的影响，不仅允许院生参加科举考试，政府还给书院下达科举名额。如宋仁宗天圣三年（1025 年），应天知府李及为应天府书院申请增加发解进士额 3 人。

河南书院在教学方面也独具特色，主要表现在：

1. 教育目的明确，以重人生行谊、求道传道和治国平天下的实用人才为宗旨，不提倡学生专重举业。范仲淹在应天府书院求学，“居五年，大通六经之旨，为文章论说，必本于仁义”。“其于富贵、贫贱、毁誉、欢戚，不一动其心，而慨然有志于天下。”后来，范仲淹掌教应天府书院时，在《代人奏乞王洙充南京讲书状》中提出书院要培养经世致用人才。他说：“致治天下，必先崇学校，立师资，聚群材，陈正道。使其服礼乐之风，乐名教之地，精治人之术，蕴致君之方，然后命之以爵，授之以政，济济多士，咸有一德。列于朝，则有制礼作乐之盛；布于外，则有移风易俗之善。”程颐办书院的目的在于对“道”的追求，他要求学生要学为圣人，丝毫不能有追求利禄之心。他指出，心存利禄，便不能入于尧舜之道。“有志于道者，要当去此心而后可语也。”但也不是完全让学生放弃科举，还允许学生通过科举取士进入仕途，来实现自己治国平天下的政治理想。如宋初开科取士，南都学舍生徒“登第者五六十人。宗度、许骧、陈象舆、高象先、郭成范、王砺、滕涉皆践台阁”。

范仲淹亦称赞戚同文之“门弟子由文行而进者，自故兵部侍郎许公骧而下，凡若干人”。

2. 教学内容除以通行的“五经”为教材外，更突出学派思想的讲授，如程颐晚年在伊川书院讲授自己的《易传》。据史料记载，宋徽宗建中靖国元年（1101 年），“伊川自涪陵归，《易传》已成，未尝示人。门弟子请益，有及《易》书者，方命小奴取书箧以出，身自发之，以示门弟子，非所请不敢多阅”。门弟子请问《易传》上的问题，程颐都给以耐心答复，“虽有一字之疑，伊川必再三喻之，盖其潜心甚久，未尝容易下一字也”。

3. 在教学上大都聘用名师，采用教师讲与学生自学相结合、自由授课、启发诱导和问难论辩式的教学方法。范仲淹被聘为应天府书院主讲后，“日于府学之中观书肄业，敦劝徒众，讲习艺文，不出户庭”。朱熹在《上蔡先生祠堂记》中记载：及门弟子称老师谢显道“言论闳肆，善启发人”，其行事“豪迈卓绝，使人兴起”，“穷理居敬为入德之门”，“最得明道教人之纲领”。程颢在汝州明道书院讲学，学者朱光庭就学其中，自述“如坐春风”。可见，无论是范仲淹、程颢还是谢显道，其授课均勤谨敬业，如春风化雨一般，激人上进，为书院教学开了一代新风。

从以上可以看出，宋代河南书院不仅已经初步制度化了，而且官学化、科举化倾向也比较明显，体现了政府对书院的笼络与利用政策。

三、宋代河南书院的建置及人才辈出

宋代河南书院大致分为两种情况，一是前代已经创办，宋代继续办理的书院；二是在宋代新创办的书院。据史料记载，宋代继续办理的书院有三所，分别是：

1. 嵩阳书院。前身为北魏太和八年（484 年）所建的嵩阳寺，隋改为嵩阳观，唐称太乙观。五代后周时，在太乙观隐居者深感孔教不传、教育不振，乃以兴学施教为己任，奏设太乙书院（956年左右）。宋太宗至道三年（997年），赐“太室书院”额及“九经”。宋仁宗景祐二年（1035年）敕令重修，赐额更名为“嵩阳书院”，书院从此名闻天下。程颢、程颐、范仲淹、司马光等名师大儒先后来此讲学，生徒多达数百。其间到嵩阳书院游学的学者还有著名教育家张载、山水画家李唐、受到宋真宗赏识并亲赐茶帛的学者杨璞、官至礼部侍郎的张九成等。尤其是嵩阳书院自宋代以来培养了一大批学有成就的人才，主要有：官至太子太师的洛阳人吕蒙正；专以讲学为业，长期主讲太室书院，成为北宋著名教育家的洛阳人种放；从师种放，官至参知政事，多次上奏，建议重视书院的作用，促使朝廷制定出鼓励书院发展的教育政策的焦作人陈尧佐；官至宰相的陕西夏县人司马光，著有《资治通鉴》等；终身不仕，专以著述讲学的教育家、洛阳人尹焞，以及钱若水、杨偕、江端友、江端本、崔鶠、陈与义、王曙、孙甫、曹勋、赵安仁等。

2. 应天府书院。五代后晋时，河南虞城人杨悫在商丘设学授徒，称为南都学舍。山东曹县人戚同文拜杨悫为师，承其学业，并得到将军赵直的支持，筑室称睢阳学舍。宋初开科取士，学舍生徒“登第者五六十人”。宋真宗大中祥符二年（1009年），应天府民曹诚出资三百万金，就戚同文旧居建学舍，且愿以学舍入官，府奏其事，真宗皇帝“为之嘉叹”，赐额“应天府书院”，命曹诚为助教，戚同文之孙戚舜宾主院，太常博士王渎掌教事，书院由此取得官学资格，名扬天下。时人称“州郡置学始于此”，天下学校“视此而兴”。宋仁宗天圣五年（1027年），范仲淹母丧丁忧，居住应天府，府留守晏殊请其掌教书院。天圣六年九月，晏殊请以著名学者、翰林学士、商丘人王洙充书院说书。宋仁宗景祐二年（1035年）以书院为府学，给田十顷。宋仁宗庆历四年（1044年），书院升格为国子监，称为南京国子监。宋哲宗时，知府曾肇亲加训导，养成人才颇多。到书院讲学的除前边提到的外，还有著名教育家石介。宋钦宗靖康元年（1126 年），金兵南侵，书院被毁。

因为书院的影响力，到书院游学的学者很多，主要有：精于道家经典、自号“遗玄子”的河南淮阳人万适，官至同知枢密院事的河南永城人赵瞻，官至左司郎官的开封人赵彦端等。尤其是书院在有宋一代，培养了一大批各类优秀人才，主要有：进士、累官右仆射的开封人向敏中，进士、累官水部员外郎的开封人和蒙等，从师于范仲淹、世称“河南先生”的洛阳人尹洙，从师于范仲淹、官至宰相的洛阳人富弼，著名建筑学家、《营造法式》一书的作者、郑州人李诫，著名医学家、河南兰考人张子和，师从二程、中原文献学派的代表人物、开封人吕希哲，以及江休复、戚纶、孙何、刘师道、杨大雄、韩绛、韩维、韩缜、许翰、滕康、李璆等。

3. 龙门书院。位于洛阳市，原在香山、伊河交界处，后移至洛阳正南路李家寨。据《宋史·张去华传》载，五代后唐时龙门书院已为著名书院。至宋，书院继续办理，程颢、程颐等学者均在此讲过学。前来游学的学者除山水画家李唐外，还有建康府教授、后拜右丞相的郑州人周必大。龙门书院也造就了一批优秀人才，主要有：在各地为官多年，重视兴复书院，亲为诸生讲学，晚年曾游学花洲书院的洛阳人滕子京；师学二程，官至龙图阁直学士，晚年致力于书院教育，被推为“程学正宗”的福建人杨时；与杨时同学于二程，得程学真谛的福建人游酢，以及吕大钧、吕大临、邵博、曾几、韩元吉、王世赏等。

宋代新创办的书院有 13 所，分别是：

1. 和乐书院。位于伊川县酒后镇酒后村，由宋朝兵部尚书同中书门下平章事张齐贤创办。酒后村旧时属“和乐里”，故名。

2. 贾状元书院。在邓州西南隅紫金山。宋代学者贾黯中状元后，就其读书之所创办。

3. 明道书院，又称大程书院。宋神宗元丰元年至元丰三年（1078—1080

年），程颢知扶沟，程颐亦曾同往，程颢便设学，聚邑人子弟教之，招来游酢职学事。同时建书院收授门徒，在公署后筑亭游息，后人称为明道书院。

4. 春风书院。在宝丰县商酒务村。宋神宗元丰六年（1083 年），程颢监汝州酒务时讲学处。学者朱光庭就学其中，自述“如坐春风”，后人遂创办书院以为纪念。

5. 太极书院。位于辉县百泉村的苏门山下，后改为百泉书院。据清光绪十四年《辉县志》“书院”所载：“太极书院，始于宋、元。”北宋理学家周敦颐、程颢、程颐、邵雍均在此讲学，以邵雍为最久，故有学者考证书院为邵雍所创办。从太极书院走出来的学者主要有：熟知兵法，与范仲淹友善，官至枢密副使的安阳人韩琦；官至泗州通判，后退居讲学，藏书数万卷，自称“庆湖遗老”的河南卫辉人贺铸及晁端礼、康与之、王竟、刘彧、郦权、孟宗献等。

6. 伊川书院。原名伊皋书院，在伊川县。宋神宗元丰五年（1082 年），河南通判文彦博将自己伊川鸣皋镇的一处庄园赠给程颐，作为其读书讲学之所。程颐便于此创办书院，有宅基十亩，粮地十顷，以赡养诸生。前后经营 20 余年，其间虽曾担任崇政殿说书等要职，但经常往来于洛阳和鸣皋之间，长期在书院讲学。北宋末年，金兵南下被毁。到伊川书院求学而有成就的，除了杨时、游酢，还有邵雍之子邵伯温。

7. 花洲书院。又称百花洲书院、春风书院。宋仁宗庆历六年（1046 年），知府范仲淹创建于邓县（今邓州市）东南的百花洲，并重修古迹春风阁和览秀亭。范仲淹常与好友在此交游，赋诗抒文，并留下千古名作《岳阳楼记》。在此书院求学的主要有：官至崇文院校书、关学创始人、迁居开封的教育家张载；尝师从胡瑗、孙复，官至观文殿大学士的范仲淹之子范纯仁；等等。

8. 西湖书院。位于许昌西湖公园内，即宋之展江亭。据传，北宋苏东坡读书于许州西湖上，一时弟子从之游众，遂建为书院。

9. 显道书院。即上蔡书院，在县南谢显道（谢良佐）读书处，南宋末年建。

10. 范文正公讲院。在商丘，又称文正书院。宋仁宗景祐二年（1035 年），范仲淹掌教应天府学，后人为纪念其讲学育人有功，故名范文正公讲院。

11. 欧阳书院。在滑县老城内东南隅，为欧阳修在庆历年间赴滑州任通判时的生活和学习之所，遂发展为书院，院内画舫斋为欧阳修的住所。

12. 同文书院。位于洛阳城西南，宋建。

13. 颍谷书院。位于登封市，宋元丰、崇宁间在此创建学舍，时称黉学。宋徽宗大观元年（1107 年），政府颁布兴学条例，曾刻碑立于学舍。后毁于兵。

总之，宋代河南书院在宽松的环境中经过多年的发展，形成了自己鲜明的特色，基本上可以代表当时以及整个书院发展的最高水平，构成书院发展史中不可或缺的重要组成部分。但是，南宋偏安以后，北方大片领土不再姓宋，而且随着政治、经济、文化中心的南移，以致南宋时期的河南书院失去了往日的辉煌。有学者统计，南宋时河南只有一所书院，南、北宋不分的有一所。于此可知，南宋时期河南书院的衰败局势。不过，这并不意味着河南书院发展的中止，而是这种辉煌在另外一个王朝的统治下得以延续。

尤其值得一提的是，北宋河南书院所培养出来的一些学生到南方行教，成了南宋书院和学术发展的领军人物。诸如程门大弟子杨时完成洛学在福建的传承，至朱熹集大成为“闽学”，传承关系是：杨时—罗从彦—李侗—朱熹。程门又一大弟子谢良佐完成洛学在湖南的传承，至张栻集大成为湖湘学派，传承关系是：谢良佐—胡安国—胡宏—张栻。曾师事二程的吕希哲、吕希纯将洛学传入浙江婺州，至吕祖谦集大成为婺学派，传承关系是：吕希哲、吕希纯—吕好问、吕切问—吕本中—吕大器、林之奇—吕祖谦。南宋学术大师陆九渊虽然没有明显的师承关系，但受程颢、谢良佐的思想影响较大，其集大成的“心学”在书院及学术发展史上占有十分重要的地位。

二程理学思想的当代意义

吴建设

二程理学思想内容博大精深，对中国传统思想、文化和社会的影响广泛而深刻。本文从天理论、天理人欲之辨、格君心之非、诚敬思想、治国理政思想五个方面探讨二程理学思想的当代意义。

一、天理论：尊重自然规律，遵循人伦道德

天理论是二程理学的哲学基础。是二程在继承先秦儒学经典思想的基础上，提出的独创性命题。程颢说："吾学虽有所授，但天理二字却是自家体贴出来的。"

"理"这个概念在先秦便已出现。《韩非子·解老》曰："理者，成物之文也。""万物各异理，万物各异理而道尽。"

此处“天理”固然是指自然的纹理、结构，不仅自然事物有其内在的纹理、结构，社会存在也有其内在的运行规律。孟子更进一步指出，人的思想感情也有其“理”，“心之所同然者何也？谓理也，义也”（《孟子·告子上》）。这里的“理”与主体的道德属性联系起来。

二程说的“天理”二字显然并不是指其创造了“天理”这个词，而是指其哲学思考的核心是“理”，经过他们的哲学思考和创造性诠释，“天理”或“理”上升为世界的本原，成为其理本论哲学体系的最高范畴。

二程认为万事万物都有“理”。“凡物皆有理”，“天下物皆可以理照，有物必有则，一物须有一理”。此处的“物则”“物理”是指具体事物的特殊规律。程颢说：“《诗》曰：‘天生烝民，有物有则，民之秉彝，好是懿德。’……万物皆有理，顺之则易，逆之则难，各循其理，何劳于已力哉。”这句话的意思是，任何事物都有其自身的本质特征，是遵循一定的规律运动变化的，“各循其理”说明事物所遵循的规律是各自不同的。就万物各异其理看，这与先秦时对理的看法并没有区别，但二程的创造性在于将“天”释为“理”。二程说：“天者理也，神者妙万物而为言者也。”“问：天道如何？曰：只是理，理便是天道也。且如说皇天震怒，终不是有人在上震怒？只是理如此。”

二程以天释理，以诚释理，其所关注的是理的自然性、必然性。二程说天理“不为尧存，不为桀亡”，含有天理的自然而然的意思。

二程对于天理的认识与中国传统儒者一样，“都是以天人合一”为指向的，但二程主要关注的并不是自然的物理，而是人伦之理：是封建的君臣父子之理。所谓父子君臣“天下之定理‘无所逃于天地之间’”，便表达了二程所说的天理是指人伦道德。程颐说：夫有物必有则，“父止于慈，子止于孝，君止于仁，臣止于敬，万物庶事莫不各有其所，得其所则安，失其所则悖”。这表明二程所谓天理其实是人类社会的伦理关系。遵循了这样的人伦关系则天下和谐、安定，否则就会悖于正理，造成不安定、不和谐。

在当前贯彻落实科学发展观，实现可持续发展，建设和谐家庭、和谐社会的形势下，学习二程天理论思想，具有积极意义。一是要认识到自然万物有其内在的客观规律，作为自然万物中的一员，人类要遵从自然规律，而不能违背自然规律。不能为了人类无节制的非分的欲望，向大自然无限制地、毁灭性地索取、开发，否则，最后将导致人类自身的毁灭。二是要像遵从天理一样遵从伦理道德，做到父慈子孝、敬老爱幼，促进家庭、社会和谐。

二、天理人欲之辨：利不妨义

天理人欲之辨是二程理学的一个核心问题，也是二程理学被误解近千年至今仍没有正本清源的问题。

我们先来看看二程是如何论述天理与人欲的关系的。程颐说：“人心私欲，故危殆。道心天理，故精微。灭私欲则天理明矣。”程颢说：“富，人之所欲也，苟与义可求，虽屈己可也；如义不可求，守贫贱以守其志也。非乐以贫贱，义不可取也。”程颐说：“尝谓凡人气量窄狭，只为私心隔断。苟以直养而无害，则无私心。苟无私心，则志气自然广大，充塞于天地之间。”程颢说：“人心莫不有知，惟蔽于人欲，则亡天理也。”

在二程理学看来，“人欲”指的是“私欲”，与人的正当欲望并非同一概念。理学家们将“性”（无善无恶）、“情”（有善有恶，须加以控制）、“欲”（主要是指恶）分得很清楚。若是饥而欲食，渴而欲饮，则此欲是正常的生理需求，不是“人欲”。但如果过度沉溺，就变成了“欲”。很明显，“欲”是需要节制和去掉的。从孔子的“克己”“以理节情”，孟子的“取义”，到宋明理学的天理人欲之辨，基本立场是一致的。但历代统治者都很会利用、改造既有的思想，或者创造出符合自己需要的新思想，推而广之，驯服天下百姓。“存天理，灭人欲”，尽管本意是好的，但是他们把天理与人欲对立的内在缺陷，使得统治者几乎不需要改造，直接拿来就可以使用，这本是劝诫统治者节制贪婪欲望的思想，结果刀尖朝外变成了只针对普通民众的杀人工具。这是程朱理学的悲哀！我们今天到了为之正本清源的时候。

二程所说的去私欲是为了更好地认识天理。天理是事物的规律和社会的伦理道德。在二程看来，人们在用天理来认识问题、处理问题时，由于受到人心私欲的阻挠和影响，会产生偏见，进而影响对事物的分析和认识。正因为如此，程颐提出“人心莫不有知，惟蔽于私欲，则亡天理”，“灭私欲则天理明矣”。比如说孝悌是伦理道德天经地义的要求，可如果做儿女的被私欲所遮蔽，就不会孝敬老人。

对于人的正常的欲望，二程并不反对。程颢说过：“圣人于利，不能全不较论，但不至妨义耳。人无利，直生不得，安得无利？”意思是：圣人对于利，不能全不计较，但不至妨害义。人若无利，连生活都不能维持，怎么能没有利呢？

二程所反对的，是嗜欲，是非分的欲望。程颐说：“专欲益己，其害大矣。欲之甚，则昏蔽而忘义理；求之极，则侵夺而致仇怨。”意思是：专想着为自己利益考虑，其害处就很大。欲望过甚，则会使人昏庸而忘义理；追求欲望太多，就会造成争夺、伤害而引起仇怨。

二程所着力反对的是危害天下、危害国家的帝王之穷奢极欲。程颐说：“天下之害，无不由末之胜也，峻宇雕墙，本于宫室；酒池肉林，本于饮食；淫酷残忍，本于刑罚；穷兵黩武，本于征伐。凡人欲之过者，皆本于奉养，其流之远，则为害也。先王制其本者，天理也；后人流于末者，人欲也。损之义，损人欲以复天理也。”这段话的意思是：为害国家天下的，全在于奢侈之欲太过。峻宇高墙，是宫室奢侈的反映；酒池肉林，是官员奢靡的反映；那些残酷的行为，是滥施刑罚的人恶欲的反映；穷兵黩武，是受喜好征战杀伐的欲望驱使的结果。凡过度强调人欲的，开始是为了奉养，可流布之远，则为害极大。先王规定了人们应遵循的根本法则是天理，后人由于受人欲的驱使而流于奢侈。损之义，就是要去人欲而恢复天理。

在人欲横流的当今，假若人人都能节制非分的欲望，我们就能实现人与自然和谐相处，大自然也不会得到肆意的破坏，到处将是青山滴翠，绿水长流，鸟语花香；假若我们人人都能节制私欲，我们的社会将不会有那么多的坑蒙拐骗，将会是一个人人讲公德、个个讲诚信的社会。

三、格君心之非思想的意义

"格"，意为纠正，格君心之非，意为纠正君王之心错误的方面。"格君心之非"源于《尚书》："惟予一人无良，实赖左右前后有位之士，匡其不及，绳衍纠谬论，格其非心，俾克绍先烈。"这是《尚书》中记载周穆王说的话：只有我一个人没有良知，要治理好国家，实在是需要依赖左右前后的大臣匡正我没有做到的，纠正我做错的、说错的，纠正我心中的错误方面。只有这样，才能继承、弘扬先王的功业。二程则明确提出了格君心之非的思想，并将其发展为治道之本，对后世的士大夫不畏君命、直言敢谏、以理抗势产生了重要影响。尤其难能可贵的是，二程从格君心之非思想出发，进而提出了君臣公治天下的思想，在封建独裁制度下显露出民主思想的光辉，对宋代的政治影响很大。

虽说宋代皇帝比较开明，允许臣下谏言上书，议论朝政，但像二程直言"格君心之非"，以理抗势的，还不多见。程颐在24岁时写的《上仁宗皇帝书》中说："圣明之主，无不好闻直谏，博采刍荛，故视益明而听益聪，纪纲正而天下治；昏乱之主，无不恶闻过失，忽视正言，故视益蔽而听益塞，纪纲废而天下乱。治乱之因，未有不由是也。"这种劝诫君主听从臣下的"直谏"，并且希望君主“召对，面陈所学”，“以臣之学议天下之事”。此后，二程便由强调君主必须“正志先立”，终至明确提出“格君心之非”是治道之“本”。

程颢说：“治道亦有从本而言，亦有从事而言。从本而言，惟从格君心之非，正心以正朝廷，正朝廷以正百官。若从事而言，不救则已，若须救之，必须变。大变则大益，小变则小益。”

“君仁莫不仁，君义莫不义，天下之治乱系乎人君仁不仁耳。……夫政事之失、用人之非，知者能更之，直者能谏之。然非心存焉，则一事之失，救而正之，后之失者，将不胜救矣。格其非心，使无不正，非大人其孰能之？”

这里二程将格君心之非作为国家治理的根本，只有君心正，才能正朝廷，正百官，正风气，正天下。正如我们今天所常用的话：其身正，不令而行；其身不正，虽令不行。

宋哲宗即位后，程颐经司马光、吕公著的推荐，应诏入朝，获太皇太后的召见，被授以西京国子监教授、崇政殿说书等职。程颐在经筵，“每当进讲，必宿斋豫戒，潜思存诚，冀以感动上意；而其为说，常于文义之外，反复推明，归之人主。”程颐听说哲宗“在宫中起行漱水，必避蝼蚁”，乃问：“有是乎？”哲宗答：“然，诚恐伤之尔。”程颐说：“愿陛下推此心以及四海，则天下幸甚。”有一天，程颐讲罢未退，哲宗“忽起凭栏，戏折柳枝”，程颐进言：“方春发生，不可无故摧折。”哲宗对此劝阻“不悦”。有时候，程颐也借“天人感应”来说事。他曾对哲宗说：“天人之间甚可畏，作善则千里之外应之，作恶则千里之外违之。昔子陵与汉光武同寝，太史奏客星侵帝座甚急。子陵匹夫，天应如此。况一人之尊，举措用心，可不戒慎？”

对于程颐的良苦用心，明儒薛瑄曾评论说：“伊川经筵讲疏，皆格心之论。三代以下为人臣者，但论政事、人才而已，未有直从本原如程子之论也。”这里说的“本原”，就是以“格君心之非”为治道之“本原”。也就是说，从夏、商、周三代以后，凡臣子议论朝政的，多数是从政事和人才方面提出谏言，真正像程颐那样直接提出纠正皇帝“君心之非”的还不多见。

二程“格君心之非”的思想，是二程以理抗势思想的体现。今天学习它，一方面为政者要加强自律，自觉纠正心中之“非”；另一方面要加强监督，敢于去格其非心。

四、诚敬思想与当代道德建设

“诚”是二程理学思想的核心。二程认为，诚是天之道，是修德之本，成事之基。也就是说，诚是大自然的内在本质，是人修养道德的根本，是人成就事业的根基。在二程看来，诚和敬是一体的，都是指为人处世应持的诚、敬态度。在当前挖掘、升华二程诚敬思想的丰富资源，对于加强思想道德建设，具有十分重要的借鉴价值。

（一）二程“诚”思想的核心内容

二程在继承先秦及周敦颐“诚”思想的基础上提出：“诚者天之道，敬者人事之本，敬则诚”；“诚无不动者：修身则身正，治事则事理，临人则人化，无往而不得，志之正也”。这两段话，是二程论诚、敬思想的精华，意思是说，诚是天道，是大自然的内在本质，人也应像大自然一样诚实无欺；敬是成就人事的根本，做到了敬就到达了诚的境界；做到了诚，就可修身、治事、临人，无往而不胜。可见二程在构建的天理思想体系中，将诚列为核心地位。

1. 诚是天道。天道，就是天体运行所遵循的法则。何谓天体运行法则？在二程看来，诚是天体运行的法则。为何说诚是天之道？正如古人在对自然现象的观察中创造文字一样，古人也是在观察自然现象中发现事物运行的规律和体现的道理的。古人在观察天地万物的运行后发现，自然界以诚实无欺的面目呈现在人们的面前。太阳出出落落周而复始，一年春夏秋冬四季轮回，体现的是诚实无欺；大地坦诚地生长万物供人们食用；河流浩浩荡荡滋养万物也哺育着人类。先哲们从中悟出了诚是自然界的本性，那么作为大自然的一员的人类也应该以诚为本。

2. 诚是伦理道德的核心。伦理道德包括社会道德、人伦关系和家庭关系三个层面。而要实现这三个层面的完美境界，唯有诚心诚意，才能到达。社会道德的核心是仁、义、礼、智、信，二程认为只有诚才能实现仁、义、礼、智、信。程颢说："仁者，浑然与物同体。义、礼、知、信皆仁也。识得此理，以诚敬存之而已，不须防检，不须穷索。"意思是懂得了仁、义、礼、智、信要以诚敬的态度去追求，就能存乎于心。

人伦关系，即君臣、父子、兄弟、夫妇、朋友等人与人之间所必须遵守的伦理原则。二程说："为君尽君道，为臣尽臣道，过此无理"。父子君臣之"理"就是为君要仁，为臣要忠，为父要慈，为子要孝。而如何才能做到遵循伦理道德？二程认为只有做到诚心诚意，才能实现人伦道德的最高境界。

"孝"是一个古老的概念，二程认为诚是孝的基础，"孝者以诚为本"。孝是"父为子纲"在伦理道德观念上的反映，忠、节、信、义都是由孝扩大到对君臣、夫妇、朋友、主仆关系的伦理要求，二程认为孝是其他一切伦理观念的基础。"谓行仁自孝悌始"，"仁主于爱，爱莫大于爱亲。故曰：'孝弟也者，其为仁之本欤！'"二程的意思是仁是伦理道德的总纲。仁为本，孝为用。仁的表现形式是爱，而"爱莫大于爱亲"。如果要想成为仁者，必须从孝悌开始做起；而要做到孝悌，心必须诚，无诚则无孝心。

真善也是中华民族的传统美德，真与诚的内涵基本一致。二程认为："真者，精诚之至也。""真近诚，诚者无妄之谓"，所以人们常把二者连用，称"真诚"。真诚是善的前提，"不诚无以为善"，"吾未见不诚而能为善也"，"明善在明，守善在诚"。为人诚实守信是与人为善的前提，只有诚实的人，才能守住善良的本性。二程还说："责善之道，要使诚有余，而言不足，则于人有益，而在我者无辱矣。” 求善之道，不在言多，而在行诚。

可见，在二程的思想体系中，诚是一切道德修养的核心，有诚方有德，无诚则无德。

3. 诚是修身养性的方法。二程一生潜心追求圣贤人格。程颐说：“人皆可以至圣人。”为了学至圣人，他们很注重“进学入道”之方，其中“诚敬”是他们特别推崇的修身养性之方。“纯于敬，则已与理一，无可克者，无可复”；“学要在敬也、诚也”。何为敬，何为诚，二者有什么联系？“主一者，谓之敬；一者，谓之诚；主则有意在。”何谓“主一”？“主一则既不之东，又不之西，如此则是中；既不之此，又不之彼，如此则是内，存此则自然天理明。”可见，“主一”是“中”、是“内”，内持中正，不偏不倚，没有任何成见。何谓“一”？“如何一者，无他，只是整齐严肃，则心便一，一则自是无非僻之奸，此意但涵养久之，则天理自明。”

“敬”就是外貌整齐严肃，内心保持思想高度集中，排除一切外界干扰，心主一事。二程认为，诚是本，敬是用。程颢说：“诚为统体，敬为用。敬则直内。诚合内外之道，则万物流形，故义以方外。”“诚者天之道，敬者人事之本。敬则诚。”

二程非常重视“敬”的功夫，曾说：“君子之遇事，无巨细，一于敬而已”，“涵养须用敬”，“入道莫如敬”，“入道以敬为本”，“敬为学之大要”，“上下一于敬，则天地自位，万物自育，气无不和，四灵何所不至？此圣人修己以安百姓之道也”。在这里二程是把“敬”作为修身明道的方法来看待。就是说上下一于敬，便能做到上下一于诚，做到诚敬就可“明天理”“安百姓”。朱熹说：“秦汉以来，诸儒皆不识‘敬’字，惟程子方说得亲切。”可见二程对“敬”在道德修养中的重视程度。

（二）如何才能做到“诚”

一要养心，使心正。心正则诚。程颐说：“心之燥者，不热而烦，不寒而栗，无所恶而怒，无所悦而喜，无所取而起。君子莫大于正其气，欲正其气，莫若正其志。其志既正，则虽热不烦，虽寒不栗，无所怒，无所喜，无所取，去就犹是，死生犹是，夫是之谓不动心。”这段话，程颐说了两层意思：第一层意思是说，凡心里烦躁的，天不热就会感到烦躁，天不寒就会感到冷，没有什么可恶的事也会发怒，没有什么值得高兴的事也会生喜，没有什么可获取的事也会起兴。这是什么原因造成的呢？程颐接着说是由于人心气不定。第二层意思是说，君子莫大于使其气正，而要想正其气，不如正其志。其志正了，则虽热也不会内心烦躁，虽寒也不会感到冷，就没感到有可怒的事、可高兴的事、可刻意获取的事，遇到个人利益的得与失也是这样，遇到死与生也是这样，达到这样的境界，就是所谓不动心。

二要修德。二程认为，德者本也，要做到心诚，必须有高尚的道德。程颐说：“德盛者，物不能扰而形不能病。形不能病，以物不能扰也。故善学者，临死生而色不变，疾痛惨切而心不动。由养之有素也，非一朝一夕之力也。”意思是：德盛的人，外物不能扰乱其心而外形也不能为害其身。所以善学者，面临死生考验而色不变，遭受疾病、痛苦折磨而心不为所动。能做到这一切，是养之有素的结果，不是一朝一夕所能达到的。如何成德、如何成就人品始终是二程关注的重要命题。“人皆可以至圣人。”二程将成就人品的目标定位为成为圣人，又将圣人从高不可攀的神坛拉向现实世界，将神圣不可达到的圣人诠释为人人可到达的境界追求。这对于我们在日常工作岗位上加强道德修养，培养圣贤所具有的道德素养具有重要的意义。

三是要节嗜欲。嗜欲，是非分、过分的欲望。二程认为，只有节制非分、过分的欲望，才能心诚。否则心被不合理的欲望所驱使，何谈心诚？

四要明义利。二程认为，只有明了义与利，才能做到心诚，否则被利所羁绊，就会有欺诈之心。义是高于利之上的东西，是人们一切求利行为的最高标准。在取利时要有基本的道德底线，对于妨害义的利，宁贫贱而守其志，“不义而富且贵，视之如浮云”。

现代社会，无论是东方还是西方，都已陷入一场深刻的道德危机。我国在社会主义现代化建设取得巨大成就的同时，社会上也出现种种不正常现象，即“诚信缺乏症”，造假、卖假、行骗、违约、毁约、失信等人和事随处可见，有的地方甚至达到了毫无信义可言的地步。诚信危机不仅影响着民众的健康和正常的社会生活，还妨碍着社会经济、政治、文化等方面的发展。

在普遍出现诚信危机、道德危机的今天，发掘、继承、改造、提升二程诚敬思想，对于充实和丰富社会主义思想道德体系，加强社会主义精神文明建设具有十分重要的意义。

五、治国理政思想

二程理学中的治国理政思想是二程对政治哲学的独特贡献，包含顺理而治、至公无私、德化思想等。在以人为本、构建和谐社会的今天，仍有启迪意义。

（一）顺理而治

这里的顺理包含两个含义：一是顺从天理、事物的规律；二是要顺应人心。顺从天理，按事物的规律治国理政、行为处事，就可以不忧、顺遂。顺应人心，就能得到人民的拥护，国家就稳固。

顺理则无忧。程颐说：“事事物物各有其所，得其所则安，失其所则悖。圣人所以能使天下顺治，非能为物作则也，唯止之各于其所而已。止之不得其所，则无可止之理。”（程颐《伊川易传》）

“顺理则无忧。”“君子循理，故常泰；小人役于物，故多忧戚。”“圣人致公，心尽天地万物之理，各当其分；圣人循理，故平直而易行。”“天地之道，至顺而已矣。大人先天下不违，亦顺理而已矣。”

顺人心则治。程颢说：“出令当如流水，以顺人心。但做顺人心事，人谁不愿从也。”“天下之理，本诸简易，而行之于顺道，则事无不成。故曰：‘智者若鱼之行水，行其所无事也。’”“为政之道，以顺民心为本，以厚民生为本，以安而不扰为本。”

随从自然规律、顺应人心来治国理政，是二程理学中治国理政思想的显著特色。在二程看来，自然规律是独立于人的意识之外而存在的，自然界有其运行的内在规律，人不能为自然界的运行制定法则，人只能顺应它，根据自然运行的规律恰当地利用它。如果不按自然规律办事，人为地改变自然规律，就会失败。在这方面，新中国成立后我们经历的“大跃进”运动，教训深刻；今天，一些地方不按经济发展规律办事，不从本地实际出发，盲目地赶超，既浪费土地，又浪费资源，教训匪浅。

顺应人心，就要按人们所想办事，为人们谋利益。二程认为，为政之道，是以顺从民心为本，以使民生得到富裕为本，以使人民安居乐业而不扰乱为本。

（二）至公无私

在顺理而行的同时，二程提出了“至公无私”的思想。早在《尚书》《左传》等典籍中，就有“以公灭私”“公家之利，知无不为”“临患不忘国”的规范性要求。《礼记》中有“大道之行也，天下为公”。墨家主张“举公义，辟私怨”；法家强调“无私”“背私”；道家提出“圣人无心，以百姓心为心”；儒家尤为重视公忠，提倡“乐以天下，忧以天下”“致忠而公”，弘扬“天下为公”“公而忘私”的思想。二程则从天理论出发，提出“至公无私”的思想。

公与天地万物一体。在二程看来，“仁者与天地万物为一体，莫非我也。知其皆我，何所不尽！不能有诸己，则其与天地万物，岂特相去千万而已哉！”这里的仁者即公。公与天地万物为一体，皆备于我。如果知道天地万物皆备于我，皆能为我所用，有什么不能用呢？这就不能有一己之私意，否则，将其与天地万物相比相差何止千万呢！

程颢说：“至公无私，大同无我，虽渺然一身，在天地之间，而与天地无以异也，夫何疑焉？”意思是说，至公无私，为了天下大同而忘我无我的人，虽渺然一身独立天地之间，却与天地一体，万古流芳，这有何可怀疑呢？

二程认为，“气充则理正，正则不私，不私则神”。意思是一个人气充实则理正，理正则没有私意，没有私意则达到神明的境界。程颐说：“至诚无私，可以蹈险难者，乾之行也。无私，天德也。”做到至诚无私，就可以蹈越艰难险阻，像天宇一样畅行无阻。无私，是天德。

二程认为，人与万物一体。万物皆备于我，尽为我所用。故人不能为物所累，而应超然于物外，忘我无我。那些至公无私，为天下谋利的人，与天地一体，进入神明的境界。

二程这种至公无私、大同无我的精神，既是对“大道之行也，天下为公”思想的继承，同时，在精神层面又有提升，激励了一代代志士仁人，为实现天下大同社会理想而奋斗。

公是理的核心。程颐说：“理者，天下之公。不可私有也。天理无私。一入于私，虽欲善其言行，皆非礼。”理，是天下公理的体现，不可有私意。天理是无私的。一有私意，虽然想使自己的言行有善，但是都不合礼仪的标准。程颢说：“仁者，公也。仁者，天下至公，善之本也。”仁，就是公。仁，是天下至公的最高境界，也是善的根本。

二程认为，“有志之士，不以天下万物扰己；己立矣，则运天下，济万物，必有余裕”。有远大志向的人，不被天下万物所困扰；自己树立了远大志向，就能够运转天下，周济万物，必有余裕。

公是理的核心，是理的最高境界，也是仁的最高境界。在二程看来，天地万物是无私的，无私是天理的核心。

治政以公。程颐说："圣人以大公无私治天下。"程颢说："一心可以丧邦，一心可以兴邦，只在公私之间耳。"

二程有关"公"的论述，体现了三个方面：一是认为公是天理，是与万物同在的天德；二是认为公是理的核心；三是认为治政要出于公心。二程有关公的论述，对于今天重塑被物欲侵蚀的道德理想，坚守立党为公、执政为民的宗旨，对人的心灵洗礼具有启迪意义。

（三）以德化天下

二程对德的论述，集中在两个方面：一是德是为人之本，二是要以德化天下。

德是为人之本。程颢说："德者，本也。一德立，百善从之。"程颐说："古之君子，修德而已。""德盛者，物不能扰而形不能病。形不能病，以物不能扰也。故善学者，临死生而色不变，疾痛惨切而心不动。由养之有素也，非一朝一夕之力也。"

以德化天下。程颢说："帝王之道，教化为本。""教人者，养其善心而恶自消；治民者，导之敬让而争自息。""圣王为治，修刑罚以齐众，明教化以善俗。刑罚立则教化行矣，教化行而刑措矣。虽曰尚德而不尚刑，顾岂偏废哉？""作新人才难，变化人才易。今诸人才皆可以用，且人岂肯为小人？在君相变化如何耳。若宰相用之为君子，孰不为君子？"

"德"字的左边是"彳"，在古文中表示道路，亦表示行动的符号，其右边是一只眼睛，眼睛之上是一条垂直线，这是表示目光直射之意。"目"下面是"心"，这就是说：目正、心正才算"德"。"德"字的本义是道德或品行。

《荀子·非十二子》曰：“不知则问，不能则学，虽能必让，然后为德。”就是说，一个人要做到“问”“学”“让”才能算是有“德”。《易·乾卦》曰：“君子进德修业。”唐孔颖达注：“德，谓德行；业，谓功业。”由此可知，“德”的本义就是恪守道德规范者的操守、品行。如功德、品德、德才兼备、德行等。从“德”字的构型来分析，这里已包含有禁忌：要遵从一定的思想和行为规范。

二程认为，德是为人之本，“一德立，百善从之”；要治理好国家，为政者首先要有良好的道德，“古之君子修德而已”；在治理国家时，要以德化天下，以执政者的良好道德品行感化、教化民众，使社会形成善良的风俗。

宋学精神及其当代价值

杨世利

儒学是中国传统文化的主流和核心，宋学是儒学发展的重要里程碑。理学是宋学的核心，是中国封建社会后期的正统意识形态和主流文化形态。中国人是顶着理学的脑袋进入近代的，当代中国人所理解的儒学实际上是理学。中国要创造新文化，理学是出发点，而理学是宋学的一部分。不对宋学进行一番彻底的检讨，新文化建设就是盲目的。本文即试图探讨宋学精神及其在当代所可能具有的价值。

一、作为知识的宋学与作为信仰的宋学

要探讨宋学精神，首先要搞清楚什么是宋学。1996 年，在濮阳市召开的“中国宋学与东方文明”国际学术研讨会上，关

于宋学的定义就是会议争论的焦点之一，与会学者对宋学的界定有如下意见：

（宋学）大致有狭义和广义两种理解。狭义上，宋学即经学史上的义理之学，是相对于汉唐经学和后来的清代汉学而言的。又有学者对狭义的义理之学作了新的论述，认为有传统的义理之学和今天所理解的义理之学。传统上所谓义理之学专指程朱理学，至多扩大到陆九渊的心学。从狭义上来理解，宋学除了理学、心学外，还应包括王安石新学，张载关学，李觏、陈亮、叶适事功学等。因为这些哲学家也是讲义理者。（从）广义上理解宋学又有三种观点。一种观点认为，宋学是赵宋一代学术文化的总称，是以中国儒家思想为主要内容的传统文化发展到11世纪初期，顺应时势而兴起的新思潮、新流派，是一种跨时代的新的文化模式，即新儒学，主要包括赵宋时期的哲学、宗教、政治、文学、艺术、史学、教育等内容。另一种观点认为，宋学是经学的断代之学，包括整个宋代的学说、思想、学问。它以宋代理学为核心，或者说以宋代儒学为主体，同时包括理学中所吸收、消化和融摄的佛学与道家思想等。还有一种观点认为，宋学是以儒学为核心形成和发展起来的思想文化体系，它不同于道家文化和佛教文化的传统，即宋学中不包括佛、道两种文化体系。

争论涉及宋学包括的学派、宋学的治学方法及宋学在当代学科体系中的学科属性问题。

邓广铭先生认为宋学是汉学的对立物，是汉学引起的一种反动，认为宋代学者治学有两个特点：1. 都力求突破前代儒家们寻章摘句的学风，向义理的纵深处进行探索；2. 都怀有经世致用的要求。并指出“理学家则是专讲求修养身心性命之学的那一部分人，他们甚至把经世致用的原理原则也都弃置不问了”。漆侠先生指出：“汉学之向宋学演变，不仅是在学术上以义理之学代替了章句之学，而且由于宋学之重实际、务实效，与社会现实生活紧密结合，使宋学得到了蓬勃的发展。宋学之向理学演变，亦即是与现实结合的义理之学，向与现实脱节的性理之学或道德性命之学演变。”也就是说“宋学与社会现实、政治实践相结合，而理学则与社会现实、实践相脱节”。两位先生的论点都涉及了宋学的治学方法与精神，并且观点很鲜明：褒扬宋学，批评理学。

笔者认为，人们之所以在宋学的定义问题上意见不一，主要是没有区分作为学术、知识的宋学与作为价值观、信仰的宋学。在传统社会，儒学既是以经学为核心的学术，也是国家的正统意识形态，是中国人的主流信仰。近代以来，随着西方学术的学科分类体系引进中国，经学被分割到哲学、史学、文学等学科，完整的儒学不复存在。更重要的变化是，儒学作为中国人核心价值观的地位和职能失去了。儒学之所以重要，首先在于它是中国人的信仰，这种信仰经过长时期的渗透，已经遍及中国政治、经济、文化、社会等各个角落，可以说是无孔不入。而到了近代，儒学仅仅成为一种古典学术、一种客观知识，学者已不再把它作为一种关乎个人安身立命的价值观来看待，不再以同情之了解来看待古人、看待儒学。这样，对什么是宋学这个问题产生分歧就很自然了。

认为宋学是义理之学，而汉学是章句训诂之学，实际是把作为学术的宋学与作为信仰的宋学混淆了。探寻义理与章句训诂作为两种解释经典的方法并不对立，只是着重点不同：义理之学主要是信仰层面的探寻，章句训诂主要是为获取知识。宋学并不排斥训诂，汉学也讲义理。汉唐经学的义理是阴阳五行宇宙观、天人感应、谶纬神学、玄学、道教、佛教，因为佛、道二教的教义与儒家伦理观有冲突，所以佛、道尤其是佛教的盛行大大冲击了儒家的纲常名教，为重整儒家伦理学，宋儒吸收佛、道二教的义理学说精华，建立儒家自己的义理学说，为儒家纲常名教建立信仰基石。宋学各派都致力于义理探寻，其中成就最大、影响最为深远的当数理学。所以说汉学、宋学都讲义理，汉儒讲的是宇宙观，宋儒讲的是人性论。宋学不仅是学术，更是信仰，明白了这一点，就可以解释广义的宋学为什么可以包括哲学、宗教、政治、文学、艺术、史学、教育等广泛的内容，因为价值观会渗透到社会的各个领域。而狭义的宋学指的是义理之学，即探讨价值观本身的学问，王安石新学，张载关学，李觏、陈亮、叶适事功学，司马光涑学，三苏蜀学等都有自己的义理学说，当然以程朱理学、陆九渊心学成就最大。

邓广铭先生认为宋学的一个特点是经世致用，理学家则把这个原则抛弃了；漆侠先生认为宋学与社会现实、政治实践相结合，而理学则与社会现实、实践相脱节。这也是把学术与信仰混在一起讨论了。当一种学说、学问作为知识的探求时其目的在于解释问题，只要能在逻辑上自圆其说即可，并不要求一定要应用于现实。宋学如果仅仅是一种知识，那么不与现实相联系是无可非议的。只有当一种学说作为价值观、信仰时才要求行动，要求改造世界，否则就是伪道德。批评理学脱离实际，实际是把宋学作为一种价值观，但在现代学科体系下，宋学已经不再是价值观了。研究者只是把宋学作为知识来研究，但又以宗教信仰、价值观的标准来评价它，这本身是个悖论。当然笔者并不认可理学脱离实际、背离经世致用原则的判断，这一点下文还要论及。

总之，要客观全面地认识宋学，继承并弘扬宋学中的优秀传统，满足于、停留于现代学科体系是不够的。以宋学为顶峰的儒学至今仍是中国人的价值之源，其地位相当于基督教在西方国家的地位。但作为信仰的儒学在现代学术体系中没有一席之地，儒学如何在更高层次上回归学术与信仰的统一体形态，值得研究。

二、作为话语的宋学与作为精神的宋学

既然讲求义理的宋学主要是一种价值体系，那么能否说理学家的内圣之

学即性命义理学说、道德形而上学代表了宋学精神呢？推崇理学的现代新儒家们正是这样认为的，他们认为内圣为本，外王为末，内圣修养可以开出外王事功。但推崇事功学派的学者如邓广铭、漆侠先生的观点恰恰相反，他们认为理学家只会空谈道德；李觏、陈亮、叶适等事功学派坚持经世致用，代表了宋学内圣外王的精神。如何看待理学家与事功学派的矛盾，也就是王道与霸道、内圣与外王之间的紧张？什么才是宋学的真精神？

在这个问题上，笔者认为应该区分作为话语的宋学与作为精神的宋学。中国没有西方意义上的形而上学，没有理想国传统。中国的价值观不能离开制度而独立存在。在孔子那里，作为价值观的“仁”离不开作为制度的“礼”，“仁”是“礼”的精神，“礼”是“仁”的载体。所以不能说“仁”是孔子学说的精髓，只能说“仁”“礼”合一是孔子追求的理想境界。同样，在程朱等理学家那里，虽然发展出了庞大、精致的性命义理之学，但内圣离不开外王，“理”离不开“气”，天理离不开人欲，天理就存在于人欲中。李泽厚先生认为宋明理学追求超验是失败的：

> 宋明理学一方面强调“理为本”“理在先”“理为主”，另方面又强调“理在气中”“离气不能言理”“人欲中自有天理”，并经常以各种自然景物如季候、生物、生理等等经验现象来作比拟和诠释。这使得他们这个不同于“气”的“理”、不同于“情”的“性”，不但没有摆脱而且还深深渗透了经验世界的许多特色和功能，所以，我以为宋明理学对超验或先验的理性本体即所谓“天理”“道心”虽然作了极力追求，但在根本上是失败的。

他们所极力追求的超验、绝对、普遍必然的“理”“心”“性”，仍然离不开经验的、相对的、具体的“情”“气”“欲”。所以说理学的“道德形而上学”并不是理学和宋学的真精神，具体的内圣理论、外王事功都是话语层面的宋学，真正的宋学精神是内圣与外王的合一，也就是理想高于现实、引领现实、提升现实，理想虽高但不脱离现实，最高境界是理想与现实合一。这只是一种抽象的形式，在不同时代可以有不同的内容。

关于抽象的儒学精神、宋学精神，陈寅恪先生也有论述。陈先生在《王观堂先生挽词序》中指出：

> 吾中国文化之定义，具于《白虎通》三纲六纪之说，其意义为抽象理想最高之境，犹希腊柏拉图所谓Idea者。若以君臣之纲言之，君为李煜亦期之以刘秀；以朋友之纪言之，友为郦寄亦待之以鲍叔。其所殉之道，与所成之仁，均为抽象理想之通性，而非具体之一人一事。夫纲纪本理想抽象之物，然不能不有所依托，以为具体表现之用；其所依托以表现者，实为有形之社会制度，而经济制度尤其最要者。

中国文化精神即儒家精神是抽象的，抽象的精神必须依托于一定的制度，“道”与“仁”依托于纲纪等礼制，纲纪礼制要依托于经济制度。纲纪礼制固然不是精神，但“道”“仁”离开纲纪后就不可知了。“道”“仁”理想完美落实到纲纪礼制中是中国文化追求的最高境界。

陈寅恪先生在《冯友兰〈中国哲学史〉下册审查报告》中对宋学精神有明确论述：

> 窃疑中国自今日以后，即使能忠实输入北美或东欧之思想，其结局当亦等于玄奘唯识之学，在吾国思想史上既不能居最高之地位，且亦终归于歇绝者。其真能于思想上自成系统，有所创获者，必须一方面吸收输入外来之学说，一方面不忘本来民族之地位。此二种相反而适相成之态度，乃道教之真精神，新儒家之旧途径，而二千年吾民族与他民族思想接触史之所昭示者也。

“外来之学说”是话语层面的内容，“不忘本来民族之地位”是新儒家即宋学家的真精神。宋学家以“我”为主吸收释、道二教的学说创立了宋学的义理学说，具体学术可以吸收，但精神、灵魂只能是自己的，不能拿来。

宋学精神是抽象的，是一种心理形式；而作为话语的宋学是具体的，是内容。无论是程朱理学的内圣理论，还是浙东事功学派追求的外王大业，都只是话语层面的宋学，在话语层面，二者是对立的，但在精神层面，二者又是统一的。笔者认为，宋学精神是理想主义，宋儒各派都矢志不渝地追求“三代”王道理想社会。程、朱等理学家与陈亮、叶适等事功学派只是对王道的理解不同，努力的侧重点不同，并不能说理学家追求王道，事功学派追求霸道；也不能说理学家只会空谈，事功学派抛弃了心性修养。理学家虽然着力点在内圣领域，但他们的终极目标是实现王道，行动才是理学家的根本立场，理论建设只是为行动提供精神动力。正如余英时先生所指出：“无论‘上接孔、孟’，或形上系统都不是理学家追求的终点，二者同是为秩序重建这一终极目的服务的。前者为这一秩序所提供的是经典依据，后者则是超越而永恒的保证。一言以蔽之，‘上接孔、孟’和建立形上世界虽然重要，但在整个理学系统中却只能居于第二序的位置；第一序的身份则非秩序重建莫属。”所以，认为理学家空谈道德的观点是不公允的，理学后学确实出现了空谈心性的现象，但这是理学世俗化、庸俗化的结果，不能以此为据批评真正的理学。

同样，陈亮等功利主义宋学家虽然谈王、谈霸追求建功立业，但并没有背离追求三代王道的儒家立场。朱熹批评陈亮说的是王道，行的是霸道，“义利双行，王霸并用”，这种批评并不公道。陈亮也认同三代王道，只是更强调行动，他认为道德修养应体现在行动中，而不是只注重理论探讨。所以，陈亮不认同朱熹对自己“义利双行，王霸并用”的批评，他在回信中说自己是“直上直下，只有一个头颅做得成耳”，也就是说自己践行了内圣外王之道，并非说一套做一套，假借仁义行霸道。关于这个问题，邓广铭先生在《朱陈论辩中陈亮王霸义利观的确解》一文中有详细论述，可以参考。

站在今人的立场上看朱熹与陈亮的王、霸之争，不能说是儒家与法家之争。因为所谓王道是就意识形态而言的，所谓霸道是从制度、政策层面而言的，两派虽然互相攻击，但同属一个思想体系，是一个体系的两极，谁也离不开对方。王道派又可称为内圣派，他们强调道德修养，努力建立义理学说，追求社会理想，可称之为学者型理想主义者。事功派其实也是口不离三代、王道、仁义，但他们更注重具体的治国之策，强调制度的重要，他们是具有实干精神的理想主义者。

总而言之，宋学各派都是理想主义者，都认同内圣外王的伟大理想，他们的分歧仅仅在于对理想的理解不同，对如何实现理想的做法认识不同。他们依照自己的理解，积极探索，积极实践，从不同方面为中国文化做出了自己的贡献。对他们的贡献，我们应同等对待，客观评价，不应以自己的喜好而厚此薄彼。

三、弘扬宋学精神建设社会主义先进文化

今人应如何对待宋学这笔文化遗产呢？这个问题困扰了一代又一代中国人，确实不易回答。原则上说，对于传统文化，应该取其精华、弃其糟粕。问题在于，什么是精华，什么是糟粕，如何才能取其精华、弃其糟粕，在实践层面难度很大。

余英时先生热爱儒家文化，正因为热爱，所以对现代儒学的困境有很深的认识。余先生认为，传统儒学的特色在于它全面安排人间秩序，儒学并无自己的制度和组织，而是以一切社会制度为托身之所，因此，只有通过制度化才能落实。然而近代以来，制度化的儒学已经死亡，儒学死亡之后已成为一个游魂。儒学是将从此成为“游魂”呢，还是要“借尸还魂”？如果儒学不甘仅为“游魂”而仍想“借尸还魂”，那么何处去找这个“尸”？以“家”为“尸”吗？今天是小家庭制度，孝悌将如何安顿？更将如何应付越来越显

著的个人主义的趋势？以“国”为“尸”吗？今天中国人所追求的是“民主”，这恰恰不是儒学最见精彩之所在。在学术层面，儒学必须依托现代大学制度，那么这样的儒学其可能的最高成就是什么？是不是即在于通过西方的思辨方式而最后取得与西方的哲学界、宗教界平等对话的资格？传统的儒学是博雅与通识兼顾而尤其重视会通，今天面对西方学术越来越专业化的趋势，儒学是不是还能保持这个理想？或者必须有所选择甚至走专业化的道路？如果走选择的路，取舍的标准是什么？如果走专业化的路，究竟儒学的专业又是什么？透过这一个个尖锐的问题，看到的是余英时先生对中国文化前途的关切和忧虑，对儒学的热爱和对儒学困境的焦虑可以说是情见乎辞，可称得上是对儒学命运的“天问”。笔者对传统文化的研究很大程度上就是受了余先生问题意识的启发。当然了，以笔者的学力根本无法回答这些问题。以下对如何弘扬宋学精神的看法都是极粗浅的，提出来供大家批评指正。

笔者认为，弘扬宋学精神必须回归作为信仰的宋学。因为宋学至今依然是中国人的价值之源，只是大家还不够自觉而已。回归作为信仰的宋学，并不排斥学术层面的宋学，相反还要加强宋学学术层面的研究，学术研究越加强越有助于信仰的回归。笔者反对的是把西方学术意义上的宋学研究看作最高标准，拒绝信仰层面的宋学。我们中国人研究宋学是自己给自己治病，自己是病人又是医生。因此，对待宋学应像钱穆先生所教导的那样“抱有温情与敬意”。

弘扬宋学精神要超越话语层面的宋学，回归作为精神的宋学。现在对儒学的看法可以说是五花八门、众说纷纭，有主张把儒教立为国教者；有认为“儒教救国论”是对当代民主政治的反动，是对“平等”观念的践踏；有认为以天道性命的形而上学来追求王道政治，会重蹈封建专制的陷阱；有认为“内圣之学”可以开出适合现代民主政治的“外王之道”，宋学的“心性之学”可以发展出认识论的系统；等等。之所以会有这么多完全对立的看法，笔者认为是把话语层面的宋学与精神层面的宋学混为一谈了。宋学精神是理想主义，这个理想主义要依托于一定的学术、制度建构和生活方式，但不能把宋学精神等同于特定的学术、制度、生活方式。我们要发扬和继承的是宋学精神，也就是余英时先生所谓的“游魂”，这个游魂在一定程度上仍然存在于我们的生活中，只是我们不自觉罢了。现在的任务就是要实现价值观的自觉，把宋学精神与我们的学术、制度和生活方式更完美地结合起来。

能做到这一点吗？笔者认为是完全可以的。马克思主义、中国特色社会主义也是一种理想主义，是宋学理想主义的升级版。也就是说宋学精神已经找到了新的制度载体，并且取得了骄人的成绩，现在的任务是继续进行调试，让两种文化更好地适应起来，这也就是我们通常所说的马克思主义中国化。马克思主义作为一种外来学说，必须与中国实际相结合，毛泽东思想是马克思主义中国化的第一个成果，是关于革命的理论。中国特色社会主义理论是马克思主义中国化的第二个成果，主要是经济建设方面的理论。而社会主义核心价值观要入耳、入脑、入心，要真正被人们信仰，马克思主义就需要进一步中国化，与中国的传统文化、儒家文化结合起来。

举一个例子，现在提倡爱国主义，什么是爱国，如何让大家爱国呢？在中国，爱国就是爱父母、爱家乡的升华和扩大，爱国要体现在爱岗敬业，体现在你对身边的人、对周围的人好，而不是说大话、说空话。这样就与中国的传统文化结合起来了。中国传统讲的是“一屋不扫，何以扫天下”，修身、齐家、治国、平天下。治国、平天下是很少人才能做到的，但修身、齐家都可以做到，当然这个齐家也包括社会层面，传统社会就是一个家族社会。

笔者最后的结论是，要建设社会主义先进文化，培育社会主义核心价值观，必须弘扬宋学精神。弘扬宋学精神，民间儒家文化就要做实，儒家文化要做实，必须培育公民社会。要给社会更大的自治空间与资源。公民姓公，每个公民都要关注公共事务，要管“闲事”，管身边的事，只有这样，我们的社会才能越来越和谐，越来越美好。

洛学的价值观

卢连章

一、价值的由来

“价值”一词来自西方，相当于中国古代“贵”字的含义。《说文解字》把“贵”字解为“物不贱也”。可见“贵”与“贱”对举，指物有价值高低之分，亦指人有地位高低、富贵贫贱、贡献大小之分，这就是中国古代传统的价值观。这种价值观是人们关于各种价值现象的观点中比较稳定的、深层的内容，是具有普遍规范意义的价值评价标准和评价思想的总和。它作为一种思想原则，给予人们价值评价的标准，并且具体地支配人们的价值活动。价值观本身是文化的一个组成部分，也是文化精神的核心。价值观与文化是相互影响、相互制约的关系，任何文化形态都包含着人们对价值的追求。

中国传统文化是趋善求治的伦理型、政治型文化，这种文化强调和重视国家利益、集体利益、个人利益的统一性，在三者相矛盾时，则更加重视个人利益服从国家和集体的利益。这种文化传统对价值观的形成有着深远的影响，使中国传统价值观特别强调社会价值和个人价值的统一性，个人价值要在社会价值中实现。中国古代的“义以为上”“见利思义”“舍生取义”的义利观，是中国传统价值观的表现形式之一。

二、二程的价值观

洛学是中国传统文化的重要组成部分，洛学的价值观是由中国传统价值观发展演变而来的。义利问题在中国传统价值观的发展中是一条主线，是洛学价值观的主要内容。洛学创始人程颢认为：“董仲舒曰：‘正其谊，不谋其利；明其道，不计其功。’此董子所以越诸子。”董仲舒是持重公利而轻私利的价值观，他主张人当以为天下兴利之，这便是义，是公利；而不应当为个人或少数人谋私利，私利便是不义。这样重公利而轻私利的价值观超越了先秦诸子义利相对立的价值观，而是义利对立统一。所以，程颢说：“大凡出义则入利，出利则入义。天下之事，惟义利而已。”义利相对，非义即利，非利即义，人生行事，只在严辨义利之别。显然，程颢言利是专指私利。

程颐的义利价值观比程颢更加完善，他强调义利的不可两立性。有人问“子罕言利”之章，程颐说：“不独财利之利，凡有利心，便不可。如作一事，须寻自家稳便处，皆利心也。圣人以义为利，义安处便为利。如释氏之学，皆本于利，故便不是。”这是说，凡是追求自己的私利都是不对的，不只是得到财物是利，凡是有利心也是利。圣人是以义为利，这种利是公利，是以公利为自己的利益。佛家之学是从自私之心出发的，所以不正确。因此，程颐提倡以义为利。他说："孟子辨舜、跖之分，只在义利之间。言间者，谓相去不甚远，所争毫末尔。义与利，只是个公与私也。才出义，便以利言也。只那计较，便是为有利害。若无利害，何用计较？利害者，天下之常情也。人皆知趋利而避害。圣人则更不论利害，惟看义当为不当为，便是命在其中也。"这里程颐指出了圣人与盗跖的区别只在义利之间，但这之间的差别很小，即"所争毫末尔"。其原因是义与利本来有统一性，才出义，便以利言也。此乃天下之常情，人人都知道趋利避害。只要用正当的手段得到应得的利益，这是无可非议的，是符合义的，因而程颐指出："义与利，只是个公与私也。"义的本质是公利，反之追求个人利益超出义的范围就是私利。所以，圣人只看义的当为不当为，以不违反公利为原则。

三、关于仁与利

二程反对唯利是图，指出了唯利是图的危害性。他们说："欲利己者必损人，欲利财者心敛怨。"一心利己的人必定要损害别人的利益，一心想发财的人必定招人怨恨。所以程颢反对追求名利、钱财，推崇仁义道德。他在和程颐讨论仁与利的关系时说："'知者利仁'，知者以仁为利而行之。至若欲有名而为之之类，皆是以为利也。"程颐说："知者知仁为美，择而行之，是利仁也。心有其仁，故曰利。""君子怀德，惟善之所在……小人怀惠，惟利之所在。"这是说，明智的人应以仁为自己的利益而去追求，反对追名求利；明智的人知道仁的美好，应该选择仁而践行之，这就是利仁；一个人的心中追求仁，也叫作利，这是公利。因此，君子只求善，小人只求利。但是，二程不是完全否定利，而是主张利不害义，不唯利是图。二程说："所谓利者一而已。财利之利与利害之利，实无二义，以其可利，故谓之利。圣人于利，不能全不较论，但不至妨义耳。乃若惟利是辨，则忘义矣，故罕言。"二程认为，人们所说的利只是一个，财物货色之利和利害之利，同是一个含义的利。圣人对于利也不能全不计较，只是以不违反义为原则，以不妨碍公利为前提。如果唯利是图，一味追私利，就要损害公利和他人的利益，这样就是忘义，所以孔子很少讲利，而是让人见利思义。二程对“利”进行了多层次的分析，指出了“利”的不同性质。程颐说：“凡字只有一个，用有不同，只看如何用。凡顺理无害便是利，君子未尝不欲利。然孟子言‘何必曰利’者，盖只以利为心则有害，如‘上下交征利而国危’，便是有害。‘未有仁而遗其亲，未有义而后其君。’不遗其亲，不后其君，便是利。仁义未尝不利。”当有人问程颐：“利与‘以利为本’之利同否？”程颐作了以上关于“利”字的不同含义的阐述。说明同一个“利”字，在不同的情况下使用它，性质就会不相同。如果“利”用于顺理无害之处，既使君子也是想得到这种利的，这个“利”就是公利，也就是义。于是义与利成为统一的仁义之利，其中也有个人正当的利。如果“利”用于逆理之处，这个利是以私心为基础的，是私利，是不善的、有害的，而不是真正的利。因此，程颐说：“‘子罕言利’，非使人去利而就害也，盖人不当以利为心。《易》曰：‘利者义之和。’以义而致利斯可矣。”孔子很少谈利，并非要人们去利就害，求利是正当的，只是不应只求个人利益而不顾他人利益。正当的利益是公共利益的协调，应该“以义致利”，只要以公利来求得个人利益就可以了。所以程颐说：“理者天下之至公，利者众人所同欲。苟公其心，不失其正理，则与众同利，无侵于人，人亦欲与之。若切于好利，蔽于自私，求自益以损于人，则人亦与之力争，故莫肯益之，而有击夺之者矣。”这是说，义理事天下之至公，利是大家所共同想得到的。如果出于公心，个人与他人共同获得利益，不侵害他人利益，那么别人也会让其同利，这就是义，也就是以公利求利。如果出于私心，自私好利，为个人利益而损害他人利益，这就是不义，别人要与其力争。这样其他人也不肯帮助自利好利之人，其结果是损人利己的人只能是害自己。

故程颐说到《论语·里仁》中“放于利而行多怨”时，指出：“心存乎利，取怨之道也，盖欲利于己，必损于人。”一心利己的人，必然遭到别人的怨恨，因为要利己，必然要损害他人。因而程颐主张以义为利，以公利求私利。这样“利者和合于义也”只有利与义相统一，才能使个人利益不损害他人利益。只有“和于义乃能利物。岂有不得其宜，而能利物者乎”？利与义相符合，既利于个人，也利于他人，利人利己，是人情之宜。

四、关于德与利

关于“德”与“利”的问题，也是二程洛学价值观的一个重要内容。宋神宗熙宁三年（1070年）四月十七日，程颢在《再上疏》中指出：“设令由此侥幸，事小有成，而兴利之臣日进，尚德之风浸衰，尤非朝廷之福。”这几句话是程颢继熙宁三年三月四日《谏新法疏》后，从理论上阐明了反对王安石变法的理由。“尚德”与“兴利”成为衡量“变法”成败的价值标准。程颢认为，如果“兴利之臣日进”，必然会使“尚德之风日衰”，导致人心不正，一切事情都不会成功，从而危及朝廷的巩固。于是“尚德”与“兴利”成为一对矛盾。宋神宗熙宁八年（1075年）十月，天空出现彗星，按照当时封建迷信的观点，这是“天”对于统治者发出的警告。于是宋神宗下诏求直言批评“朝廷阙失”。此时程颢因反对王安石变法，而被赶出京师闲居洛阳，见有此机会便“应诏论朝政极切”；程颐则写《代吕公著应诏上神宗皇帝书》，陈述治国安民之策。书中首先请神宗皇帝要“省己之存心”。他说：“所谓省己之存心者，人君因亿兆以为尊，其抚之治之之道，当尽其至诚恻怛之心。视之如伤，动敢不慎？兢兢然惟惧一政之不顺于天，一事之不合于理。如此，王者之公心也。若乃恃所据之势，肆求欲之心，以严法令、举条纲为可喜，以富国家、强兵甲为自得，锐于作为，快于自任，贪惑至于如此，迷错岂能自知？若是者，以天下徇其私欲者也。勤身劳力，适足以致贪败；夙兴夜寐，适足以招后悔。以是心而致善治者，未之闻也。”程颢的这段话是对王安石新法的总批评，也是对于“尚德”与“兴利”的总解释。从这种意义上说，二程认为王安石新法总的目的是“兴利”，但是，二程并不是不讲兴利，也不是不同意变法，而是对王安石新法的一些方面提出反对意见，这也是政治生活中的常事。二程在价值观上重视“以义致利”，要求发展公利，这样与“尚德”并不矛盾，同时要以仁义道德为准绳实行王道仁政，所以程颢在朝廷时“先生每次进谏，必为神宗陈君道以至诚仁爱为本，未尝及功利”。但是，程颢反对的只是青苗法中提举官硬性摊派贷款和预先扣除利息的方法，认为这样向农民贷款收息太苛刻，是不义之利，这种“兴利”应该反对。而对青苗法不是一概否定，故程颢劝王安石：“但做顺人心事，人谁不愿从也？”王安石回答说：“此则感贤诚意。”程颢只好对反对青苗法的人说：“至如青苗，且放过，又且何妨？”程颐也说：“青苗决不可行，旧役法大弊，须量宜损益。”青苗法虽有缺点，但对旧役法还是起到改革作用的。因此，宋神宗死后，旧党人物上台执政，“温公欲变法，伊川使人语之曰：‘切未可动着役法，动着即三五年不能得定叠去’。未几变之，果纷纷不能定”。可见，二程在对王安石新法问题上，不是采取极端反对态度，而是本着具体情况具体分析的态度。

实际上，二程也做了许多兴利的事情。程颢在任地方官时，曾进行了“平均田税”“助民理财”“兴修水利”“平抑物价”等有利于经济发展和安定民心的工作。二程认为这才是兴利，是公利。由此看出二程的价值观，坚持了中国古代传统价值观的优秀部分，即把个人价值纳于社会价值中，为巩固国家利益做出个人的贡献。这在今天也是值得借鉴的。

孝精神现代价值的理性透视

刘歆立

孝是我国传统美德的基本内容，也是形成与众不同的中华文化精神的重要基础。正如有学者指出："中国传统文化是孝文化历经数千年的历史积淀，为中国传统知识分子和普通老百姓提供了一套安身立命的价值理念和道德规范，铸造了中国文化的基本精神，因此具有一定的历史合理性。"以"尊亲""奉养"为基本内容的孝精神之所以能够长期肩负起为国人提供安身立命的价值理念与道德规范的历史重任，本文认为这与其自身符合人们生活需要的理性特征与具有多方面的社会价值有关，而不主要是历代统治者刻意提倡与道德教化的结果。如果将这一问题放置在与西方感恩思想相比较的视野中考虑的话，或许会看得更清晰一些。

其一，孝精神包含着朴素实用的共赢理念，具有实现上下代的家庭成员利益高度会合与均衡化发展的特点，对亲子双方来说具有互益性，使得不断进行亲子角色互换的人们自愿地继承与发展。

马克思说：“人们为之奋斗的一切，都同他们的利益有关”，“思想一旦离开利益就一定会使自己出丑”。列宁说：“有一句著名的格言说：几何公理要是触犯了人们的利益，那也一定会遭到反驳的。”毛泽东同志也讲过：“群众齐心了，一切事情就好办了。”那么怎样才能让群众齐心呢？他接着告诉我们说：“马克思列宁主义的基本原则就是要使群众认识自己的利益，并且团结起来，为自己的利益而奋斗。”可见，任何一种外在的道德要求（也就是上面论及的“思想”“几何公理”等）如果想成为人们的道德自觉，成为普遍的道德观念，必须要同道德主体的具体利益相结合，最大限度地满足他们的实际需求。当他们在若干个取舍面前进行抉择的时候，其愿意接受这种能为自己带来较多好处的道德观念。孝精神之所以能够绵延数千年而薪火不断，成为绝大多数中国人内心认同的“无可逃乎天地之间”之“公理”，正是因为具备了这一点。

根据博弈论的观点，人类社会连绵不断的亲子关系可以视为一种连续性博弈关系，这种博弈如果能够达到或接近达到纳什均衡状态，那么它就能持续地进行下去。所谓纳什均衡，就是假设有若干个局中人参与博弈，给定其他人策略的条件下，每个局中人选择自己的最优策略（个人最优策略可能依赖于也可能不依赖于他人的战略），从而使自己利益最大化。所有局中人的策略构成一个策略组合。这种策略组合由于是所有参与人最优策略的组合，在给定别人策略的情况下，没有人有足够理由打破这种均衡。充分彰显孝精神的“父慈子孝”的策略组合显然就是一种基本满足纳什均衡的策略组合，这样博弈各方自愿进行重复性博弈。以似乎处于博弈劣势的子代方为例分析，“父慈”的天然在先性使子代在行孝之前已经获得丰厚的先期收益，孝道的代际可传递性使子代还可获得自己子代行孝的稳定预期收益，这两个收益之和是大于子代为行孝父代而进行的利益付出，更不用说社会或政府对孝行的奖励等带来的额外收益（例如受社会赞誉、被举孝廉做官等）。如果说西方的经济理性人假设中的人们是借助利己的努力去达到利他的目的的话，那么传统社会中的孝子们则是借助“行孝”这一利他的努力去达到利己的目的，是在自觉或不自觉中实现着自身利益的最大化。

因此，在中华民族的文化观念中，无论传统的还是现代的，行孝均被视为是天经地义的。孝道既是普遍的伦理原则，也是贯穿于人们生活的道德自觉。而且随着年龄的增长，人们对孝道越是认同，就越是容易发自内心地行孝。“树欲静而风不止，子欲养而亲不待”便是人们醒悟孝道后却永远失去回报亲恩机会那种痛彻肺腑的无限哀伤的真实写照。另一方面，能够接受子代孝敬成为无数中国老人的最大幸福与精神心理需要。电视连续剧《守望幸福》中有这样一个情节：家里 70 多岁的老母亲一被送到养老院就犯糊涂，生活不能自理，而一回到家里就什么都正常了。2009 年 8 月 30 日《成都商报》报道的民政部公开的数据显示，目前只有大约 1% 的老人选择在社会养老机构养老，其他 99% 的老人选择在家养老。

其二，孝精神是一种合理偏倚的家庭伦理精神，其包含的“尊亲”思想虽然有着相悖于自由、平等等现代观念的落后一面，然而这种偏重具有现实合理性，基本无损于亲子关系的稳定相处并利于家庭的长远发展。

毋庸讳言，与西方家庭伦理观念相比，传统孝道的确有维护父道尊严甚至是父权专制的思想因素，特别是孝道政治化为“三纲五常”的内容之后，这一点尤为明显。但是我们同时也必须看到下面几点：第一，我国的尊亲文化是有其深刻、久远的文化基础的，能够“化民成俗”而成为人们的一种共同的道德自觉，充分说明其特殊的多重社会价值和对人们实际生活需要的多方面的有效满足，否则只能是昙花一现的文化现象。马林诺夫斯基在《文化论》中指出：“文化是包括一套工具及一套风俗——人体的或心灵的习惯，它们都直接或间接地满足人类的需要。”尊亲现象之所以在我国社会长期存在，正是因其适应和满足了传统社会的实际需要。第二，尊亲是以亲代特别是父亲对家庭的巨大贡献与所尽的巨大义务为前提的，声讨父权思想的人们往往忽视了这一点。在主要依靠成年男女辛苦劳作来养家糊口与聚族而居大家庭为主的传统宗法社会里，如果不给这些家庭顶梁柱以足够的尊重与权力保障，很难想象家庭的和睦与家族的繁衍。正是基于这样的基本事实，宋代理学家罗从彦才提出“天下无不是的父母”的偏激之论。即使在今天，中国的父母们为子女依然做出了巨大贡献。根据义务与权利对称性原则，尊亲有其逻辑和法理上的合理性。第三，尊亲并非是愚孝和绝对的、无限度与无原则的尊，有其家庭成员平等的一面。例如孔子“事父母几谏”（《论语·里仁》）的谏亲思想，批评曾子愚孝的做法等，荀子也讲“从道不从父，从义不从君”（《荀子·天道篇》）。我国传统的愚孝人格出现，不在于家庭成员之间的等级秩序的存在，而在于只是片面地强调这种等级秩序而忽视了其义务平等之基础。第四，古今中外的亲子关系都不是绝对平等的关系。正如有文章研究指出的，“犹太教认为父母对子女的关系就像 Walter C. Kaiser（华德·C. 凯瑟）所说的一样是上帝的代表。……为什么可以说父母是上帝的代表呢？这是因为从父母身上可以学到上帝的法则和天理以及天命的原因。这样分析的话，子女应服从上帝的代表父母才可以，而且作为上帝的代表的父母也有养育子女的义务。不仅是这样，子女也可以成为上帝的代表并履行顺从父母和孝敬父母的义务”。西方自由主义大师卢梭、罗尔斯也认为，平等是不适用于家庭这种人类共同体的。

巴金在成都读书时的老师吴虞，是反抗“父权”家庭制度的急先锋。他批判儒学中以孝为中心的封建专制和家族制度，认为封建家族制度是专制制度的源头、祸根，必须彻底打倒、推翻。胡适称他为“中国思想界的一个清道夫”“‘四川省只手打孔家店’的老英雄”。他和他父亲的关系已到了水火不容的地步，他在日记里称他父亲一口一个“老魔”。他父亲死后，他写信给住宿学校的两个女儿，“告以老魔径赴阴司告状去矣”！可这样一个“反封建”的老英雄，免不了走入“多年的媳妇熬成婆”的传统路径。他总想控制自己女儿的生活，包括婚姻，和女儿的矛盾就像当年他跟父亲的矛盾一样不可调和。他在日记中说自己的女儿：“不甚解事，字尤恶劣，以此程度来京留学，将来未知何如，恐徒累老人耳。”他对骨肉亲情的认知是：“当自觉悟，宁我负人，毋人负我，不仅曹孟德为然，恐世上骨肉亦多不免。”

世上做子女的心路历程不同程度上和吴虞相似，只是没有吴虞与父亲、女儿的冲突那样剧烈。为什么中国的父母，不能像英国、美国、加拿大等西方发达国家那样，给子女充分的自由，让他们的天性得到释放，快快乐乐地成长呢？莫非中国的父母天生就是“虐待狂”？深究其原因，一方面，中国的亲子关系和西方是大不相同的。中国的父母为了儿女的成长、上学、婚嫁、生子出尽了钱，操碎了心，甚至临终时仍觉未尽人父人母之责而“死不瞑目”的大有人在（笔者并不完全认可国人过度爱子女的做法），而西方的父母更追求个性独立和个人生活的享受，对儿女的付出与期待远没有中国的父母多。另一方面，近现代中国人口众多，竞争激烈，且公平竞争等社会制度还有待完善，而一些父母为了儿女的未来，不得不让子女削足适履式地去适应社会，从而违背儿女的天性，由爱带来了恨。人们常说，不养子女不知父母苦。也可以说，不养子女不能理解父母的无奈。《南方周末》报道中一位“父母皆祸害”的骨干成员方馨，在女儿出生后，将大部分精力投在女儿身上。她那位曾让她讨厌管得太多的母亲说：“还不是和我们一样，将自己期待的模样，早早就强行施加到了可怜的外孙女头上。”可见太阳底下无新事，吴虞的故事总在一代代重演。

其三，孝精神不是虚无缥缈的道德乌托邦理想，而是对亲子血缘天性的伦理升华，它既顺应了人的天性要求，又考虑到了具体实行的现实条件，其流传至今不主要是道德强制与政治说教的结果。

综观数千年来流布于中华大地的孝精神不难发现，一方面，这种精神源于孟子所言的“恻隐之心”“羞恶之心”“辞让之心”“是非之心”（“四端”），是一种发自人类内心深处、流之自然的真实情感，符合人之向善本能本性与追求幸福的心理需要，因此易于被人们普遍接受与认同，从而减少了夸张浮虚与空洞抽象的道德说教成分。另一方面，传统孝道要求虽然庞杂繁多，但是根据不同的对象进行不同的要求，主张量力而行与行孝的实际可能性。《孝经》将天子、诸侯、大夫、士以至于庶人之孝分为五种，实际上是对这五个地位不同的社会阶层提出了有分别的道德准则与要求。值得注意的是，对社会地位越高的阶层，要求的准则与标准就越高、越繁琐，对社会地位越低的阶层，要求的准则与标准也就越低、越简单。作为普通劳动者的庶人之孝是“用天之道，分地之利，谨身节用，以养父母”（《庶人章》），强调的是尽心尽力，而非各种繁文缛节。民间俗语所谓“百善孝为先，原心不原迹，原迹家贫无孝子”“久病床前无孝子”等，更是对普通人行孝给予了实事求是的理解与足够的道德宽容。

孔子说：“孝子之事亲也，居则致其敬，养则致其乐，病则致其忧，丧则致其哀，祭则致其严，五者备矣，然后能事亲。”（《孝经·纪孝行》）这些都出自人之常情的要求和体现了对父母的尊敬，并非高不可攀。孟子则认可“五不孝”的民间观点：“世俗所谓不孝者五：惰其四支，不顾父母之养，一不孝也；博弈好饮酒，不顾父母之养，二不孝也；好货财，私妻子，不顾父母之养，三不孝也；从耳目之欲，以为父母戮，四不孝也；好勇斗狠，以危父母，五不孝也。”（《孟子·离娄》）（四肢懒惰，不管父母的生活，一不孝；迷恋于下棋、喝酒，不管父母的生活，二不孝；爱财和自己的妻儿，不管父母的生活，三不孝；放纵于声色，使父母因此受到耻辱，四不孝；斗勇逞强，危及父母，五不孝。）现代社会上的不孝之子也脱离不了这五项不孝。不仅如此，孟子还提出了“富而行孝”的思想，充分考虑到了行孝的条件性。“五亩之宅，树之以桑，五十者可以衣帛矣。鸡豚狗彘之畜，无失其时，七十者可以食肉矣。百亩之田，勿夺其时，八口之家可以无饥矣。谨庠序之教，申之以孝悌之义，颁白者不负戴于道路矣。”（《孟子·梁惠王上》）“仰不足以事父母，俯不足以畜妻子，乐岁终身苦，凶年不免于死亡，此惟救死而恐不赡，奚暇治礼义哉？”（《孟子·梁惠王上》）“事父母，能竭其力。”（《论语·学而》）强调行孝要尽力而为与量力而行的恰当结合。

后世流传的许多劝孝的文化典籍同样如此。《礼记》《孝经》《三字经》《弟子规》等关于具体行孝的要求都是出自人之常情。例如“善事父母为孝”或者说“子爱利亲谓之孝”等关于孝的定义，曾子说：“孝有三：大孝尊亲，其次弗辱，其下能养。”（《礼记·祭义》）“敬重父母，关心父母，弗辱父母、赡养父母”“发一言，举一意，不敢忘父母；营一手，措一足，不敢忘父母”等行孝的具体规定，无一是高不可攀的道德教条。清朝的《小学诗》曰：“第一当知孝，原为百善先。谁人无父母，各自想当年。十月怀胎苦，三年乳哺勤，待儿身长大，费尽万般心。想到亲恩大，终身报不完。欲知生我德，试把养儿看。精血为儿尽，亲年不再还。满头飘白发，红日已西山。鸟有反哺义，羊伸跪乳情。人如忘父母，不胜一畜生。”该诗情真意切地表明了父母与子女之间的伦理实质，是一种超越基于天伦亲情的无私奉献与真诚回报，表明“子孝”是人间生活的自然逻辑。

其四，孝精神凝结了传统社会世代形成的平衡复杂变动的亲子关系的圆融智慧：一方面，其尽最大可能地尊重家业发展的重大贡献者，以保持种族发展的持续动力；另一方面，其尽可能多地照顾家庭弱势成员，以保持家庭成员内部的团结和谐。

在社会变化缓慢的农耕社会，人们崇尚旧习成制，尊崇老年人有其现实的必然性。第一，在变动缓慢的远古社会与传统社会里，老年人对季节、天气、农作物习性的理解较年轻人深入得多，在农作物价格、人情世故、婚丧嫁娶等社会生活洞察与感受方面更细微，老年人的阅历、经验、见识与智慧更多的时候是高于年轻人的。第二，世代更替作为一种生物学事实，决定了父子关系先天地不平等。这种先天不平等的父子关系继而决定了“父代”所具有的社会权力、相对广泛的经济与社会资源，以及其所具有的明显优势，使得来到这个世界上的“子代”无可选择地处于劣势地位。第三，传统社会中老年人在被尊崇和成为青年一代的行为楷模的同时，也肩负了谋划家族发展大计与带领族人渡过种种难关的重任。而且，考虑到古人寿命相对较短的情况，这些老年人的年龄很多相当于作为今天社会中流砥柱的中青年人的年龄，人生智慧和处事能力可能正处于上升期或高峰期。

例如汉高祖刘邦遴选“三老”作为县乡政府官员的顾问，“以事相教”与每年赏赐粮食、酒肉以示尊敬，这些人多为 50 余岁的老人。日本民间传说中有这样一个家喻户晓的故事：有一个没有把上了年纪的双亲扔到山里而是偷偷地放在家里赡养的儿子，在父母的帮助下，圆满地解答了领主遇到的各种难题。领主知道事情真相以后，允许他在家中继续赡养老人，并禁止了本地弃老的陋俗。日本江户时期（17—19 世纪）著名学者贝原益轩（1630—1714 年）撰写的《家道训》及大文学家井元四鹤撰写的《世间心算计》中，也从现实主义出发，强调运用老年人智慧，听取老年人意见的重要性。

如果说对于当昔如日中天、担当家庭“顶梁柱”角色的父母之孝敬是由于对他们重大贡献的尊重外，那么对于这些“满头飘白发，红日已西山”走向衰老多病中的父母的孝敬，一方面体现的是报亲恩的精神需要，父母的生育之恩、养生之恩、教育之恩和关爱之恩。这种报恩不仅是为人之本、人伦之始，“十月怀胎苦，三年乳哺勤。待儿身长大，费尽万般心。想到亲恩大，终身报不完”，“鸟有反哺义，羊伸跪乳情。人如忘父母，不胜一畜生”，而且人人都有老的时候，关爱今天的老人，就是关注明天的自己。另一方面体现的是一种对家庭弱者的救济帮扶与崇高的利他精神。这时候的父母亲对家庭做的贡献多数情况下只能是负值，表现为一种负担，其对外界的影响力也日趋式微，其弱势地位不可避免。在这种情况下，尊老、敬老是照顾社会弱势群体，实现代际和谐与持续发展所必需的一种平衡机制。受到孝伦理影响的东方传统社会尽管社会经济长期发展缓慢，生产力比西方落后，然而一直保持着社会稳定甚至是超稳定的发展状态，实际上与孝思想及其衍生出来的扶助老年人等社会弱势群体分不开。

现代社会有不少家庭在父母不辞劳苦地养家时视而不见、不恭不敬，在父母年老体衰需要人照顾时视而不见、不管不问，其结果是什么？老的被忽视和遗弃，小的被娇惯和宠坏！处于家庭“塔尖”的“希望和宝贝”，从幼儿园、小学的每天接送，到初中、高中在校的租房料理，甚至成了大学生也少不得长辈背井离乡的陪读呵护，这种对“特宝儿”的全过程护理，换来的又是什么呢？是“父母皆祸害”的奇谈怪论，是“谁叫你们养我的，养我就该这样”的不耐烦的呵斥。与之形成鲜明对比的是，处于家庭“底座”的老人们，不仅得不到正常的赡养，被刮得油尽灯枯后，稍不遂人意，便遭到白眼和辱骂，甚至遭到虐待与残害。这种恩将仇报的宠幼弃老的亲子模式，无论是按照传统道德标准还是现代道德标准，无论是按照东方道德标准还是西方道德标准来衡量都是有悖于伦理底线的，是不能代替具有利他主义精神与照顾弱势群体的淑世情怀的父慈子孝的亲子关系模式的（尽管这种模式也有毛病与问题）！

其五，孝精神是一种契合于传统社会的公共精神，其肇始于属于私人领域的亲子之间，进而成长为具有普遍道德约束力的一个基本社会准则，长期发挥了维系个人、家庭与社会团结的精神纽带作用。

孝精神尽管肇始于属于私人领域的亲子之间，但是它不可避免地冲破了家庭的藩篱而走向家族、聚落甚至更为广阔的社会，超越直系的血缘关系，扩展到以姻缘、业缘关系为基础的公共领域。这是由中国传统社会的特殊性所决定的，一方面，中国人特别是中国农民固然如费孝通先生在《乡土中国·生育制度》所深刻指出的，中国社会是一个以家为本位的社会，中国农民行动一般以家庭为界线，凡是自家的事情，也就是私人的事情，人们会做得很好；或如林语堂所言："中国的任何一个家庭都是一个共产主义的单位，以'各尽所能，各取所需'的原则指导着自己的各项活动，相互帮助发展到了一种很高的程度。一种道德义务和家庭责任感使他们要互相提携。"而自家以外的事情，则与己无关，视而不见。另一方面，中国传统社会是个宗法社会，兼具家国同构与家国一体的特点，公与私、自家与公家在中国社会中有着游移的边界，这样"家"这个基本的私人单位可以伸缩，而使包括行孝在内的人们的行动范围会视情况而发生变化。例如行孝的范围不仅扩大到中国社会独有的拟亲子关系的义父子、婆媳、翁婿之间，还会扩大至家族乡党、亲友邻里、师生师徒之间，从而将尊老敬奉的家庭道德推衍为尊老、敬老的社会公德。

因此，台湾学者杨国枢指出，"传统的中国不仅是以农立国，而且是以孝立国"。黑格尔在谈到中国"孝敬"问题时说："中国纯粹建筑在这一道德结合上，国家的特性便是客观的'家庭孝教'。"客观地说，孝精神不仅是人之大伦、家庭之道，也是一种谦卑、顺从的待人处世态度，是一种具有东方社会特点的社会公德。例如国人习惯于对陌生人以高辈相称，鲜有以低辈相称的。一个胡须花白的老人在问路的时候，会叫一个毛头小伙儿为"兄弟"而非"儿子"或"孙子"以示友好很是常见的。当然，他更多的是一种同情和帮助弱者的公共精神，是将血缘亲情的自然亲子关系延伸到社会成员的普遍关怀，其重心由个体内在性的心理感情转移为普遍性的道义原则，在主张"爱由亲始"的同时，主张"推己及人""老吾老，以及人之老"等。例如"克谐以孝"（《尔雅·释训》），"睦于父母之党"（《礼记·坊记》），爱“父母之邦”。孔子说“泛爱众而亲仁”（《论语·学而》）；孟子将为人子的孝亲之心扩大为仁爱之心，进而认为“人人亲其亲，长其长，而天下平”；曾子说：“居处不庄，非孝也；事君不忠，非孝也；莅官不敬，非孝也；朋友不信，非孝也；战阵无勇，非孝也。”（《礼记·祭义》）可见，孝对于建立良好的人际关系和培育社会公共精神具有重要的作用。

这种具有东方特点的公共精神，一方面，强调仁义之心、博爱之心。《大戴礼记·盛德》中说“凡不孝，生于不仁爱也”；孔子提出“泛爱众，而亲仁”；孟子认为“亲亲而仁民，仁民而爱物”“四海之内皆兄弟”……这些思想均表明不仅关爱父母、家人，还关爱他人，兼爱大众。把爱亲人扩大到爱“人之老”。不仅如此，这种公共精神还蕴含了超前的生态主义发展观。例如，孔子说：“断一树，杀一兽，不以其时，非孝也。”（《礼记·祭义》）孔子的这种思想不由得让人们想起法国哲学家阿尔贝特·史怀泽的感慨：“只有当人认为所有生命，包括人的生命和一切生物的生命都是神圣的时候，他才是伦理的。”另一方面，具体运用于为人处世和建功立业方面。例如，曾子说：“夫孝，置之而塞乎天地，溥之而横乎四海，施诸后世而无朝夕，推而放之东海而准，推而放之西海而准，推而放之南海而准，推而放之北海而准。”（《礼记·祭义》）汉代的举孝廉制度基于“爱亲者，不敢恶于人；近亲者，不敢慢于人”，“古者求忠臣必于孝子之门”（《明经世文编·扶植纲常疏》）。这些言论与做法，已经超出道德教化的范围，而成为指导人们待人接物的基本准则。

以上对孝精神理性价值的解析，如果结合西方基督教或犹太教的感恩思想可能更清楚。例如西方感恩文化中也有感亲恩的思想。《圣经·旧约·出埃及记》“十诫”第五条：“当孝敬父母，使你的日子在耶和华你神所赐你的地上得以长久。”《塔木德》中提到要“孝敬父母”。再如也有尊亲的思想，《耶路撒冷犹太圣法经传》释文《释经》篇第一章上讲的两个故事也含尊亲思想。

一个故事说，过去有个人常常用小鸡喂养自己的父亲。有一次，父亲问他：“儿呀，你从哪里弄到的这些东西？”儿子回答：“老东西，闭上嘴只管一个劲儿地吃就行了，就像狗吃东西而不说话一样。”就这样，这个用精美食物喂养自己父亲的人被打入地狱备受折磨。另一个故事说，从前有一个人从事畜牧业，突然国王下令所有的牧民集中起来服役。于是，牧民对父亲说：“爸爸，你留下来接替我的工作吧。如果侮辱要降临的话，我宁可自己承担也不让你受罪。如果打骂跟随而来，让我来领受吧！”就这样，这个让父亲去山坡放羊的人，最终升入天堂。对比之下，前者对父只养不敬，被打入地狱；后者做到爱父至深，被请进天堂。我国孝道精神与西方感恩思想的更多相通之处，笔者拟另文论述。

论当代家庭文化

吴圣刚

家庭文化，是指文化在家庭的呈现形态，包括文化的内容和存在方式。泛化地理解，家庭文化包括特定时期社会家庭所体现出的生产方式、生活方式、物质消费方式、精神消费方式及思想观念、价值追求等，既有有形的又有无形的，既有物质的又有精神的。狭义地理解，家庭文化主要指特定时期社会家庭所体现出的精神生活方式，包括思想观念、价值追求、文化在特定家庭的存在方式、家庭成员的文化行为方式、家庭的文化消费方式等。当然，物质的生产方式、生活方式与精神的生产方式、生活方式是难以分开的。因此，我们在探讨家庭的精神生活方式的时候，必然与家庭的物质生活方式结合进行。

一、家庭文化存在的历史前提

“我国是重视家庭的国家，传统的中国社会是以家庭和家族为中心展开的。”在长期的家庭发展的历史中，由于家庭和家族活动与社会生活的密切联系，形成了系统的、完善的封建家庭规范体系：

1. 庞大复杂。与传统农业生产方式相适应，传统家庭的结构、规模一般比较大。家庭规模的庞大必然导致家庭规范体系的复杂。譬如曹雪芹《红楼梦》、巴金《家》、老舍《四世同堂》中反映的大家庭就是其缩影。不仅如此，由于家庭系统与社会权力系统的紧密联系，甚至使之与国家的规范体系联系在一起，所谓的“君君、臣臣、父父、子子”，长幼尊卑有序等等，就是家、国规范体系融和的体现。

2. 男子中心。由男权社会决定，传统家庭规范体系以男子为中心，突出表现为父权。在“以男为贵”“男尊女卑”的制度下，“夫为妻纲”“夫死从子”，家庭规范体系以保护男子权力的实施为前提。

3. 严密有序。长期的历史发展、丰富完善，传统家庭规范体系进一步系统、配套。封建社会全面继承了奴隶社会的“礼”，同时更注重建立一套更为完备、细密的家庭规范体系。自董仲舒提出“三纲五常”之后，《春秋繁露》《白虎通德论》《女诫》，以及后来的《颜氏家训》《朱子治家格言》等等，构筑了一套非常完备的体系。

1949年之后，中国社会结构发生了根本性变化，传统家庭赖以存在的基础不复存在。公有制的确立，使家庭作为基本的生产单位的地位在一定程度上被削弱；男女平等制度的建立，保证了妇女在家庭中具有与男子相当的地位和权利；婚姻自由，能够使家庭建立在爱情和理性的基础之上；社会主义平等互助新型人际关系的确立，保证了家庭成员的平等地位，改变了传统家庭的内部结构和秩序。尤其是改革开放以后，中国社会由计划经济逐步向社会主义市场经济转变，“社会的转型使家庭也发生了转型性变化，即由农业社会的血亲主位、父子轴心、男性专权的传统家庭，向工业社会的婚姻主位、夫妻轴心、两性平等的现代家庭转变”。而农村家庭联产承包责任制的推行，个体经济、私营经济的发展，不仅使家庭的生产功能得以增强，也使家庭的其他功能得到全方位的转换。与此同时，开放之风的吹拂，外来文化的传入，社会主义新文化的发展，以及市场经济观念的影响，促使家族观念、家庭结构、家庭生活方式、家庭成员之间的关系等都发生了重大变化。“当代中国家庭的变革，实质上是一场家庭形态的大变革。这场形态的变革已不是家庭某一方面的局部变化了，而是家庭各个方面的整体性全面转变。”

当代中国家庭结构具有两个明显的特点：一是规模小，二是结构简单。据20世纪80年代中期对京、津、沪、宁、蓉五个城市的抽样调查，核心家庭基本都在70%以上，而直系家庭、联合家庭平均在30%以下。经过十几年后，这个数字发生了更为明显的变化，中国家庭绝大多数为核心家庭，另有少数的直系家庭、联合家庭，其结构的稳定性都十分有限。随着改革开放的深入，市场经济的发展，人才（人口）流动的加快，人们对职业的选择，对地域、环境的选择等机动性很大，这就使家庭的可变性增大。为适应社会的发展，中国家庭总体上呈现出规模小、结构简单的发展趋势。更为重要的是，在现代化的过程中，人们观念的更新、生活方式的变化，是当代家庭文化存在和发展最重要的前提。

二、当代家庭文化的现实状态

家庭文化是以家庭为基本载体，以家庭成员的亲身参与为前提，又以家庭成员为消费对象，表现出生产于家庭、服务于家庭和文化生活化、生活文化化的特征。家庭是社会的细胞，是构成社会整体的最基本的单位。因此，家庭文化是现代社会文化的重要组成部分。文化是人类意识活动和实践活动的产物，是人类创造活动的结晶，凡是有人活动的地方就会产生文化。家庭是人们活动的最基本的场所。从这个意义上说，家庭是文化生产的最基本的单位，或者说家庭是文化存在的首要场所。如果从文化发生学的角度考察，我们这种判断是符合历史逻辑的。因为文化首先是从人类最基本、最原始的活动场所发生，而家庭正是家庭产生以来人类最基本的活动场所，人们是从家庭逐步进入社会活动空间的，因此，人类的文化创造活动也是由家庭延伸到社会的。从这个意义上讲，家庭不仅是人类文化最早的生成地带，而且是人类整个社会文化的发源地。社会文化是人类文化的整体，家庭文化是人类文化的个体；社会文化体现的是一个国家、一个民族的共性，家庭文化体现的是一个社会文化的个性。个性融于共性，共性体现于个性。一个社会的文化就是由无数个体组成的文化共同体。

应该说，有家庭就有家庭文化，家庭文化也是一种历史存在。但现代家庭文化和历史上的家庭文化相比具有更为丰富的内涵和更加特殊的意义。在以传统农业生产方式为主的封建社会，家庭主要是生活资料生产和人口生产的单位实体，家庭的意义主要在于实现这两项功能，家庭的目的和目标相对简单。因此在家庭组成和建立的过程中，文化的因素考虑得相对较少，比如是否有感情基础，是否有共同的理想追求，是否有一致的价值目标，是否有平等的机会和权利，等等。由于这些最基本的前提不复存在，富有成效的家庭文化创造活动也就无从谈起。在现代社会，家庭的功能有了实质性的变化。第一，当代中国家庭是建立在现代社会的情景之下，现代社会的开放性、多样性和丰富性决定了家庭的存在状况。社会的开放性为家庭走向社会提供了更广阔的空间和更便利的条件，家庭及其成员不仅有更多的机会进入国内社会的各个领域，而且有机会与世界各国的社会家庭进行交流，家庭的自我封闭的堡垒越来越难以形成；社会的多样性和丰富性不断地向家庭充电和辐射，使家庭也变得越来越丰富多彩。第二，现代家庭的结构和规模呈现的特点使家庭的物质构成形态越来越简单，而国家的计划生育政策使家庭的构成形态的复杂性越来越难以成为可能，这就使传统家庭的功能大大降低。家庭功能的变化，使家庭的需求也发生了显著的变化，物质生产和人口生育已经不是现代家庭唯一的和最主要的需求。在现代中国，人们由温饱到小康基本需求满足之后，物质以外的需求就显得越来越重要。第三，社会和家庭的互相开放使家庭成员的进一步社会化显得更为迫切，否则就难以实现家庭和社会的完全对接。在现代社会，家庭成员的进一步社会化离不开文化的滋养和教化。因此，文化是现代家庭十分重要的需求，换句话说，文化也是现代家庭的一种基本需求。第四，现代家庭是建立在平等与自愿的基础之上的，在现有法律的前提下，家庭成员无论在家庭还是在社会都具有平等的机会和权利，每个家庭成员都有权利接受文化，也有机会创造文化，这是家庭文化产生和生长的最现实的前提和基础。第五，在现代社会的政治和经济制度下，每个家庭成员不但有机会接受教育，而且有条件接受教育，这就意味着社会家庭成员的科学文化素质普遍提高。家庭成员文化素质的普遍增长，大大提升了人们对现代家庭的认识，使人们在建设物质家庭的同时，着意于建设现代精神家庭、文化家庭。这就使家庭文化的生长和发展成为真正的现实。

当代中国家庭文化是与现代人们的生活方式紧密联系在一起的。生活方式包括物质的和精神的两个方面。就具体家庭而言，每个家庭有其自身的生活方式；就整个社会家庭而言，有其特定时期的带有普遍性的家庭生活方式。随着中国社会的重大变革，中国家庭的生活方式已经发生了很大变化，正在“从封闭、保守、落后的传统生活方式，走向开放、文明、健康的现代生活方式”。首先，表现在家庭观念的变化上。人们不再仅仅把家庭作为人口生育、生产、消费的单位，更重要的是发挥家庭生产、消费、教育、文化、娱乐等多重功能。

其次，表现在生产方式上。无论是农村还是城镇，人们不再一成不变地守着一种职业、一个岗位干到底，而是更趋向于适应形势的变化，根据自身的能力和条件选择更能实现其价值、能取得更多报酬的职业，以此实现家庭富裕。再次，表现在消费方式上。现代家庭已不满足于温饱，更积极地追求实现富裕小康；对于家庭财富的积累，不再是花个钱掂量半天，而是拿出更多的钱投入到改善生活、提高生活质量上。最后，表现在精神生活方式上。随着中国现代化进程的不断加快，物质生活的日益丰富，人们的精神需求也日益增长。家庭不只是吃饭、睡觉的场所，读书、学习、看电视、听音乐、文体娱乐等都成了家庭生活重要的日程安排。家庭生活方式的选择，反映了一个家庭的精神追求、价值取向、文化向度。

家庭文化就整体而言表现出显著的时代特征。现代社会最重要的特征是消费的膨胀，物质欲、消费欲充斥于生活的各个领域。一方面是物质的消费以文化予以包装，带上文化的面具；另一方面是文化消费物质化，各种文化产品与物质产品的紧密融合，使文化不断地降低浓度和深度，越来越平白化和平面化，表现为强烈的物质流。当然，文化的平面化、物欲化更容易渗透于寻常人家的生活，更容易进入普通人们的视野和消费空间，但同时也易于降低文化的品位，消解文化的精神价值，从而使家庭文化失却应有的质量和深度。因此，应该说，现代家庭文化是伴随着社会物质消费的日益膨胀快速生长的，“通胀”是其重要的趋势和特征。当然，家庭文化呈现的“通胀”特征并不意味着人们对家庭文化的需求疲软和衰竭，也不意味着家庭文化的过剩和贬值，而是指伴随着现代人们日益增长的消费欲，家庭文化普遍快速膨胀的趋势。就具体家庭而言，家庭文化具有极大的丰富性。除家庭文化普遍具有的时代特征外，不同的家庭具有不同的家庭文化，不同的家庭文化具有不同的特点。因为就大概念而言，家庭文化是社会文化在家庭的体现。小而言之，家庭文化是家庭自身创造的结果。家庭文化一方面产生于家庭成员共同的精神追求，它可以使大家共同演绎、复制文化；另一方面产生于家庭成员的文化差异（它主要不是文化水平的差异而是文化方向、知识类别的差异），它可以促使家庭成员运用不同的知识创造新的家庭文化。譬如，有的家庭喜欢读书、学习，接受教育，家庭文化就有一定的深度和厚度；有的家庭喜欢听音乐，参加文娱活动，家庭的艺术氛围就比较浓厚；有的家庭爱好科学，积极尝试科学实验，其家庭文化就更富有创造性；有的家庭喜欢旅游观光，参观名胜古迹，其家庭文化往往体现出开放性，等等。应该指出的是，家庭文化既是一种文化形态，也是一种文化氛围，甚至是一种观念、一种追求。

事实上，如果我们深入地考察家庭文化的存在状态，我们就会发现，家庭文化往往并不是完全的固定形态。在一般意义上，我们认为家庭文化是一种客观的文化存在；在特殊意义上，我们却很难描绘家庭文化的具体形态，也难以形成具体家庭的文化体系，更很少有家庭文化的具体蓝本。当然，按照历史发展的逻辑，越是没有固定模式的文化就越应该具有活力。家庭文化之所以通常不具有固定的形态，原因就在于家庭文化主要是一种消费性的概念，其最突出的特点就是满足家庭的文化消费需求，即使是家庭的文化创造也是为了满足这一需求。因此，家庭在进行文化消费时，没必要再制造一个家庭文化的蓝本，或者专门建立一套家庭文化体系。譬如我们需要学习科学知识，不可能再去编写科学书籍；我们需要电脑软件，也不可能再去专门编制电脑软件；甚至我们需要欣赏电影、戏剧、音乐会，家庭没必要也不可能自身制作。正如我们日常的物质消费不可能完全由自身解决一样。应该说，家庭文化是一种流动的、弹性的文化，它的盈缩限度较大，通常表现为不固定形态。影响家庭文化形态的因素有二：其一，整个社会文化。一般而言，社会文化整体繁荣、发展，走势强劲，影响力大，家庭文化就活跃、兴盛，发展的空间就大，家庭文化则呈现为“盈”。其二，家庭及其成员的需求。家庭及其成员有文化的需求，且具有一定的文化想象力和创造力，家庭文化才有可能丰富和发展，否则家庭文化的生长就不具备现实的可能，家庭文化则呈现为“缩”。

从根本上讲，需求是家庭文化存在和发展的基础。人们之所以日渐需求文化，原因在于现代人需要用文化支撑自己的信心、信念，需要用文化丰富精神上的自我。生活在现代社会，物质确乎越来越丰富，社会的物质消费欲望日益膨胀。然而，物欲成为一种诱饵或牵引力，使人们陷入对物质的无限的不间断的追求之中，生活节奏骤然加快。人们没有因为物质的丰富而变得轻松，反而普遍感到压力越来越沉重。在某种情况下，物质上的丰富与精神上的困惑是相伴而生的，当物质欲望不断得到满足之后，人们生活的目标却似乎变得越来越模糊。精神上的空虚和脆弱不是丰富的物质能够弥补的，而是需要精神上的东西来滋养、来充实。因此，人人需要文化，家庭更需要文化。因为家庭是人们奋斗的大本营，家庭坚定、稳固、充满动力一般能够使家庭成员坚定、自信、富有活力。在一个不断物化的社会，人们需要拥有足够的物质，也需要拥有坚定的信心、信念和正确的价值观，需要有精神和理想追求。这是完善的人、完善的家庭更为重要的组成部分。当然，家庭的价值观念、精神追求是家庭文化的重要内容，而且通过整合家庭成员的信心、信念、精神追求而形成的合力，是家庭文化的主线和核心，是家庭文化中较为稳定的部分。它们能够反映出特定家庭文化的质量和水平。

三、家庭文化的作用

我们说家庭文化是家庭生活方式的反映，或者说主要体现为家庭的精神生活方式。这就意味着，家庭文化并不是一个简单的、单薄的概念。我们知道，在当代中国，家庭的规模越来越趋于简单化，随着中国社会的全面进步，国家的政治、经济、文化环境不断地优化，所有这些都为家庭生活质量的提高创造了充分的条件，或者说，家庭生活质量的提高成为现代人的普遍追求，因而成为整个社会的一种必然的趋势。但是，生活质量的提高不仅仅是物质生活质量的提高，还有一个十分重要的方面，就是家庭精神生活质量的提高。我们已经指出，家庭生活包括物质生活和精神生活，家庭生活方式包括物质生活方式和精神生活方式。家庭既是物质的组合体，又是精神的组合体，仅有物质的生活质量远远不能反映家庭的生活质量。正如我们前面指出的，人是社会的主体，是各种社会关系的总和，不仅有物质的需求，也有精神的需求，而且对于现代人来说，物质上的需求相对容易满足，精神上的需求则不太容易满足，精神的空虚和信仰的缺失是现代文明社会的问题之一，而精神上的问题不是物质上的满足能够完全解决的。事实上，随着经济的快速发展，社会的开放、多元，文化的交流碰撞，带来了人们观念的更新，文明意识的上升，但同时物欲的泛滥正在不断冲击着人们的灵魂，人们的理想、信念、价值观正在经受着艰难的历练甚至经受着痛苦的蜕变。由于人们观念和精神上的断裂和空档，现代家庭的精神保护层和防护网也出现失衡和碎裂，社会上存在的丑恶的东西正越来越严重地侵害着现代家庭，引发越来越多的家庭问题，譬如离婚率逐年攀升，婚外情、婚外恋、婚外婚增多，家庭暴力时有发生，同性恋、多重性关系越来越多，青少年犯罪和家庭、家族犯罪案例频发，等等。这些对家庭的存在和稳定形成严重的冲击。面对种种问题，建立精神的“防护墙”显得特别必要。因此，提高现代家庭的精神生活质量是预防和克服现代家庭问题的重要途径。

家庭的性质决定了家庭从建立开始就不能只是物质的构成，还必须是精神的构成。因为说到底家庭是由人组成的，人是有感情、有理性、有意识的。在现代社会，感情、理性是组成家庭的出发点和归宿点。因此对现代人来说，文化家庭比物质家庭更重要。从根本上讲，家庭成员建立的美好情感、共同的追求、趋同的价值观念是家庭稳定的关键。家庭文化是家庭的润滑剂、黏合剂，对建立现代文明、健康、民主的家庭具有十分重要的作用。

中国古代家庭德育思想及其当代价值

魏长领

一、家庭道德教育的重要性和突出地位

“家”本初含义是以血缘亲情为纽带的“家庭”，其延伸为网络结构的社会关系——“家族”，进而拓展为整个社会关系——“国家”。在中国文化的主干——儒家文化的视野里，“家”即“小国”，“国”即“大家”，“家”“国”一体。这种由家—家族—国家所构成的社会结构形式，是以血缘亲情为纽带的。因而，在中国古代自然经济的社会结构及其运作机制中，“家”既是社会生产的基本单元，也是社会生活的细胞。“家”不仅是社会经济结构、政治秩序的基础，也构成了社会精神文化的堡垒，成了人们道德生活的价值源泉。在一定意义上可以

说，中国古代伦理道德的根基是家族本位，以血缘关系为基础的“家国一体”的社会关系，是中国传统道德关系及道德规范形成的根源。它在社会的显层文化中便表现为血缘—宗法—等级“三位一体”的政治伦理和伦理政治。在“四书五经”中，“齐家”和“治国”紧密相连，“私德”和“公德”融合为一。在中国古代伦理道德规范的建构中，逐渐形成了以“五伦”“三纲”为核心的道德价值体系和伦理秩序，并被儒家称为“天经地义”的纲常名教的核心。

中国古代文化特别是儒家文化，不仅在“家国一体”的宗法等级的基础上形成了一系列伦理道德规范，而且形成了一整套以“家国一体”为基础的道德教育模式及方法。儒家非常重视家庭、家族在道德教育中的特殊地位和重要作用，并把家庭、家族道德教育和社会、国家道德教育以及学校道德教育（“师教”）紧密地结合起来。以血缘关系为基础，以亲情感化为纽带，“家”“国”结合、政教合一，构成了儒家道德教育理论和实践的基本特点之一。儒家强调人生在世，要以“立德”为本，而“立德”要以“孝”为本。在家为“孝”，在国为“忠”。以“孝”促“忠”，以血缘关系促等级秩序，以“齐家”作为“治国”“平天下”的重要环节。在儒家看来，在家能孝悌者，在外必能忠义。人人若能在家知孝悌，在外知忠义，则可家齐、国治、天下平了。《论语》中说：“其为人也孝悌，而好犯上者鲜矣。不好犯上，而作乱者，未之有也。君子务本，本立而道生。孝悌也者，其为仁之本与！”孟子还明确指出：“天下之本在国，国之本在家。”这便是由血缘亲情而广推天下，从孩子的亲亲本能，到长大知敬其兄长，这便是“孝悌”。有这二者，便有了仁义，推而广之，就可以处理好其他所有伦理关系了。《礼记》中讲：“一家仁，一国兴仁；一家让，一国兴让。”把家庭道德教育提高到关乎国家兴衰存亡的高度。《吕氏春秋》中也说：“人臣孝则事君忠，处官廉，临难死。”《孝经》则进一步把“孝”当作道德规范的核心，认为“夫孝，德之本也，教之所由生也”。汉代以后，统治者充分认识到“孝”对维护封建等级伦理秩序的重要性，纷纷倡导“以孝治天下”，并举行了“举孝廉”“彰孝子”“九品中正”等各种提倡“孝”的活动。

历代思想家还编制了一系列以“孝”促“忠”的各种“家训”典籍。如《韩诗外传》中记有周公诫子伯禽的典故，《国语》中有父文伯母诫子的《母训》，《论语》中孔子教子鲤的记载，汉代有马援的《戒先兄子严敦书》、郑玄的《戒子书》、班昭的《女诫》、蔡邕的《女训》等，三国时有诸葛亮、刘备的《戒子书》，魏晋时有稽康的《家诫》、陶渊明的《与子俨等疏》，南北朝时有著名的《颜氏家训》，唐代有柳玭的《家训》，宋代有司马光的《家仪》《家范》、陆游的《放翁家训》、朱熹的《朱子家训》《家礼》，元末明初有郑涛的《郑氏规范》，明代有曹端的《家规辑略》、袁了凡的《训子言》、朱伯庐的《治家格言》，清代有陈确的《新妇谱补》、曾国藩的《家书》等。至于《三字经》中“孟母教子”和《增广贤文》中的治家格言，更可谓是家喻户晓了。

二、中国古代家庭道德教育的主要内容

简单地说，中国古代家庭道德教育的内容是以“家国一体”为基础的封建宗法等级道德规范。择其要者，包括：

1. 在父母子女关系上，要求父母“慈”，子女“孝”。《颜氏家训》中说：“父母威严而有慈则子女畏慎而生孝矣。”在“慈”与“孝”的关系上，中国传统道德更强调的是“孝”。《孝经》中说：“孝子之事亲也，居则致其敬，养则致其乐，病则致其忧，丧则致其哀，祭则致其严。五者备矣，然后能事亲。”

2. 在夫妻关系上，要求“夫义妻顺”。《左传》中说：“夫和而义，妻柔而正。”在“夫义妻顺”中，中国传统道德更强调的是“妻顺”。

3. 在兄弟姊妹关系上，要求“兄友弟恭”。兄要对弟友善，弟要对兄悌恭。

4. 在推及与国家的关系上，要求“忠君报国”。中国古代传统道德以“家”

比“国”，以家庭“私德”推国家“公德”，以“孝父”促“忠君”，并把“忠君”与爱国联系在一起。何谓“忠”？《左传》中说：“公家之利，知无不为，忠也。”“忠”具有“忠诚”“一心一意”“至公无私”等含义。《忠经》中认为，“忠”是人立身的重要道德要求，在自身表现为“忠诚”。《忠经》说：“夫忠兴于身，著于家，成于国，其行一焉。是故一于其身，忠之始也；一于其家，忠之中也；一于其国，忠之终也。”修身、齐家、治国以“忠”贯之，而“忠君报国”是“忠”的最高要求和最终目的。

三、中国古代家庭道德教育的基本方法

中国古代家庭道德教育的方法也很多，现述几点：

1. 德教为本。父母长辈在教育子女后代时，要把道德教育放在首位，确立“德教为本”的指导思想和价值方针。《增广贤文》中说：“不求金玉重重贵，但愿儿孙个个贤”，强调“忠孝传世”。

2. 言传身教。在家庭道德教育中，父母长辈作为教育者，首先必须修己正身，为子女后代做道德的楷模。不仅要“言传”，更要重视“身教”，“身教重于言教”。父母和子女长期生活在一起，父母的言行举止对子女起着直接的影响作用。子女幼时，多从模仿父母的言行中逐渐形成自己的道德观念。因此，中国古代非常重视父母言传身教的作用。

3. 教自幼始。《增广贤文》中强调“训子须从胎教始”，《颜氏家训》中强调“教子当及婴稚”。自幼便加以教诲，使其动静、举止皆入礼合序。若在子女幼小时忽略教诲，一旦“骄慢已习”“习惯成自然”，便悔之晚矣。

4. 祭祖敦德。中国古代很重视通过血缘亲情敦促德化，以祭祖敬长作为道德教育的重要方法。通过对祖先的纪念，慎终追远，不忘先人美德，不忘先祖的养育之恩，从而戒慎自己的言行。

5. 监视督察。在中国古代，一个人违背伦理道德，不只是个人的事情，家庭乃至整个家族都跟着“丢脸”，是“有辱宗门”的事。所以，家庭、家族成员特别是长者便成了严格的道德监督者。当然，各个家族成员也都是被监督者。大家相互监视督察，族长在这方面有崇高的权威性，并享有表彰制裁权。对违背“家规”有辱宗门者，族长可施以鞭笞杖打、开除“族籍”乃至置于死地。这在中国古代社会并非罕见，对维护、贯彻中国宗法等级道德起到了重要的作用。

四、中国古代家庭道德教育的当代价值

中国古代家庭道德教育是历史留给我们的一份丰厚的文化遗产，它带有浓厚的封建性和历史局限性，但也不乏有价值的成分。在我国当代家庭美德建设中，对中国古代家庭道德教育批判性地借鉴，具有一定的理论价值和实践意义。

1. 重视家庭的道德教育职能。把家庭当作道德教育的重要场所，这本身就是可贵的思想。家庭是每个人都离不开的生活领域，家庭关系是每个人都离不开的社会关系。父母是孩子的第一任教师，与孩子朝夕相处，对孩子的成长影响最早、最直接，通过亲情关系对孩子施加道德影响也最容易，影响也最大。因而，在道德教育中发挥家庭的作用是非常必要的。在我国当代的道德教育中，充分发挥家庭的德育功能也是至关重要的。

2. 中国古代家庭道德教育提倡从胎教开始，贯穿于孩子成长的全过程，这也是非常可贵的。

3. 中国古代家庭道德教育重视言传身教、身教重于言教，在我国当前市场经济条件下的家庭德育很有现实价值。市场经济条件下，有些人致力于经济利益的追求，忽视了对子女的教育包括道德教育；有些人挣钱时不择手段，

挣钱后花天酒地，给孩子造成了不良影响；有些政府官员包括个别高干，贪赃枉法、贪图享受，纵容其子女胡作非为；还有些家长只顾眼前利益，迫使孩子辍学经商；等等。针对这些社会现象，大力倡导家庭道德教育，强调父母对子女在道德上的言传身教，甚为必要。

4. 中国古代家庭道德教育的内容，若抛开其封建宗法等级制的局限性，有不少规范可以为今天所用。比如：父母慈，子女孝；夫和而义，妻柔而正；兄长友爱，弟幼悌恭；"公家之利，知无不为""至公无私"的忠，以及其所包含的爱国主义思想，还有邻里和睦、敬长爱幼、勤俭持家等，这些在我国当前的家庭美德乃至整个社会道德建设中，都可以借鉴。

在化解传统与现代矛盾张力中重构家庭伦理道德

于咏华

现实生活中，为什么夫妻不和、代际关系异化、爱幼不敬老、啃老、虐老、奴老现象那么普遍？为什么那么多兄弟姐妹在婚姻危机中苦苦挣扎？为什么一些插足于别人家庭、破坏别人家庭幸福的第三者还理直气壮？这到底是哪里出了问题？如果我们透过现象看问题本质的话，就不难发现：应该是家庭伦理道德出了问题。而家庭伦理道德出问题的根本原因，在于社会存在的变迁、文明形态的转型（传统的农耕文明向现代工业文明、商业文明的转型）引发的矛盾冲突。因此，以"社会转型"为切入点，以家庭伦理道德文化的历史嬗变为主轴，思考传统与现代之间矛盾的缘起、传统与现代之间矛盾张力的扩大问题，探讨化解传统与现代矛盾张力，重构新的家庭伦理秩序的思路和对策，对于促进家庭和谐以及社会和谐具有重要意义。

一、传统与现代的矛盾缘起于“异时”文明之间的差别

这里所说的传统特指传统的家庭伦理道德文化，所说的现代特指现代化进程中形成的家庭伦理道德文化，所说的矛盾指的是不同方面之间“对立统一”的辩证关系。

传统的家庭伦理道德与现代的家庭伦理道德之间，本来就是一种“既对立又统一”的矛盾关系。这种矛盾关系缘起于社会存在的历史变迁，缘起于“异时”文明之间的差别。首先，从人类社会变迁的纵向过程来看，现代与传统具有相互依赖、不可分割的统一性。现代社会萌芽孕育于传统社会，它作为传统社会的延续与发展，与传统具有骨断筋连、血脉相通的内在规定性。现代家庭伦理道德体系中必然有对传统家庭伦理道德中带有“普适”性文化的保留和继承。比如《易经》中总结的“积善之家，必有余庆”，“恶不积不足以灭身，善不积不足以成名”的经验教训，并给人们提出的“勿以善小而不为，勿以恶小而为之”的告诫，作为传统伦理道德文化的瑰宝，不仅具有穿越时空的力量，而且还具有普适价值，在传统社会和现代社会都具有不可替代的功能和作用。

其次，从社会发展过程的阶段性来看，传统与现代又具有较大的差异性。传统的伦理道德文化根基在中国传统的农耕文明。农耕文明的突出特点之一，就是“日出而作、日落而息”，依赖自然力、顺应自然的自然经济。这种自然经济的社会存在，就决定了自古以来民间敬畏天地的信仰，形成了“与天地合其德，与日月合其明，与四时合其序，与鬼神合其吉凶”及“人法地，地法天，天法道，道法自然”的规范。农耕文明的突出特点之二，就是以家庭为单元从事生产以及其他活动，以血缘关系形成的族群为组织，以自给自足为主要社会生活方式等。这种封闭式农耕生活方式，促使了特定伦理关系

的形成。这种特定的伦理关系——就是以“自己”为中心，根据与自己亲属的差别，由近到远，由厚到薄，一伦一伦向外扩张（就像丢在水里的石头引发水面上的波纹）。在这种伦理之网中，夫妻关系处于核心位置。最近的一伦是父（母）子（女）关系，其次是双方父母关系，而后是家族、民族、国家等。这种伦理之网被儒学归结为“君臣、父子、夫妇、兄弟、朋友”五伦关系，并根据《易经》中“有天地然后有万物，有万物然后有男女，有男女然后有夫妇，有夫妇然后有父子，有父子然后有君臣，有君臣然后有上下，有上下然后礼仪有所措”的秩序，建构了处理五伦关系的道德规范，“父慈，子孝，夫义，妇听，兄良，弟悌，长惠，幼顺，君仁，臣忠”又称“十义”。汉代之后，这“五伦”“十义”又进一步强化为“君为臣纲、父为子纲、夫为妇纲”，并上升为一种制度。

现代伦理道德文化的基础是在现代化进程中形成的工业文明和商业文明。工业文明和商业文明与农耕文明最大的区别之一，就是机器代替了手工劳动，机械化、电子化、社会化、专业化程度极高的工业化经济替代了“日出而作、日落而息”，依赖自然力、顺应自然的自然经济。这种以科学技术为推手、以追求更多物质财富为目的的工业文明，以及在此基础上发展起来的商业文明，使人们在不断破解自然现象之谜中消解了对天地自然的敬仰，强化了人们对人类改造自然、征服自然能力的自信，强化了人们对自由自主、公平正义的意识和对物质、金钱的崇拜。工业文明和商业文明与农耕文明最大的区别之二，就是工厂化、企业化、市场化的生产经营替代了传统的以家庭为单位的农耕生产。这就使很多劳动力从土地的羁绊中解放出来，有了流动和迁徙的自由，有了向城市聚集的可能性，也使人们的视野更加开阔，思想更加开放，需求更加多样，舞台更加宽阔，竞争的对手也更加多元复杂。这种开放的、自主自由的、充满竞争的、以物质财富增长及赚钱赢利为特征的工业文明和商业文明，决定了与之相适应的以平等、自由、人权为主要特征的新型家庭伦理道德的形成。可见，存在决定意识，不同的文明形态（社会存在）决定着不同的社会意识形态的形成。传统的家庭伦理道德与现代的家庭伦理道德之间的矛盾，缘起于农耕文明与现代文明之间的差别。

二、传统与现代的矛盾张力扩大于社会转型

当代中国正处于现代化进程当中，处于由农业社会向工业社会的全面转型之中，传统的家庭伦理道德与现代化的价值观、道德观之间不仅存在矛盾，而且矛盾张力在不断扩大。其主要表现：传统中国在敬畏天地的基础上建构起来的一张细密的，关照到社会生活方方面面的，使每个人都能在其中找到自己位置进入角色、实现自己价值、获得认同感和幸福感的，有序的伦理关系之网和德行规范之网被撕破，原有的伦理秩序被打乱，不少人找不到自己的位置，误判自己人生的意义和价值，拜金拜物，吃喝嫖赌，无责任心；不少家庭角色错位，传统的孝道观念被严重颠覆，子孙成为家庭核心，爸爸、妈妈、爷爷、奶奶异化为子孙的“臣民”；在一些人那里，养老侍疾、敬亲尊长、敬老爱老之心已被物欲、利益湮灭，感恩、责任、行孝等孝道意识变得异常淡漠，弃老、虐老等不孝行为频繁出现。究其原因，应该是多方面的，但根本原因应该是社会存在的变迁。

首先，生产方式的变革、社会经济结构的转型，使传统和现代之间矛盾凸显。中国的社会转型实际上开启于近代，从 1583 年意大利传教士利玛窦将西方科技文明带入中国那天起，西方的科技文明及科技理性在中国虽然历经抵制，几经被“驱逐出境”，但是，它作为一种新生事物、一种新的生产力，以其不可比拟的优越性及强大的生命力，不断冲击着以农业文明为核心的中国封建社会，唤醒了中国社会生产方式变革的需求。进入 20 世纪之后，西方科技力量优势的不断显现，越发映衬出封建社会的弊端。因此，在 20 世纪初

中国开始形成了“格致”与“科学”并用的局面。民国初年，教育总长蔡元培决定大学的“格致”改为“理科”，传统的“格致”逐渐被“科学”所取代。五四新文化运动时期，“科学”开始被尊称为“赛先生”，并把它与尊称为“德先生”的“民主”，一起列为推动人类社会进步的两个轮子。此后，中国便启动了“开民智”的解放思想运动，进而也启动了中国传统的生产方式变革，开始吸收西方科技文明，以科学引领工艺改造、工业发展等。随着生产方式的变革，中国传统的、封闭的、稳态的封建秩序开始松动，建立在这种社会存在基础上的传统伦理道德也开始受到冲击，使传统与现代之间的矛盾凸显。

其次，文化转型以及转型中出现的失当行为，使传统和现代之间矛盾张力不断扩大。文化的转型是社会生产方式的变革、是社会经济结构的转型必然引发的、是符合历史发展大趋势的应然，应该顺势而变、遵循规律。但是，20世纪以来，中国经历的两次文化革命或文化转型中都不同程度地出现“失当”行为。这些“失当”行为使传统与现代之间的矛盾张力开始扩大。作为新文化运动的“五四运动”，在高扬科学民主、反对封建迷信，推动人的自由和解放，推动中国经济社会发展中，可以说起到了举足轻重的作用，在中国发展史上具有划时代的意义。但这次新文化运动对中国传统文化的批判，不同程度地存在着良莠不分、矫枉过正的问题。而20世纪60年代到70年代的“文化大革命”，对中国传统文化造成严重破坏。当时，全国上下掀起“打倒孔家店”的浪潮。在批儒批孔斗争中，一方面，以历史虚无主义的态度对儒家文化进行了全盘否定；另一方面，在对民众的教化中以斗争哲学替代传统哲学，以“亲不亲阶级分”替代传统道德、处理伦理关系等。“文化大革命”造成了中国传统文化持续发展和传承的断裂。改革开放以来，虽然邓小平同志进行拨乱反正，但是，还没等人们对以往的文化断裂进行修复和弥合，西方的拜金主义、极端个人主义、享乐主义等腐朽文化，又随着改革开放的浪潮，随着解放思想运动，随着中国现代化的启动及西方科技文明的不断引进，随着中国由农业社会向工业社会、计划经济向市场经济的转型，随着全球化进程等，逐渐渗透到当代中国的思想文化领域，侵入中国人（尤其是新生代）的精神世界，甚至成为部分人的信仰或精神支柱，人心的天平开始向金钱、物欲倾斜，金钱成了“人伦”、人际关系的重要尺度，感恩、行孝、责任等不同程度地笼罩着铜臭；在一些人那里，敬老、养老、侍疾等正常的孝行却与金钱、利益形成畸形链接。为了金钱父子反目成仇，为争利益兄弟姐妹对簿公堂，有些子女为了自身所谓的幸福和利益弃老、虐老等，这种严重的物欲化倾向正是现代与传统之间矛盾张力加大的表现。

三、重构家庭伦理道德需化解传统与现代之间矛盾张力

重构家庭伦理道德需化解传统与现代之间的矛盾张力，而化解传统与现代之间的矛盾张力，必须整合传统与现代家庭伦理道德文化资源，既要挖掘、传承、弘扬优秀的传统伦理道德文化，又要坚持与时俱进、立足中国正在走向现代化和全球化的实际，进行家庭伦理道德文化的创新。

首先，要高度重视中国传统文化，要认识到产生于农耕文明、根植于中国农业社会的家庭伦理道德文化，尽管随着社会生产生活方式的变化以及社会制度的变迁被边缘化、非主流化，但这并不意味其合理性或必然性完全丧失，更不意味着其价值的终结。在科技发展日新月异，人的生产方式社会化、生活方式多样化、信息交流网络化、价值追求多样化的今天，它仍然具有规范人伦秩序、整合社会关系、凝聚社会力量的独特功能，对于有效解决转型期出现的社会失序问题、医治“现代病”等仍然具有重要价值。比如，传统家庭伦理道德文化倡导的不忘父母养育之恩及延伸出的知恩图报、不忘师友等理念，对于构建和谐人际关系具有重要价值；传统家庭伦理道德文化倡导的“长幼有序”的理念，对于规范人伦秩序，促进家庭和睦稳定，进而促进

社会和谐稳定具有重要价值；传统家庭伦理道德文化推崇的忠君、报国、敬业等理念，对于凝聚社会力量具有重要价值；等等。

其次，要以扬弃态度对待传统的家庭伦理道德文化，吸其精华，弃其糟粕，并应时权变、与时俱进。根据当今中国已经进入多元文化冲突交融的时代，现代文化与传统文化、先进文化与落后文化、高雅文化与大众文化、社会主义主流文化同各种亚文化并存并不断发生冲撞、冲突和融合的实际，改造传统的家庭伦理道德，建构适应时代要求又不忘根本的新家庭伦理道德。比如，对传统的“五伦”“十义”赋予其民主、平等理念，变原来单向的服从为双向互动的“互爱互尊”等。寻找传统家庭伦理道德文化与社会主义核心价值体系的契合点，按照社会主义核心价值体系的要求发展家庭伦理道德文化。比如，在社会主义荣辱观当中加上孝敬父母为荣、虐亲不孝为耻等，这样才能弥合文化断裂，使家庭伦理道德文化融入主流意识形态，植入政策制定及制度设计之中。

孝为行，敬为心

王春峰

党的十八大报告指出：“全面提高公民道德素质，这是社会主义道德建设的基本任务。”全面提高公民的道德素质，首先要把提高公民个人的道德素质作为起点。人民群众是道德的主体，只有每个公民的道德素质提高了，才能使“社会公德、职业道德、家庭美德”三大领域的道德水平全面提升。而提高公民个人的道德素质，首先要从哪里开始呢？我们的先人早就指出“百善孝为先”，即一切善行都从“孝道”开始。

《孝经》第一篇开宗明义指出：“夫孝，德之本也，教之所由也……身、体、发、肤，受之父母，不敢毁伤，孝之始也。”这就是说，孝道是所有德行的根本，一切教化都在此基础上产生。你的身躯、四肢、头发、皮肤，都是父母给予的，作为一个孝子，就不能让它们有任何毁伤，这就是尽孝的开始。在人类社会中，孝道是任何人都不可回避的最深刻、最永恒的话题。中国几千年的封建社会秩序和封建伦理关系就是以孝道为基础建立起来的。

我们的祖先充满了智慧。从“孝”字的创造就把其寓意表现得十分贴切。“孝”字最早见于安阳殷墟出土的甲骨文，是一个会意字，上面是“老”字头，下面是“子”字，老一代和子一代合成一体，就形成了一个“孝”字。“孝”字的结构形象地描绘出上面的老人呵护下面的子女，下面的子女承奉着上面的老人，父慈子孝，十分和谐。可见，孝是最深刻的人间亲情，孝是中华民族的传统美德，孝是人伦道德的基石，孝是中华文化的瑰宝，孝在人类历史上始终闪耀着不灭的光芒。

我们的老年人需要“孝”。当前，我国已进入老龄社会，60岁以上老年人超过2亿。老年人为国家、社会和家庭辛苦劳碌奉献一生，如今年老体衰了，应该让他们幸福愉快地度过晚年。现实生活中多数儿女能尊老敬老，但也确有一些不肖子孙，他们不但不尽赡养义务，反而或虐待老人，或掠夺老人财产，或干涉老人婚姻等，侵犯老人的合法权益。有的老人感叹说：“以前是养儿防老，现在是养老防儿。”要解决这些问题，除了用法律的手段，更多的是进行孝道教育，使儿女尽到孝道之责。

我们的儿童需要学“孝”。儿童是祖国的未来，应当精心培养。现在独生子女越来越多，很容易被娇惯、溺爱。在这种环境中长大的孩子，很容易形成以自我为中心，淡化亲情回报，缺少社会责任感。所以，应当以孝道为切入点，强化思想道德教育，使其从小就懂得孝敬父母，做一个有良心知感恩的人，长大以后，才能成为对国家、对社会有责任感的人。

我们的国家需要“孝”。要把国家治理好，要坚持依法治国和以德治国相结合。以德治国应该从孝道入手，继而延伸到社会、国家。正如当代一位知名学者所言，以孝治身、治家、治国、平天下，则可“宇清、国安、家和、人乐”。可见，孝道是构建和谐社会的基石。

孝道教育如此重要，那么，它的深刻内涵是什么？让我们共同品味孔子与其弟子的几段对话，以期从中悟出“孝”的真谛：

“子游问孝。子曰：‘今之孝者，是谓能养。至于犬马，皆能有养。不敬，何以别乎？’”（《论语·为政》）意思是：子游问孔子什么叫孝。孔子说：“现在的所谓孝，只能养活自己的老人，你看狗、马这些动物都能够得到饲养，如果你只是做到让父母衣食无忧，而没有发自内心地尊敬，这跟饲养狗、马有什么区别呢？”

“子夏问孝。子曰：‘色难。有事，弟子服其劳；有酒食，先生馔，曾是以为孝乎？’”（《论语·为政》）意思是：子夏问孔子什么是孝。孔子说：“做子女的要尽到孝，最不容易的就是对父母和颜悦色。有了事情，孩子们抢着去干，让父母有酒喝，有饭吃，难道这就是真孝吗？”

孔子并没有正面回答什么叫孝，而是反问了两次，实在令人深思。

在孝的问题上，民间还有个说法，叫作“论心不论迹”，常常把“孝”和“敬”连在一起。我认为，孝敬的真正内涵是：孝为行，敬为心，关键是在晚辈的心中要有那份对父母深深的敬重，既能满足父母的物质生活需要，又能满足父母的精神生活需求，二者皆佳，才是真孝。

孩子长大以后，有时会与父母的意见不一致，形成代沟。父母所思所做之事，也未必都正确，在这种情况下，孩子应该怎么办呢？孔子建议：“事父母几谏，见志不从，又敬不违，劳而不怨。”（《论语·里仁》）意思是说，侍奉父母的时候，如果与父母意见不一致，甚至父母意见有错，你一定要克制地、用一种柔和的方式委婉地去劝止，这叫作“几谏”。如果父母仍坚持自己的意见，“见志不从”，怎么办呢？就应该“又敬不违”，即做孩子的还要心存孝敬，不要顶撞他们。更不能由此而产生怨恨，这就叫“劳而不怨”。

儿女对父母“又敬不违”是一个较高的境界。中国民间常常把“孝”和“顺”连在一起，孝顺孝顺，顺者为孝，孝者必顺。在很多情况下，儿女的孝心就在对父母的意向不违背。因为父母和子女之间的意见相左，几乎没有关乎国之兴衰存亡的大事，不过是一些鸡毛蒜皮的生活琐事。比如，有的儿女经常指责老妈说："你攒的这些废纸烂箱舍不得扔，剩饭剩菜舍不得倒掉，你去买的都是处理的蔬菜和水果，现在生活好了，难道这些旧习惯不能改掉吗？"有些儿子指责老爸说："我带你去下馆子，吃西餐，你总是舍不得吃，还老说吃不饱，非要回家后蹲在墙角里吃碗面条不可。现在生活好了，难道你这种从农村带来的旧习惯不能改掉吗？"听着这些数落老人的话，能说儿女不孝吗？孔子针对这种情况，说了四个字"又敬不违"，意思是说，从内心尊敬老人，在一些小事上，难道不能顺着父母吗？

真正爱自己的父母，就意味着包容和尊重他们的生活习惯，这是真正的敬。心理上的这种"敬"直接导出的行为层面就是"不违"。只要不是大是大非，儿女对父母要多一点尊重和理解，多让他们按照自己的生活方式去过一种快乐的日子，我认为这就是最好的孝敬。

在《论语·阳货》中，孔子和学生宰予有这样一段对话。宰予对老师说："为父母守孝，一守就是三年，好像太长了。君子三年不讲习礼仪，礼仪必然败坏；三年不演奏音乐，音乐就会荒废。旧谷吃完了，新谷登场，刚好是一年的时间；钻燧取火的木头四季都用不同的材料，一年就会轮过一遍。那么，为什么我们的孝期非得三年，而不是一年呢？"

孔子反问他："如果服孝一年，你就吃精米白饭，就穿绫罗锦缎，你自己觉得安心吗？"宰我说："我安心啊，没有什么不安。"

孔子说："你自己觉得安心的话，那就照你的去做吧！"孔子很讲宽容，当面没有批评学生。宰我走后，孔子有点生气，发出如下感慨："宰我还是做不到仁啊！一个孩子出生以后，要三年才能脱离父母的怀抱，所以替父母守孝三年，是天下之通例啊！难道宰我就没有从他父母那里得到三年怀抱的爱护吗？"在孔子那里，三年之孝和三年之爱是相对应的关系，父母对子女是爱护，儿女对父母是孝敬。现在我们并不是强求儿女服孝非三年不可，而是要从中悟出孝敬的道理。

儿女是母亲身上掉下来的肉，父母对儿女的爱从来都是无怨无悔、终生相守，这种爱是百分之百的。而儿女对父母的孝敬达到百分之百吗？尽管儿女对父母也存孝心，但有时会有很多借口，使孝心或浓或淡，自己闲的时候就浓一些，忙的时候就会淡一些。老人经常会接到儿女这样的电话："妈，我不能回家看您了，实在太忙了。"儿女工作忙，事情多，是可以理解的。但凡事要分个轻重主次，应该取重而舍次。何为重？儿女往往以挣钱为重，以自己的小家庭为重，以朋友交往为重，这个时候，父母的存在和对儿女的期盼往往是被忽略的。而父母接到这样的电话往往这样说："你去忙吧，要是太忙就不一定回家来了，有个电话就行。"儿女们怎么知道，父母的回答并非是真心实意的表达，是一种无奈，你如果把这话当真，其实就是对孝敬打了折扣啊！

孔子还说："父母在，不远游，游必有方。"（《论语·里仁》）这句话有两层意思：一是家有老父老母，儿女不要出远门。因为孔子所处的时代，不像今天交通、通信这样发达，现在坐上国际航班远涉重洋也不过十几个小时即可到达目的地，而且随时可用手机给父母报个平安。那时出远门要用好长时间，父母对儿女怎能不担心、不牵挂呢？所以不希望儿女远游。二是孔子也不是绝对不让儿女出远门，而是说如果你一定要出远门的话，必须要有一定的去处，让父母知道，少操点儿心，这叫"游必有方"。

这里，我想转述一个儿子带着老母亲出远门的真实故事。黑龙江省塔河有位 99 岁的老人，一生操劳，从没走出过塔河这个偏远的地方，在快要行至人生终点时，她心中燃起了一个愿望，想出去看看外面的世界。儿子王一民展开中国地图，母亲用瘦弱的手指画了一条斜线，从中国最北方的塔河一直画到中国最南边的地方。77 岁的王一民看着母亲充满渴望的目光，二话没说，就用家里仅有的一辆破旧人力三轮车，拉着母亲吱呀吱呀上路了。用了两年半的时间，走到了海南岛。两年多，严寒酷暑，冰雨风雪，还有母亲“老小孩儿”似的抱怨和挑剔，种种路况和心结，王一民都挺过来了。当王一民带着母亲回到家乡时，受到了乡亲们的高度赞扬。有人称之为“世界上最美好的同行”，也有人称之为“夕阳的微笑”。回家后，母亲以 102 岁的高龄离开人世，遗言是：希望能把骨灰撒到西藏去。为了实现母亲的遗愿，年逾八旬的王一民又用了 7 个月的时间，骑着机动三轮，终将母亲的骨灰撒在西藏。如果把这两个往返加起来，大约有 5 万多公里。王一民说：“我之所以能忍受所有的痛苦，是因为我必须遵守与母亲的约定，这是我给母亲最后的爱心，也是我对母亲最后的孝行。”

我不知道王一民是否读过《论语》，但他却以实际行动去诠释、践行孔老夫子的“又敬不违”“劳而不怨”的古训，这不正是一个活生生的“孝为行，敬为心”的典型吗？

儒家论孝之三境界

刘玉娥

《论语》是儒家的重要经典，首之以“学习”，次之以“孝弟（悌）”，说明孔门立教重视的是学习与孝悌。古人在创造文字时，“教”字是由“孝”与“文”组成的。“教”为什么是“孝”与“文”相连？其用意主要在于：一是说明学习首先是从孝道开始的，孝道是为人的基本准则；二是说明“孝”是文明之举，是礼教的重要内容。中国信奉“百善孝为先”，这说明中华民族是以孝为基点，是讲究孝道的民族。

一、事父母能竭其力

许慎《说文解字》“孝”字条下说：“孝，善事父母者。从老省，从子。子承老也。”从“孝”的字形上看，上为“老”

字头，下为“子”字，乃父子相承之意。许慎在编纂《说文解字》时，将“孝”归属于“老”部，孝与老属于同一部首，说明孝是对老人而言，与老有着密切的关系。父母养育子女，随着时间的推移，子女长大成人，父母也自然到了衰老之年，子女理应回报父母的养育之恩，这是做子女应尽的责任和义务。“凡生天地之间者，有血气之属必有知，有知之属莫不知爱其类。今是大鸟兽则失丧其群匹，越月逾时焉，则必反巡过其故乡，翔回焉，鸣号焉，蹢躅焉，踟蹰焉，然后乃能去之。小者至于燕雀，犹有啁噍之顷焉，然后乃能去之。故有血气之属者，莫知于人，故人于其亲也，至死不穷。将由夫患邪淫之人与？则彼朝死而夕忘之，然而从之，则是曾鸟兽之不若也。夫焉能相与群居而不乱乎？”子女是否孝敬父母，这是人与动物的明显分别。飞鸟为幼雏不避辛劳，四飞寻食喂养，母猫半夜奔家为众崽喂奶，乌鸦有反哺孝母之义，羔羊有跪乳报母之心，万物有血气者无不尽思其始，何况作为万物之灵之长的人类呢？人类岂无孝老、敬亲之心。“君子反古复始，不忘其所由生也，是以致其敬，发其情，竭力从事，以报其亲，不敢弗尽也。”作为君子善于回返本原，不要忘记自己从何而来，回报父母生育的恩德，不能不尽心竭力。商周时期子女对父母的回报，主要体现在供养上，儿孙辈力田经商，有的甚至远离家门长途跋涉，赚钱殖货，为的是供养父母。《尚书·酒诰》记载：“纯其艺黍稷，奔走事厥考厥长。肇牵车牛，远服贾用，孝养厥父母。”供养父母衣食之需，乃是对人子最起码的要求。孔子十分注重子女对父母的供养。“子夏曰：贤贤易色；事父母，能竭其力；事君，能致其身；与朋友交，言而有信。虽曰未学，吾必谓之学矣。”孝首先体现在对父母的衣食供养上，作为子女一定要安排好父母的晚年生活，尽力使父母无饥寒冻馁之苦。曾子曰：“孝有三：大孝尊亲，其次弗辱，其下能养。”“孝有三：小孝用力，中孝用劳，大孝不匮。思慈爱忘劳，可谓用力矣。”这些都是强调竭力侍奉父母是人子必需尽的义务，是人子最起码的责任。最大的孝是尊敬，其次是不辱，能养老人是最下者。一个人如果连供养父母都做不到，那就是没有用力，是最大的不孝。

孟子总结民间子女的行为，曾提出五种不孝的情况。“世俗所谓不孝者五：惰其四支，不顾父母之养，一不孝也；博弈好饮酒，不顾父母之养，二不孝也；好货财，私妻子，不顾父母之养，三不孝也；从耳目之欲，以为父母戮，四不孝也；好勇斗狠，以危父母，五不孝也。”在这五种不孝的情况中，有三种均为“不顾父母之养”，充分说明“孝”首先在于衣食供养方面。除此之外，还不能因为自己的行为失当而使父母蒙受耻辱，更不能逞强好胜，与人打架斗殴，以牵连、危及父母，这些都是不孝的表现。儒家从生活实际出发，在孝敬父母方面，对子女要求并不高，“子路曰：伤哉，贫也！生无以为养，死无以为礼。子曰：啜菽饮水，尽其欢，斯之谓孝”。粗茶淡饭，日常相聚，叙叙家常，乐享天伦，这就足够了，父母对子女的要求虽不高，但也并不是人人都能做到承欢当时不留遗憾的。父母到了老年，体力衰竭，疾病缠身，特别需要子女经常在身边照顾，作为子女必须真心实意地关怀老人，不能以任何借口推诿而不照顾老人，尤其在老人有病的时候，有条件的要尽量守候在老人身边，设法减轻老人的病痛，在精神上多给予一些关怀。现实社会中，有不少子女一年甚或几年都不和老人见一面，只是到年终寄回去一些钱，但钱不是人，不能代替人照顾父母的日常起居，更不能解除父母对子女的思念之情。现代社会，虽然文明程度高了，社会养老条件越来越好，一些有钱的子女，可以出大价钱，让父母住到一些比较好的养老院，接受专业照护。但养老院再好，缺乏亲情沟通，仍不是最好的去处，因为亲情是无法替代的。所以，古人提出：“父母在，不远游，游必有方。”虽然今人难以做到“父母在，不远游”，但“游必有方”还是可以做到的。这不单是因为儿走千里母担忧，父母操儿女们的心，更主要的是父母年事已高，一旦生病，或有什么特殊情况，身边没人照顾，甚至使年老的双亲陷入绝境，徒有风木之悲。何谓风木之悲？春秋时期有个叫皋鱼的人，宦游列国，归来时双亲去世，他万分悲痛，悔恨莫及，哭泣着说："树欲静而风不息，子欲养而亲不待！"说罢，自刎而死。这个故事最早记载在《韩诗外传》一书中，但《韩诗外传》已经散佚，明代学者张岱又转述了这个故事，才使今人得以知其概略。这个故事是很值得后人深思的，它说明了一个问题，养亲有时，更要及时，一旦亲不在，便无亲可养。"父母之年，不可不知也。一则以喜，一则以惧。"子女应当牢记父母的年龄，随着自己的成长，父母一天天地变老，子女应当趁早为父母做一些事，一旦父母过世，想再孝敬也来不及了。世上有些事可以弥补，唯有时间和孝心无法弥补。"子欲养而亲不待"岂不是徒自悲伤！

二、敬顺与无违

儒家要求子女对父母的孝不仅仅局限在吃好、穿好就行了，还要做到"敬"和"无违"，不违背父母的意愿，不惹老人生气，尊敬父母，使之心情愉悦。"孟懿子问孝。子曰：'无违。'樊迟御，子告之曰：'孟孙问孝于我，我对曰，无违。'樊迟曰：'何谓也？'子曰：'生，事之以礼；死，葬之以礼，祭之以礼。'"要想使老人晚年真正生活得幸福、快乐，最主要的还是体现在对父母的敬和顺上，对老人和颜悦色，尽量做到不忤逆父母。"孝子之有深爱者，必有和气；有和气者，必有愉色；有愉色者，必有婉容。"要求孝子对亲人的爱发自内心，而不是博得虚名，这也是区别一个人是不是真孝的分水岭。因为有深爱之心的人，自然会和气；有和气，自然会有愉悦的神色；有了愉悦的神色，自然会表现出婉顺的样子。"子夏问孝。子曰：'色难。有事，弟子服其劳；有酒食，先生馔，曾是以为孝乎？'"子夏是孔子的弟子，向孔子询问关于孝的道理，孔子很简要地回答说，难的是子女经常保持和悦的脸色。有要做的事，子女替父母去代劳，家中最好的饭菜要先让父母吃。

孔子这段话重在说明，作为子女，有好的饭菜先让父母吃，这不是最难做到的，最难的是不违背父母的意愿，不与父母唱对台戏，不能给父母脸色看。如果子女每日板着面孔，让父母终日看脸色，即使让他们吃得再好，心情也不会快乐，日子照样也是难过的。民间一直流传“眼角食难吃”的谚语，是很能说明道理的。孔子在2000多年前就曾有这样的感慨，认为孝敬父母，真正做到每日和颜悦色是不容易的。曾子说：“孝子之养老也，乐其心，不违其志。乐其耳目，安其寝处，以其饮食忠养之。”曾子认为，赡养父母，应当让父母快乐，不违背父母的意愿。不仅照顾父母的饮食起居，还要让父母高兴。孔子曾经斥责过对父母不尊重、不关心，认为那种只要叫老人吃饭就算行孝的行为，不是人所应该做的。他说：“今之孝者，是谓能养。至于犬马，皆能有养。不敬，何以别乎？”子路向老师问什么是孝。孔子回答说：“现在的所谓孝，只是能供养父母罢了。狗、马都能得到饲养，如果不是真心孝敬父母，只是让父母有碗饭吃，终年累月对父母不管不问，不叙家常，不问父母之疾苦，没有亲情，这样养活父母和饲养狗、马有什么区别呢？”孔子意在说明对父母的孝不仅是能养，还要做到敬顺和无违。孝要建立在敬的基础上，使父母得到人格的尊重和精神的慰藉。尊敬父母并不是一味地顺从，更不是愚孝，当父母有错的时候，要委婉劝谏，以帮助父母纠正错误。“父母有过，下气怡色，柔声以谏。谏若不入，起敬起孝，悦则复谏。”由于时代和知识的局限，父母对事物的认识也未必完全正确，在父母有过失的时候要等待时机婉言相劝。“子曰：‘事父母几谏，见志不从，又敬不违，劳而不怨。’”侍奉父母（如果他们有不对的地方）婉转劝谏，在父母尚不能理解的情况下，要耐心等待，态度不能生硬，更不能深恶痛绝。要等待时机，待父母心情平静时，再婉言劝说。即使劝说失败，招致父母误解，甚或打骂，也不能心存怨恨，仍要和颜悦色地相处，不伤亲情，不失孝道。《孔子家语·六本》载：“曾子耘瓜，误斩其根。曾皙怒，建大杖以击其背。曾子仆地而不知人久之。

有顷，乃苏，欣然而起，进于曾皙曰：‘向也参得罪于大人，大人用力教参，得无疾乎？’退而就房，援琴而歌，欲令曾皙而闻之，知其体康也。孔子闻之而怒……子曰：‘……今参事父，委身以待暴怒，殪而不避，既身死而陷父于不义，其不孝孰大焉？’”曾皙是曾子的父亲。曾子挨了父亲的打，不仅不心生怨恨，反而还担心父亲因打自己而累坏了身体。为了让父亲不惦记自己，忍痛去弹琴，让父亲听到琴声，知道自己已经没事了，以免父亲担忧。曾子虽然很孝顺，但孔子并不赞成曾子所为。这段文献至少蕴含两点要义：其一，曾子是真正的孝子，他的孝发自心灵深处，十分令人感动。其二，孔子反对不分是非的愚孝，要求子女要真心实意地为父母着想，不能一味顺从，陷父母于不义。作为人子能做到这种程度，才真正称得上孝。

三、三年丧之坚守

古人在讲“孝”时，除了供养和尊敬，还包含送终和守丧的内容。送终和祭祀是敬养的延续，在办丧礼时要尽各种礼仪。“子曰：生，事之以礼；死，葬之以礼，祭之以礼。”孔子认为，父母在世的时候，要以礼侍奉；父母去世要以礼安葬，祭祀的时候也要以礼祭祀。父母去世，要为父母守孝三年，在官者去官，在商停商，谓之丁忧。

父母去世，子女为父母守孝三年，这是古制。“尧始定三年丧，父斩衰，母齐衰。唐武后制，父在为母三年，同父丧。”古代服丧制度，以亲疏为差等。有斩衰（三年）、齐衰（一年）、大功（九月）、小功（五月）、缌麻（三月），统称五服。“子张曰：‘《书》云：“高宗谅阴，三年不言。”何谓也？’子曰：‘何必高宗，古之人皆然。君薨，百官总己，以听于冢宰三年。’”为父母守孝三年，这是古制，孔子、孟子都赞成父母去世后要守孝三年的礼制，认为这是回报父母养育之恩的一种体现。关于为父母守孝的时间是一年还是三年，孔子和弟子曾有过深入探讨。“宰予问：‘三年之丧，期已久矣。君子三年不为礼，礼必坏；三年不为乐，乐必崩。旧谷既没，新谷既升，钻燧改火，期可已矣。’子曰：‘食夫稻，衣夫锦，于女安乎？’曰：‘安。’‘女安，则为之。夫君子之居丧，食旨不甘，闻乐不乐，居处不安，故不为也。今女安，则为之！’宰予出。子曰：‘予之不仁也！子生三年，然后免于父母之怀。夫三年之丧，天下之通丧也，予也有三年之爱于其父母乎！’”宰予是孔子的弟子，他认为父母去世，守孝三年，期限太长，旧谷已经吃完，新谷也已经下来，一年就可以了。孔子严厉批评宰予“不仁”，子女出生三年，才能脱开父母怀抱，子女为父母守孝三年，是回报父母三年鞠育之恩，这是符合天理的天下通丧，难道有哪个人没有得到过父母三年鞠育之恩吗？从这段话可以看出孔子的确不失为伟大的圣人，做事有根有据，有着博大的心胸和仁者情怀。历史是不断发展的，世移则事变，儒家孝道中表现的“父为子纲”“父母在，不远游”“丁忧三年”“无后为大”等，随着时代的发展，虽然有些已经不适应于当今社会的生活方式，但儒家提倡的孝道精神却是永远不会过时的。任何时代都需要真诚地关心、关怀父母、长辈的所思所想、所虑所求，以最大限度地满足父母和长辈的物质需求和精神需求为着眼点，充分表达晚辈的孝敬之心，真正使“老有所养”“老有所乐”，这是人和动物的区别。

在儒家的孝道内容中，非常注重祭祀之礼。“践其位，行其礼，奏其乐，敬其所尊，爱其所亲，事死如事生，事亡如事存，孝之至也。”祭祀的时候站在该站的位置上，举行祭祀大礼，演奏哀乐，尊敬父母所尊敬的先人，亲近父母所亲近的贤人，侍奉死去的父母如同生前一样，这就是孝的极致了。“宗庙致敬，不忘亲也；修身慎行，恐辱先也。”祭祀的时候表现出恭敬，是因为没有忘记父母的缘故；修养自己的德行，谨慎行事，是担心父母因自己的过失而名声受辱。“父在，观其志；父没，观其行。三年无改于父之道，可谓孝矣。”父母在世时要体会他们的心志，父母去世后要有追思，想着他们生前的言行举止，子女如果在三年以内对父母的老规矩不加改变，这就可以称得上是真正的孝子了。在这里，儒家侧重的是对已逝亲人的尊重和缅怀，而不是在改不改规矩方面。

为父母养老送终，办好父母的丧事和依时祭祀，是孝道重要的内容。“祭者，所以追养继孝也，孝者畜也。顺于道，不逆于伦，是之谓畜。是故孝子之事亲也，有三道焉：生则养，没则丧，丧毕则祭。养则观其顺也，丧则观其哀也，祭则观其敬而时也。尽此三道者，孝子之行也。”祭祀是用来弥补对父母的赡养并延续孝敬父母的时间，孝就是畜，顺从道义而不悖伦理，这就叫畜。所以，孝子侍奉父母，有三个原则：父母活着的时候要赡养；去世了就要服丧；丧期结束就要祭祀。赡养时观察他是否顺从，服丧时观察他是否悲伤，祭祀时观察他是否尊敬与守时。能做到这三点的，便可以称得上是孝子。儒家不仅重视祭祀，而且还将祭祀与民风联系在一起。曾子曰：“慎终追远，民德归厚矣。”要谨慎地办理父母的丧事，诚心诚意地祭祀祖先，这样老百姓就会受到感化，民风就会笃厚。儒家把一家的敬老推广到整个社会的风气上，要求统治者带头实行，重在普遍提升社会道德，使民风趋于淳厚，以此确保国家的长治久安。这是儒家对人类伦理学的贡献，应给予充分肯定。

习近平主席在纪念孔子诞辰2565周年国际学术研讨会开幕会的讲话中说道：“从历史的角度看，包括儒家思想在内的中国传统思想文化中的优秀成分，对中华文明形成并延续发展几千年而从未中断，对形成和维护中国团结统一的政治局面，对形成和巩固中国多民族和合一体的大家庭，对形成和丰富中华民族精神，对激励中华儿女维护民族独立、反抗外来侵略，对推动中国社会发展进步、促进中国社会利益和社会关系平衡，都发挥了十分重要的作用。”这段话充分肯定了儒家思想在中国几千年的历史长河中曾发挥过稳固和推动社会发展的重要作用。我们一定要深刻领会习近平主席的重要论述，打破对待孔子和儒家思想的禁区，放下思想包袱，全面客观地评价孔子和儒家思想的历史地位和现实价值，投入真挚感情，大力弘扬以儒家思想为主脉的中华优秀传统文化。历史是人物和事件的时空载体，读史的作用是“以史为鉴”。用历史的绳尺，站在时代的高度去审视、感悟其社会作用，借古鉴今才会有现代价值。

家庭建设是社会主义核心价值观的基础

灵　惠

谈到社会主义核心价值观，一般认为，这是一个宏大的课题，似乎和家庭建设关系不大，这种看法是十分错误的。要落实习近平提出的社会主义核心价值观要落小、落细、落实，要日常化、具体化、形象化、生活化，必须将社会主义核心价值观教育落实到家庭。

一、习近平论家庭建设的重要性

在培育和践行社会主义核心价值观的过程中，习近平非常重视家庭建设。这里，我用三段标志性的论述加以说明：

第一段话是习近平在2015年春节团拜会上的讲话："中华民族自古以来就重视家庭、重视亲情。家和万事兴、天伦之乐、尊老爱幼、贤妻良母、相夫教子、勤俭持家等，都体现了中国人的这种观念。‘慈母手中线，游子身上衣。临行密密缝，意恐迟迟归。谁言寸草心，报得三春晖。’唐代诗人孟郊的这首《游子吟》，生动表达了中国人深厚的家庭情结。家庭是社会的基本细胞，是人生的第一所学校。不论时代发生多大变化，不论生活格局发生多大变化，我们都要重视家庭建设，注重家庭、注重家教、注重家风，紧密结合培育和弘扬社会主义核心价值观，发扬光大中华民族传统家庭美德，促进家庭和睦，促进亲人相亲相爱，促进下一代健康成长，促进老年人老有所养，使千千万万个家庭成为国家发展、民族进步、社会和谐的重要基点。”这段话只有200多字，却在社会上引起了强烈反响，在这段话里，习近平全面、集中地论述了中国人所特有的家庭情结和家庭观念的主要内容，分析了家庭对人生的影响，强调了家庭的地位和作用，家庭建设与践行社会主义核心价值观的关系等。特别是明确提出：不论时代发生多大变化，不论生活格局发生多大变化，我们都要重视家庭建设。如何重视家庭建设？习近平“提出三个注重”，即“注重家庭、注重家教、注重家风”。正是在习近平讲话精神的指导下，中纪委监察部网站开辟了“古代家风”专栏，宣传古代家教、家道、家风、家训的内容，受到社会普遍好评。

第二段话是习近平2014年10月15日《在文艺工作座谈会上的讲话》中谈到当前我国社会病的时候指出：“改革开放以来，我国经济发展很快，人民生活水平提高也很快。同时，我国社会正处在思想大活跃、观念大碰撞、文化大交融时代，出现了不少问题。其中比较突出的一个问题就是一些人价值观缺失，观念没有善恶，行为没有底线，什么违反党纪国法的事情都敢干，什么缺德的勾当都敢做，没有国家观念、集体观念、家庭观念，不讲对错，不问是非，不知美丑，不辨香臭，浑浑噩噩，穷奢极欲。现在社会上出现的种种问题病根都在这里。”在这段话里，习近平把没有家庭观念作为价值观缺失的内容之一，实际上是从反面说明，家庭观念是社会主义价值观的重要内容之一。一些贪污腐败分子家庭观念是扭曲的，要么为了家庭的私利贪污腐败，要么家庭道德缺失，破坏他人家庭和谐，到头来都是导致家庭破裂。

第三段话是《中共中央关于制定国民经济和社会发展第十三个五年规划的建议》在谈到共享发展的时候，明确提出："促进人口均衡发展。坚持计划生育的基本国策，完善人口发展战略。全面实施一对夫妇可生育两个孩子政策。提高生殖健康、妇幼保健、托幼等公共服务水平。帮扶存在特殊困难的计划生育家庭。注重家庭发展。"在指导未来五年发展的纲领性文献中提出"注重家庭发展"，虽然只有短短的 6 个字，却包含着十分丰富的内容。注重家庭发展虽然不是习近平的原话，但联系习近平的系列讲话精神，与他重视家庭建设的思想是完全一致的。

除了以上三段话，习近平还在其他讲话和文章中谈到家庭教育问题，譬如最近一个时期，BBC 的纪录片《我们的孩子足够坚强吗？》引起了中英两国民众对教育问题的广泛讨论，相互之间各有所得。习近平在出访英国时专门谈起这奇妙的"化学反应"：英国民众认识到严师出高徒的积极效果，中国民众认识到张弛有度在子女成长中的重要作用。习近平主席还特别加了一句："中国孩子玩得太少了，要让他们多玩一玩。"这句话看似简单，却切中时弊，蕴含着深刻道理：游戏是创新之源。不让孩子们游戏，从小就剥夺了创新的天性，这是家庭教育和学校教育值得反思的问题。

习近平在浙江省任省委书记的时候，在一篇谈到高考前后一些地方学生非正常死亡的原因时指出："一些家长对子女疏于教育管理或要求过高，'望子成龙''盼女成凤'心切，给子女施加过大压力。"现在，中央提出学校教育的任务是"立德树人"，其实，家庭教育同样应遵循这样的原则。很多家长对孩子说：你只要好好学习，其他的事情就不要管了。这是家庭教育的误区。立德教育是家庭教育的根本。《大学》提出，德者，本也，财者，末也。同样道理，在德育与智育的关系上，德永远是本。德行应放在修身做人的首位。中央党校任登第教授在《大家都学弟子规》一书中谈到一个例子。一位妈妈给上幼儿园的孩子说：咱们家给幼儿园交了伙食费，你要多吃点儿，把钱吃回来。一天午饭后，其他孩子都坐在板凳上休息，只有这个孩子站着不动。老师问他为什么不坐下？孩子说：老师，我吃撑了，肚子胀得坐不下去。《弟子规》：“食适可，勿过则。”这是从小培养孩子不过又不及的中道思想。这位妈妈的一句话把这条做人之道否定了，给孩子的心灵种下了贪婪之根。一位研究机器人的大学校长说：我非常希望我的机器人越来越像人，但我最担心我的学生成为机器。人不是机器。孔子说“君子不器”，就是说君子要成为一个有德行的、大写的人。人不是物的奴隶，人要有德心、孝心、良心，但这些“心”不会自动生成，所以才需要修身。而我对修身的理解是：修养身心、涵养德行、激活善根，提升素质。在“三严三实”中，习近平把严以修身放在第一位，充分说明，不论是家庭教育、学校教育还是干部教育，都应该把立德树人作为出发点和落脚点。

二、家文化是中国传统文化的根基

习近平《在文艺工作座谈会上的讲话》指出：“核心价值观是一个民族赖以维系的精神纽带，是一个国家共同的思想道德基础。如果没有共同的核心价值观，一个民族、一个国家就会魂无定所、行无依归。为什么中华民族能够在几千年的历史长河中生生不息、薪火相传、顽强发展呢？很重要的一个原因就是中华民族有一脉相承的精神追求、精神特质、精神脉络。”到底什么才是习近平所说的中华民族一脉相承的精神追求、精神特质、精神脉络呢？我个人认为奠基于家文化基础上的德孝文化是重要的方面。如果说社会主义核心价值观植根于传统文化，那么家文化则是中华传统文化的根基。我想从以下几个层面来说明：

第一个层面：从孝文化地位和作用来看。孝文化是中国传统文化的根源。《孝经》："夫孝，德之本也，教之所由生也。"就是说，孝是一切德行的根本，也是教化产生的根源。而孝则根源于亲情，根源于家庭。失去孝道，就失去了做人的起码德行。古人认为，孝道是"三才之经纬，五行之纲纪，人伦之大本，穷理之要道"。完全可以说，孝道是中华民族精神之本，如果抽取了孝道，便抽取了中华文化的血液。孝精神在历史上发挥了修身养性、融合家庭、报国敬业、凝聚社会、传承文化等功能。但是，近代以来，由于家族的没落、家庭地位的下降、改革开放后的城市化运动、市场经济契约意识的发展以及对传统文化的批判，孝文化受到很大的冲击。但植根于人性之中的孝道，是不会泯灭的。近年来，人们呼唤孝道，呼唤感恩，批判不孝的行为，恰恰说明孝文化的魅力。中华民族五千年血脉相传，孝道精神之根发挥了极为重要的作用。如果说我们中华民族是伟大的民族，那么这个民族就得益于伟大的孝道文化。

第二个层面：从爱国主义精神的地位来看。习近平《在文艺工作座谈会上的讲话》指出："在社会主义核心价值观中，最深层、最根本、最永恒的是爱国主义。"在中国，爱国主义和家庭具有密切的关系。因为中国传统文化是家国同构的文化，修身、齐家、治国、平天下。吕坤在《呻吟语》中指出："家长，一家之君也。"这一家之君，要有尊严，"尊则家治。若看得尊长不尊，如何齐他得。其要在尊长自修"，就是说，如果家长没有尊严，那就管不好这个家。治家的关键要认真进行自我修身。言传身教，才能上行下效。古人认为，成大事是从个人和家庭开始的。东汉时有一少年叫陈蕃，自命不凡，一心只想干大事。一天，他的朋友薛勤来访，见他独居的院内龌龊不堪，便对他说："孺子何不洒扫以待宾客？"陈蕃答道："大丈夫处世，当扫天下，安事一屋？"薛勤当即反问道："一屋不扫，何以扫天下？"陈蕃无言以对。这就是中国人的"家国情怀"。所谓"小孝治家，大孝治国"就是对这种家国同构现象的说明。古代人认为，尽孝是尽忠的基础，尽忠是尽孝的延伸和升华。大忠即是大孝，“忠孝”二字在大忠的前提下统一起来。所以有忠臣出孝门之说。周恩来是一位伟大爱国主义者，但同时也是一个大孝子。第二次国共合作时，周恩来将他的父亲接到重庆在自己身边奉养。1942 年周恩来因病住院手术，中央命令他静养，周恩来父亲恰于此时突然中风身亡，董必武、邓颖超等因周恩来伤口未愈，隐瞒不报。三日后周恩来察觉，当即强行出院回家，坐地大恸。他的秘书事后回忆说，当时周恩来怒斥劝慰他的董必武、邓颖超说：“你们没爹啊？你们怎么就这样做？他是我父亲！我父亲死了你们封锁我。马克思主义也没有说不要爹，马克思主义也不能说亲生父母不要了！”这位秘书记下了他当时的感受：“这是大忠大孝的哭声，带着我们民族的浓厚气息，带着传统伦理道德的力量，猛烈地迸发而出。”今天我们也是这样认为的：我们不能设想一个不孝顺父母的人，能够做到全心全意为人民服务；我们也不能设想，一个没有家庭观念的干部，能够对社会有责任感。习近平 2014 年在兰考考察便民服务中心时，指着贴在墙上的忌语说，如果把老百姓当作亲人，当作父母，就不会说出这样的忌语（还没上班呢，来这么早干吗！你问我，我问谁？）。焦裕禄说：我们不是老百姓的父母，而是老百姓的儿子，不仅是儿子，还要做人民的孝子。邓小平说：我是中国人民的儿子，我深深地爱着我的祖国和人民。国家兴亡，匹夫有责，才有岳母为岳飞刺字“精忠报国”，才有陆游的爱国诗篇“王师北定中原日，家祭无忘告乃翁”。这充分说明，家和国是同构的、一体的。爱家庭，才能爱国家，国家强大，家庭才能安稳。一个对家庭没有责任感的人，不可能成为一个爱国主义者。

第三个层面：从夫妇的地位和作用来看。夫妇乃人伦之本。古人云：人之夫妇，犹天之与地也。天地合和，化生万物；男女媾精，乃育子嗣。人之立，藉道以成。所谓道者，乃言五伦，即君臣、父子、夫妇、兄弟、朋友。君臣之忠义，父子之亲爱，兄弟之悌敬，朋友之和睦，皆始于夫妇之后。从这种意义上，夫妇乃人伦之本。《中庸》说："君子之道，肇于夫妇。"从人自身的生产来说，人来自父母。从君子之道来说，同样来自父母，因为，父母是我们的第一位老师。家庭是人的社会化的第一个场所，家长是孩子的第一面镜子。亚当·斯密在《道德情操论》里讲到"镜子理论"，认为人来到世上，并没有带着镜子，他是从他人那里看到自己的。父母是孩子的第一面镜子。动物对镜子不感兴趣，而人则需要镜子来矫正自己的行为。"前事不忘后事之师"，就是以人为镜，在家庭，就是以父母为镜。父母只有认识到自己是孩子的镜子，才能自觉地修身律己，认识到自己的责任。台湾著名作家毕淑敏说："中国历史上从未有像现在这样焦灼、惊恐不安的父母。很多人都说现在的小孩子多幸福，但他们心里觉得压力很大，苦不堪言。"毕淑敏曾开过一家心理诊所，有一个孩子跟他坦白：我现在想的就是杀了妈妈。孩子说，妈妈总拿我和别人比。比的结果就是孩子没有优点，一无是处。孩子没有希望。有些家长非得让孩子考100分。其实，考90分和考100分没有本质的区别。有的家长把自己没有实现的愿望或者把自己喜欢的专业强加给孩子，完全剥夺了孩子的自主性。而这一切都是在"爱"孩子的名义下进行的。父母要给孩子一面做人的镜子，责任难道不大吗？

第四个层面：从女性的地位和作用来看。家庭教育是一切教育的根本，但在家庭教育中，母亲对子女的影响是世所公认的。贤妻良母来自贤良的媳妇，而贤良的媳妇来自受过好的教育的女子。从这种意义上说，女子才是好的教育的源头。古人早就认识到这个道理：女子是齐家之本，清国之源。在中国几千年的文明史中，历代祖师大德、古圣先贤都非常推崇对女子的教育。印光大师说："治国平天下之权，女人家操得一半。""教子为治平之本，而教女更为切要。"古来五伦关系中，首重夫妇一伦，而夫妇关系中，女德为重。正如人们总结的："闺阃乃圣贤所出之地，母教为天下太平之源。"

与其说国家的命运掌握在政治家手里，倒不如说掌握在母亲手里。马克思也明确指出，从一个社会对妇女的态度“可以判断人的整个文化教养的程度”。

三、中国传统家文化中包含着社会主义核心价值观的基本基因

社会主义核心价值观 24 个字，3 个层面，12 个范畴。每一个层面、每一个范畴都可以从家文化中找到基因和根基。这里仅以第一个层面的内容为例加以说明。

富强是社会主义核心价值观的第一观，即民富国强，民富就是每一个家庭富裕，家庭贫困，国家不可能强大。按照全面建成小康社会目标的要求，现在还有 7017 万贫困人口，分布在 14 个集中连片特殊困难区，592 个国家扶贫开发工作重点县，12.8 万个贫困村，2948.5 万个贫困户。这将近 3000 万个家庭如果不脱贫，就谈不上什么小康社会，更谈不上什么富强。

从“民主”来看，家庭民主是基础，家庭都不民主，国家也不可能民主。中国的人治传统根源于家长制，随着小家庭的大量出现，家族传统、家长制的影响在逐渐衰弱，民主的成分逐渐增多、增大，这就为国家的民主奠定了基础。

从“文明”来看，家庭文明是社会文明基础，一个人的文明素养应从小培养，人的行为举止是在家教中形成的。古代非常重视“礼”，把“礼”作为“五常”之一。这是因为，礼是仁的载体。仁爱之心应通过礼仪表现出来。我们很难想象一个在家里不尊重父母的人，在单位、在社会上是一个讲究文明礼貌的人。

国家层面核心价值观最后一个范畴是“和谐”，“家和万事兴”说明“家和”是社会和谐的基础。父母离婚对孩子的影响是深远的，问题少年、问题青年很多来自单亲家庭。中国离婚率很高（有人说达到 40% 左右）。中国 60 岁

以上的老年人已占总人口的15%左右，超过世界平均水平。《中共中央关于制定国民经济和社会发展第十三个五年规划的建议》指出：“积极开展应对人口老龄化行动，弘扬敬老、养老、助老社会风尚，建设以居家为基础、社区为依托、机构为补充的多层次养老服务体系，推动医疗卫生和养老服务相结合，探索建立长期护理保险制度。全面放开养老服务市场，通过购买服务、股权合作等方式支持各类市场主体增加养老服务和产品供给。”未富先老是中国社会的一个突出问题，随着老龄化社会的到来，家庭养老遇到的矛盾和问题会越来越多，这无疑是家文化研究应该关注的重要问题。

习近平《在文艺工作座谈会上的讲话》指出：“当高楼大厦在我国大地上遍地林立时，中华民族精神的大厦也应该巍然耸立。”家文化在中华民族精神大厦中具有基础的地位，立精神支柱、建精神家园，都离不开家庭美德建设。这就是我们的基本结论。

中国建筑要有文化自信

王全书

新中国成立以来，我国城市建筑成就举世瞩目，人民大会堂等北京十大建筑堪称经典之作；改革开放30多年来，我国城镇化快速推进，一批现代建筑充满时代气息、美轮美奂。但在城镇化快速推进的进程中，也出现了形形色色的“奇葩建筑”，不断冲击着社会公众的审美底线，引发了人们的强烈吐槽。对此，习近平同志指出，城市建筑贪大、媚洋、求怪等乱象由来已久，这是典型的缺乏文化自信的表现，也折射出一些领导干部扭曲的政绩观。当前，治理城市建筑乱象需要多措并举，尤其要确立文化自信。

城市建筑六大乱象

乱象一：崇洋。这些年，复制国外地标性建筑的山寨之作，在不少城镇如雨后春笋般茁壮生长。从白宫、埃菲尔铁塔、伦敦塔桥、悉尼歌剧院到狮身人面像、金字塔、大本钟、斯芬克斯像、希腊众神像，都不难在中国大地上寻觅到它们的“孪生兄弟”；其中，又以美国白宫的出镜率最高。笃信“外来的和尚会念经”，猛刮国际招标风，似乎没有名头够硬、获奖够多的外国人参与，就算不上“与国际接轨”；我国四大一线城市2006年以来兴建的19座大型地标建筑中，主设计师为外国人的达15座之多。请洋人作建筑设计之风，已从一、二线城市蔓延到三、四线城市；一些在西方都很难被付诸实施的“超前卫”建筑设计，在我国也有人追捧，西方建筑理念如水银泻地般地在我们的一些城市流淌，我国俨然成了国外设计师的“试验场”。

乱象二：求怪。相较于崇洋媚外的洋派建筑，一味追求怪异造型而罔顾安全、不讲实用的雷人设计，更是大行其道。“秋裤楼”“靴子楼”“方便面楼”“拧麻花楼”……与周边环境极不协调、与大众审美大相径庭、与民族文化格格不入的光怪陆离的丑陋建筑粉墨登场；一些人为新而新、非怪不取，舍本逐末、哗众取宠，什么伪传统的、“后现代”的、“反力学”的奇奇怪怪的建筑纷纷出笼；连城市的公共艺术及街头雕塑也受到了“传染”，粗制滥造、夸张奇异的建筑景观随处可见。一些人认为，颠覆传统、与众不同就是“标志性”，不少设计师以是否具有视觉冲击力、能否吸引眼球作为主要价值取向，似乎什么样的建筑形态都有存在的理由。

乱象三：媚俗。某地酒店大楼前福禄寿三星的巨大造型，让行人直呼眼球生疼；在一历史文化名城重要区段矗立的“孔方兄”，被视为拜金媚俗的代表作；一景区由许多元宝组成的财富塔，被网友戏称为“元宝楼”，入选当年中国十大丑陋建筑；两家酒厂的“酒瓶楼”，在最丑陋建筑榜单上也同样赫然有名。一些地方附庸风雅，流于低俗，一味效仿或杜撰传统建筑，盲目制造假古董，导致仿古、复古风泛滥。旧城改造也好，新区开发也罢，在城市建设和旅游开发中，越来越多的唐宫宋城、明清老街冒出地面，让人们仿佛在杂乱无序的时空变幻隧道中穿行。

乱象四：趋同。地无分南北，一眼望去，在各个城市，几乎全是清一色的高楼大厦和千篇一律的市政风貌。“擦黑板式”的旧城改造在一些地方屡见不鲜，大部分旧有街区被推倒重建，城市的传统个性荡然无存。建筑设计师抄袭司空见惯，为了赶工期、抢时间，往往东拼西凑、照抄照搬，普遍流行的是“一轴、几环、几带”的设计套路，大中小城市如同个头不一的“一母同胞”。城市模样雷同化、样板化成为通病，呆板、毫无生气、火柴盒般的“水泥森林”遍布神州大地，市政建设千城一面，地标建筑难分地域，城市建设淹没在建筑风格同质、建筑样式趋同的大潮中。

乱象五：贪大。从2001年开始，全国范围内不同类型的城市都做起了“大规划”。一时间，大广场、大马路、大街区、大立交、大草坪纷纷上马，许多建筑设计追求技术难度，所谓“亚洲最大”“跨度最长”“最难焊接”等噱头层出不穷，竞相比高、比大高烧不退，一些政府出资的项目也在这场竞赛中推波助澜，不时有新建筑刷新全国乃至全球建筑高度、体量等记录。在全国200多个地级市中，有180多个正在规划建设“国际大都市”，30多座城市将发展目标定位为“国际或区域性金融中心”。预计到2022年，中国摩天大楼总数将达1300多座，为美国的2.5倍。

乱象六：逐奢。一些地方政府一方面财力有限、高额负债，一方面却又为博面子掏空里子，上马一些华而不实、气派十足的奢华工程、形象工程。他们打着“改善人居环境”的旗号，在严重缺水的地方挖人工湖、建大喷泉，营造“北国江南”水景者有之；名曰“文化惠民工程”，实则建庙宇、修大佛者有之；宣称“实施畅通工程”，对城区道路反复开膛破肚者有之；以“城市亮化工程”名义，安装价值不菲的景观灯，争相打造“不夜城”者有之。这些不计成本的“烧钱”建筑，有些成了巨型商业广告，有些成为夸功炫绩的工具，有些则沦为贪官与不法商人利益输送的温床。

“建筑是凝固的诗篇”“流动的音符”，是石头书写的史书，是最为显像的文化符号。城市建筑之所以乱象丛生，一些地方以权代法的决策者，唯领导马首是瞻的设计师，评审论证走过场、将可行性研究做成“可批性”研究的职能部门，都难辞其咎。但究其根本，城市建筑乱象暴露的是扭曲混乱的价值标准和陷入迷茫的文化传承，反映出我国建筑行业缺乏文化自信。价值判断的失衡、文化自信的失落、跨文化交流的失语、规划和决策制度的失范，共同酿成了城市建筑的乱象。中国城市建筑乱象已到了必须整治的时候。治理城市建筑乱象，关键是确立文化自信，推动建筑文化在中国文化序列中展现独特的魅力和雄厚底蕴。

构建中国特色建筑文化

中国建筑市场是世界中心，建筑文化却是一片荒漠，亟须一场回归人文情怀的文化复兴。要认真梳理、吸取拥有强大生命力的中国传统建筑风格和元素，坚持以人为本的建筑本源，不仅要研究传统建筑的“形”，而且要传承传统建筑的“神”，妥善处理城市建筑形与神、点与面、取与舍的关系，在建筑文化泛西方化和同质化的裹挟面前，清醒地保持建筑文化的独立与自尊。在此基础上，弄清楚西方建筑文化的来龙去脉，把东西方建筑文化融会贯通，在继承民族优秀传统中吸收西方优秀的设计理念，在与西方建筑技艺的交融对话中发展创新，建造有中国特色的现代建筑，体现地域性、文化性、时代性的和谐统一。在面向未来时，不要忘记背靠5000年传统，推动建筑文化在中国文化序列中展现出独特魅力和厚重底蕴，让中国建筑文化在世界上更加出彩。

应抓紧构建体现民族特色、符合时代需要的中国建筑伦理和理论体系。让建筑回归理性，以用为先；回归生态，以俭为先；回归社会，以公为先；回归专业，以责为先。鼓励院校、专家、媒体开展关于建筑文化的讨论，在大众媒体开设建筑文化专栏，推进正确建筑价值观在全社会广泛确立，在新型城镇化进程中弥补国民建筑文化素养的空缺。审美文化教育要从娃娃抓起，在义务教育阶段就要重视美学素质的培养。作为“关键少数”，各级领导干部尤其应当恶补建筑文化这一课。

让城市建筑规划设计回归理性

“规划科学是最大的效益，规划失误是最大的浪费，规划折腾是最大的忌讳。”改变非理性的建设，宜从扭转非理性的规划、设计入手。在建筑规划设计中，要牢固树立保护弘扬民族优秀传统文化的理念，对核心区建筑文化的保护和传承要画出红线，注重延续城市的文脉；应从历史和文化的视角审视城市建筑规划和设计工作，找到符合国情和地域文化的规划方法，在深入挖掘建筑文化内涵和区域特色上下足功夫。

城市规划部门应严格把关，对不合理、不合格、不和谐的规划设计坚决说“不”，从严从细制定规划设计规范，提高建筑规划设计的深度和精度标准，重塑严谨重质的建筑氛围。在规划、设计环节，应有效杜绝盲目建设、不计成本的炫技建筑，无视环境、割裂风貌的突兀建筑，牺牲功能、削足适履的无用建筑，让粗俗、浪费、复制、抄袭的规划设计方案胎死腹中，遏制其遗丑后世。从彰显中国建筑文化、强化规划设计管理体制出发，建议恢复住建部主管勘察设计的机构。建议制定《城市设计导则》，将《城市规划法》

《建筑法》等融为一体，本着鼓励尊重文脉、创新设计的精神，制定管理目标、管理办法及综合应用细则，为规划方案提供严肃性和连续性的法规保障。

大力提升建筑设计师的文化素养

有人说，对奇怪建筑的产生应当三七开，决策者七、建筑师三。的确，一方面，欧美的建筑潮流汹涌而至时，一些并不成熟的年轻建筑设计师不免眼花缭乱、失根失重；另一方面，在巨大的新增建筑数量面前，国内建筑设计师与人口之比仅有西方发达国家的1/10到1/5。高强度、低收费、恶竞争、浅根底，使得国内年轻的建筑设计师们“拿着农民工工资，掐着秒表加班”，于是，敷衍应付、东拼西凑、囫囵吞枣、粗而糙之，也就成了常态。

要下决心改变我国建筑设计行业生态堪忧、专业素养严重不足的窘境。大力加强建筑设计师人才队伍建设，特别注重培养和提高他们在中华优秀传统文化方面的艺术素养和文化自信，消除迷茫和误解，立足民族和传统，珍视历史文脉的继承和发展，从自知自省起步；同时，学习并吸收环保、节能、智能等国际先进技术和经验，在深入了解西方的过程中比照、反思自己，在与世界文化的对话中转换提升，互补共生，进而将建筑文化上升到“道”“自然”“境界”等哲学认知层面，用直觉、通感、体悟等东方思维模式对其进行升华，完成中国传统建筑文化在当代的重构，迈上传承文化、鼓励原创、重视质量的良性发展之路，造就出既尊重国情与历史又懂得西方与现代的浩浩荡荡的优秀建筑设计大军。为充分发挥建筑设计师的主观能动性，确保建筑设计师在工程设计中的主导作用，呼吁早日出台建筑师法，将建筑设计纳入法治化轨道。

坚决摒弃“长官意志”和“瞎指挥”

畸形政绩观对城市建筑的“瞎指挥”，是城建乱象之源。“解铃还须系铃人”。应完善决策机制，把错置在市长身上的话语权交还给市场和使用者，将行政权力严格限定在项目合法、经济可行等把关方面，让政府成为强有力的监督方。应健全民主集中制，建立项目绩效评价硬约束，加强对财政资金使用的管理，遏制举债建设奢华工程、浪费工程。规划和建设部门除了把好程序合法关，还要把好建筑艺术和技术关。对城市建设，既不能单凭行政力量定夺和摆布，也不能任由商业力量主宰和决定。将招投标信息、评审意见、领导决策意见等，全部在网上公布，打破暗箱操作，阻击利益圈子。有权就得有责。完善决策全程记录存档制度，使决策过程可事后追溯，决策过错能有据可究。充分发挥地方人大行使重大事项决策的权力和人民政协民主监督的作用。当务之急是建立一套避免“走过场”的公众参与机制和提高专业人士的话语权，认真接受建设委员会的审查质询，确保评审团的专业性和独立性，从机制上防止专家团成为决策者的“应声虫”和“表决器”。建立方案公开和决策信息公开制度，主动征询公众意见。

应加强对已建、在建、在批建筑的审核、改造。对已建建筑要一座座地梳理排查，需要改进又能够改进的，要协调业主单位做一些改进；对在建建筑要进行复核，力争在设计方案上作必要的调整；对在批建筑更要进行严格审核，发现问题立行立改，决不迁就姑息。

中华民族永远的文化记忆

宛　军

一年一度的春节再度来临，全世界的华人再次欢度我们这个古老民族的共同节日。数以亿计的全国人口大流动——春运，再次上演：千里、万里，火车、汽车、轮船、飞机，所有的中国人都行色匆匆。我们年复一年地看到成千上万人滞留在火车站的宏大景观，大家怀着一个相同的急切而温馨的期盼——赶回家过年。“一年不赶、赶三十晚”，赶回家乡去，去体味举家团圆、孝敬双亲的幸福感觉；去呼吸故乡那陈年老酒般熟悉的空气的味道；去集体重温中国的永久的文化记忆和生命狂欢。

我们从中领悟到，一个经过5000年文化凝练出来的经典节日具有何等的魅力，一个经过沧桑岁月洗礼的民族精神的纽带是何等的坚韧。这是一条河流，流淌着我们的文化血脉和文化基因，千百年来，战争、灾难、异族入侵、朝代更迭，都不能使它断流。这是一种文化的力量，是一种看不见的手——民族共同尊奉的文化传统，导演着这一幕东方才有的、内在而隽永的雄伟壮观的戏剧。

虽然我们已经告别了农耕时代，进入到21世纪的现代工业文明，但是有形的物质的农耕文明印迹的消失，并不能阻隔我们对无形的非物质文化遗产的追忆和温情的精神渴求。这种全民族共同拥有的文化记忆，仍然是中国人个性特征以及凝聚力、亲和力的有效载体，因为我们是从那个共同的本源里走出来的，它今天仍然是中国人文化身份的共同印记，是我们共同的精神皈依。

春节的起源

我国著名文化学者冯骥才先生曾说，中国最大的物质文化遗产是长城；中国最大的非物质文化遗产是春节。中国诸多典籍中也常常用“中华民族第一大节”这个论断来形容春节。世界各地各民族的年节，虽然因地域不同、种族有别而各具特色，但从历史传承、文化内涵、空间规模和持续时空等方面来考量，没有哪国哪族的年节能与中华民族的春节相比。

所谓第一大节，无外乎有四层含义：一是全国56个民族中历史上有39个民族将春节定为传统大节，几乎涵盖全体国民，人数多达十几亿；二是在中华民族所有传统节日中，春节的时间最长，也最隆重，从腊月初八到正月十六，共39天，几乎每天都有特定的活动和内涵，堪称世界节日之最；三是内容最丰富，涉及衣、食、住、行、礼仪、祭祀、信仰、文学艺术、技艺、游宴、娱乐、交际、习俗、制度、理念、精神等各个方面，行为遍及社会各个阶层和领域；四是传沿历史最悠久，若从三皇五帝传说算起，距今已有5000多年的历史，即使从汉武帝于公元前104年颁布《太初历》，确定正月初一为新年开始计算，也有2100多年。

一个传承数千年的民族节日，至今仍红红火火地活跃于世间，这在世界文明史上可谓是独一无二的奇观。他既是中华5000年文明绵延不断的佐证和写照，也昭示着这个节日具有非同凡响的文化内涵和强大的生命力及生存空间。

春节的起源一是与天文历法有关，二是与古代信仰、崇拜和祭祀有关，三是与历代劳动人民集体创造、集体传承的民俗有关。

学术界探究春节的源起，既有夏商之说，也有汉初之说。泱泱中华数千年虽然每年都过春节，然而在不同的朝代，甚至同一朝代的不同时期，过春节的时间也有不同，这主要是因为所依据的历法不同的缘故。

历法是用以推算年、月、日的长度和它们之间的关系，制定时间推移顺序的法则。人们根据地球自转，产生昼夜交替的现象形成了“日”的概念；根据月亮绕地球公转，产生朔望，形成了“月”的概念；根据地球绕太阳公转，产生四季交替的现象而形成了“年”的概念。以回归年为单位，在一年中安排多少个整数月，在一个月中又安排多少个整数天的计算方式和怎样选取一年的起算点的方法就是“历法”。

中国是个具有数千年农耕历史的国家，历朝历代都把创建、修订、完善历法看作是“推本天元，顺承阙意”的大事。在唐代以前，“王者易姓受命，必慎始终，改正朔，易服色”，以表示自己的政权与旧王朝的不同和“上承天命”的合法性。因此，不同的朝代所使用的历法也多有变化，称谓也不同。一年也称一祀、一岁。一岁之首，一元复始，新旧交替，除旧迎新，万象更新，所以要举行隆重的祭祀活动，于是便产生了春节，并成为重要的节日。

春节各种仪式的形成与古代的信仰和祭祀密不可分。春节虽然起源于天文历法，但却是由于每年一度的隆重祭祀而得以巩固和传承的。对我们的祖先而言，有两件事情是最为重要的：一是祭祀，二是战争，“国之大事在祀在戎”。

一是庆祝丰收和祈求收获的祭祀活动。这一点既是“年”字的本义，又是祈祷者的愿望，是年节确立的最重要的意义所在，是农耕社会民众最朴素、最真挚的情感和信念。因此，庆祝丰收、祈求收获就成了一年一度最重要的祭祀活动。

二是对天地神灵的信仰。古代先民受“万物有灵”观念的影响，视大自然风雷雨电变化造成的各种灾难为冥冥中的神灵操纵，从而祈求他们的恩惠和宽恕，或赋予战胜灾难的智慧和力量。

三是崇祖敬祖。用“祀”字来表示年，就是远古先民崇祖敬祖信念的真实写照。古人认为“万物有灵”，因此“视死如生”，认为人死后灵魂犹在，仍能左右子孙的福祸，因此产生对祖先的敬畏和崇信。

以上三点虽然不能概括古代先民创立年节的全部本意，却表达了他们锐意进取和期盼丰衣足食、合家欢乐、平安幸福的理想，意在“与天地合其德，与日月合其明，与四时合其序，与鬼神祖灵合其吉凶”。因此，在年终的腊月举行这种叫作“腊祭”的重大活动，积久成俗，就成为后世“春节”的滥觞。

春节高潮来临前的预演

春节的起源除了与天文历法和信仰祭祀相关外，还与广大劳动人民群众在长期的生产生活实践中集体创造、集体传承的民俗文化有关。

中国春节走过了漫长的历史，从夏代年节雏形的形成，到宋元明清年节的成熟与完善，历朝历代、祖祖辈辈，老百姓在日出而作、日落而息的日子里，逐步赋予年节以丰富的内涵，形成了诸多的仪式和风俗，而且愈来愈丰富和深刻。我们从这些内容广博的春节习俗中选择几个重要的节点来谈谈，从中体味我们先民们当时的思想和情感。

中国的年节是从腊月初八拉开帷幕的。

按照中国农历，每年的十二月被称为腊月，而腊月初八日又被称为“腊八节”。“腊”，《说文解字》称：“腊，冬至后三戌，腊祭百神。”可见“腊”本是古代的一种在冬至后第三个戌日举行的祭祀活动。“腊，猎也。谓猎取禽兽以祭先祖五祀也。”由此可知这个节日的创立，是远古时代每年年终祭祀神灵、先祖的一种习俗。各种禽兽经过一年的生长，膘肥毛美，歇冬的农人猎之用于祭祀，于是，腊月初八这天便成为腊月里重要的一个节日了。

“腊八”这个节日得以盛行，除古老的腊祭原因以外，与后世的佛教传人也有很大关系。传说释迦牟尼出家后，潜心修行，在饥饿困境中得一牧羊女用“奶粥”搭救，这个日子换算成中国农历，也正好是腊月初八。佛门为了弘扬此事，宣称腊月初八是佛祖释迦牟尼的“成道日”，佛教徒便在这一天施粥扬义，弘扬佛法，举行各种浴佛活动。因而腊八又成为佛教的“成道节”。由此，我国固有的传统节日“腊八节”的内涵和风俗活动在中外文化交流过程中得以丰富和发展。

目前我们能见到的关于“腊八粥”的最早记载是宋代孟元老所著《东京梦华录》：“初八日，街巷中有僧尼三五人，作队念佛，以银铜沙罗或好盆器，坐一金铜或木佛像，浸以香水，杨枝洒浴，排门教化。诸大寺作浴佛会，并送七宝五味粥与门徒，谓之‘腊八粥’。都人是日各家亦以果子杂料煮粥而食也。”至今，不少寺院还保留着腊八节设棚施粥的传统。在民间，食腊八粥主要目的还是庆祝一年来五谷丰登，祈求吉祥如意。

腊月二十三，俗称小年，是春节高潮来临前的另外一个重要日子。传说这天是“灶王爷上天”之日，因此要祭灶神，希望他“上天言好事，回宫降吉祥”。灶神，本是因为古人对火的崇拜、感念而臆想出来的神。《周礼》称“颛顼有子曰黎，为祝融，祀以为灶神”。灶神在上古是指火神祝融氏，后来随着历史的发展，才出现了人格化的灶神，不仅有灶王爷，还有灶王爷的妻子“灶王奶奶”，并具备了“上天言事”的资质。到了宋代，出现道教徒编印的《灶王府君真经》，广传民间，内容是劝人学善，并由此衍生出众多传说，把灶神形容为执掌着人间吃饭和监督人们言论行动，负有年终上天汇报职责的“司命”之神。到《封神演义》问世后，民间又流传《封神演义》中的渑池守将张奎是灶神的说法。

祭灶的主要活动就是“送灶”。所谓“送灶”，就是把旧年的灶神神像取下来焚化，表示灶神已经“上天言好事”去了。送灶前要准备好祭品：用松柏、冬青等的树枝扎成“送灶柴”；购买纸轿、纸马或以秸秆编制纸轿、纸马以备灶神“上天”时乘骑，而且一定要准备好丰盛的供果。这些祭灶习俗，大约在宋代就已初具规模，据《东京梦华录》记载：“二十四日交年，都人至夜请僧道看经，备酒果送神，烧合家替代钱纸，帖灶马于灶上。以酒糟涂抹灶门，谓之‘醉司命’。夜于床底点灯，谓之‘照虚耗’。”此时的祭灶习俗已与后代大体相似，所不同者，后代以黏甜食品封灶君之口，而宋代则醉之以酒糟。

祭灶的习俗表面看是人对神的敬畏，其实是人对发明火的先贤的功德感念。人们赋予灶君“司命”的职责，通过一送一迎的神圣祭祀仪式，教育主灶之人和家人不要铺张浪费，要勤俭过日子，不办坏事，多做好事，从而达到弘扬中华民族优良传统美德的目的。

春节的高峰期

春节的高峰期始终是年末岁首，即除夕及正月初一。

对于祖先的崇拜在我国由来已久，因此，每逢除夕，都要对祖先告祭一番。在后世众多的文学作品中，对春节请祖、祭祖的风俗有很多描述，尤以小说《红楼梦》第五十三回“宁国府除夕祭宗祠，荣国府元宵开夜宴”中对贾府新年祭祖活动的描述最为详备。

对于除夕的记载，在我国历史典籍中可以说数不胜数。明代文人沈明在《除夕词》中讲道："锣鼓儿童声聒耳，傍早关门。挂起新帘子，炮仗满街惊耗鬼，松柴烧在乌盆里。写就神荼并郁垒，细马送神。多着同兴纸，分岁酒阑扶醉起，阖门一夜齐欢喜。"足见当时除夕夜之盛大热闹。

除夕的另一个习俗是明灯旺火，所谓明灯旺火，就是指除夕这日入夜，要点上长明灯烛，给神位上香，要彻夜明亮。有的地方称作"照虚耗"，也有的地方生一盆旺火，一家人围坐旺火旁守岁；也有的地方不仅在神灵前点长明灯，还在院内的房檐下每隔不远点一盏长明灯。家中主人或子女，每隔一段时间就给灯添油拨捻，使院内院外、屋内屋外通宵明亮。明灯旺火，预示着来年红红火火，阖家兴旺。

唐人的诗作中，很多都提到这一风俗。比如张说《岳州守岁》中的"除夜清樽满，寒庭燎火多"，丁芝《京中守岁》中的"守岁多燃烛，通宵莫掩扉"，储光羲《秦中守岁》中的"阖门守初夜，燎火到清晨"等，都反映了除夕夜"明灯旺火"已经是全国性的习俗。

年夜饭，即指除夕入夜，全家人聚在一起吃的一餐晚饭，年夜饭必有饺子，又叫"年饭""全家欢""分岁饭"等，是筹备春节过程中家家户户全家欢聚、最热闹的时候。

吃完年夜饭不久，便进入守岁时段。酒足饭饱的一家人，在时光消磨中共同等待新年的到来。《东京梦华录》中所谓"围炉团坐，达旦不寐，谓之'守岁'"的情景就是这一古俗的记录。到了唐代此风益盛，不仅平民百姓守岁，达官贵人也要守岁，甚至这风俗也传到了皇宫。

农历正月初一，就是大年初一，古称"三元日"。这个日子既是年、月、日三个时间标志的开端，也是年节最隆重、最具标志性意义的日子，各种礼仪和活动内容也最丰富、最具特色。

五更天起床后，人们的第一项重要活动就是祭全神。所谓全神，是指家中所奉祀的各种神祇。这是年节中最庄严隆重的祭祀仪式，也是新的一年第一个最重要的祭祀仪式，因此极受重视，几乎要把年节中准备的所有最好的佳肴和祭祀用品都拿出来奉献给以天地为主的神祇和祖宗。摆好供品，家庭主妇便开始焚烧各种金箔、银箔和祭纸，边磕头边小声念念有词地作揖祷告。其内容大多为求各个神灵保佑全家在新一年里五谷丰登、人畜两旺、无病无灾、平安健康、多财多福、儿女有成等等。在这一过程中，任何人不得大声说话。

噼里啪啦的鞭炮声，不仅迎来新一年的第一个黎明，也引发大人小孩的欢声笑语和乡邻亲友间的拜年活动。

古时拜年又叫“走春”“贺岁”，是人们相互表达美好祝愿的一种仪式。古时“拜年”一词的含义有拜年和贺年之分，拜年是向长辈叩岁，贺年是平辈相互道贺。

我国春节拜年的习俗由来已久。拜年活动一般从家里开始，家长要带领全家男女老少给长辈磕头跪拜，长辈受拜以后，要将事先准备好的“压岁钱”和瓜果食品分给晚辈们。

对于拜年习俗，历代典籍记载甚多。《东京梦华录》卷六中描写北宋汴京时云：“正月一日年节，开封府放关扑三日。士庶自早互相庆贺。”明中叶陆容在《菽园杂记》卷五中说“京师元旦日，上自朝官，下至庶人，往来交错道路者连日，谓之‘拜年’”。有的大户人家街坊邻里亲朋太多，难以一一登门遍访，自宋代开始就出现差遣仆人带名片去拜年的现象，称为“飞帖”。那时官宦大户人家家门前过年时常贴一红纸袋，上写“接福”两字，即为承放飞帖之用。

正月十五闹元宵，这是继除夕、大年初一之后的春节期间又一个节日高潮。这是一年中第一个“月圆之夜”，所以也称作“元宵节”。如果说正月初一祭祖祭神是严肃庄重的节日仪式之最，那么正月十五就堪称是中国人的狂欢节，内容极其丰富。

元宵节的由来可以追溯到商代。关于这个节日的形成主要有两则传说。

其一，祭祀“太一”神。据专家考证研究，认为所谓“太一”神就是商代的开国之君——商汤。他本是东方商族部落的一位首领，攻灭夏朝后建立了商王朝。商汤在位期间推行善政，减轻征敛，鼓励生产，安抚民众，停止人殉以保护劳动力，因此深受商人的爱戴，死后被尊为“太乙”“大乙”或者“高祖乙”，商人把东方（商部落发源的地方）的一颗星命名为“太乙星”虔诚祭祀。汉代每年正月的第一个辛日在甘泉宫祭祀“太一”神，从傍晚开始一直到天明结束，其间还要“举明灯”。后来将祭祀的日子逐渐固定在正月十五日，称为“上元节”。

其二，佛、道宗教习俗。自从东汉诞生道教以后，创立了“三元”之说，认为正月十五、七月十五、十一月十五分别是“天官”“地官”“人官”的生日，并分别称为“上元”“中元”“下元”，因此正月十五要祭拜天官，以求“天官赐福”。佛教传入中国以后，称印度每年正月十五有僧俗徒众云集观看佛舍利放光雨花的习俗。于是汉明帝就下令正月十五这日在皇宫和寺院要“燃灯表佛”。此活动由宫廷传入民间，便形成正月十五观灯赏灯的盛会。

每逢正月十五，我国到处都是张灯结彩。经过正月十三的“上灯”、正月十四“试灯”，到了元宵之夜便谓之“正灯”。这一夜无论是城市集镇，还是偏僻山庄，千家万户、街头巷尾一片华灯异彩、欢声笑语，把春节推向又一个高潮。

元宵是元宵节最具特色的食品。在唐代曾称为“面茧”，宋代则称“圆子”“浮圆子”，而到了清代称作“元宵”。清人李调元有“风雨夜祭人散尽，孤灯又唤卖汤元”的诗句，十分有情调。民国初年，袁世凯当政以后认为“元宵”与“袁消”谐音，因此下令不许称“元宵”，一律称“汤圆”。在元宵之夜，阖家团圆，吃着碗里的汤圆，望着高悬的圆月，耳闻锣鼓喧嚣，眼观万家灯火，其乐融融，象征全家和睦团结。

春节的当代价值

在传统春节的语境中，春节是感恩节，是对民族文化记忆的强化与普及，是民间艺术的大展演，是中国人的狂欢节。在漫漫的农耕时代，多个地域、多个民族都培植出自己的春节文化，每一个都是装载着厚重历史的典籍，是典型的东方民族文化的活化石，凝聚着炎黄子孙的文明历史、价值观念、生命感悟、族群标示，人文精神、宗教哲学……

即使我们今天进入了现代工业文明，但春节对于我们仍然具有教化人心、提升道德、调适群体生活乃至构建和谐社会的功能，具有传承中华优秀文化的功能，具有巩固华夏儿女文化共识的基础、培育民族精神的功能，同时还具有构建文化产业、拓展旅游经济的功能。

在当代，如果我们对传统春节进行理性的审视，我们会发现，它已经更多地成为一种民族文化的象征和载体。民族文化通过它传承和延续，民族记忆通过它传递和加强，民族情感通过它凝聚和维系，民族个性通过它锤炼和固化，民族精神通过它培育和弘扬，民族形象通过它壮大和张扬。春节使民族传统文化的因子通过各种渠道和形式渗透到每一个人的心灵，彰显到社会的各个角落和领域，使整个民族在一次又一次、一年又一年的中华文化的大洗礼中，牢牢记住我是一个中国人，从而增加民族的向心力和凝聚力。反之，失去了富含文化记忆和传承的春节，也就失去了得以加强和延续民族品性的熔炉和链条。

如今，我们这一代人赶上了一个急剧而猛烈的社会转型期，原有的农耕文明架构下的一切文化都在迅速地瓦解、消失、涣散、泯灭。

近些年来，每当春节来临，我们常听到这样一些声音：“年味越来越淡了”“找不到过年的感觉了”。究其原因，第一，我们原有的信仰消失了，随着这种信仰的淡化，春节的重要支撑——祭祀仪式瓦解了。这就使传统春节原来所具有的神圣感、神秘感与我们渐行渐远了。第二，原有的农耕时代，人们养成了克勤克俭的品质，平时节衣缩食，只有到了春节才可以尽情享受一次。而现在，平时的生活要比过去春节时的生活丰富得多，吃穿不再具有特别的吸引力了，春节也不再以追求物质享受为目的了，所以，过春节时人们的感受也不同于以往了。第三，现代化的条件下，尤其是城市化的结果有一个明显的特征，即人与人之间的关系越来越疏离，住在同一栋楼房里，老死不相往来已成为普遍的现象，生活在闹市像生活在沙漠一样寂寞，包括家族、亲戚、邻里之间的亲情也相对淡化。而过去春节的一个重要内容是人际交往，相互到家里拜年看望，现在也被手机短信取代了。很多家庭的年夜饭也改在饭店，虽然面对满桌的美味佳肴，但是再也吃不出过年的味道了。

近年还有其他很多习俗也都逐步消失或是简化，这就难怪人们会发出“年味淡了”的慨叹。

传统年节的意蕴在稀释，变得平淡，而新的“流行文化”元素又营造不出旧时过年时浓烈的民族文化氛围，所以，年味淡了，春节更多地变成了一个法定假日，并且仅仅是一个假期，这一点在城市表现得尤为突出。

正是基于这种理念，中国把正确对待传统文化，保护文化遗产，守护民族共有精神家园等任务列入国家文化战略，启动了非物质文化遗产抢救保护工程，确立了国家文化遗产日，把传统节日列为法定假日，并且加快文化遗产保护法的立法进程等等。这一切都来自弘扬民族传统优秀文化，树立民族文化自信心，形成传承中华文明的文化自觉现实而紧迫的需要。

为此，我们应当保护好各个不同地域、不同传统节日的经典和精粹，留下一批中华传统节日的样板，使我们和我们的后代子孙可以永久地去探查它无穷的魅力。

我们应当重建节日文化的内涵和形式，在现代条件下，在继承的基础上，在扬弃不适合现代社会内容的前提下，尽可能多地保留传统节日的文化意蕴和历史风范，恢复必要的传统仪式，建立与传统相连接的新的仪式，逐步形成新的民俗，以丰富传统年节的文化内蕴。

我们应当在全国逐步建立一整套中华传统节日的保护体系，通过档案保护、传承人保护、博物馆保护、教育保护、法律保护等，进入传统节日文化的源头，将历史和记忆切实地记录下来。

我们应当大力宣传传统节日对我们民族文化的延续、民族精神的培育、文化共识基础的营建、文化身份的维护等方面的重要意义，使保护传统节日成为政府和全民的行动。

我们希望中华文化与中国经济一起腾飞，希望中华文化及其蕴含其中的民族精神放射出无尽光华，照耀中国崛起的辉煌前程。

保护古村落：
我们这一代人不可推诿的历史责任

秋 潭

一、正在消失的古村落

在漫长的农耕时代，中国有 40 万座古村落，每一座都是装载着厚重历史的典籍，是典型的东方民族文化的活化石，凝聚着炎黄子孙的文明历史、价值观念、生命感悟、族群标识、人文精神、宗教哲学、聪灵巧慧……可是没等我们去仔细品读它、研究它、传承它，这些经历了千年风雨的古村落，这些传统社会架构的基本单元，这些百姓生存状态、生存想象的基本范式，便在城镇化、商业化突飞猛进的过程中渐趋湮灭。剩余的那些本可作为中国漫长农耕时代活的遗存和样板的古村落，到底还能支撑多久？我们该怎样来保护这些地处偏远却维系着中国传统文化的古村落？这些问题显得日益尖锐而紧迫。在城市的古老印记已经渺如烟云之后，古村落是我们生命中最为沉重、最为惆怅的情结，我们无法不去注视它，不去关心它。

几乎每个人都有关于村落的旧梦：构筑典雅、卧砖到顶的灰蓝色的瓦屋，门楼上“耕读传家”的匾额，镶嵌在砖墙上精美得在今天也能被叫作艺术品的神龛。偶尔一座牌坊，证明着这里曾是卧虎藏龙的地方。院墙上枪弹造成的硬伤，提示着当年战争的硝烟。还有水井和辘轳，通向小河的湿滑的石板路，冬日里河边那灰白的芦苇和树丛，远处一望无际的原野和庄稼……百姓们在田园里春种秋收，熬过酷暑严冬，在这里婚丧嫁娶，度过喜怒哀乐，创造着属于他们自己的信仰、崇拜、伦理、亲情、文学和艺术……一切都是闲适的、恬淡的、舒缓的，执掌着这一切的是传统的力量。这就是自己的家、自己的家园、自己的国家。这一切远远超出乡愁的含义，它其实是在提示，用一个民族渗透在心灵中的传统，一种穿透进精神深处的根的深度，提示我们：这些村落如今到了我们承上启下的这一代人的手里，我们不能任其彻底毁灭，因为它们是历史的证据、文化的根脉、情感的归依、精神的家园。

但是，蓦然回首，我们发现这些几千年农耕时代人类生存的最基本的单元，农耕文明传承的最底层的基地，骤然之间变得面目全非，纷纷失去了它原有的风貌和韵致。现在的乡野，凡目力所及的地方，我们看到的是坍塌扭曲的建筑，或者是村民已经整体搬到新的社区和楼房而留下的废墟。村落里不少房子是空的，实际上是一个又一个“文化的空巢”，没有血肉和灵魂。个别保存完好的村落也成了旅游区，而不再是一个生命。等农民彻底城居化之后，我们的第二代、第三代人将对村落文明完全陌生。村落将仅仅成为一个空泛而苍白的概念，供我们的后代去想象。

保护古村落，到了“最危险的时刻”。

二、保护村落文化的多样性

村落文化是中华文化中最为丰富而多样的文化形态。我们现在说的古村落是一个比较笼统的总的概念，实际上古村落是由各个不同地域、不同文化特质、不同文化内涵的具体的村落集合而成的。

决定古村落不同风格和样式的因素有三个。第一，地理因素，如北方、南方、水乡、高原、平原、山区等。于是就有山西的窑洞、河南的地坑院、江南水乡的小桥流水、云南少数民族的吊脚楼、贵州侗族的侗寨……第二，各个不同历史阶段村落形态的演进。蔚县的古村堡就是在特定的地域、特定的历史条件下形成的历史文化奇观。第三，更重要的是不同地域的文化传统。正是不同的文化传统把古村落雕琢成不同的样式，呈现出千姿百态的面貌。村落文化折射出农民在长期农耕时代的生存状态和生存想象，以及不同民族不同地域的文化特质和文化性格，从而使得古村落的内涵丰富而且多样。所以说，我们现在要根据不同地域、不同历史阶段、不同民族和不同的文化所形成的地域性特点，来抢救和保护古村落文化，使每一种村落文化区域都能够有经典的样板得以保护。因为它是地域文化今天和昨天的连接，是历史的见证，是我们的情感与过去的衔接。我们要竭力避免这样的结果：一个时代结束了，但是属于那个时代的文化经典我们一个都没留住。等我们将来醒悟过来再去复制的时候，它已不再是那个时代文化经典的原型。

说到古村落往往容易想到古村落的建筑，但村落不仅是一个区域的经济枢纽，更重要的还是文化心理的密集组合。如果说建筑是村落的骨骼，那么村落所产生的文化，即百姓的生活状态和生存想象，就是这个村落的血肉和灵魂。骨骼与血肉、灵魂是不能分离的，这样才能构成完整的古村落的概念。我们不仅要保护古村落的建筑，也就是它的骨骼，而且要特别保护经典的古村落文化，譬如村落的信仰、民俗，包括他们的审美，都一并要保存。如果村落消失了，那么村落的文化也就荡然无存了；如果村落保留了，但是村落的人都走空了，这是一个文化的空壳。在农村彻底城居化，所有的村民都住进高楼之前，希望一些经典的村落得到保护，使我们和我们的子孙后代能够永久地去探查它那无穷的魅力。我国是一个文明古国，是一个注重文化和精神的国度，为什么连自己祖先的文化都不能守护住呢？为什么要把祖先留给我们的最后这一点遗产都弃之如敝屣呢？所以我觉得，这是我们这一代人的责任，我们留下多少，我们的子孙后代才能拥有多少；我们什么都没有留住，我们的子孙后代就一无所有。

在新农村建设的过程中，我们要避免出现千村一面的结果。首先，我们并不反对农村搞现代化建设，我们也不能剥夺农民享受现代化的权利，但我们希望村落文化的经典和样板得以保留，不要拆掉，把它完整地保存下来，留给我们的后代，为未来文化留下必要的种源。其次，希望在建设新农村时，吸取城市再造的教训，我们不仅要注重新农村的物质构建，我们还要更加注重新农村的精神构建，使新农村成为传统村落的一种自然延伸，保护不同地域村落文化的文化特质，要顾及不同地域传统民居的个性、风格、文化和审美的体现。我认为，农村与城市应有文化风格上的差异性，有差异就丰富、多元，单一只能使我们文化发展的道路变得狭窄，多元和丰富才能使我们文化发展的道路更加广阔。

三、已经消失的中国城市传统文化

其实，中国村落遗产的消亡，并非一个孤例，在此之前，这种对传统文化的“摧毁”首先是从城市开始的。我们用 30 多年的时间把我们所有的城市再造了一遍，我们原来城市的历史印痕、文化记忆，包括各个城市的不同的音韵色彩统统荡然无存了，城市变得千篇一律，一个城市是另一个城市的复印，造成了城市的历史断层、文化断层、情感断层。遍布中华大地的古老城市骤然之间变得崭新而陌生，所有的城市都趋同化、西方化了，所有城市的地域特征、城市个性突然消失得无影无踪。这种类似于魔幻电影一般的情节，现在已经接近闭幕，因为这种对传统文化的“摧毁”即将彻底完成，只有近些年大街小巷各种古老建筑上那一排排令人惊恐的“拆”字，以及推土机那震耳欲聋的轰鸣声还留存在我们忧伤的记忆里。

这一切使我想起1900多年前意大利庞贝古城的突然湮灭，当18世纪它被重新发现时，面对着这座昔日繁华都市的生活遗迹，每个人都心情复杂。柏拉图所说大西洋阿特兰提斯岛上那个壮阔而富丽的都城，现在也不知所终，让人产生一种不可名状的宏大的恐怖。这么伟大的都市，它们是如何消失的？火山？洪水？地震？瘟疫？但无论如何，它们的消失都是因为遭遇到不可抗拒的自然的力量。

而我们的古老城市文化却是在我们自己手中被人为地毁灭了。虽然现在这些簇新的城市还停留在原来的地方，但已不再是那个让我们可以感知到、触摸到、解读到的民族传统精神密码和文化特质的城市了。

当然，不论怎样，我们也不会偏执到反对城市现代化的程度。我们只是想，当进行大规模的城市再造的时候，我们不应该只想到它们的物质构建，不能只想到居住、教育、医疗、休闲等硬件的提供，我们还应当想到这座城市的精神构建。我们是否可以保留着各不相同的城市的文化承载、文化记忆、文化气质和神韵，不要造成今天与昨天之间的巨大的历史断层、文化断层和情感断层。因为人类有两种需求，一个是物质的，另一个是精神的，这种精神的追求就是民族对自己历史和传统的深切体认。

从这种城市精神构建出发来考虑，如果我们不能把所有的古城都保护住，我们能不能把其中的经典保护住？如果我们不能把城市所有的古老印迹都保留住，我们能不能把其中的一些区块或片断保留住？但是，一切都已经远去，而且永远无法弥补。当然，也不是一点没有留下，城市还幸运地拥有少许文明的碎片，问题是，这些碎片是不是还会在今后的日子里再度被砸成齑粉。

四、这一切为什么会发生？

（一）改革开放后，我们这一代人赶上一个急剧而猛烈的社会转型期，从农耕文明转型进入现代工业文明

原有的农耕文明架构下的一切文化都在迅速地瓦解、消失、涣散、泯灭。中国社会转型的情况又很例外，这种转型不是线性的、渐变的，而是突然的。我们跟西方的现代化国家不一样，他们有一个线性转化过程，在这个过程中，是比较容易把这个文明的转变看清，并作出自己的反应。而我们是突如其来的。我们现在农耕文明架构下的整个文化的瓦解与消亡，既是“正常死亡”也是“非正常死亡”。从整个社会进步来讲，它的死亡是正常的，原有的农耕文明必然要部分瓦解和消失，但是，由于我们对原有的农耕文化心里没有底，我们甚至从来没有对自己的民间文化做过必要的保护，而现在，不等我们反应过来，工业文明的浪潮就要把它席卷而去，所以它又是“非正常死亡”的。农耕文化正在烟消云散，大量的文化正在速死，死得缄默无声。所以我们说，每一分钟我们的田野里、山坳里，都有大量的、迷人的、灿烂的民间文化无声无息地死去，使我们的文化传承出现断裂。

（二）西方文化的冲击

我们进入了一个全球化的时代，随着资本、劳动力、技术向低凹处流动的是文化的流动。西方文化一拥而入，如沙尘暴一样弥漫在我们社会的各个

角落。圣诞节、平安夜、情人节、愚人节大行其道，而中华传统节日逐步淡出了我们的视野，我们的传统节日情感变得像纸一样薄。全国的年轻人在同一时间坐在电影院观看好莱坞大片《变形金刚》《哈利·波特》，喝着星巴克咖啡、可口可乐，吃着美国进口爆米花。基督教、天主教在农村迅速扩展，人们死后，在坟头上放一个十字架……这种西方文化蔓延的速度和广度令人触目惊心。这种西方文化的冲击，更突出地表现在城市建设上，我们的城市都向纽约看齐，与西方再也没有区别。现在我们的乡村又向城市看齐，我们面临的结果是：中国的城乡全部西方化。

（三）村落文化在中国从来都是被人漠视的，它甚至从来没有被作为一种文化来看待

中国的历史是一部崇拜“英雄”的历史，龙争虎斗、战争杀戮、谋略权术，提起他们，人们便因为震慑而两眼炯炯有光。人们往往不容易想到，社会仅仅有他们是远远不够的，因为支撑庞大人类社会的毕竟还是芸芸众生。社会根本需要的还是那些种粮、织布、盖房的人，这才是人类生存发展最本质的存在方式。为人类需要穷其一生的人，其实都是崇高的。

在中国历史上，在上层社会一些人的眼里，乡村文化历来是俚俗、简陋、粗糙、不登大雅之堂的物事。这种认识的偏颇引领并垄断着社会意识、文化习惯和审美倾向，以至于这种广大劳动人民在漫长农耕时代集体创造、集体传承的文化，从来没有与艺术象牙塔里的语汇发生过关联。这种排斥大众的意识毫不遮掩地表现出社会认识和文化视野的肤浅、狭隘和短视。“五四”之后，一些文化人朦胧地意识到民间文化的价值，并涉足收集和研究，但他们的声音在已经定型的社会意识里显得柔弱而苍白。到了“文化大革命”时期，民间文化更被斥为封建异端，在某些特定时期甚至受到了疯狂的虐待，民间文化遭到浩劫式的打击，一大批优秀的、极具地方特色的古建筑被无情

地破坏。

（四）20 世纪八九十年代，许多人认为中国只要把经济和科技搞上去了，就什么问题都解决了

这种思想引领我们进入一个物质主义、重商主义的时代，进入了一个重物质而轻精神的时代，金钱成了社会的唯一追求。拆房子有 GDP，盖房子有 GDP，虽然保护古代暨近代民居、民间建筑将来它会很值钱，但现在却没有现成的 GDP。所以，我们说，城市和乡村传统文化消亡的根本原因，在 20 世纪八九十年代是由于无知，现在则是由于贪婪。

中华民族不同寻常的历史文化决定着中国必须要同时实现两个崛起——经济的崛起和文化的崛起。一个是外在的、物质的，一个是内在的、精神的。两者缺一，这种崛起将是残缺的、不完整的。中国历史在大部分时间里占据着世界经济和文化的高地，她的经济繁荣从来是与其文化的进步相伴相随的。在全球化、现代化的浪潮里，在世界文化趋同化的趋势中，我们需要鳞次栉比的高楼大厦和如潮的车流，也期盼徜徉在古城巷陌和古村落夜雨秋灯的文化记忆里。我们在接受一切现代思想文明成果的同时，也需要古代先贤们思想哲学元典的烛照。我们在激情地进行马拉松比赛般的现代化建设的同时，也需要静静地重温自己历史的辉煌和百姓的文化创造。因为那是我们地域文化身份的图章，是民众情感和精神的皈依。

五、村落遗产是当前经济社会发展的珍贵资源

如果说我们上述所讲的都是保护村落遗产的文化意义、精神意义和历史意义，其实经典的古村落还是当代经济社会发展的一种重要资源，具有潜在的经济价值。它完全可以作为一种文化资本，融入当前的经济社会发展的洪

流之中，转化为一种现实的生产力，并且最终转化为GDP。

随着城市化的进程，现在社会上呈现出一个与传统迥异的社会现象：农民进城。现在城市人口已经占到全国人口的50%，这一趋势还在加速，据说到15年以后，农村人口仅占20%。于是，人们把现在留守在村落的农民称为末代农民。

但是，现在又出现了另外的景象：城市人下乡，人们把他们叫作城市农夫。有不少人，下乡租十多亩地，种植果木，散养鸡，周末有人来，煮菜杀鸡款待朋友。也有一些年轻人，远离城市，到农村享受田园生活。当然可能还有部分人，预见到农村土地增值，投资抢先占有土地。

城市农夫有其出现的社会背景。以疯狂的速度扩张大城市，城市成了钢筋水泥的森林，同时，城市财富的积累、资源的不足、激烈而残酷的人际竞争使所有城市人感到工作、生活压力巨大。追求成功的目标，带来精神疲惫和焦虑，人际关系也在疏离，生活在同一栋楼房，不知道左邻右舍，紧张、单一、疑虑、孤独的社会情绪伴随着每一个人。这向现代化都市发出叩问：我们幸福吗？人们对快生活、对激烈变化产生疑惑，城市渐渐展露出它非人性的一面。

于是，人们开始产生一种返璞归真的需求——要走进自然去，回到山野中，融入田园里，享受自然带给人们的愉悦和宁静。田园牧歌的诗化意境，承袭为人们内心潜藏向往的生活方式。这种渴望留存在人们的潜意识里，早晚要释放出来，去追寻消失的旧梦。

正是这种文化心理的变异，出现了周庄、乌镇、丽江古城、四川阆中的繁盛；出现了平遥古城、婺源、乔家大院的热闹；出现了“农家乐”乡村休闲旅游的忙碌。

从这个意义上讲，城市化、城镇化的浪潮，“千城一面”“万村一面”的趋势，给保护下来的古村落带来了机遇，它将以珍罕、稀缺的那个过往时代的文化记忆和历史风范，成为一种珍贵的资源。

中国正处在一个审美意识杂陈的时代。改革开放前，我们接受东方古典的美；改革开放后，我们强烈地追求西方现代审美；当社会彻底西方化之后，我们又觉得东方古典其实是美的。

这一切是距离造成的，这里有两个距离：第一个是地域的距离，如西方与东方的距离，外国人来中国绝对欣赏中国东方古典的美，他们不会对现代都市有所向往。第二个距离是时间，古代与现代之间的距离，在彻底现代化之后，他们觉得古老的历史是美的。

城市化进程中河南文化遗产的保护与利用

周远方

河南历史悠久，拥有极为丰厚的历史文化遗产。截至目前，河南拥有世界文化遗产 5 处，全国重点文物保护单位 358 处、省级文物保护单位 1231 处，国家文物局已公布和立项的考古遗址公园 8 个，国家级历史文化名城 8 个、省级历史文化名城 15 个，中国十大古都 4 个在河南。这些文化遗产承载了大量密集的历史文化信息，反映了整个华夏文明的发展进程，延续了中原人民深刻的民族记忆。

文化遗产是一个城市的历史和文脉，是这个城市摆脱“千城一面”的稀缺资源，也是所在城市可持续发展的动力。随着经济社会的发展，河南城市化进程也迅速加快，城市化进程不可避免地加剧了人口、土地、环境等各方面的矛盾，文化遗产的保护和开发也面临新的挑战。如何在城市化进程中保护好文化遗产，延续文化遗产的文化信息，实现历史传承与现代发展的有机融合，协调文化遗产的保护开发与区域经济发展的矛盾，是亟待解决的问题。

一、城市化进程中河南文化遗产面临的挑战

随着经济的发展和社会的变迁，当前人们的生存条件和生产方式较以前都发生了根本的变化，一些传承千百年的有形和无形的文化遗产，随着人类心理、自然环境和社区活动的改变而陷入危机，一些历史遗迹迅速消失，很多民间文化传承面临消亡。

（一）文化遗产受自然因素的破坏和人为因素的影响较大

首先是自然界的不可抗力因素对一些遗址的影响，包括洪水、地震、水土流失、风化、冰冻、雨水、坍塌、环境污染等的侵蚀和破坏。比如郑州商城遗址，是中国商代都城的遗址，距今3600年左右，1955年发现并开始发掘，是迄今发现的商代早期都城中规模最大、年代最早的都城。由于城墙部分是土遗址，土物质具有易在水中分解、松散，力学强度低等物理特性，其抵抗自然扰动的能力十分有限，有些城墙段由于长期被雨水冲刷、侵蚀，已造成水土流失甚至滑坡，残缺严重。

其次是人为因素的负面影响，尤其是城乡建设带来的破坏。“旧城改造”引发“建设性破坏”。旧城区是城市中历史记忆保持最完整、最丰富的地区，同时也是房地产开发商高价争夺的黄金地段。一些城市为了追求经济效益最大化，不合理地要求“就地平衡”，盲目在旧城区内兴建高层建筑，使文化遗产及其环境遭到破坏。

（二）文化遗产开发中文化价值导向较为薄弱

在城市化进程中，“千城一面”“特色危机”成为城市建设中的共性问题。不少城市规划设计手法抄袭趋同、雷同现象严重，追求大体量的建筑物、大规模的建筑群，导致城市面貌千篇一律，致使一些独具特色的历史性城市和历史文化街区被单调的新建筑群淹没。在具体的文化遗产开发过程中，许多地方把文物当作普通的经济资源，没有深入挖掘其内在的历史、人文信息，不管是展示手段还是技巧都过于粗制滥造。

（三）体制牵制使文化遗产的开发利用较为被动

文化遗产的保护和开发涉及的管理部门非常多，现行管理体制不畅。文物部门主要负责文物主体的保护，相关遗产环境的建设、生态、工程设施以及旅游开发等，需要建设、环保、水利、旅游等行业的协调，目前我国相关行业在文物保护工作上并无专门的政策法规规范，各行业对文化遗产关注的目标不完全相同，导致在实际工作中出现很多问题。此外，文化遗产的管理体制并不健全，文化遗产保护仍将可能长期处于被动局面。一些文化遗产既是国家文物保护单位，同时又是省级风景名胜保护区，遗址环境延伸至周边县、市，多家管理单位行使多种保护措施，遇到真正的实质性问题便相互推诿，多年来各种问题不断，遗址整体环境价值却在下降。

（四）展示方式单调，品牌意识不强

目前文化遗产资源的开发主要是以真实遗迹、遗物为核心，以实物及图片展示为主，通过博物馆、遗址公园等载体实现。在大多数博物馆或遗址公园，展示方式单一、解说手段也非常有限，使人们认为文化遗产枯燥乏味，是那些文化素养较高、独立认知能力较强的旅游者才能感悟到的，因此文化遗产

旅游被人们认为是高层次的文化旅游。

（五）错位开发使文化遗产受到伤害

一些文化遗产及其环境面临游客超载、错位开发的严重威胁。大量游客的拥入使文化遗产地不堪重负，给文物造成无法弥补的损害；文化遗产所在地的"商业化""人工化"和"城镇化"，严重损害了文化遗产的原生环境。一些历史城市为了满足高速、快捷的城市交通需要，投入大量资金拆房修路，一些古村落，在城市建设过程中遭到极大的"建设性破坏"。比如有1000余年历史的郑州市上街区的千年古村马固村，村民住宅被整体拆迁。在拆迁中，村中的古文物未能幸免，7处不可移动文物被拆掉5处。

二、河南文化遗产保护开发战略及对策

文化遗产是文化基因的重要载体，随着城市化进程的加快，凝聚着城市文明精粹的文化遗产是调节城市文化生态环境的关键要素，也是建设现代化城市的有机组成部分，文化遗产独特的资源优势是城市发展的软实力。

（一）牢固树立保护先行的理念

在城市化的进程中，我们更多重视硬实力而忽视软实力，重视经济建设而忽视文化传承，重视技术运用而认识不到文化遗产在城市建设中的地位和作用。由于缺乏对文化遗产保护先行的理念，忽视了城市发展的根和源，把历史与现实割裂、传统与现代对立。

文化遗产的不可移动性和不可替代性决定了其保护与开发切不可根据一时的经济需要，以牺牲历史文化为代价。城市发展与文化遗产保护发生冲突时，无论是国家还是地方，保护文化遗产，经济利益都应做出必要的让步。

比如南京的明城墙、西安的唐城墙、开封的宋城墙、北京的清城墙都是以保护为先。再如一些历史文化街区的保护，成都的宽窄巷子是在原来的基础上恢复的老城区，福州的三坊七巷经历了风风雨雨，终于完整地保存了下来，成为人们心灵的归宿之处。

（二）扩宽文化遗产开发的投融资渠道

资金不足是困扰文化遗产开发的一大难题，没有资金，规划只能悬空，文化产业只是一句空话。一方面，政府可以加大对文化遗产产业开发的投入力度，发挥专项保护资金的作用，对于重点项目重点支持，对于一般项目持续支持。另一方面，为了克服资金短缺带来的困难，还可以广泛吸纳社会资金，把吸纳的资金投入到文化遗产的保护开发中去。在严格保护文化遗产的前提下，政府还可以制定优惠的投资政策，以合作、合资、租赁经营等方式吸引资金，加强对旅游产业的投入力度。同时，文化遗产的开发通过产业化的运作方式所创造的经济效益，也可以通过税收等形式返还到持续保护和开发中去，如设立基金会，为文化遗产的保护、研究、开发提供经济基础。

（三）强化文化体验的重要作用

文化是文化遗产的精髓，是它的精神所在，在文化遗产的开发中，文化体验、文化创新尤为重要，对文化追求和感悟是人们面临文化遗产最深层次的体验。对于文化遗址开发来说，揭示遗产的文化内涵有多种方式，例如完善的遗产解说系统、先进的遗产展示方式、参与性的文化体验活动等。既要全方位地开发包括文化景观、文化产品、文化演绎在内的多层次的体验产品，还要就文化本身的价值的多元化进行深入的挖掘，这是发展产业的需要。要将沉寂了千百年的遗址资源，通过艺术化的展示和演绎，使之成为容易被游客感知和欣赏的新形式。

建设参与性的旅游活动项目是增强文化遗产吸引力的重要方法。将游客旅游过程中静态的欣赏，变为动态、积极、主动地参与娱乐，提高游客的注意程度，加强感知效果，真正将项目设计与游客体验有机结合，是当前旅游景点设计应该创新的方面，比如大型实景演出登封的《禅宗少林·音乐大典》、开封的《大宋·京东梦华》，情景舞台剧目洛阳的《天下洛阳》和《隋唐百戏传奇》等。

（四）制定文化遗产开发的战略布局

文化遗产是城市的特色，是此城市区别于其他城市的重要之处，城市的古建筑、古街道，就是城市的历史和文脉。一座现代化的城市，除钢筋水泥，还要有历史文化。比如提起苏州，人们会想起古典园林；提起杭州，人们会想起西湖和雷峰塔；提起北京，人们会想起故宫；提起西安，人们会想起兵马俑。从城市整体发展角度，来透视文化遗产的利用，制定适合城市发展特色的开发战略，既满足城市发展需要又为保护文物古迹、历史街区创造了条件。在历史文化名城的古城之中，可能有许多地方不属于文物保护单位和历史文化街区的区域，但在这里进行城市建设，也要延续其风貌特色；在历史文化名城的非历史传统地区，即城市新区，新的建设也要创造自己的城市特色，避免“千城一面”。

河南的历史名城尤其多，我们更应结合城市实际，根据不同特点采取不同方式，对于“文物保护单位”要遵循不改变文物原状的原则，保存历史的原貌和真迹；对于代表城市传统风貌的典型地段，要保存历史的真实性和完整性；对于历史文化名城，不仅要保护城市的文物古迹和历史地段，还要保护和延续古城的格局和历史风貌。

目前，“一带一路”和“南水北调”也为河南省文化遗产的保护和开发提供了巨大的历史机遇和发展空间。河南省在“一带一路”中承担着东联西进的中介枢纽功能，郑州、洛阳、开封等城市是重要的节点城市；同时，河南省处于“南水北调”的中线工程，涉及各类文物点330处，其中，省级文物保护单位10处，市县级61处。丹江口库区中线总干渠区域文物古迹众多、文化遗存等级较高、文化内涵深厚、年代跨度较长，可谓一部生动的“中原文明编年史”。河南的文化遗产既是精神财富也是物质财富，历史上遗留下来的一砖一瓦、一城一街都有丰富的人文内涵。思考如何保护和利用这些文化遗产，是城市发展的迫切需要，更是历史赋予我们的神圣责任。

走在国际化路途上的中国春节

夏　扬

一

在现代，每年春节向我们发出的最强烈、最立体的信号是春运，或者说中国现代春节就是从春运而震撼开场的，它是中国人春节情怀的第一轮集体迸发。马年春节的春运，持续40天，36.23亿人次的“全球最大人口迁徙”，形成了视觉壮观的奇景。1万个航班、5000列火车、无数辆汽车不停地运转，虽然中国航空、铁路和公路以世界最快的速度发展，中国政府解决春运问题的努力已达到极致，但终究跟不上返乡人口增加的速度，飞机延误、火车一票难求、售票网络崩盘……但任何理由也阻挡不住中国人回家过年的脚步。

人们抱怨着、愤怒着，开始了欢喜与痛苦交织的漫长旅程。其实中国人在这个特定时刻的强烈诉求是十分朴素的："我必须回家过年，不管有多么困难。"我们从这种坚韧不拔的毅力中领悟着春节之于中国人独一无二的意义。而其他国家没有中国这样的历史和现实，他们很难读懂中国春运，所以，他们年复一年地围观着，并且困惑着。

中国现代春节的第二个宏大的景观是春晚。这个由传统春节"除夕守岁"传承和演变而来的新的年俗，与春运一样规模庞大，令人震撼：7.5 亿人在同一时间，观看同一台节目。面对着这个世界最大的舞台，面对一大批一流艺术家长达半年的反复论证、精心编排而形成的一台晚会，大多数人也许并不买账。春晚的第一个初衷是要照顾"大多数的人"，照顾而又照顾不好多得不能再多的层次和意见，这个悖论是对春晚的巨大挑战，也是它的真正魅力所在。人们恣意地欣赏着、嘲讽着、吐槽着，拿艺术家和中央电视台开涮，但是等到第二年春晚开场，每一个家庭仍旧会分秒不差地坐到电视机前，因为春晚已经成为中国现代春节中一个约定俗成的组成部分。

尽管春晚是传统春节的一个新的形式，它是倒退一个世纪想都想不到的事情，但春节依旧"那么中国"。前一时期，不少专家，包括我自已，强烈呼吁动用国家力量来保卫春节的传统，而实际上，对春节最强有力的保护就存在于民间，因为春节的情怀早已融入中国人的文化血液里，世界上不存在吞噬春节的文化力量。外部元素撞上春节，它被"春节化"的程度总是远远大于春节本身的"异化"。比如电视撞上中国春节，它没能战胜我们的除夕团圆饭，相反，它被春节"俘获"，产生了极具中国特色的春晚。这是一个嘈杂而又充满活力的年代，我们也遭遇到一个嘈杂而充满活力的春节。

中国现代春节的第三个宏大景观是中国春节文化正以惊人的速度在全世界蔓延。第一层次的问题是，哪里有华人，哪里肯定就有春节。美国的唐人街过春节，英国的华人区也过春节，澳大利亚、南非的偏僻小镇，哪怕只有一户中国人，他们也会过春节。这源自一种他们对风雨故园的记挂和思念，对种族的永远忠诚。第二个层次的问题是，近年来，春节正走出国门，走出各地华人的家门，具有了越来越多的社会公共性。伦敦市长出席华人春节活动，点亮中国红灯笼。巴黎市长亲自主持在市政府门前举行的春节庆典，为彩龙点睛并在爱丽舍宫举行春节招待会。巴西在林则徐广场燃放50万发爆竹。比利时人学会了买一张“福”字倒着贴。欧洲各国元首纷纷向华人拜年。美国年年都在春节前发行农历生肖邮票。2014年，在伦敦的春节庆典是亚洲举办的最大的庆祝活动，有数以万计的公众云集于伦敦市中心，花车游行、舞蹈、舞龙、舞狮等各种中国传统元素集中呈现，晚上6点燃放烟花庆祝新年。伦敦市市长鲍里斯·约翰逊骄傲地说：“伦敦是欧洲庆祝马年最好的地方。”我们甚至把中国春节庙会搬到了赫尔辛基，参加庙会的除中国人之外，许多是金发碧眼的芬兰人。这里还没有说到东北亚、东南亚汉语文化圈里的中国春节。

中国传统春节在世界蔓延的速度日益加快，规模越来越宏大，我们从中找到了自己对春节文化的自信。由此，我们现在可以发出这样的叩问：春节，这个中国人的传统节日能否成为世界的节日？我认为我们没有理由放弃这种文化理想：第一，我们有庞大的华人群体，在世界范围内广泛推广我们的节日文化；第二，国家的经济和文化力量将有条件创造出对世界具有非凡影响的吸引力；第三，世界范围内的经济全球化带来的文化多样化，使世界对中国文化的态度越来越开放；第四，中国春节所蕴含的“和合为贵”“以人为本”“家庭团圆”“家国情怀”“和谐共处”等价值观可以为国外各界民众所接受。

二

我们以上所谈的是中国春节文化在现代条件下所形成的新的民俗。有了这些国家层面，乃至世界层面的规模化的新民俗的膨胀和支撑，再加之全国各个地域、各个民族千姿百态的传统年俗的集体呈现，千门万户阖家团聚的浓浓深情；寺庙里袅袅不息的香火；庙会上那年复一年的春节文化的集体重温……构成了 21 世纪中国春节的宏丽画卷，传统而现代，多元而统一，五光十色而又层次分明。

面对这一切，我们不得不向春节发出一个问询：为了什么，你这般传延不息？

首先，春节作为一种传统文化的力量具有强大的生命力和贯通力。一个起源于天文历法，巩固于信仰祭祀的春节，从三皇五帝传说时代起，已有 5000 年的历史，即使从汉武帝于公元前 104 年颁布《太初历》，确定正月初一为新年开始计算，也有 2100 多年的岁月。它久远而深刻地涵养了几乎所有的中华民族和全体国民，它是如此博大而丰富，装载着我们民族的文明历史、价值观念、人文精神、生命感悟、宗教哲学、族群标示，成为我们中华民族文化身份的胎记。春节在古今所有中国人的心灵深处种植了一颗文化的种子，每年都必萌生出蓬勃的枝丫。

其次，春节是一种纯精神的产物。任何一个民族都需要一种精神，这种精神源自这个民族对共同遵奉的文化的深切体认，最终以共有的价值观、道德观、伦理观的形式统领着一切，并内化为民俗，渗透到所有人的心灵里，成为民族的血脉和基因。如果说我们需要寻找一种形式来具体承载和传扬这种精神，那么非春节莫属。因为春节是这种精神需要的产物，它因精神的需要而产生，它因精神的需要而绵延赓续，这与物质和金钱几乎无关。金钱是一种社会需要，金钱带给人物质的需求，但金钱崇拜也造成一些人信仰缺失、道德坍塌，带给人腐朽、贪婪乃至仇恨，这与春节团结和谐、公平正义、万民同乐的价值诉求格格不入。春节就是我们自己的家、自己的国家、自己的民族的传统节日，这一切远远超出乡愁和怀旧的含义，它其实是在提示：一个民族渗透在心灵中的传统，一种穿透精神深处的根，神秘得像寓言，抽象得像梦境一样，它们是历史的证据、文化的根脉、情感的归依、精神的家园……

最后，在当代，如果我们对传统春节进行理性的审视，我们会发现，它已经更多地成为一种民族文化的象征和载体。民族文化通过它传承和延续，民族记忆通过它传递和加强，民族情感通过它凝聚和维系，民族个性通过它锤炼和固化，民族精神通过它培育和弘扬，民族形象通过它壮大和张扬。春节使民族传统文化的因子通过各种渠道和形式渗透到每一个人的心灵，彰显到社会的各个角落和领域，使整个民族在一次又一次、一年又一年的中华文化的大洗礼中，牢牢记住我是一个中国人，从而增加民族的向心力和凝聚力。相反，失去了富含文化记忆和传承的春节，也就失去了得以加强和延续民族品性的熔炉和链条。

三

综上所述，我们感到中国春节正日益传统化、日益现代化、日益国际化。第一，对于正在经历大规模的现代化和全球化过程的中国人来说，传统价值观在某些方面正变得越来越受欢迎。尽管大城市很多年轻人庆祝西方的圣诞节，但春节依然保持着最重要的地位，甚至散发出更多传统色彩。中国各地恢复的春节传统仪式越来越多，在春节的一些传统因素逐渐丢失的过程中，其他一些因素却被中国人重新拾起。一些受过良好教育的年轻人也乐于参与家庭举行的祭拜活动。第二，春节形式的创新大多与现代的科技进步密切相关，电视、微信、微博，传统和创新以令人吃惊的方式结合在一起。与此同时，春节也变得越来越国际化，2013 年，在全世界 103 个国家和地区的 294 个城市举行了 3500 多场春节庆祝活动。

其实，春节从古至今都是一个自然流淌和演化的过程，它从来都是与时俱进的，从来没有凝固在某一个历史节点而僵死和固化。那么，我们在这样的情势下，能够做些什么？我们要做的就是推动中国春节传统化、现代化和国际化的进程。

第一，我们面对中国猛烈的社会转型，原有的精神文明架构下的传统文化部分地消亡，乃势所必然。在这个关键的时刻，我们既要善于创新，也要善于保留，我们应当尽可能多地保留一些与当代社会相适应的传统春节的仪式和元素，使现代春节与传统春节的文化内蕴、文化形式、文化习俗、价值理念更好地融会贯通，从而使我们的春节更具有历史感、神圣感，使我们的春节更具有文化感和民族情感。

第二，我们应当在全国不同地域、不同民族中保留几个具有本真性的原生文化特征的传统春节的代表性传承基地，从而为延续了数千年的春节留下几个种源。因为，要做到对春节文化的整体保护与活态保护是不现实的，事实上，面对全球化、现代化、城市化的浪潮，我们几乎没有能力把所有的非物质文化遗产统统地守护着，但我们起码应当做到而且必须做到的是将其中的文化经典保护住。能否将这些经典保护住，是对我们这一代人对中华传统文化的认识能力、继承能力、传承能力的考验。

目前，对春节这种人类文化遗产的保护最为重要、最为有效、最为关键的，就是保护住若干个春节文化的代表性传承基地，使不同类型、不同文化特质、千姿百态的春节习俗以活态的方式本真地得以延续和传承。通过这种样板的作用，使我们和我们的子孙后代可以永久地去探查经历了数千年沧桑的中国春节文化的永恒魅力。

第三，推动中国春节向联合国申遗，是中国春节文化面临的又一个重要而紧迫的任务。一个走过遥远的历史纵深的、涵盖和影响了巨大族群和人口的、文化内蕴无限饱满和深刻的、而今正在走向国际和世界的中国传统春节，不申报世界文化遗产是无法理解的。

总之，春节既像是我们这个民族永远的归宿，又像是在每个人艰苦奋斗历程中准时出现的驿站，抚慰着鼓励着每一个人的心灵，确定着每一个人的文化身份，校正着我们观察这个民族、观察世界的视距，凝聚着我们的文化情感和民族情感，它是我们永远的精神家园。

这就像我们不会因为走得远了就不再回家，也不会因为回家了就不再远行，个人是这样，我们这个有 5000 年文明史的国家注定也会是这样。

中原民间艺术的生命律动

致　远

在人类从蒙昧走向文明的路途上，始终行走着一个精灵——艺术。艺术是人们审美意识的高级表现，其中包括工艺美术。工艺美术由于直接服务于人对美丽的本能追求，而在漫长的历史中为自己开辟出一片独立的文化疆土。

正如西亚的底格里斯河和幼发拉底河浇灌出美索不达米亚以宏伟的神庙与石雕为标志的文明一样；正如北非尼罗河流域的埃及人创造出以庄严的金字塔和深奥的斯芬克斯狮身人面像为代表的古埃及文明一样；正如南亚次大陆的印度河和恒河滋润出青铜时代的古印度的哈拉巴文化一样，世界东方中华民族的母亲河也孕育出了古老的黄河文明。

黄河文明的地脉在创造了政治文化、思想文化、圣贤文化等文化的同时，也创造出作为人类智慧标识的工艺艺术。

黄河虽然奔腾万里，但黄河文明的核心却处于这条河流中下游分界线的中原，其中，作为手工艺术的工艺美术最好地诠释了这种核心地位的确定性。

距今 8000—7000 年前，在豫中的新郑和豫西广袤的土地上，出现了举世闻名的裴李岗文化，与浙江省的河姆渡文化南北交相辉映。此时的先民已掌握了烧陶技艺，具有朦胧的审美意识，并反映到日常生活之中。如他们已知用绿松石和骨簪做颈饰和头饰，烧制出用作玩具的小圆球、小羊、小狗、小猪等。自此文明的曙光开始照耀在中原大地上。

发端于六七千年前的仰韶彩陶文化，由于在豫西黄河南岸的渑池县仰韶村首次发现而得名。这一时期的人类，已进入到母系氏族公社的繁荣阶段。彩陶的出现，标志着人类文明新的跨越。

中原又是中国各方部族汇集之地，从而奠定了中华民族多元化的体系。史传三皇五帝之首的伏羲氏，曾在淮阳（古称宛丘）建都；黄帝在豫中的新郑有遗址可寻，他的后裔颛顼（高阳氏）和帝喾（高辛氏）曾在濮阳和豫东的商丘一带建都。炎、黄二帝以龙、虎为图腾，即龙虎文化，绵延数千年，形成了中华民族共同的民族性格和民族意识，成为凝聚中华民族的精神旗帜。

公元前 16 世纪至 11 世纪，生息在河南东部的东夷部族在中原建立殷商王朝，持续五六百年，创造了空前灿烂的殷商文化，成为中国历史的骄傲。在安阳小屯村殷墟出土的震惊世界的司母戊方鼎重达 875 公斤，造型宏伟壮观，铜鼎上的纹饰尤为精美。值得一提的是除平面纹饰外，已出现了立体的雕塑纹饰，在世界青铜文化史中享有极高的声誉。

从已出土的文物看，殷王朝曾制造出世界上最早的金属货币铜贝及提花织品菱纹绮，还有精美的纹刻白陶。出土的玉器中有圆雕人形、浮雕人形和人兽同体的图腾造型。出土的象牙杯、铜镜更运用了线刻、浮雕和宝石镶嵌等多种装饰手法，令人叹为观止。上述种种，无疑是我国历史上发现最早的工艺美术精品。

中国进入封建社会近2000年中，洛阳曾为九朝古都，开封曾为七朝古都，中原依然是全国政治、经济、文化的中心。由于河南古代灿烂文化的深厚积淀，除地下埋藏着大量的历史文化遗产外，在中原广大地域，至今还继承、流传、蕴藏着作为民族文化载体的民间工艺美术，这些丰富多彩、形式各异的乡土艺术，被专家们称为“地上的活文物”。

河南的陶瓷，在历史上处于领先地位，对国内外都产生过较大的影响。仰韶彩陶闻名于世。龙山文化时期，中原先民便已采用高岭土烧制白陶、黑陶，并已出现了刻纹白陶，成为我国最早的瓷器。早商时还出现了原始青瓷，也是我国的首创。举世闻名的唐三彩始于南北朝而盛于唐，至今已有1500多年的历史。唐三彩的造型以马和女佣为代表，出土文物为国之至宝。早在宋代便已闻名于世的全国五大名瓷，河南居其三。钧瓷产于禹州神垕镇的钧台一带，故名钧瓷。钧瓷胎厚，釉色多变，其窑变效果神秘莫测，有“入窑一色，出窑万彩，世无双者”之美誉。官瓷以古朴庄重，釉色润美如玉而为瓷中瑰宝。北宋时期官窑烧制历史很短，产量极少。宋徽宗时，也只供皇室内部使用，故名官瓷。汝瓷产于河南汝州，始于北宋初期。汝瓷造型多仿古，形制端庄，釉色明亮透彻，釉中隐纹纵横随意，恰似蟹过留痕。汝瓷是古瓷中一宝，历来为中外收藏家的珍品。此外，河南的民间陶瓷窑口的分布遍及全省。重要的有青釉瓷、黑白釉陶、青花釉陶瓷。还有一种绞胎釉陶，产于修武，源于唐宋，制法是将白、黄、灰、绿等不同瓷泥条交错糅合在一起，入窑后产生行云流水般的奇异纹饰效果，又称透花瓷。北宋靖康之变后透花瓷消亡数百年，于1985年恢复烧制成功。

河南工艺美术的繁荣，溯本求源，与宋代遗存的淳朴古风息息相关。“曾经沧海难为水，除去梁园总是村。”当时的东京（开封），以其繁荣的经济和灿烂的文化，而成为北宋的政治、经济、文化的中心。来自全国各地的民间艺人，以其独具风格的艺术创造，使东京汴梁的民间工艺呈现出琳琅满目、繁荣多姿的特质。

据宋人孟元老《东京梦华录》、百岁寓翁《枫窗小牍》及有关史料记载：宋代京城,民间各种工艺作坊与规模较大的宋廷“百作”交相辉映。制作、展示、出售各类民间工艺品的“铺席”遍布京城。而民间工艺则渗透于人们的衣、食、住、行、娱诸多方面，如木版门神、灶神纸马、雕版刻经、汴绣、剪纸、缂丝印染、皮影傀儡、面具镂刻、灯彩纸扎、风筝扇画、陶瓷器皿、各类玩偶、犀皮雕漆、民间绘画等不胜枚举。伴随繁荣的东京“瓦肆”“鬼市”（夜市）和趋于完备的“团行”“铺席”“扑卖”及多样化的民间节令习俗活动，作为民俗文化载体的民间工艺，展示出其动人的风采和勃勃生机，其中多数工艺品，历经千年延传至今，仍以其深厚的文化内涵丰富着人们的精神世界。

在众多类别玩具中，最具有代表性并在国内外有较大影响的，当首推淮阳泥泥狗。淮阳古称宛丘，亦称陈，相传为人祖建都、葬身之地。每年农历二月二到三月三有人祖庙会，庙会上出售一种被称为泥泥狗的泥捏玩具。淮阳人祖庙会的原始主题是祭祀人祖、生殖崇拜。淮阳泥泥狗伴随古老民俗应运而生，成为神圣的吉祥物。淮阳泥玩中，最突出的形象是被当地人尊为人祖的人面猴，造型半人半猿，绘有毛发，下身绘有女阴生殖符号，显示了母系社会早期的女阴崇拜。淮阳泥泥狗中还囊括了许多奇异的图腾造型，如玄鸟（猴头燕）、双头兽、多角兽等，这些奇禽异兽的造型已超越实现，充满神奇、虚幻的感觉，释放出原始艺术的气息。

得益于北宋雕版印刷术的发明，木版印制的门神、灶画逐渐取代了隋唐以来手工书写绘制的桃板、桃符，而盛行推广于民间。

开封朱仙镇木版年画，是有1200余年历史的古老木刻艺术，承载着大量的历史文化信息，至今仍传承于世，大约在20世纪20年代便已蜚声国内外，半个世纪以来，一直受到中外专家学者的关注。日本、苏联及西欧的几个国家均编撰出版了有关朱仙镇木版年画的画集、著作，给予了极高的评价。

值得一提的是，1127年，北宋末年靖康之乱后，宗室南迁，有些木版年画艺人被金兵俘获，被迫北上或背井离乡，四处逃散，流落大江南北。他们与当地艺人结合，创造派生出江苏桃花坞、四川绵竹、陕西凤翔、山东潍坊、河北武强、天津杨柳青等不同地域风格的木版年画，丰富了年画的艺术内容。但朱仙镇木版年画，作为中国木版年画鼻祖的地位，已永载史册，成为河南的骄傲。

河南刺绣工艺源远流长。北宋时期曾设府监，主管丝织印染，下置文思院（负责图样设计）、菱锦院、染院、制造院和文绣院，是专门生产供皇室和臣僚们享用的高级纺织品的专业机构。宋绣亦称汴绣，属全国五大名绣之一，分实用装饰和观赏两大类。其中观赏之书画绣和双面绣、名画绣至今仍是开封汴绣的拿手绝活，驰名海内外。

豫西一带灵宝等地，处于豫、陕、晋三省交界，位于黄河中游的黄土高原之上，这里民风淳厚，刺绣、剪纸、面花、皮影、布制玩具异彩纷呈。

民间剪纸，在中原大地极为普遍。据考证，早在3000年以前，殷商时代的先民们便有了镂空的审美意识。事实上，“剪纸”一词最早见于出生在河南巩义的唐代大诗人杜甫的《彭衙行》一诗中：“暖水濯我足，剪纸招我魂。”这说明唐代剪纸已在民俗中出现。到了宋代，为适应节日习俗的需要和商品经济的发展，民间开始出现以剪纸为生的专业艺人。南宋周密的《志雅堂杂钞》一书中，便详细记载了京都汴梁瓦肆中出售剪纸的盛况：“向旧都大街，有剪纸样者……”足见剪纸艺术在宋代已相当繁荣。

剪纸艺术，在灿烂、辉煌的华夏文明中，得到了顽强的传承和发展，闪烁着自身的光芒。随着社会的发展和新民俗文化的形成，民间剪纸将不断变异、更新。剪纸在现代生活中的装饰功能将更趋多样化。

除上述以外，桐柏、罗山、灵宝的皮影，灵宝、沈丘的面花，浚县、登封、虞城的泥塑玩具，济源的天坛砚，郑州、洛阳、三门峡的澄泥砚，南阳的玉雕和烙花工艺，南阳、平顶山、洛阳、新乡的根雕艺术，开封的风筝，洛阳的宫灯，还有近年来开拓发展的现代民间绘画、铸铜工艺、奇石造型、麦秆画工艺等新工艺品种，体现出新时代民间工艺的崭新面貌，展现出民间艺术家们的新观念，突出表现出在继承传统的基础上，不断发展传统的创造力。

中原工艺美术源远流长，品种浩繁，灿若星辰，具有很深的历史渊源和文化内涵，是博大精深的民族文化的有机组成部分，在历史上有过称雄的辉煌，今天仍在全国占据重要地位，具有美学、人类文化学、历史学等综合学术研究价值。

研究中国文化，不能不研究中原文化；研究中原文化，不能不研究中原民俗文化。研究中原民俗文化，不能不研究中原工艺美术。

回首新中国成立前中国近百年的历史，由于偏见，民间艺术处于自生自灭的状态。五四运动之后，中国教育界、文化界进步人士方始将其文化视点向这一方面倾斜。但这对于汪洋恣肆的民间文化的海洋来讲是散漫的、脆弱的和零星的。

在社会主义现代化迅猛发展的今天，一切传统文化和传统观念正接受严峻考验，民间艺术赖以生存的土壤——民俗文化逐渐趋向消亡。社会的经济结构、生产方式、生活方式和审美意识必将直接影响到民间艺术的生存与发展。

当前我们国家已经走上了大工业生产的时代，比西欧一些国家晚了差不多一个世纪。西欧各国的工业化始于 19 世纪，他们的政治家只瞻前不顾后，导致 20 世纪的乡土文化几乎绝种，文艺复兴时期的手工艺术迅速消失，如今追悔莫及。西方实现工业化导致乡土艺术消亡的教训，我们应该记取，引以为戒。如果我们使优秀的文化传统中断，便永远不会像文物那样再从地下挖掘出来。其后果同样是一种对文化生态的破坏，导致人们心理、精神上失去平衡。对民间文化的保护，绝不仅是为了古老的民间艺术不致失传，更重要的是社会主义精神文明建设的需要。一个失去民族传统文化的国家，从严格意义上讲，不可能是一个独立的民族。

进入20世纪80年代后，一方面在改革开放的进程中，在现代科技文化综合发展的今天，中外一些有远识的艺术家，纷纷将目光投向东方灿烂多彩的民间艺术，从中汲取走向未来艺术的启迪。长期被冷落乃至遗忘的乡土艺术，又重新被现代人评估它们在民族文化和社会生活中的地位和价值。另一方面在改革开放之后的东西方文化撞击中，传统文化中的爱国主义精神和富有生命力的民族精神，已充分显示出其无与伦比的文化价值。

我们正经历着一场历史的变革，一个新时代的起飞。我们将告别漫漫的农业文明，迎来黄金般的盛世。与这种新旧更替同时并存的，而且永远不会磨灭的，是数千年中华民族生生不息、持续不断的文化精神。而这种文化精神具体承载形式中最具民族性、群众性，最具生命力的，是至今仍存活在山野乡村的民间艺术。

它是远古吹来的风，携带着深厚的历史信息和文化因子，从物质内容到文化习俗，从精神方式到哲学信仰，无所不包地、光彩夺目地折射出古代人民的生活方式、生存想象和审美意识，一代又一代地传递着民族心理的密码。民间艺术具有一种令人敬畏的崇高美。

在中国的历史上，民族文化曾在某个阶段被无知荒唐地虐待过。而在今天，一个清醒、理性、雄心勃勃的民族，将一定会对自己历代祖先创造的优秀传统文化充满无限的敬意。我们企盼着，若干年后我们不会为博大而辉煌的民间艺术的沉沦与湮灭而发出沉重的叹息；我们企盼着，中国的民族民间文化最终成为全人类的精神财富并发扬光大。

中原工艺美术之所以至今仍然表现出勃勃生机，也是由于这种艺术自身的不断进步和创新。它的每一次改变都不是结束，而是下一次改变的开始，这使它能够不断地与时俱进，从而获得一种永不衰竭、涅槃重生的旺盛生命力，从而在全球化、现代化的时代仍然成为我们这个东方文明古国的国粹和文化象征。

虽然这种艺术在今天仍然一片繁荣，但作为每一个艺术品种当代发展潮流的引领者却永远是少数。这是因为这些工艺品之所以成为一种艺术，不仅在于它历史的“古老”，而且在于其内容与形式的“深刻”，形式的讲究，就是内涵的深邃，体现在“境界”上，聚焦在“精致”上，而这种境界只可意会，不可言传，它来自一位艺术家对艺术的体悟，得益于他与生俱来的禀赋。而能够对于艺术与审美具有悟性与理解，并能将这种无形的感觉形之于外地表达出来，并不是人人都可以做到的。

对美的欣赏需要文化的修养和辨别能力，也就是眼力，这双眼睛应当可以洞穿时空，看透一种原版的历史味道，从而感受到一种艺术从古至今的生命律动。这就像是优雅而娴静的阅读，能够使自己不断地深入和沉淀，从文化沉淀到文明里，进入到精神的寺庙，感知到艺术的神圣。这时，人就总能感到一种最少修饰的温润，从艺术珍品的某个细微的深处泛起，感动和渲染着自己，让理性注入情感的生气，道出人生的诗意，最终创造出独特的精神空间，从而使自己的精神得到提纯和愉悦。

中国传统工艺美术不会就此止步，它还将在当代艺术的汪洋大海上继续高扬风帆，驶向更加辉煌的新的金色彼岸。因此，我们需要更多更高的工艺美术大师、更多更深的鉴赏家的涌现。

我们对此充满着热切的期待。

中华民族古老的精神家园

殷　夫

“东门之枌，宛丘之栩。子仲之子，婆娑其下。榖旦于差，南方之原。不绩其麻，市也婆娑。榖旦于逝，越以鬷迈。视尔如荍，贻我握椒。”

这是《诗经·陈风》中的《东门之枌》。诗中的“宛丘”即今河南省的淮阳。宋代的朱熹把这首诗解释为“此男女聚会歌舞，而赋其事以相乐也”。

通过不同形式的聚会载歌载舞倾吐爱慕而使有情人终成眷属的习俗，在我国绝大多数民族中都有沿袭。《东门之枌》所表现的情形发生在宛丘之地，在一定程度上说明该地情风之盛。研究任何文化现象的发展首先要研究它的发生，亦即我们通常所说的追根求源。宛丘之地情风蔚然也有它的源头。原来，这里埋葬着华夏民族的两位先祖伏羲和女娲，是这对华夏民族的情种的培育和繁衍，才有了今天的泱泱华夏。人们如果要问，自从盘古开天辟地，人类的爱情之种最早是谁播撒的？为什么男女与生俱来皆知情爱婚媾之事？

有一幅从唐代古墓里出土的图画，是1300多年前无名氏艺术家的杰作。画面上的人物只有两个——一男一女，男为俊男，女为靓女。从服饰、发式、造型上一眼就可以看出他们是地地道道的华夏族人。据专家考证，画面上的俊男为伏羲氏，靓女为女娲氏，因此该图被命名为《伏羲女娲图》。启承着男左女右的习俗，伏羲居左，右手搂着女娲，左手执“矩”；女娲居右，左手抱着伏羲，右手执“规”。两人面面相对，且带着微笑，四目相视，温情脉脉，眉目传情。伏羲手执的“矩”，细长而且弯曲，如果从侧面看去，朦朦胧胧中给人以关于人类繁殖的臆想。女娲手执的“规”，是可以开合的两片，她手中捏着的，正是“轨”的枢纽部位，如果联想古代阴阳之说，也会给人以人类繁殖的臆想。画面的背景，则是硕大的天象图，图中的日月星辰，自然就是他们用“规”“矩”开创的世界，以及那个世界上的创造物。因为他们是用“规”和“矩”创造的世界，所以那创造物也只能是以最简单的线条来构成：用曲线画成了日月星辰，再用直线把它们连接起来。如此简洁的画面创意，不由得使人联想起许许多多的远古神话传说。这些神话传说于神秘的色彩笼罩下或多或少地反映了历史的真实，褒贬分明地寄寓了对这些历史事实的认识倾向，反映出一定的审美质量。因传说中的伏羲和女娲都是“人首蛇躯”，即上身为人形，下身为蛇状，所以，这幅画的下部则被描绘为连续互缠相交的蛇尾。

综观全图，劳动和爱情构成了一个伟大的立意，形成了一个崇高的主题：爱情和劳动，创造了人类，创造了世界！伏羲和女娲相拥相抱，缠绵交媾，进行着人类自身的生产，这是超脱了神话传说的关于人类生殖繁衍的合乎科学的诠释。他们手执的“规”“矩”和创造的日月星辰，代表着人类赖以生存的生产资料的生产。劳动是人类的第一需要，在这里得到了形象的注解。正如恩格斯在《家庭、私有制和国家的起源》序言中所说：“根据唯物主义观点，历史中的决定性因素，归根结蒂是直接生活的生产和再生产。但是，生产本身又有两种。一方面是生活资料即食物、衣服、住房以及为此所必需的工具的生产；另一方面是人自身的生产，即种的繁衍。”自伏羲、女娲始，这两种生产就紧密地联系在一起。他们以人首蛇身交媾的形象表现两性间原始的超自然形态，反映出他们的生殖神格的典型属性，在人类繁衍的懵懂时代就开始深化人的生殖意识，同时，画面上也形象地反映出天地交泰的内容。“天圆地方，本乎阴阳。……夫天地不为万物所有，万物因天地而有之；阴阳不为万物所生，万物因阴阳而生之。”伏羲手执的“矩”和女娲手执的“规”依照古代的天圆地方之说，圆规代表“天”，方矩代表“地”。在自然界，阴阳代表天地，而在人世间，阴阳则代表男女。于是，人们在对天地交泰、阴阳相合、男女媾情的感悟中油然生发出对我国古代人类繁衍问题的多学科思考。事实上，女娲抟土造人只能是幻想，绝对不会实现。人，只有通过自身才能繁殖。在杂婚和群婚时期，基本上没有形成固定的“家庭”形态，男女之间的关系也仅仅是交媾的关系。从根本上讲，这种关系并不具备“家庭”的社会功能，当然不能适应“家庭”的功利需求，但它在客观上，却原始地体现着人类自身生殖繁育的功能以及人性的最基本的生理要求。因此，《伏羲女娲图》也不同程度地反映了原始人类对生殖的崇拜和信仰。

据史书记载，伏羲偕女娲涉颍水而至淮阳，自此居于淮阳，寿终后葬于淮阳。今太昊陵即后人为纪念伏羲和女娲而建的。至今，淮阳人于每年的农历二月初二至三月初三，都要举行隆重的民间祭陵庙会，缅怀这两位华夏始祖。

淮阳，是镶嵌在豫东大平原上的一颗璀璨的明珠。它因据淮河之北而得名，历史悠久，古迹遍布，人杰荟萃，民风淳朴。远古时期这里即为我国东部民族的古都，伏羲氏也定都于这里。后神农氏再建都时，改淮阳为陈。周武王克殷纣，封陈国，这里曾爆发过我国历史上第一次奴隶起义。春秋时，孔子周游列国，自卫至陈，陈闵公起陵阳之台以迎之，拜为客卿。战国时，秦将白起拔郢都，烧夷陵，楚顷襄王迁都于此，称“郢陈”，南方的楚文化和中原文化始在此交汇。秦末，陈胜、吴广在大泽乡起义，于陈郡古城上竖起了“张楚”大旗，陈胜被推举为王，在这里建立起我国历史上第一个农民政权。三国时，这里为魏曹植封地，曹植才高八斗，在陈地留下不少诗作。宋代的包拯也在这里留下了怒铡国舅、放粮济民的佳话，淮阳旧有包公祠，楹联即为“理冤狱关节不通自是阎罗气象，赈灾黎慈悲无量依然菩萨心肠”。……太昊陵就坐落在古淮阳城北的蔡河之滨，掩映在一片森森古槐、蓊蓊翠柏之中。人类始祖伏羲和女娲安息在这里，接受后世子孙的顶礼膜拜。感谢淮阳这方古老的土地在蒙昧时代接收了伏羲和女娲，使他们在这里生息繁衍、教化子民，古老的中原大地上，始泛起中华文明之光……

太昊陵祭陵庙会每年都是人头攒动、摩肩接踵，人们排成一条长龙，脸上刻满虔诚，手握香烛，缓缓地鱼贯前行。置身于这样的氛围，默忆着历史和神话交织的伏羲、女娲时代的情景，都会觉得有一股古风扑面而来。人们的脚步声在光滑的石板路上响着，与五六千年前伏羲和女娲赤足在蛮荒的黄土地上踏出的脚步声依稀和着同一个节拍。依次走过的一个又一个默不作声的游客，耳旁响起的是平缓畅扬的管弦丝竹之音。此刻，仿佛感到历史长河在这里荡起了一个巨大的漩涡，把现代人漩入了历史的渊薮，去感受亘古时代的文明，去亲近血脉相因的祖先。这座陵园傍水而建，气势恢弘。首先映入人们眼帘的是午朝门，其建筑淳厚，色彩凝重；门上高悬的“太昊陵”匾额，字体笔锋雄浑，遒劲刚健，于古香古色中折射出历史的沧桑感。昊者，明也。“太昊”，是对伏羲的赞颂之词，寓伏羲的圣德如日月同辉之意。过了午朝门，依次通过玉带桥、道仪门、先天门、太极门，便到了统天殿。它的名称取自《易经》“大哉乾元，万物资始，乃统天”之意，红墙黄瓦在丽日的辉映下闪着金光，高擎的檐柱，挑角的兽头，飞动的脊龙、脊凤，把这座大殿装饰得既华丽又凝重。殿内高大的神龛内，供奉着伏羲的塑像：身披黄色兽皮，加穿绿色树叶，一副浓重的原始部落酋长神态，手托八卦，目光安详地注视着远方。在那个人类茹毛饮血、结绳记事、穴居群婚的蛮荒年代，他正用先天的智慧和感悟去启蒙一个民族向文明迈步。在另一个殿内供奉着伏羲的妻子女娲的塑像，她一副端庄贤淑相，双目中正汩汩流泻着绵绵的母性的柔情。与她无语对视，仿佛让人看到在华夏民族那荒无人烟的大地上，一位窈窕女子听到人类诞生的第一声啼哭时漾起的微笑。自此，中国的神话传说里多了一种生命，也多了一份母性的抚爱。生命和抚爱使中国的神话传说又多了几许活力与色彩。

这一对被华夏子孙视为“初祖”的先人，是天地混沌初开时自然浩劫中大难不死的“幸运儿”。当时，浩浩天地间，朗朗乾坤中，只有这一对男女——中华民族赖以繁衍生息的种子。天将降大任于这一男一女、一阳一阴、一雄一雌，宇宙之精华、天地之灵气、乾坤之希望、人类之未来，全都寄托于他们身上，来不得半点的疏忽和闪失。他们果然不负天意，毫无顾忌地撞击出情爱之火，从此相依为命，互相拥交，融为一体，传宗接代，连绵不绝地繁衍了一代又一代的子孙，中华民族也从此香火不绝，子孙无匮。后世人都是伏羲和女娲的后代，而他们则被敬奉为中华民族的生殖之神、情爱之神。

人们来到这里，自然会想起女娲抟土造人的传说。在许多版本的传说中，都把女娲抟土造人描述得形象逼真，绘声绘色：一位长发飘飘的美丽女子盘膝端坐在清清的水边，执一枝青柳在溪流中饱蘸含有灵性的泥浆，抟出一个又一个生灵。尽管这个传说如此充满诗情画意，但人们还是更愿意相信伏羲、女娲作为情种交媾而繁育人类的神话。那么，即便是神话中伏羲、女娲创造人类之说成立，为什么不说是伏羲抟土造人抑或是伏羲、女娲共同抟土造人，而单单说是女娲抟土造人呢？这是因为，在远古时代，人们只知道人是女子所生，认为男子在人的繁育中没起到什么作用的缘故。而且，说女娲抟土造人，“抟”的是黄土。按照古代的方位说，东方为青龙色青，南方为朱雀色赤，西方为白虎色白，北方为玄武色黑，而中央者，万物归土，土为黄色。土是万物的生源。黄色位于中央，亦即是说万物的生源在中央。在远古时代，中原的黄淮流域，由于文明的肇始，已是相对来说比较开化的地方。位于黄淮之间的宛丘，更是“天之心”“地之脐”。因此，“黄土”者，中原之谓也；“抟黄土”者，于中原繁衍人类之谓也。而在西方基督教的《圣经》中，把人说成是由上帝创造的，只是上帝造人没有女娲造人那样充满诗情画意罢了。《圣经》上说，上帝在洪荒之初开天辟地，创造包括人在内的万物，用了六天时间，很累很累，第七天就休息了。其余没有多少描述。说到真正的情种也好，人种也好，中国有伏羲和女娲，西方有亚当与夏娃。尽管说亚当、夏娃是偷食了“禁果”而生育人的，蒙上了一层遮羞布，不像说伏羲和女娲交媾而生育人一样直白，但已毕竟接近于科学的解释。为了遮羞，西方人还把人类的本性神化，推出了一尊叫作丘比特的爱神，称只要丘比特的神箭射中了谁，谁就会产生爱情。而我们中国人的祖先早已把爱情的基因融入我们的血液之中，到时候就会开花结果，好比人不需要教化就先天知道吃奶一样。正如在中国成长起来的儒家大师孟老夫子说的那样：“食、色，性也。”——食欲和情欲是人类与生俱来的本性啊！

参拜过这对中华情种的尊容，经过太始门，就到了太昊陵墓。跨进墓垣门，一座雄浑的巨冢便突兀地出现在眼前。冢高20多米，周长150多米，上呈圆形，下有方座。我国传统的帝王墓葬，一般都呈覆斗形，只有太昊陵例外。这不但蕴含着古代地心说的意义，还有着深刻的哲学内涵。伏羲、女娲是以“规”“矩”定天地的。规矩，对于我们认识世界来说，既是工具，又是方法。客观世界是不断地演化、发展的，没有不变的规定性。我们认识世界包括世界上的一切事物，都必须由有限推知无限，由局部管窥整体，从中找出规律性，从而把握事物发展的规律，在认识世界的基础上能动地改造世界。一部人类发展的文明史，包含着朴素的辩证法。于这种浓浓的哲学思考氛围中，置身陵前，顿觉苍茫碧落之下，汩汩黄泉之上，悠悠华夏，列宗列派，皆出于这一对华夏情种，溯源之念，寻根之情，不由潜滋暗长。是啊，物换星移，沧海桑田，历史已迈进一个科学昌炽的时代，我们的先人生活的那个时代已定格为历史的记忆，但先人的圣灵之气还在这里袅袅升腾，氤氲在古老的中原大地上。正如清代岁贡雷继祖到此凭吊时即兴赋的一首诗："孤峻陵如峙，巍巍近接云。河图钟瑞地，古圣有庖坟。碑剥留残字，松高挂晚曛。至今瞻望处，灵气尚氤氲。"盘桓在远古时代的历史氛围，好像我们与祖先是如此的接近，这种接近已经没有了同他们的生疏感。在中国的黄土地上，每一位黄皮肤的中国人，流淌的都是同一种血脉啊！

传说，盘古开天辟地，虽给天定了高度，给地定了厚度，但仍朦胧一片，不辨东西南北，没有规矩方圆，是伏羲用"矩"把大地划成了方形，女娲用"规"把苍天划成了圆形。圆形的天像个大锅在上边罩着，保护着人们；方形的地像个大方板，在脚下垫着，滋养着人们。是这一对祖先为他们的子孙开创了最根本的生存空间。从此，清气浮天，浊气凝地，包括人类在内的万物就在这天地间繁衍开来。"混沌初开，乾坤始奠，气之清轻，上浮者为天，气之重浊，下凝者为地"，"天圆""地方"，伏羲和女娲以"规""矩"定了方圆。然而，"天圆""地方"还免不了一系列的自然灾难。比如，天空中常出现十个太阳，晒得人们无法忍受炎热；再如，地上常泛滥滔滔洪水，淹得民不聊生。而且，新"规"出的天时常摇晃，新"矩"出的地时常震动，人们提心吊胆，惶惶不可终日。于是，女娲砍下了鳌鱼的四足，把东南西北四方的天都撑了起来，使天不再晃动，这就是"天柱"；伏羲用绳子把大地捆缚起来，使地不再震动，这就是"地维"。日久天长，天柱折了，地维绝了，天倾西北，塌了个大洞，天上的太阳、月亮、星辰都滑向西北，向西北方落了下去；地斜东南，陷了个大坑，地上的大江、大河都流向了东南，汇成了海洋……

伏羲虽为百王之先，居三皇之首，而其实，大概他就是以蛇为图腾的原始社会部落联盟的酋长。有关伏羲和女娲的传说，在我国源远流长。尽管他们从一开始就被后人神化，但他们却以自己发明的赫赫文化功绩不断地淡化笼罩在自身的关于“开天辟地”“抟土造人”“炼石补天”等虚幻的奇迹，从而彰显出体现他们主观意志的人性。“古者包牺氏之王天下也，仰则观象于天，俯则观法于地，观鸟兽之文与地之宜，近取诸身，远取诸物，于是始作八卦，以通神明之德，以类万物之情。”人们之所以敬仰他们，崇拜他们，颂扬他们，皆因为他们是创造远古文化的“人”而不是“神”。因此，有关他们的传说，实际上是中华民族的子孙后代对其共同的远祖创造人类文化的某一阶段的历史回忆。在远古时代，他们带领先民们涤去混沌，开启华夏文明。他们教人渔猎、植稼，使原始人类逐步掌握了生活技能，开拓了生存环境。传说有一天，伏羲渔猎困倦之后，躺在一棵大树下歇息，无意中发现树枝上有只大蜘蛛正在来来回回地结网。网结好了，几只蚱蜢、蜻蜓、蝴蝶飞到上面便被网粘住了。伏羲由此得到了启发。他学着蜘蛛结网的样子，发明了渔猎用的网。他教人们用植物的纤维结成网，到山冈川泽去渔猎。人们捕获了许多鱼虾、鸟兽，吃不完了，就喂养起来，这就是最初的畜牧业。伏羲因此得到了大家的拥护，大家推举他做了帝王，把宛丘作为都。

远古时代，男女之间交际袒露，随意匹配，出生的子女，不知其父为谁。伏羲和女娲商议，把男女两个配做一对夫妻，使他们有一定的住所，永远不离开，这样，彼此才不会再随意去匹配。他们把男的得到女的，叫作有“室”，女的得到男的，叫作有“家”。这“家室”就是一对夫妻永远的住所。同时，他们还把男的得到女的，叫作“娶”，是娶过来；女的得到男的，叫作“嫁”，是嫁过去。在男娶女嫁的时候，还要具备三个条件：第一是正姓氏。男女的嫁娶，是要生儿育女、传宗接代的，但同一个姓氏的男女做了夫妻之后，也许是“血分”太热的缘故，生出的子女或是残疾，或是愚蠢，很少有发育健壮的。所以，首先一定要正姓氏，凡是同姓的，一律禁止婚配。第二是通媒妁。原来男女的嫁娶太不慎重，全是由于情欲的冲动。青年男女情欲旺盛，尤其容易冲动，既然是以情欲冲动而结合的，久而久之，待情欲渐渐低落，就会互相厌恶起来，厌恶久了也就会离异。所以，他们就采取了通媒妁的方法。媒是谋划，妁是斟酌。如果有哪个男的该娶了，哪个女的该嫁了，就请邻里亲眷中年高德劭的人出来做个媒妁，商议一下这两个人年纪如何、相貌如何、性情如何，一切都谋划斟酌定了，然后再定日期，行嫁娶之礼。第三是要男的先行聘礼。凡嫁娶之时，男的必先要拿点贵重物品，送到女的家去，这既表明是诚心求亲，又表示对女方家尊重礼貌，这时婚姻才算定下来。但是，什么东西才算是贵重的呢？在那茹毛饮血的时代，最珍贵的就是兽皮，他们就让男的以兽皮作为聘礼。男的把女的娶到家中，是请女的替其主持家务的，上奉祭祀、下育儿女，并不是随随便便，快人情欲的。夫妻地位平等了，男耕女织，相敬如宾，家室也就牢固了。从此，他们告知百姓，男娶女嫁时必须按照这三个条件去办，并且由女娲专门管理。于是，百姓特意为女娲取了一个尊号，叫作“神媒”。这些男娶女嫁的办法，可谓我国最早的有关婚姻的律令了。这些办法改变了穴居群婚的愚昧状态，开始出现了家庭，推动了人类文明的进步。

伏羲陵后边，生长着一片蓍草。《博物志》记载它生长“千岁而三百茎，故知吉凶”，因此被称为神蓍。当地人说这种植物栽于此则活，若要移至他处，则会枯死。如此稀有植物，全国仅有三处生长：一是山东曲阜，二是山西晋祠，三是河南太昊陵。曲阜是孔子的故里和墓地，晋祠是为纪念周武王之子汾东王叔虞而建，太昊陵是人类始祖伏羲和女娲的长眠之处。这三处都是“圣人”

之地，草木情，长相守，多少带有神秘而动人的情味。伏羲当年曾持蓍揲卦，所以它成了有灵性的辟邪之物。清代诗人雷方晓在为“淮阳八景”之一的“蓍草春荣”题诗曰：“晴日春郊畅暖烟，羲陵蓍草正芊芊；条柔秀拙得宵雨，根老灵盘太古年。一画鸿蒙开道脉，千秋精蕴渲心传；由来神物殊凡卉，奕叶荣敷二月天。”《易·说卦》云：“昔者圣人之作易也，幽赞于神明而生蓍。”《易·系辞》也云：“是故蓍之德圆而神，卦之德方以知。”历代帝王于每年春秋派员来太昊陵祭拜，返朝时都要带回一束蓍草，以作信物。传说，伏羲面对他和女娲繁育的子孙时，不由产生了一种在今天看来是带哲理的联想：这么多的子子孙孙，不都是从我的“一”和女娲的“二”产生出来的吗？而且，一切事物的演化都是由一元而两仪，而四象，而八卦的。于是，伏羲便以“一”为阳，以“二”为阴，创造了可以贯通于古今变化的阴阳八卦，以概括人类的进化规律。对此，郭沫若先生在《中国古代社会研究》中阐述：“八卦的根柢我们很鲜明地可以看出是古代生殖器崇拜的孑遗。画一以象男根，分而为二以象女阴，所以由此而演出男女、父母、阴阳、刚柔、天地的观念。”另据传说，八卦是伏羲通过仔细地对天地间各种事物和现象的观察，研究分析彼此之间的关系，从中找出规律，用八个符号组成的一个图案，这就是我国民间一直流传的八卦图。这八个符号就是乾、坤、坎、离、艮、震、巽、兑，分别代表自然界中的天、地、水、火、山、雷、风、泽。伏羲把它们组成六十四卦，推测自然界各种事物和现象的发展变化。

历史上，无论是帝王将相、文人墨客，还是寻常百姓，都愿前来凭吊、祭祀这对中华民族的祖先。不论是统治阶级还是被统治阶级，在这一点上应该说是相通的。继陈灵公陪孔子祭祀伏羲陵之后，前来祭陵的人日渐增多。三国时期，“八斗之才”曹植在陈地曾多次参拜伏羲陵，写下了脍炙人口的《庖羲赞》：“木德风姓，八卦创焉，龙瑞名官，法地象天，庖厨祭祀，罟网鱼畋，瑟以像时，神德通玄。”曹植高度地概括了伏羲的功绩，称赞他为功德第一的圣王。再往后一些，萧梁时代的庾肩吾，晋代的挚虞，唐代的李密、张九龄、卢纶、李商隐，宋代的王禹偁、张耒、晏殊、苏轼、苏辙，金代的元好问以及明清两朝的文人墨客，也多到此凭吊，发怀古之幽思，抒寻根之感慨，留下了许许多多诗词文赋和墨宝。陵园内“万派一系”“人根之祖”“中国一人”“教以人伦”“初创王业”“默祐黎苍”等碑刻有四五百座。明太祖朱元璋称帝后，于洪武四年（1371 年）曾“驻跸幸陈”，钦定祝文，到伏羲陵祭祀。据说当年朱元璋从安徽凤阳举事后，西进途中，曾在淮阳与元军交锋。战前，朱元璋祈祷于伏羲，求他保佑，果然打了个胜仗。为了报答伏羲，他把祭祀活动搞得非常隆重。皇帝带了个头，以后地方官吏便兴起了祭陵风，延至清代，愈演愈烈。而且每次都是朝廷派大员躬身致祭，三跪九叩，焚香膜拜。民间祭祀活动更是经久不衰，从每年的农历二月初二日开始，历时一个多月，方圆数百里的百姓络绎来到这中华民族的老祖宗长眠的圣地，祭祖进香，人多时每日可达数十万之众，其规模之大，在中华民族祖谱大系中是无与伦比的。

淮阳，是中华民族大家庭最古老的家园。中华儿女无论天南地北，海外域内；也无论是何国度，在何政派，只要来到这里，就像回到了老家一样。所有黄皮肤、黑头发的华夏种人，不论地位多高，是老是少，也不论辈分多长，是富是贫，在中华民族的人祖面前，无不追根寻源，拱手屈膝，顶礼膜拜。人们在这传统的祭祖节日里，拜谒人祖，仿佛回到失落已久的精神家园，胸中泛起一缕又一缕与先人久违的亲情……

吟诵：历久弥新的读书法和诗歌创作法

陈江风

人称“礼仪之邦”的古代中国是一个十分重视文教的国家，诗文教育在文化教育和品行教化实践中占有重要地位。古代教育分为“小学”和“大学”。小学学习文字、训诂、礼节等基础教育的内容；大学学习儒家经典、礼乐文化、齐家治国等高深学问。通过从小学到大学的以儒家思想为核心的文化系统和礼仪规范化入人心的教育，形成人的价值标准和行为规范，最终形成中国传统文化在生活中的具体形态。由此可见，诗文文化教育在传统文化中的巨大作用。

历史上，民间把到私塾或学堂接受传统诗文教育称为“念书”，因为在传统的教学中，无论是初等的童蒙教育，还是高等的举业教育，形式上都以念诵吟咏古代经典为重要手段。“念书”式的学习，不仅是识字、修文，也不仅是积累知识，它更是古来民间习俗、礼乐文化的传承手段。通过念诵和体悟，学生要完成幼儿养性、童蒙养正、少年养志、青年养德的养成教育过程，实现国家与民族的教育与承传文化之目的。凡是受教育的中国人，张口“念书”是陪伴其“养性”“养正”“养志”“养德”无法回避的重要方式，也成为汉文化扩而大至整个中华文明在教育史上的重要表征。这种以口念心思且具有旋律的读书方式，我们今天通称为“吟诵”。

一、吟诵及其方法与规则

通过上面的表述，吟诵的性质已相对明了，概括地说，吟诵是古代文人传统的读书方法，同时也是传统诗文的重要创作方法。作为一种重要且流行数千年的民族文化现象，百年来我们的文学史和学术史完全忽视了它曾经的存在，不能不说是一大缺憾。在实现中华文化伟大复兴的今天，我们学习中国传统文化，不能再满足泛泛了解诗经、楚辞、古体诗、格律诗的一般知识，还必须了解吟诵，才能理解汉语言文学的妙处，懂得古人到底怎样读书和怎样创作，还历史本来面目，同时更重要的是，掌握了吟诵也就为我们今天学习古诗文创作提供了一种有效的工具和方法。

吟诵之所以到今天还很重要，是因为它是汉诗文的声音载体和理解文意的重要手段。自先秦以来，在官学和私塾教育体系中，吟诵作为基本的读书方法，口传心授，代代相传，形成自己独特的文化传统，是中华文化的宝贵遗产。只可惜到了清末民初，因为现代教育体系建立而中止，逐渐退出了教育的历史舞台，以至于今天公立学校的课堂上学生几乎不知吟诵为何物。

近年来，一批有识之士开始抢救这份濒危的历史遗产。由于读过私塾会吟诵的至今还有人在，所以，经过这些有识之士的辛苦工作，吟诵在各地流传的基本样式已得到初步的整理与保护，并且其成果已逐步在社会上流传开来，已然对当今幼儿园、中小学的基础教育产生积极的影响，吸引高校和社会越来越多的诗词爱好者加入到这一遗产的保护队伍中来。

那么，传统吟诵是以何种样态表现的呢？

从创作方式方法角度讲，传统汉语诗歌创作多是先吟诵后记录再流传的，这一过程，学术界称为“先吟后录”。通过比较人们发现，古今诗词的创作方法多有不同。当代诗人习惯于直接用纸笔写诗，掌握了律谱就可以按图索骥，尝试着写格律诗；不懂平仄，没有掌握律谱的人，凡是四句、八句的五言、七言也常不求甚解，充为格律诗。古人创作和当代人不同，最大的区别是，古人创作用口，当代人创作用手。古人的方法是先吟后录，利用吟咏的方法把创作的诗先吟出来，整首诗吟咏完成后再用笔记录下来交流。像这样的创作过程，要真正了解古诗文及格律诗创作，不了解吟诵行吗？

在交流的过程中，很多人怀疑先吟后录现象的存在，其实，先吟诵后记录的实际例证在古代典籍中已记录了很多。例如《红楼梦》第十八回、第三十八回、第四十回都有关于宝玉、黛玉等人先吟成诗歌然后在纸上记录下来的故事。这种传统到中华民国时期仍然如此，鲁迅先生在《为了忘却的记念》中追记他一首诗的创作时也提到先吟后录的过程。其诗本身就是自证：“忍看朋辈成新鬼，怒向刀丛觅小诗。吟罢低眉无写处，月光如水照缁衣。”受汉文化影响，韩国、日本、越南等亚洲儒家文化圈的国家也有先吟后录的传统。比如，高丽国著名诗人李穑的诗集《牧隐稿》中的《记忘》一诗说：“枕上哦成一二联，呼灯欲笔却茫然。聊将耿耿灯前意，拥被高吟动远天。”可见古来诗人的创作的确是吟成以后才记录在案的，吟诵确是传统诗文创作的组成部分。

那么，吟诵的技巧和方法是什么？推广普及是否有难度呢？

如今各地的吟诵技巧与方法尽管不尽相同，各有遵循，但万变不离其宗，其中的规律性是显而易见的。这些规律，中华吟诵学会秘书长、首都师范大学教授徐健顺把它简洁地总结为“一本九法”（《徐健顺吟诵文集》）。

他在《吟诵的规则：一本九法》一文中说，所谓“一本”就是吟诵以表现诗文的“声韵涵义”为本。吟诵之本，即吟诵的目的、归宿。吟诵致力于用声音把作者创作诗文的涵义真实、完整、深刻地表达出来。吟诵，尤其要运用声韵手段，在字正腔圆的语境中表达诗文的声韵涵义。

所谓“九法”，是指入短韵长、虚实重长、依字行腔、依义行调、平长仄短、平低仄高、模进对称、文读语言、腔音唱法等九种吟诵的方法。我们先对其中主要的几种作以简要介绍。

（一）腔音唱法

吟诵是带有音乐性的读书和创作方法，有近于歌唱的方法要求。这种民间吟诵的近于歌唱的发音方法，我们称作“腔音唱法”。所谓腔音，是通过口腔气息震动发声的歌唱方法，是中国音乐的传统特征，与西方音乐体系和发音方法很不相同。腔音唱法讲究音高、音强、音质、音长四元素的不断变化，字正腔圆。吟诵和传统戏曲、曲艺都采用这种唱法。它要求学会控制音量、掌握变化，声断意连、传情达意，同时音高起伏随情感起伏而变化。例如陈少松先生吟诵的《早发白帝城》，抑扬顿挫起伏变化，把诗人遇赦后的心情传神表达，感情充沛。“千里江陵”四字迂曲婉转，十分传情；“还”字用声断意连来表达轻快欢愉，手法独特，表现出吟诵深蕴的艺术魅力。腔音唱法讲究气沉丹田、吐字精准，随诗文的声调行腔吟咏，妙不可言。

（二）依字行腔，依义行调

吟诵的腔音唱法讲究依字行腔、依义行调。所谓依字行腔，是说吟诵要求按照汉字字音的声调来决定旋律曲调的走向，吟诵出的乐音必须与汉字声调的变化同步，不能“倒字”。所谓倒字，就是在吟诵过程中诗词经过乐音包装之后，听起来某个字的声调与它本来的声调不一致，不像那个字了。举一个例子，《三大纪律八项注意》是一首军歌，是根据外国的乐曲改编的，因为套用别人现成的曲子，所以没有遵循依字行腔规律出现了倒字。比如军歌中有“公买公卖，不许逞霸道”，“买”和“卖”一个上声，一个去声，按照依字行腔的要求应该根据声音的不同进行不同曲谱的处理。但这首歌用“6 3 6 3”相同的谱子来处理“公买公卖”四个字，致使“公买公卖，不许逞霸道”这一句听起来完全变了味道。吟诵要求把诗文字句的平仄、风神表现出来，不能倒字，以免影响声韵之美和字义的理解。所谓依义行调，是指根据诗文涵义来安排曲调起伏，以便于理解和传情达意。依义行调的“义”，既指字义、音义，又指文化涵义。依字行腔、依义行调的规则是诗文与曲调二者关系间的规则。

腔音唱法和依字行腔、依义行调是吟诵对唱法和旋律走向的三项基本要求。至于旋律的起伏与乐音的长短则有另外要求。

（三）平长仄短，平低仄高

古人吟诵格律诗追求声律和谐感人，这是由汉语言自身的特点决定的。前边已经提到，古汉语分平、上、去、入四种声调，创作诗歌依据的“平水韵”中“平声”分为“上平声”和“下平声”一共三十韵，其他的上、去、入三声的韵字都是仄声。讲究声律就是讲究区分诗文声调的平声和仄声，并把它们按照“平平仄仄平平仄，仄仄平平仄仄平”一类规范创造性地排列组合起来形成诗歌。有了这个基础，就能保证吟诵时把诗文的长短平仄和抑扬顿挫读出来。这一过程的基本方法就是“平长仄短”。

所谓平长仄短，顾名思义就是平声字要吟得长，上、去、入三声的仄声字要读得短。这是一个基本表述或称标准表述。但在吟诵的具体实践中，二者还有相应的变通掌握。

“平长仄短”的要求在吟诵中具体怎么掌握呢？大家知道，五言、七言格律诗的律句写作一般是按两个平声、仄声字交替序排的，其中也有三个同声字三二交替序排的现象。例如：“仄仄平平仄，平平仄仄平”是以两个同声调字交替序排为主，而“平平平仄仄，仄仄仄平平”则是三二交替结构。吟诵时，泛泛地讲是平声长吟，仄声短吟，但实际上两个或三个一组的平声字吟诵时长短也是有变化的。“平长仄短”的关键在于，五言的第二、四两字，七言的第二、四、六三个字要长吟。例如“朝辞”两个平声字，“辞”要长吟，“朝”字按中长处理。另外，每句句末押韵的韵字，吟诵时要拖得长一些，而仄声字，尤其是入声字不能拖长。这是九法之一的“入短韵长”概念。例如：

朝辞——白帝彩云——间——

千里江陵——一日还——

两岸猿声——啼不住——

轻舟——已过万重——山

功盖三分——国

名成——八阵图——

江流——石不转—

遗恨失吞——吴——

这两首诗代表两种基本吟诵节奏。《早发白帝城》是“二四四二”式节奏，《八阵图》是“四二二四”式节奏。两首诗的句尾韵字都需要长吟，每句的句中都有至少一个长吟的地方。如《早发白帝城》四句诗的长吟处要留在“二、四、四、二”位置，《八阵图》一诗的长吟处则表现在“四、二、二、四”位置上。

（四）文读语言

当代人的诗朗诵是按照普通话的声、韵、调来表情达意的。但是，从吟诵古诗文的角度看，普通话的发音不能够解决所有格律诗的字音诵读问题。在吟诵中，部分字音需要文读才能符合格律诗的基本要求，这是因为文读是在当时历史条件下形成的吟诵传统。

那么，什么叫文读?

文读是相对于方言而言的古代官话的读法。古代的官话称“雅言”。《论语》讲“《诗》、《书》、执礼，皆雅言也”，可见方言、雅言在不同诵读场合有不同的要求。各地有各地的方言，为了便于交流与学习，大家在公共场合共尊古代官话，从而形成了文读的传统。

格律诗的文读有以下几种情况。一是诗歌所押韵的字要求以“平水韵”为标准。“平水韵”是南宋时礼部颁布的《礼部韵略》的音韵，是历代科举考试的标准音。二是为符合声律的平仄要求，部分字要文读，即按照当时的官话声调来读。比如“秋思”的“思”要读四声（即去声），“遥看瀑布”的“看”读一声（阴平），“高处不胜寒”的“胜”读一声（阴平）等。这些读音往往与配合平仄格律有关，如果按现代读音吟诵，诗歌的平仄格律就错乱了，丢失了韵味。例如毛泽东《七律・回韶山》中的“为有牺牲多壮志，敢教日月换新天。喜看稻菽千重浪，遍地英雄下夕烟”，“教”字读阴平而不读去声，“看”字读阴平而不读去声，这样读就符合了格律“仄仄平平平仄仄，平平仄仄仄平平。平平仄仄平平仄，仄仄平平仄仄平”的要求，而用普通话发音读“教”和“看”这两字反而都犯声病。这就是文读方法在吟诵中的价值所在。

二、吟诵与格律诗创作

格律诗的平仄律谱是格律诗声韵抽象规范的表达形式，它无声无息；而吟诵则赋予汉诗文声韵活的形态，它使格律规范具体化、立体化了。比如，有了平长仄短、入短韵长、平低仄高等一系列的规范，虽然各地语言不同，发音各异，但吟诵的声韵系统、平仄规律等形式上的特征通过规律的节奏、长短、调值高低得以显现，这样，诗的声韵通过规范的声音高低长短获得具体呈现，使声韵变成了抑扬顿挫、长短高低、变化有据的乐章，为抽象的平仄律式增加更多可以把握的特征，于是，吟诵便成了格律诗创作的重要工具，得到广泛应用，深入人心，以至形成了“先吟后录”的中国诗歌传统。

古代的文人都会从老师那里学到一套吟诵的“基本调”，这套基本调是按照文体的不同分类呈现的。比如华钟彦先生总结格律诗就有仄起五绝、平起五绝、仄起五律、平起五律、平起七绝、仄起七绝、平起七律、仄起七律等八种形式。正因为如此，有心的老师往往会把格律诗的律谱直接带入吟诵调，作为创作前的训练项目。吟诵学者宁波籍台湾学者戴君仁先生就率先这样带过学生，取得了很好的教学效果。

这种方法是否具有普遍性，可以在社会上推广呢?

我们研究了存录的吟诵材料，认为这种方法是具有很大的教学和传习空间的。我是河南大学中文系的毕业生，当年华锺彦先生传习的吟诵调就是有其基本调的。例如杜甫的《八阵图》：“功盖三分国，名成八阵图。江流石不转，遗恨失吞吴。”吟的就是仄起五绝基本调。而《曲池荷》：“浮香绕曲岸，圆影覆华池。常恐秋风早，飘零君不知。”则是平起五绝的吟诵调。不同地方的老先生各有自己的基本调，它们的存在，证明基本调的有章可循。如果按照律谱来吟诵华锺彦先生吟诵调可以写出乐谱如下：

仄起五绝基本调：

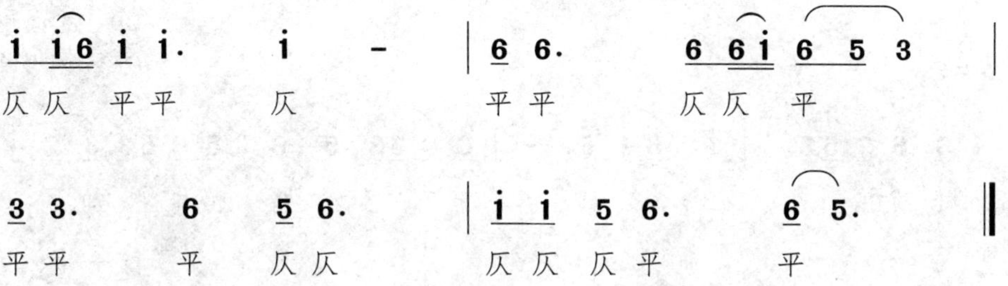

平起五绝基本调：

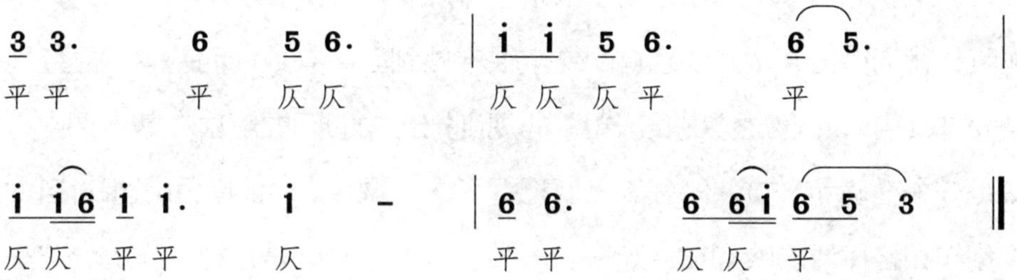

有了基本调，凡是遇到仄起五绝我们就可以按照前者的旋律套吟，遇到平起五绝则可以按照后者的旋律套吟。至于五律、七律、七绝一类格律诗也可以按照这一方法套吟。下面举一个七言的例子，直接把诗的原文套到基本调中吟诵。苏轼的《惠崇春江晚景》是一首仄起七绝："竹外桃花三两枝，春江水暖鸭先知。蒌蒿满地芦芽短，正是河豚欲上时。"其律谱是："仄仄平平仄仄平，平平仄仄仄平平。平平仄仄平平仄，仄仄平平仄仄平。"把这首诗的平仄和基本调结合起来就是：

惠崇春江晚景

华　锋 吟咏
张宗伟 记谱

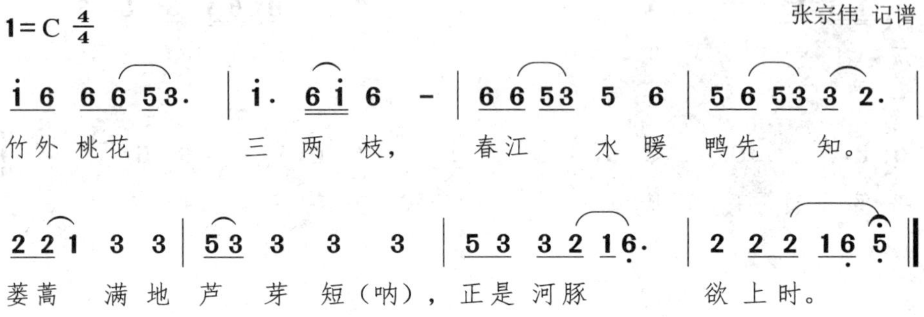

通常我们习作格律诗运用平仄来创作总有几分隔膜和不顺畅，尤其是创作时，背诵律谱并按其要求搭配文字很难做到心中有数。而基本调已经把律谱安排其中，并通过“平长仄短”的规则把音韵的问题解决在基本调中，确实是一个准确而又方便的好工具。把握了这一规律，我们就可以相对自如地把创作和格律诗的吟诵结合起来。事实上古人本来就是这样创作的，它是古人留给我们的一份文化遗产。在我们民族的潜意识中也保留着这种文化的积淀，所以，只要我们按照这种方法做，比较容易学会。这一实践正是尝试着做一做古人“先吟后录”传统的恢复，本身具有传承与保护文化遗产的意义。

如前述，记下了这些与律谱结合的吟诵乐谱，创作起来就可以套用，就可以按照这些配有平仄的乐谱进行创作——它的好处与价值在于，乐谱已经按照“平长仄短”的声律规范编排好了。用吟诵的方式来创作就可以合辙押韵。因为，长吟之处必定是平声，如果你在长吟处用了仄声感觉上就不对路，所以，吟诵的确是提供了一种便捷的检验工具。

古人有这种便捷的方式，吟诗创作就变成一件既简捷又快乐的事了——唱着创作，吟完后再记录下来，何乐不为！

我本人在创作时就尝试着学习古人的方法——吟着创作，先吟后录。我有个大学同学，是信阳人，信阳出产毛尖名茶，每到春回大地，清明谷雨过后，新茶下来，她就寄一包茶叶给我，多少年如一日。一盒茶本不值太多钱，但茶中蕴含的这种感情常令我产生创作的冲动，茶寄到，很兴奋，于是就吟诗。吟完写出来给她寄过去算是回礼，这就叫“你奉新茶我奉诗”，按仄起七绝的吟诵调吟着创作。

翔鹊声声传喜讯，　丙

衔香燕子过春枝。　丁

正当谷雨生情日，　甲

你奉新茶我奉诗。　乙

2013 年春节之后，我出差路过曲阜，很多年没去拜谒三孔圣地了，所以专门安排了一个时段去拜谒孔府。当我看到早年拆除的孔子故里——阙里城修葺一新，城墙上重新大书乾隆皇帝的“万仞宫墙”匾额题字，想到一个满族的封建皇帝能够如此尊重中华民族文化，把一个故去 2000 多年的文人比作万仞宫墙，联想到我们民族文化的失落和民族文化保护的回暖，十分感动。当时吟出了“痴心直赴中华梦，愿作东风第一枝”的诗句，表达我在此时此地的心情。用的是仄起七绝的吟诵调：

斗柄回寅诗可待，　丙

棂星正午曲何期？　丁

痴心直赴中华梦，　甲

愿作东风第一枝。　乙

中华民族伟大复兴的路途尽管任重道远，不敢做一蹴而就的期盼，但是，春讯已至，花期不远，让我们把一颗报国的痴心化作蜡梅，笑迎春风开放吧！

通过上述这些创作实例，问题已经很明白了。第一，吟诵是可以概括为几种基本调的，而格律诗的几种律谱一旦借助基本调，便形成了格律诗创作的一种得力工具。第二，这种基本调和律谱结合可以帮助恢复“先吟后录”的诗歌创作传统，恢复我们中华文化宝贵遗产的生命活力，在一种历久弥新的感受和喜悦中进行传统诗歌创作。

河南民间文学作为文化遗产研究的几次重要转折

高振翼

民间文学是一种特殊的文化遗产。因为其传承于世世代代，存留着一个民族坚韧的信仰与情感，不仅口耳相传，而且成为无数民众各种风俗生活的重要依据。近世以来中国社会形成文化转型，在地域上表现为河南民间文学作为文化遗产的重要转折。总体来看，其大致划分为四个大的阶段：第一个阶段从“五四”时期至20世纪40年代，属于传统意义上的学理研究；第二个阶段从20世纪50年代至20世纪80年代中期，较多显示出意识形态范畴的文化研究；第三个阶段从20世纪80年代中期到21世纪初，民俗学的研究更为突出；当前已进入第四个阶段，这是一个全新的格局。尤其是第三个阶段，中原神话研究以及中原学派的出现，标志着河南民间文学研究作为文化遗产视野下的学科发展所具有的特殊价值。其中各个阶段都具有自己的特色。总结这些内容，具有重要的理论意义和实践意义，为中华民族伟大复兴的时代命题提供许多珍贵的支持。

河南民间文学研究有着较早的历史，早在“五四”时期，以白启明、刘静庵为代表，形成一个民间歌谣搜集整理的学术群体。郭绍虞、罗根泽、杜衡、江绍原、高亨和邵瑞彭等一批学者在此任教，进行民间文学研究。20 世纪 30 年代的《河南大学周刊》《河南大学学报》等学术刊物曾经发表许多与民间文学相关的论文。在他们的影响下，出现越来越多的歌谣学爱好者，诸如 20 世纪 20 年代中州大学青年学生白寿彝搜集的《开封歌谣》、原籍河南沈丘的北京大学青年学生熊海平搜集的《沈丘、项城歌谣》，以及当时的青年诗人徐玉诺搜集整理家乡河南鲁山的《打铁歌》等民间歌谣，并以此改编为新诗。他们在《歌谣周刊》《河南民国日报》《河南教育月刊》等报刊发表相关文章，形成一个以青年人为主体的搜集整理民间歌谣的热潮。乡村教育运动在河南取得突出成绩：一是河南设立村治学院，与梁漱溟在邹平的乡村教育中心保持密切联系；二是广泛设立乡村教育实验区，仅开封周围就有开封杏花营教育实验区、杞县教育实验区等，在事实上形成了民间文学科学考察的田野作业，其各有特色。特别是一批热心乡村教育的学者积极参与各种社会调查，尤其注重协作调查，其代表性成果主要有蔡衡溪的《淮阳风土记》、郑合成等人的《淮阳太昊陵庙会概况》、张履谦的《相国寺民众娱乐调查》、李佛西的《黄河集》、张邃青的《伏牛山中之蛮族》等。特别是樊粹庭这位从理论到实践都有卓越建树的戏剧理论家，他从河南大学研究生毕业后，放弃在政府的工作，投身于民间戏剧的研究和戏剧改革实践，将河南梆子改造成艺术性非常高的豫剧。再者是张长弓的鼓子曲调查系列《鼓子曲存》《鼓子曲谱》《鼓子曲言》《鼓子曲词》等，这在整个中国现代民间文学史上都是少见的，其第一次详细、完整地记录鼓子曲的历史和现状，丰富和完善中国现代民间文学理论。蔡衡溪是河南大学教育系学生，还在大学读书时就写出了这篇调查报告，同时，他还出版了《到农村去》等著作。他在《淮阳风土记》的前言中说，“（民国）十五年（1926年）夏天”即开始动手写作；他将民间文化在总体上分成“语言”和“风俗”两大类，语言类其实就是民间文学，风俗类包括岁时节日、人生礼仪、禁忌和各种民间信仰等内容。他详细记述了自己家乡仍存在的各种传说、歌谣，批评了“昔人多把这种语言目为下等社会的产品，没有采取的价值”的错误言行，强调要“下番功夫，把乡间流行的谚语多多搜集一些，加以精细的研究”。他在阐释一些民间文学现象时，强调重视“野蛮时代”的社会历史特点，诸如《日的传说》《麦子减收的传说》等民间传说，对于理解“由信仰而把这种灵迹一世一世地传说下去”具有十分重要的意义。《淮阳风土记》代表着这一时期民俗学运动中田野作业科学考察的水平。

古人云，“庙者，貌也”（《说文解字》），这是民间传说故事的重要见证。庙宇在民众信仰中具有非常重要的位置，是民间文学的重要集结地。开封教育实验区组织人员对河南淮阳太昊伏羲陵庙会进行认真考察，由郑合成等人编写出了《淮阳太昊陵庙会概况》。这本书前面有齐真如、胡汝麟、赵质宸三人的序，他们都强调“杞县实验区派员偕同河南省立淮阳师范学校员生”所做的庙会调查，对于“中国固有的社会状况”要“先调查明白，然后因地制宜、因病下药”，“给研究中国农村问题者一个真切的参考”，对于“抄东抄西，削足适履，弄得中国一塌糊涂”的现象提出批评（胡汝麟“序”）。当然，他们的出发点是关于“太昊陵庙会调查与乡村教育的关系”（赵质宸“序”）问题的讨论，而在实际上为我们提供了20世纪30年代上半期中国农村社会历史的一个缩影。这部著述的重要价值在于它客观地记述了伏羲、女娲神话传说故事的流传状况，包括由此神话传说相联系而生成的一系列民间信仰生活。郑合成等人的《淮阳太昊陵庙会概况》一书，分“淮阳沿革”“太昊陵庙情况一般”“赶会的群众及其交通”“商业”“游艺”“庙会管理及税收”“太昊陵庙会的前途”“太昊陵庙会杂话”和“附录”（即《太昊陵庙会调查日记》）等部分，这是社会学的考察，也是社会史的考察，其焦点就是庙、神、人三者之间的联系，以民间信仰为中心所生发的一系列社会现象。其中的数据尤为珍贵，如“赶会的群众及其交通”中的“人数统计”，他们采取“每日乘船人数估计”“北关大路行客人数”“居留人数”和“其他路上人数”等四种统计数目，计“每日约在10万人之上”。另如“商业”中的“商业统计”，列“各街商业统计表”“各种摊铺总表”“各种商业分类表”等项，其中区域、种类、所售商品、家数、收入，各项细目一目了然。在“民间读物”中，我们看到了更丰富的民间文学内容。诸如《二十五更》《浪子回头》《庄稼歌》等传统说唱类，而且可以看到《张勋打南京挂帅平贼》《黄兴孙逸仙败逃外国》等“荒谬已极”的故事；作者说：“由此我们也就可以知道民间所认识的历次革命是怎样一回事了”，“这些东西，才是真正的乡村读物，是民众获得知识的真正源泉”，“由这些作品可以知道乡间民众知识真相，由这种知识，我们可以推定中国社会性质的一部分”。应该说，这是民国时期黄河流域民间文化考察中很少见到的内容，而正是这些内容才是当世中国民间文学思想文化中最真实的成分。

民间戏曲是民间文学的重要典型，因为其综合性特征，所以在整个人文社会科学研究中处于非常特殊的位置。张履谦的《相国寺民众娱乐调查》是1936年开封教育实验区出版部出版的“相国寺特种调查”之一。这项调查的指导者、支持者是河南大学教授、著名教育家李廉方。他于1930年在开封创办实验教育区，提倡“关于民众教育研究，先就本地社会从事各种调查，再决定可能教育的任务”（序），是当时影响全国的“李廉方教学法”的倡导者。张履谦是留学苏联回国的学者，他在本书“自己的序”中介绍了调查缘起、调查方法，称其“仍是采用个案调查和实地访问与观察”，而“在未调查之前和既调查以后的间接访问，与直接观察的时间，是比民众读物调查要花的多”。全书分“相国寺戏剧概况调查”“说书”“大鼓书”“道情”“相声”“竹板快书”“西洋镜”“卖解者”“幻术”“日光电影”“玩鸟”“民众娱乐与教育”“调查归来”几个部分。其中对“梆子戏”的调查，不但追溯源流细脉，而且专列《艺员生活概况调查表》，内分“姓名”“性别”“年龄”“籍贯”“住址”“所任角色”“包银”“开始学戏时间”“登台时间及经过情形”“所唱戏曲”“现在戏院”和“备考”（即是否科班出身）。在“剧目调查”中，作者设计的《梆子戏剧目调查表》，内设“剧目名称”“剧情大意”“取材”“三戏园（永安剧场、永乐剧场、同乐剧场）三月排演次数”与“备考”等。这些内容概括起来是珍贵的豫剧（梆子戏）史，也是民间戏曲的传播史。其中“艺员访问记”，是对出身卑贱、社会地位低下的民间艺人所做的实地采访，文中对他们的实际生活状况进行了详细介绍，弥足珍贵。

人文社会科学的主体是知识分子，他们受新文化运动的影响，普遍表现出救国救民的理想。同时期的学者李佛西是一位中学教师，《河南教育月刊》的编者在介绍他搜集整理民间歌谣的活动时说：“佛西同志现任河南嵩阳中学教职，对于理化素有研究，然课余之暇，致力征集国内歌谣，博采各地谚语。今已搜得数百余首，集成巨册。兹不惠赠本刊，用特披露，以供研究社会学者及文学专家之参考。”李佛西本人也在“开首的几句话”中介绍自己的征集、整理过程，希望“以贡献海内想改革民间风俗的同志”云云。从其内容可以看到，他非常重视底层民众的生活，诸如《黄河沿岸》《抬肉票》《十二月花调》《前清宣统》《衙门》等，都真实地记录了社会最底层人民的苦难。其中的时政歌谣所具有的社会史价值，同样值得我们重视。这些歌谣是以连载形式发表的。张邃青的《伏牛山中之蛮族》是在抗日战争时期写成的。河南大学流亡伏牛山地区，张邃青等学者深入山中继续从事教学科研，其考察伏牛山地区历史文化遗迹，结合历史文献，对“蛮族”历史文化进行考证。此时，河南大学一批文史专家，如朱芳圃从事神话研究；丁乃通在这里已经开始考订民间文学的历史演变与类型问题；任访秋是胡适、钱玄同和周作人他们的研究生，他研究中国现代文学，20 世纪 40 年代出版第一部《中国现代文学史》，开篇就是“五四歌谣学运动与现代文学”；张长弓不但进行民间曲艺的搜集整理与研究，而且进行唐传奇与民间文学关系的研究；王广庆也有研究河洛方言与民俗的文章，并涉及民间文学；等等。这是现代学术体系建构中一个重要的现象，体现出一代学人不忘发展民族文化的责任感与使命感。

20 世纪 40 年代末期开始，中国现代民间文学理论呈现出鲜明的意识形态倾向，学者们自觉运用马克思主义理论贯穿在自己的学术实践中。这时期曾出现《开封日报》等报刊提倡群众文化与民间文学相结合的文章，张长弓在他的《唐宋传奇》等研究著作中明确提出用历史唯物主义研究中国古代文化遗产，强调民间文学的人民性和批判性等特征。走出民国学术的一批学者，开始了大规模的文化转型，与张长弓一样强调改造自己的世界观。因为中国民间文艺研究会的成立，各个省都有文化呼应，河南省的文学工作者如徐玉诺、陈雨门、李蕤等人积极参与以民间文学为主要内容的群众文化活动，搜集、整理和改编民间文学，取得很好的成绩。同时期的许顺湛等历史学家对中原远古文化的研究，涉及神话传说与民族图腾等内容，是河南民间文学作为文化遗产研究非常难得的一部分。受到社会文化思潮的影响，“推陈出新”“古为今用”成为这一时期文化遗产和民间文学研究的重要主题。李嘉言、任访秋、张振犁等学者在《光明日报》“文学遗产”等理论园地介绍我国古代文学遗产，其中涉及民间文学；此时的开封师范学院汇聚着赵纪彬（向林冰）、于安澜、孙作云、朱芳圃、牛庸懋、张振犁、汪玢玲、刘溶池等一批对民间文学有研究的学者，当时的《开封师范学院学报》成为民间文学理论的重要园地，如张振犁发表过研究胡适民间文学理论的文章，汪玢玲发表过研究鲁迅民间文学理论的文章，于安澜在《河南日报》等报刊发表介绍中国传统节日和民间传说的文章。这一时期的民间文学理论成就主要表现在三个方面：朱芳圃的神话理论、孙作云的图腾理论和张振犁的民间故事研究。

朱芳圃、孙作云和张振犁三位学者的研究，代表着新中国成立后至20世纪80年代河南民间文学理论研究的水平。朱芳圃的神话研究主要是考据，与古史辨学派不同，他更看重神话传说的历史文化价值。他在50年代的神话研究以《西王母考》为代表，认真梳理出西王母这一神话人物的生成与演变，其中对于古文字的考释，显示出一代学者独有的学识与胆识。朱芳圃的神话学理论主要从历史学出发，不是从历史文化中剥离出神话传说，而是看到历史文化与神话传说的具体联系，这些论断被后人整理为《中国古代神话与史实》，收入他不同时期的研究成果，尤其是50年代以后研究中国古代神话的著述。孙作云50年代之后来到河南，继续进行他的民俗学意义上的神话传说研究。之前，他受到闻一多与孙作人的民俗学理论的影响，形成自己别具一格的文学研究，意在通过历史文化的民俗学研究，探究中国文学与神话传说的重要联系。其中，他更看重《楚辞》，如其《九歌山鬼考》《九歌司命神考》《九歌非民歌说》《九歌东君考》《飞廉考——中国古代鸟氏族研究》等等。50年代至70年代，他的研究重点转向《诗经》。其研究成果被编入《孙作云文集》，以民俗学、考古学等学科名分卷。与其他学者不同的是，孙作云的研究既是历史文化的，又是民俗学的，也是文学的，可以看作其神话诗学的尝试。孙作云的神话研究有着一般学者少有的厚重与开阔，如其《中国古代的灵石崇拜》《中国古代鸟氏族诸酋长考》《说羽人》《蚩尤考——中国古代蛇族之研究》《后羿传说丛考——夏初蛇、鸟、猪、鳖四族之斗争》《夸父槃瓠犬戎考》，都关注到信仰与神话之间的文化联系。孙作云的神话学思想集中体现在《中国古代神话研究》（讲义）和《中国古代神话研究》（讲稿），以及《东北亚细亚民族诞生传说之研究》等，其后来的神话传说研究基本沿着这样的路子走，既有对前人的继承，又有重要突破。如关于神话图像，鲁迅曾论述道："是知此种故事，当时不特流传人口，且用为庙堂文饰矣。其流风至汉不绝，今在墟墓间犹见有石刻神祇怪物圣哲士女之图。晋既得汲冢书，郭璞为《穆天子传》作注，又注《山海经》，作图赞，其后江灌亦有图赞，盖神异之说，晋以后尚为人士所深爱。"这种现象为孙作云所重视。70年代，关于长沙马王堆汉墓帛画神话传说图案的研究形成热潮，1973年《考古》第一期、第四期发表孙作云《长沙马王堆一号汉墓出土画幡考释》和《马王堆一号汉墓漆棺画考释》，其考证出漆棺画戴鹿角而人立的怪物即《楚辞·招魂》中所提到的"土伯"，"'其身九屈'，而画棺上戴鹿角的怪物，奔腾，上下，身子扭过来，扭过去，亦可谓之'其身九屈'"云云；1973年5月，在日本东京举办"中华人民共和国河南画像石、碑帖拓片展览"，其撰写的解说词，这些都可以看作是当时我国民间文学理论研究的巅峰之作。这种事实却被忽视。

张振犁的民间文学理论研究与朱芳圃、孙作云他们不同，是传统文艺学的视野。早一个时期，他曾经改写民间故事《毛主席懂得老百姓的苦楚》，被选入我国小学语文课本；他在《光明日报》"文学遗产"发表研究敦煌俗曲《燕子赋》的文章，此后，他对胡适民间文学思想理论的研究，和他对毛泽东文艺思想中的民歌理论的研究，或者说，包括他80年代初发表的关于黄遵宪与民间文学等研究文章，都明显表现出意识形态的倾向性。其突出贡献在于中国古代神话研究"中原神话"的重要发现，以及其影响下的"中原神话学派"的形成。

中原神话是中国古代神话的再发现，也是中国古代神话谱系的重要修复。它提出了一个非常重要的问题，即中国古代神话的流传在现实社会的表现状况，及其学理上的重要意义。中原地区是中华民族的重要发源地，许多重要的原始文化遗址表明，这一地区的文明历史早于其他地区，洛阳、开封、安阳、郑州、南阳、许昌、商丘等历史上的都城，成为中国古代文明的中心。令人惊讶的是，中国古代神话体系非常完整地存在这一地区的民众生活中，以民间庙会等形式构成少有的神话群。

中原神话的发现是从河南民间故事的搜集整理开始的。中原神话的学术概念源自 1983 年在北京召开的中国民间文艺研究会第二次理论研讨会，张振犁先生提交的《中原古典神话流变初议》。这篇文章勾勒了中原地区所存现的与我国古典神话内容相合的神话传说，同时，他提出这种状况形成的原因。中原神话的发现被中外学者高度评价，俄罗斯学者杰·鲍·李福清称之为“当前神话学发展的新方向”，钟敬文称之为“文化史上的奇迹”。张振犁率领的中原神话研究团队，基本上由自己的弟子构成，这是现代学术发展中少见的现象。

河南民间文学因为独特的地望而具有中国古典文化的典型性特征，因而具有更重要的价值意义。张振犁先生从 20 世纪 60 年代开始，结合民间文学教学，组织学生搜集整理民间传说故事，编纂成《河南民间故事》。他带领河南大学中文系学生搜集整理民间文学，成立河南大学中文系民间文学研究小组和河南大学民俗学社，进行有针对性的中原神话科学考察，获得一大批珍贵的口头讲述资料，编纂成《河南民间故事》（整理本）和《中原神话研究专题资料》。同时，他们还翻阅河南方志文献，编纂出《河南地方志民俗资料汇编》，其中涉及中原神话的内容。早期中原神话研究的标志性成果是张振犁先生的“中原地区古典神话流变论考”系列研究文章和程健君《中原神话考察》系列调查报告。张振犁先生带领中原神话研究团队进行艰苦卓绝的田野作业，持续到今天，30 多年长盛不衰，这本身就是学术奇迹。长期以来，在张振犁先生影响下，出现一批研究中原神话的文章，如王定翔研究轩辕黄帝神话，孟宪明研究神话与民俗，程健君研究民间神话，陈江风研究汉画像石神话，耿瑞研究洪水神话，高有鹏研究伏羲和女娲神话，刘炳强研究射日神话，陈连山研究结构主义神话理论，吴效群研究雷电崇拜，以及杨利慧研究女娲神话，这些成果汇聚为《神话与民俗》与《东方文明的曙光》等著述。至90年代初，张振犁先生主持国家“八五”计划社会科学基金项目“中原神话研究”，逐渐形成一个以研究中原神话为主题的阵容广大的学术团队，同时，也标志着中原神话学派的形成。《中原神话研究》是中原神话研究深化之作，更进一步完善以张振犁先生为代表的中原神话学派的神话学说。其开篇描述“中原古典神话流变鸟瞰”，提出我国“开辟创世”和“洪水遗民，再造人类”神话的融合，古典神话中出现宗教化和非宗教化或世俗化倾向并存的现象，以及我国著名古典神话的地方化等问题。其采用历史地理研究方法，勾勒出中原盘古世系图、中原女娲神话流变图、世界各民族火神神话产生的基础与文化史价值等历史文化流变图系。著作的第二部分，即中原神话探索，收录了张振犁先生《中原古典神话流变论考》和《东方文明的曙光》以后关于中原神话一些理论问题深入探讨的系列论文。这些文章或者回答一些学者的质疑，或者对自己的论点做出修正，在总体上承接以往中原神话研究，构成新的学术系列。值得关注的是其第三部分《“中国羲皇文化之乡”剖视》课题报告，与以往不同之处在于其投入豫西地区伏羲、女娲神话，从而比较其他地区的同类神话，提出了重新思索这一地区伏羲神话等新问题。程健君《民间神话》的出版，标志着中原神话学派进入一个新阶段。民间神话的概念相对于原始神话是一个新的学术问题，“五四”歌谣学运动以来，越来越多的学者关注到神话传说在民间社会风俗生活中的日常化叙说，而如何具体阐释民间神话的流传途径与叙说系统，程健君用文化生活的事实回答了这些问题。如果没有这样用中原神话事实解说这些问题，中原神话给人的印象仍然处于见首不见尾的状态。他还发表了《论中原民间文学对区域经济文化建设的作用》，提出古典文化与新兴文化产业的联系。这是中原神话学派学术转型的主要标志，即学者们越来越不满足于中原神话的内部研究，努力寻求与之相关的学术生长点。

河南民间文学作为非物质文化遗产的研究进入新的历史阶段，是从“中原民俗丛书”出版开始的。“中原民俗丛书”共15卷：《民间服饰》（孟宪明著）、《民间食俗》（魏敏著）、《民间居住》（耿瑞玲著）、《民间神话》（程健君著）、《民间百神》（张广智、高有鹏著）、《民间礼俗》（孟宪明著）、《民间节日》（刘乡英著）、《民间庙会》（高有鹏著）、《民间禁忌》（尉迟从泰著）、《民间百工》（霍清廉、王静著）、《民间戏曲》（韩德英著）、《民间舞蹈》（张守振著）、《民间游戏》（朱叔君著）、《民间称谓》（王定翔著）、《民间俗语》（杨明扬著）。这套书基本上涵盖了中原地区社会风俗生活的各个方面，而其最重要的学术价值在于研究方法的选择与运用。这是同时期中国地域文化研究空前广大的学术阵容。中原地区民间文化遗产以中华民族历史上所具有的典型性形成自己的重要标志，文献保存非常丰富，从汉代学者应劭的《风俗通义》到清代学者景日昣的《说嵩》，关于中原文化，特别是以社会风俗为核心内容的文化遗产的记述尤其详细。但是，这一代学者坚持走进社会底层深处进行长期的田野作业，以所见所闻为重要依据，强调了第一手资料的直接获取。一方面，其发掘出许多珍贵的社会风俗生活文本，为相关学科的研究提供了真实可靠的资料，显示出他们独特的理论思索，不再是简单的学理意义的概念演绎。另一方面，其更重要的学术价值在于形成系统性的学术指向，为中原民俗学派的建立和形成提供了重要的基础。

中原文化学派能否形成，曾经引起讨论。凭着用事实说话的原则，可以从学术方法、学术风格、学术目标等方面看到，确实出现了具有学派标志的一些学术现象。近年来，河南省民间文艺家协会是河南民间文学、民间艺术和民俗文化等民间文化遗产研究的重要组织者，特别是他们积极开展“中国民间文化之乡”的研究和申报，使河南成为全国非物质文化遗产理论研究的重镇。中原神话等民间文学现象的文化遗产研究，还体现在其他高等院校、科研院所和河南社会基层一批学者的辛勤努力。河南大学、郑州大学、信阳师范学院、郑州轻工业学院、河南师范大学、周口师范学院、南阳师范学院、商丘师范学院和河南省社会科学院、河南省群众艺术馆、河南省艺术研究院等机构，开展以非物质文化遗产抢救与保护为主要目的的研究，取得突出成就。河南民间美术、民间戏剧、民间音乐、传统体育和中医药等领域的研究，出现倪宝诚、马紫晨、高天星、范立方、韩德英、周程、田文镜、李仲党等学者群。一些基层工作者结合地方历史文化资源，发表许多在全国具有重要影响的著作，这在全国是很少见的现象。如淮阳杨复俊对伏羲神话的研究系列，桐柏马卉欣盘古神话研究系列，平舆张耀征对挚神话的研究，新郑刘文学对轩辕黄帝神话的研究，浚县马宪章对大伾山神话的研究，濮阳刘小江对舜帝神话和颛顼、帝喾神话的研究，济源杨择令对太行山女娲神话的研究，等等。这些深入生活实际的研究更有价值，也更有意义。当然，关于中原神话的学术研究，并不局限在中原地区，诸如俄罗斯学者李福清、上海学者黄景春、湖北学者陈建宪等，以及山西学者刘毓庆关于晋东南地区神话传说的研究，他们从不同视角研究中原神话，都取得了重要成就。任骋关于民间禁忌的研究，刘二安的民间谜语研究，王悦勤关于淮阳泥泥狗和民间文化图像的研究，焦作楼扎根对怀梆等民间戏剧的研究，王永宽、高梓梅、王剑、金荣权和闫德亮等人对古典神话的研究，汪振君研究中原地区的文化产业，都涉及中原神话等河南民间文学的内容。走出河南的康保成、廖奔等学者研究中国古典戏剧，同样涉及河南民间文学等文化遗产的内容，都值得我们关注。2006 年，中国神话学国际研讨会在河南举办，中原神话引起国内外学者的重视。中原神话学派以及中原民俗学派的形成和发展，在我国社会科学研究学科布局中具有非常重要的意义，值得我们深入思索。更值得关注的是，一批年轻的学者迅速成长。他们主要分布在河南高等学校，以青年教师和研究生为主体，周口师范学院青年教师所承担的国家社会科学基金项目“中原民俗图绘研究”等，其视野日益开阔，成为文化遗产研究的生力军。另外，以民间文学为典型的民间文化遗产研究丛书的出版，诸如大象出版社的“中国民间文化之乡理论丛书”、海燕出版社的“中原民俗丛书”、中州古籍出版社的《中原大典》“民俗典丛书”、中原农民出版社的“民间文化丛书”，特别是河南大学出版社的“中国民间文学理论丛书”等，以及《河南大学学报》《河南社会科学》《河南教育学院学报》《寻根》等刊物开辟文化遗产研究专栏，都显示出不凡的学术气象。但是，在学术演进的过程中，河南民间文学作为文化遗产的研究也存在不少问题，诸如如何面对相关学术史的借鉴问题、文化遗产研究一些学理问题的认定、各个学科之间的交流与合作等，特别是以中原文化为中心的学术视角，这是否影响学术判断，都值得进一步探讨。

中华文化与当代大陆经济的几点思考

陈义初

本文将阐述以下四方面问题：一、经济问题的重要性；二、中华文化中的民本思想；三、从民本思想到关注民生；四、改变近十年大陆经济的发展模式。

一、经济问题的重要性

人类社会已经有几千年的历史，在历史的长河中，人类从奴隶社会走到封建社会，以后就进入资本主义或者社会主义社会，应该说基本上是这样三个阶段。那么到底什么是推动社会历史发展的真正动力呢？

大陆的一些历史教科书中都是把农民起义作为推动历史发展的动力。对这个观点现在已经有很多不同的看法，台湾的历史教科书对农民起义大多是中性或是负面的评价。著名历史学家钱穆先生写的《国史大纲》中就认为："所注意者有三事：首则曰政治制度，次则曰学术思想，又次则曰社会经济。此三者，社会经济为最其下层之基础，政治制度为其最上层之结顶，而学术思想则为中层之干柱。"但不管是什么观点，经济和社会发展的关系是密切的，也就是说，不善于发展经济、运用经济和关注民生，必然会导致国力衰退、民不聊生，甚至丧失政权。

下面我以三个皇帝为例加以说明：

（一）隋炀帝

隋炀帝杨广是隋文帝杨坚的次子，开皇元年（581年）封晋王，开皇九年（589年）任行军元帅统兵伐陈，开皇十年（590年）立为太子。仁寿四年（604年）即皇帝位，改年号为大业，在位期间，善政和暴政都很突出，如修建大运河、长城和东都洛阳城，开拓疆土畅通丝绸之路，三征高句丽，开创科举等。有人拿商纣王、秦始皇等与他相比，并称其为暴君。他对人民奴役征敛十分苛重，滥用民力，使生产遭到严重破坏。巨大的工程和连年的争战使民众不堪重负，引发大规模的叛乱。在农民军的打击下，隋朝统治摇摇欲坠，618年隋炀帝在江都（今江苏扬州）被部将宇文化及等缢杀，隋朝灭亡。

作为亡国之君，隋炀帝比历史上所有的末代皇帝都具有不应亡国之条件和理由。其父隋文帝开创了"开皇之治"，隋炀帝接手时，可以说是福运不薄，得天独厚。他不像历史上的一些亡国之君，尽管接班后勤勤恳恳，日理万机，力戒奢华，但因江山"气数已尽"，即便有三头六臂，也已"无力回天"。隋炀帝接过的是一个生气勃勃、富得流油的江山。如果他能像他父亲一样励精图治，说不定在他手下能创出个盛隋，也就没有后来李世民表演的机会了。

但是历史又常常存在因果倒置、不可思议又无可奈何的现象。隋炀帝尽管臭名昭著，但同时也做了很多皇帝想做却做不来的对后世有深远影响的大事。除开凿大运河之外，他曾大胆地改革以前的考官制度，废除了封建门阀制度，建立了科举取士制度。虽然一年下来，也只不过录取进士 10 人左右，对当时的官员队伍影响甚微，但它不仅缓和了陇东贵族集团与地主阶级的矛盾，而且对唐代以后科举制度的确立和完善影响巨大。隋炀帝还是我国古代外交事业的开拓者之一。他曾先后选派使者出使过现在的日本、印度、伊朗、克什米尔及印度尼西亚等地。尽管其目的在炫耀、张扬自己，客观上却促进了中国与各国的物质、文化交流。

但是，我们更应看到隋朝灭亡的原因。

促使隋灭亡的原因之一是“好大喜功”。隋炀帝即位不到三个月，便开始营建东都，月征丁役 200 余万人，历时两年，“死之过半”。开凿大运河征丁役近 300 万人，“死之四五”，并在法律上规定：反抗者“罪无轻重，不待奏闻，皆斩”。至今，在淮北一带民间，若小孩哭闹时，大人还用“麻胡”来了吓唬他，并有“麻胡汤”至今人们仍在喝，而“麻胡”，即麻叔谋，是大运河开凿的总监工，可见其残暴程度。三征高句丽，征役更是惊人，仅第一次征高句丽，便投入兵力 113 万人，后勤保障人员加倍，仅独轮车夫就达 60 万之众，死亡更惨，第九军的 30 万人在攻打平壤失败后，生还的仅有 2700 余人。

隋炀帝还是“面子工程”的鼻祖。西域已经平定，隋炀帝就用金钱引诱西域的商人来朝贸易，命令西域商人所经过的郡县要殷勤招待，在商人走的时候，还要给予很多的赏赐。大业六年（610 年）正月十五，他在洛阳端门盛陈百戏，迎接西域诸胡酋长，前后达一个月之久，音乐声传数十里，通宵达旦，灯火照耀天地，资费无算。正月十五闹元宵的习俗，也始于这一年。同时，隋炀帝还特地下令装点市容，要求店铺整齐划一，帷帐盛丽，珍宝充积，人穿华服；卖菜的地方都要铺上昂贵的龙须草编织的席子，街道两边的树上也要披绸挂缎装扮得五彩缤纷。西域诸商贾经过时，酒店老板要邀入进餐，吃饭喝酒不要钱，还要谎称："我朝富裕，客人吃饭是向来不收钱的。"于是"胡客皆惊叹"。但隋炀帝苦心造就"面子工程"，终究还是被人看出了破绽。有些胡人看到街上的树木都用高级绸缎包裹，就说："中原也有好多衣不蔽体的穷人，为什么不把这些布给他们做衣服，却用来缠树？"可见隋炀帝此举，无非是想向四邻夸功显富，炫耀政绩而已。但"虽有荒外之功，无救域内之败"，如此滥赐横赏，最终还是要转嫁到百姓头上。

（二）明代崇祯皇帝

明代的最后一个皇帝是崇祯，即朱由检。过去，我一直以为作为亡国之君，一定是不理朝政，奢侈荒淫。而实际上在中国历代的皇帝中，崇祯是最肯用力治理国家的皇帝之一，历史学家在评价他 17 年的功过时，虽然也有不同的看法，但说他"慨然有为""励精图治"，却是没有异议的。他在果断而又极具谋略地清除了以魏忠贤为首的阉党之后，不仅对国家未来的发展制定了一个宏伟的发展蓝图，还身体力行，极力兴利除弊，力图中兴。概括起来做了三件事：为了提高办事效率，他对大臣们的奏章，随送随阅，而且阅后即予以批复，写出明确的意见。他不仅白天批阅奏章，即使深夜，也是如此。为了选拔和任用真正有才能的人，他不仅破格重用一些有实际才能的官吏，而且一改长期以来内阁大臣必为翰林而翰林必为进士的官吏选拔方法，让有实际经验、政绩卓越的知县、推官入翰林院任编修、检讨之职。他打破了"非翰林不入阁"的旧例，首开外僚进入内阁的先河，从而使那些熟悉政务、做事干练的官员进入六部或入直文渊阁参与国家的决策政务。又如，他为了吸取历史教训，十七年如一日坚持经筵与日讲制度，请饱学之士讲解"四书""五经"和《资治通鉴》，并要求讲官在讲说中联系时政，进行评说，从中探究治世之道。

但是，由于自万历中期以后大明王朝经济凋敝，国库空虚，积重难返，最终使这位血气方刚、欲有所为的皇帝的中兴之梦化为泡影。他最担心、最不愿意看到、最不愿意承认的事——王朝灭亡，发生在他掌握国柄期间。明代嘉靖、隆庆时期就发生过经济危机，万历初年由于张居正的改革变法，曾一度使国家经济有所发展。万历十年（1582 年）张居正死后，情况急转直下，到万历十八年（1590 年），国库几近一空。为了应付战争，只好向老百姓加重赋税。万历四十六年、四十七年、四十八年连续三次加赋达白银 520 万两。万历死后，天启朝经济仍是一蹶不振，至天启五年（1625 年），各种加派达 771.4 万两，比万历末年增加 220 万两。以军饷为例，明初每年约为 50 万两，到万历时增加到 380 万两，至天启时达 440 万两。国家无力支付，只有长期拖欠，从万历三十八年（1610 年）到天启七年（1627 年），仅此一项，就达 968 万两。如此的国力，怎么能经得起后金（清）和李自成农民军的打击呢?

（三）清代嘉庆皇帝

清代在康熙中期以后得到了较大发展，出现了有名的“康乾盛世”。有趣的是，“康乾盛世”实际上延续到嘉庆初年，而清朝的衰落也正是出现在此时。嘉庆皇帝是一位比较有头脑、有魄力的人物，他亲历了乾隆时期的发展，也目睹了世风的腐败。所以，他即位后就果断地处置了和珅，并力除颓政，黜奢崇俭，广开言路，体察民情，并以身作则，率先垂范。这些举措虽然使经济局部得到了发展，但总体的衰落局面并未得到根本扭转，而是继续江河日下。嘉庆皇帝在治国方面目光短浅，只知遵循祖训而不懂求新求变，不知道治国重在发展经济，更不知道发展经济就必须对外开放。乾隆三十八年（1773 年），英国曾派遣马噶尔使团到北京，希望与中国通商，遭到了乾隆的断然拒绝。嘉庆二十一年（1816 年），英国又派阿美士德使团前来北京，再次表达希望与中国通商的要求，恪守祖训的嘉庆皇帝，此时不仅根本就不明白世界发展的局势，盲目地以大国自居，更可笑的是还一味效仿乾隆，再次拒绝与西方互通贸易。嘉庆王朝经济政策上的失误导致的直接恶果就是经济衰退。请看几组数据：

（1）土地。乾隆十八年（1753年）全国有民田、屯田（不含官田）约708万顷，乾隆三十一年（1766年）时为780.7万顷；嘉庆十七年（1812年）时包括官田在内为791.4万顷，表面上增加了1%，实际上却是减少了。

（2）库存银两。乾隆元年（1736年）为3395万两，乾隆四十二年（1777年）为8182.4万两；嘉庆元年（1796年）为5600多万两，嘉庆十六年（1811年）为2078多万两。

（3）铜产量。乾隆三十一年为14674481斤，嘉庆十六年为10574961斤。

收入日减，但费用支出却有增无减。如兵饷，从嘉庆元年到嘉庆十年，仅用于镇压白莲教即达二万万两，相当于全国最少四年的财政收入。由于入不敷出，只好年年拖欠，致使国家防御力量有名无实。嘉庆十八年，京畿、华北一带爆发了天理教起义，曾以不足百人之众，竟打进了清王朝的腹心地带——紫禁城。嘉庆皇帝每每提起此事，都认为是奇耻大辱，说："我大清以前何等强盛，今乃致有此事"（《啸亭杂录》卷6《癸酉之变》）；"从来未有之事，竟出大清朝"（《清仁宗御制诗集》）；"酿成汉唐宋明仅有之事"（《清仁宗实录》卷274"嘉庆十八年九月庚辰"）。正因这样，不少人都认为这是清王朝走向衰亡的标志，"是役为有清一代兴亡关键"（铁庵《林清之变》）。

在明清两朝，虽然说良好的政治环境曾一度推动经济发展，但是疲弱的经济实力也实在难以让政治大有作为。"经济兴，则国家强"。只有经济发展，国家才能真正拥有主权独立和领土完整，人民才能享有尊严和荣誉。只有经济发展，国家才能有更多的实力造福人民，人民也才能真正享受到太平和安康。

所以，经济是非常重要的。1978年中共十一届三中全会提出以经济建设为中心。1992年邓小平南方谈话指出：“不改革开放，不发展经济，不改善人民生活，只能是死路一条。”

这就是我们今天要研究经济的原因。

二、中华文化中的民本思想

传统民本思想作为社会意识的一部分在中国产生、发展，但又未进一步发展为民主思想，这与中国独特的地理环境、人文环境是分不开的。适于耕作的自然环境为农耕生活创造出良好的条件，安土重迁的农业生活产生了民本主义的文化性格。“民为邦本”学说是儒家基本政治思想的一部分，儒家思想又为历代统治者所推崇，推动着民本思想向前发展。

最早的民本思想在《尚书》里已有大量的记载，如“民可近，不可下。民为邦本，本固邦宁”。它是民本思想的基本原理，也是民主思想的基本原理。孔子的“己所不欲，勿施于人”也包括“勿施于民”，这一原则无形中彰示着民本精神，对君权形成了约束。孟子的民本思想最著名也最为后世所称道的是“民贵君轻”之说：“民为贵，社稷次之，君为轻。”将人民置于国家和个人之上，可见其仁政学说的核心为“民本”。先秦后期的思想家荀子说：“天之生民，非为君也。天之立君，以为民本。”这一观点集中体现了儒家民本主义精神并为批评君主专制之弊端提供了理论。同时，荀子又以“民水君舟”论对其“民本论”作了进一步的阐释：“君者，舟也；庶人者，水也。水则载舟，水则覆舟。”这个论断深刻揭示了民众的基础性地位和重要作用。

先秦孔、孟、荀之后民本思想发展的另一次高峰是在明末清初，其中以黄宗羲的思想最具代表性，他所著的《明夷待访录》是中国思想史中唯一阐释民本思想的专著。它具有两大特色：第一，理论能一贯谨守“民为邦本”的古训；第二，主张直接就政治领域建立民本思想的体系。

民本思想走过了漫长的历史过程，作为儒家传统文化中的一个重要组成部分，我们应对它有一个比较完整、准确的认识和把握。民：古代泛指被统治的庶人。民本即民众是国家的根本。民本主义是儒家法律文化的最高价值目标，这种理想为儒家法律文化设置了一种道德判断，从而将它与封建君主的“工具论”区分开来。民本思想反照出了儒家思想的终极关怀，它是儒家政治理论的基石，它构架的是“民众”与君主暨国家的关系原则。从价值层面上说，人民是国家的目的，君主只是保障实现人民利益的工具和手段。在政治功能上，人民是国家的根基，是王位的监护人。儒家认为国家兴亡、政权得失皆取决于民心的向背。孟子讲：“得乎丘民而为天子。”因此在理论上，民本思想是人文精神在政治领域的发挥，民本思想可视作民主思想的萌芽，民主政治的出现则为民本思想在新的时代条件下的发展成熟。

传统的民本思想大抵包含下面几个特色：其一，人民是国家的根本。其二，当政者应该重视民意。其三，以民为贵，以君为轻。其四，政府须以爱国利民为主要工作。其五，人民的好恶足以左右国运。儒家学派的创始人孔子从不孤立地提如何贵民、如何爱民，他知道人民富足的重要，但更重视道德教化。民贵君轻之说，在尊卑的价值秩序中，代表乾坤倒转式的突破，君的地位已相当接近民主体制中的公仆概念。荀子则引用“君者，舟也；庶人者，水也。水则载舟，水则覆舟”之古语以警告统治者，人民之好恶足以左右国运之兴衰。而黄宗羲以天下人为主、君为客的理念比孟子民贵君轻之说更接近近代的民主。他站在民本的立场，为臣子这个角色赋予了新的意义和新的定位，他认为君臣之间是一种合作和平等的关系。在合作方面，君臣如“共曳木之人”，共同挑起为人民服务的担子，共同担负起救民于水火的责任；在平等方面，“君之与臣，名异而实同”，职司不同，所以各异。君臣皆因人民的需要而设，所以实同。为臣者如一旦不任官，君臣名分就不存在。他主张“有治法而后有治人”，治人的产生本于治法，这个想法已接近近代的法治观念。由此可见，黄宗羲的民本思想每一点都已接近民主思想的大门。

三、从民本思想到关注民生

当前大陆经济改革的核心是“关注民生”。从1979年以后，改革开放30多年整个经济取得的长足进步，从总量上已经成为世界第二大经济体。如何解决收入分配不均已成为社会稳定的关键。所以，当前提出关注民生，就成为大陆经济改革的核心。而要完成这个任务，就要按照“守住底线、突出重点、完善制度”的思路做好民生工作。

所谓“守住底线”，意思是维护底线公平。底线就是要保障和逐步提高低收入困难群体的生活水平，既包括健全低保制度等社会救助体系，也包括让低收入群体享受到基本公共服务。

所谓“突出重点”，意思是民生领域涉及面广，涵盖了人民生活的方方面面，改善民生重点有五个方面：一是积极的就业政策；二是收入分配制度改革；三是社会保障体系建设；四是教育公平；五是保障房建设。

所谓“完善制度”，是指保障民生的制度，包括教育、就业、收入、社保、健康等方面的整个制度体系，这些都需要完善，其中最重要的是收入分配制度和社会保障制度。

四、改变近十年大陆经济的发展模式

（一）关于“稳中求进”

先看一下历年的GDP增长。

历年GDP增长（%）：1992年：12.8；1993年：13.4；1994年：11.8；1995年：10.2；1996年：9.7；1997年：8.8；1998年：7.8；1999年：7.1；

2000 年：8.0；2001 年：7.3；2002 年：8.0；2003 年：9.1；2004 年：9.5；2005 年：9.9；2006 年：10.7；2007 年：11.4；2008 年：9.0；2009 年：8.7；2010 年：10.3；2011 年：9.2；2012 年：7.8。

我们现在提出“稳中求进”，实际上就是要降低 GDP 的增长速度，从 1992 年到 2012 年，有 7 年超过 10%，10 年在 8%—10% 之间，1998 年、1999 年、2001 年、2012 年这四年分别是 7.8%、7.1%、7.3%、7.8%。从 2012 年开始，大陆经济的增长率将从 8 时代进入 7 时代。

（二）改变近十年大陆经济的发展模式

大陆经济目前所面临的困难来自投资驱动的增长模式。

投资驱动的增长模式有两大基础，第一是企业的低成本扩张，第二是巨大的市场需求。现在这两个基础都不存在了，或者更准确一点讲，这两大基础正在发生根本性的变化，很快都将不复存在。没有了这两个基础，投资驱动的增长模式就无法持续，若不转变增长模式，经济将不可避免地下滑。

我们在 2009 年推出了“4 万亿”的计划，其实“4 万亿”只是个代名词，是政府强力干预经济、拉动内需的一个代名词。2009 年和 2010 年，总的资金投入大概有 20 多万亿，政府占大头，民间也有一些。这些，虽然对于渡过当时的经济危机起到了作用，但是本来大陆经济的结构性问题就是市场饱和与产能过剩。而“4 万亿”又投到制造业和基础设施上，增添了新的过剩产能，使供需失衡进一步加剧。

大陆经济的出路是什么？要告别政府主导的投资驱动模式，同时思考新的经济增长方式。

所谓新的增长方式，就是要改革开放。过去十年只讲政府，不讲市场；只讲宏观政策，不讲结构改革。改革开放，特别是对内开放，创造新的投资机会，经济才能有希望，经济才能有活力。新的投资机会从哪儿来？开放垄断行业，还要尊重和保护民间财产权。如果不保护民间的财产权，信心就无法重建。

一句话，要弱化政府的经济职能，强化政府的社会服务和社会保障功能。不是说市场经济可以不要政府，而是政府的经济功能太强，而社会服务功能、社会保障的功能又太弱。弱化经济功能，政府就要放弃它所控制的资源和市场，放弃这些资源和市场带来的寻租机会，让民间资金平等和自由地进入。政府转去做什么？就是社会服务和社会保障。

（三）企业要有自己的核心竞争力

所谓核心竞争力有两条：第一条是你做的别人做不了，美国的苹果市场占有率为什么这么高？因为别人做不了苹果手机，或者做得没有苹果手机好。核心竞争力就是独特的竞争优势。第二条更为重要，即你的优势不仅是独特的，而且是竞争对手难以模仿、难以复制的。市场中没有秘密，技术的秘密、商业模式的秘密，迟早别人都会知道，都会被抄袭和模仿，如果竞争对手知道你的优势，但他想学都特别困难，这就是你的核心竞争力。企业转型时，应该思考的是自己的核心竞争力到底在什么地方。

（四）城镇化、服务业是大陆经济的发展潜力

大陆经济增长的潜力在哪里？给两个数字大家就知道了。真实的城镇化率还不到40%，官方的统计数字是50%。低城镇化率意味着未来还有足够的市场需求。设想城镇化率再提高10个百分点，1.3亿人进城，还要盖多少房子？建多少商店？食品供应还要增加多少，道路、学校、医院还要建多少？未来城镇化率每提高1个百分点，将实现1000多万人的农业转移人口市民化，进而带动1000多亿元的消费需求，如果以人均10万元的固定资产投资计算，每年能够增加10000亿元的投资需求。第二个数字是服务业占GDP的比重不到40%，而发达国家在70%—80%之间。服务业是劳动密集产业，解决就业

问题的希望所在。两个不到40%，潜力和空间有多大呢?

（五）善待小微企业

2013年7月24日，国务院召开常务会议，决定从当年8月1日起，对小微企业中月销售额不超过2万元的增值税小规模纳税人和营业税纳税人，暂免征收增值税和营业税。

小微企业提供了70%以上的就业岗位，使90%以上的新增劳动力实现就业，贡献了75%的科技创新、80%的新产品，已成为吸纳就业者的重要渠道，统筹城乡发展的重要基础。小微企业健康成长就能拓宽就业者的家庭收入来源，使生活有保障。

五、结语

中国的先哲们早在2000年前，就提出“民为邦本，本固邦宁”的思想，而当前大陆经济正以关注民生作为整个经济工作的核心。希望海峡两岸依据2010年生效的《海峡两岸经济合作框架协议》（简称ECFA）和今年签署的《海峡两岸服务贸易协议》扩大交流和合作，为提升海峡两岸人民的福祉而努力!

（本文为2013年10月31日在台湾大学举行的“2013两岸人文对话·台北”的演讲，有删节）

中州万古英雄气

——北魏孝文帝改革札记

李庚香

西晋八王之乱后，北方游牧民族南下，纷纷建立割据政权，中原地区陷入分裂状态，直到北魏统一北方，长达130多年，历史上称为五胡十六国（304—439年）。从表面上看，这一历史阶段似乎是一个大分裂大动乱的时期。但是深究起来，却是一个由分裂走向统一的时期。“天下中国”的诞生过程，是人口大流动、族裔大混合的过程，是胡人汉化和汉人胡化的过程。那是一个刀光剑影的时代，也是一个充满着浪漫和传奇的英雄时代，是“五胡乱华”后中国历史发展的一大枢纽。其中最突出的主题是民族融合、汉胡互化，包括胡人汉化和汉人胡化。各民族在融合中求同存异，为中华民族的大融合，为大一统国家的重建，特别是大唐盛世的出现奠定了深厚基础。

中原风骨在北魏。如果放宽视界，那么从公元前365年商鞅变法始到1898年光绪变法止，2200多年，历史的车轮滚滚向前，其间的改革特别是其中的几场大变革就像是钉在历史车轮上的铆钉，格外显眼。虽然项羽和刘邦的龙虎争斗、诸葛亮和周瑜的“既生瑜，何生亮”、淝水之战中谢安举棋安天下也让我们久久难忘，但商鞅、北魏孝文帝、王安石、张居正、康有为、梁启超这些改革者经历的刀光剑影，他们的经验和教训却最能牵动我们的心弦。特别在历史的记忆中，不断“放大”着这样一个人，三十几岁他就溘然长逝于敕勒川阴山下。这个人就是北魏孝文帝元宏。“此其所挟持者甚大，而其志甚远也。”中国历史上的改革多得数不胜数，但上述改革，特别是北魏孝文帝亲政后改革的最大特点则在于，把胡人汉化的进程纳入政治体制，使之法制化、常规化，使北方地区的胡人与汉人的差别日趋缩小，以至于融为一体，这是历史上最精彩的中原故事之一，也是非常了不起的改革成就。因此，北魏孝文帝改革，旨在崇尚中原文化，以“汉化”为特色，以汉法治汉人。陈寅恪从“活力”意义上重视北方人加入中国历史的深远影响。他说：“李唐一族之所以崛兴，盖取塞外野蛮精悍之血，注入中原文化颓废之躯，旧染既除，新机重启，扩大恢张，遂能别创空前之世局。”①

北魏自道武帝定都平城（今山西大同）后，日趋强盛，到太武帝时结束了十六国的混乱局面，于439年统一北方，与接替东晋的宋，即南朝的第一个政权相对峙，历史由此进入了南北朝。当时的北魏统治者面临着巨大的外部压力和内部挑战。因为所谓的“五胡乱华”，其实是“五胡自乱”。可以说，也正是由于汉、赵、燕、代之间的互相攻伐，方使得东晋政权得以偏安江左。而北方政权一旦统一，则取江南如探囊矣。然而，曾经一度统一北方的前秦，淝水之战失败后即分崩离析，北方出现了更大的分裂局面。北魏统治者应该

① 陈寅恪：《金明馆丛稿二编》，上海古籍出版社，1980年版。

采用何种对策来巩固统治，才不至于重蹈覆辙？太武帝并不像前秦苻坚一样急忙率兵征服江南，他一心一意整顿农耕，以解决社会经济的根本问题。这一时期的社会矛盾集中在改革鲜卑旧俗和加速汉化这两大焦点上。就北魏的统治者来说，只有抓住这一主要矛盾，改革鲜卑旧俗并加速汉化，才能成功应对这一外部挑战。文明太后冯氏和孝文帝拓跋宏的大胆改革，成功地解决了这一矛盾。孝文帝本人在北魏诸帝中汉化色彩最浓，汉文化修养最深，这个人对历史发展的走势有着深刻的洞察。《魏书·高祖纪》说他“雅好读书，手不释卷。‘五经’之义，览之便讲，学不师受，探其精奥。……才藻富赡，好为文章，诗赋铭颂，任兴而作。有大文笔，马上口授，及其成也，不改一字”。他深知鲜卑族只有顺应历史发展的走势加以改革和必须汉化，才能巩固政权，统一南北。因此，改革“关国家盛衰，系生民休戚”，体现出深刻的改革自觉和巨大的改革勇气。

北魏的改革进程包括两个阶段。这是一场剧烈的政治转型。在第一阶段，虽然太武帝在北魏的历史地位是不可动摇的，但是，北魏的改革进程离不开文明太后冯氏的启动。冯氏是北魏第四代皇帝文成帝的皇后，汉族出身，第五代献文帝在位时开始左右朝政，在她的主持下，郁郁不得志的献文帝传位给 5 岁的儿子拓跋宏。献文帝就是因为阻止文成帝的改革而被冯太后废掉的。太武帝拓跋焘在改革问题上却出尔反尔，他让崔浩改革，最后一翻脸，却灭了崔浩一族，背后就是冯太后与拓跋丕两大势力斗法。改革的核心就是鲜卑的汉化，斗争的实质就是宗主督护制的解体和郡县制的兴起。冯太后支持改革，这与她的汉族出身有着密切的关系。史载：“自太后临朝专政，高祖雅性孝谨，不欲参决，事无巨细，一禀于太后。太后多智略猜忍，能行大事，生杀赏罚，决之俄顷。”她临朝称制十多年，表现出非凡的政治家才能。可以说，冯太后通过“汉化”改革，平反崔浩案，改变了北魏的政治、经济、文化气象。太和十四年（490 年），文明太后死后，时年 23 岁的孝文帝亲政，进入了北魏改革的第二个阶段。太和十八年(494年),孝文帝拓跋宏迁都洛阳,推行全面“汉化”政策。从野蛮走向文明,这种巨大的社会转型,考验着孝文帝的政治智慧。他进一步强化改革,重点是改革鲜卑旧俗,实行全面汉化,内容十分丰富,包括如下五大举措。

一是迁都洛阳。北魏王朝曾经两次迁都,一次是398年,道武帝拓跋珪由盛乐(今内蒙古和林格尔)迁都平城(今山西大同)。这时距孝文帝时期,已经有近百年的时间。二是太和十八年(494年),孝文帝把首都从平城迁往洛阳,促成鲜卑人的一次大规模南迁,以及随之而来的全面汉化。此时的平城,已经难以适应形势发展的需要。就自然条件而言,以平城为中心的代都地区的恶劣自然条件,决定了其对人口的承载量是有限的。太和十一年(487年),平城一带遭遇大旱灾,又逢牛瘟,“野无青草”,孝文帝“寤寐思求”,也束手无策。而当时的中原地区因为实行了均田制,生产增加,农业经济欣欣向荣。为了摆脱困境,一向热衷于汉化的孝文帝义无反顾地决定迁都洛阳。当然,其背后还有着深层的战略谋划。从军事上来说,在统一了北方以后,北魏的战略方针已经转向南方,需要充分利用中原地区的人力和物力实现全国统一。而平城地处北方边境地区,不具备向南开拓的战略条件。从政治上看,北魏统治者要实行汉化政策,实现与汉族地主的进一步合作,必须离开鲜卑守旧势力的集中地,而洛阳地处黄河、洛水之间,社会经济、文化均很发达,且交通便利,迁都于此,利于加强对中原地区的控制。当然,迁都洛阳与经营洛阳是一体的,北魏重建洛阳的规划者李冲、董爵都是中原汉族精英。

二是改革鲜卑旧俗。由于受冯氏长期熏陶,拓跋宏从小就受汉文化典籍和儒教礼仪的教化。他改革旧俗,实行汉化,与秉承祖母的教导分不开。迁都洛阳后,是孝文帝进行汉化的巅峰时期。在他看来,以前的北魏君主只晓得用兵打仗,不知道振兴文教。他要遵照文明太后的教诲,沿着她开创的文治道路,把改革进一步延续、深化下去。他大胆改革,要彻底消灭鲜卑的习俗文化，希望鲜卑民族与汉族在文化上和谐统一，完全融合为一。一是禁止鲜卑语。“断诸北语，一从正音”。“不得以北俗之语言于朝廷”，“违者免所居官”。供职朝廷之人，年在三十以下者，一律从“正音”（汉语），不从者“降爵黜官”。二是改胡姓为汉姓。鲜卑姓氏，多由部落之名转化而成。孝文帝带头将拓跋改为元，将鲜卑复姓改为汉族单姓，胡姓改为汉姓的共计118个。其他如改官制、禁胡服、倡胡汉通婚措施，均在迁都洛阳之前已开其端，到洛阳后更厉行而已。他重用来自南朝的世族大地主王肃，参考魏晋南北朝的制度，对北魏的官制、军号进行改革，使北魏政权组织进一步汉化。在服饰方面，规定服装一律依汉制，禁止穿传统的胡服。着装的改变，是为了消除在服饰上的民族隔阂。孝文帝积极推动鲜卑贵族与汉族通婚，也是为了适应中原地区的生活方式和社会环境。通过联姻，孝文帝把鲜卑贵族与汉族地主的利益紧密联系在一起，极大地促进了各民族的融合，同时也使汉族的权贵阶层更加忠诚地为北魏王朝效力。

三是推行全面汉化政策。迁都洛阳并不是目的。为了进一步缩小民族界限，取得汉族地主阶层对鲜卑人政权的支持，孝文帝开始强力推行汉化政策：一是尊孔；二是实行礼治；三是采用了魏晋以来十分盛行的门阀制度，分别门第，高者为姓，低者为族，其实质是使门阀化了的鲜卑贵族与汉族士族合流，以便消除矛盾，加强交流与合作。孝文帝最震撼历史的措施，是运用铁腕彻底实行鲜卑汉化的工作，任何反对乃在所不计，甚至将太子处死亦在所不惜。孝文帝的全面汉化政策，使胡族政权不但在政治上而且在文化上被中华文明所同化。正如魏书所说：“礼仪之叙，粲然复兴；河洛之间，重隆周道。”即是说，北魏孝文帝的汉化政策，不仅加速了民族融合的进程，加速了胡汉差别的消失，也使中原传统文化加以发扬光大。自此，胡汉之别，变为士庶之别。

四是实施“均田制”。太和九年（485年），文明太后冯氏根据汉人官员李安世的建议，颁布均田令，由中央政府派出官员，前往各个州郡，与地方官一起“均给天下之田”。这就是影响中国历史几百年的均田制度。北魏孝文帝迁都洛阳后，力推“均田制”，收到了很好的效果。实施均田制的先决条件是清理户籍，北魏在地方基层设置“三长制”（邻长、里长、党长），不得“隐口漏丁”，代替了原先以宗族为单位的宗主督护制。因为，拓跋氏初入中原，仍保持一部分畜牧生活方式，常将大量民田圈为牧场，这些“苑封”或“苑牧”占地广大，逐渐因生活方式改变而流为浪费，这是孝文帝能够实施均田制的因素之一。所谓均田，并非不顾土地关系现状，重新平均分配土地，而是对荒地、无主地以及所有权不确定的土地，由政府按照劳动力人数加以分配。均田制的大要是将田地分为“露田”与“桑田”两类，分别授予百姓。均田制是儒家最高理想的实现，于是“海内安之”。孝文帝迁都洛阳后，以雄厚之国力，重建古都。据杨衒之撰《洛阳伽蓝记》所载，北魏时期的洛阳“招提栉比，宝塔并罗；争写天上之姿，竞摹山中之影；金刹与灵台比高，广殿共阿房等壮”，一派富丽堂皇的气象。而“百姓殷阜，年登俗乐”，享受歌舞升平的生活。均田制的开花结果，于此可窥其一隅。

五是创造了灿烂的石窟艺术。魏碑和石窟是北魏最典型的文化符号，这是胡化的汉人所造文明的典范。中国西北的少数民族对于石窟艺术的建筑风格，做出了重要的历史贡献。在无涯的人生苦旅之上，有一盏不灭的灯，那便是绵延于古丝绸之路上的伽蓝——石窟寺。山西大同和河南洛阳作为北魏的两个首都，都留下了灿烂的大伽蓝：云岗和龙门石窟。可以说，营造如此恢宏的建筑，如果没有强大的经济实力，显然根本不可能做到。而北魏统治者的治术，恰恰也表现在通过石窟艺术，将社会财富集中起来，并借此动员起芸芸众生的源源布施，将这种供奉日常化、制度化，从而为其旷日持久的征战，奠定了雄厚的财力基础，提供了绵长的后勤补给线。当然，石窟的开凿，还是因为有一个佛教在里面。孝文帝之后的宣武帝，笃信佛教，“每至讲论，连夜不倦”，甚至因喜营造石窟，供奉佛像，荒怠政事。孝明帝之母胡太后，因笃信佛教，大肆营造佛寺，“费用不可胜计”。“至于官私寺塔，其数甚众”，“自迁都以来，年愈二纪，寺夺民居，三分且一”。庄严美丽的大佛卢舍那，是龙门石窟的象征。佛有三身，应身佛、法身佛和报身佛。卢舍那大佛是报身佛，据说是在北魏基础上唐武则天仿自己面容建造的。

朔风凛冽，寒凝大地。2014年的岁尾年末，漫步龙门，仰望数万尊或大或小、形态逼真、栩栩如生的佛像，思绪穿越时空，梦回千年前的北魏，与先贤对话，评说历史，臧否人物。试想，如果没有孝文帝的革故鼎新、英明果断地率皇室贵胄、王公大臣迁都洛阳，何来巍峨壮观、光耀千秋的龙门石窟！孝文帝雄才大略，胆识非凡，他的改革举措可谓是惊天地泣鬼神，前无古人、后者难追，留下千秋佳话。放眼我所深爱的北国，驰骋的中原，美丽的黄河和厚实的嵩山，北魏时期改革的必要性和紧迫性，改革的主要内容和曲折过程，改革的巨大付出与代价、改革者的决心和高瞻远瞩以及改革的历史性贡献，无一不对我们今天的改革，既包括中国的改革，也包括河南的改革有着重大的启示。可以说，北魏孝文帝主导的这场巨大的成功变革，不但使北方的游牧民族很快融入了中原文化大家庭，而且也给中原文化增添了新的活力和色彩。交替的“汉化”和“胡化”，扭转了魏晋以来的经济社会发展颓势，并构成了走出士族门阀政治、通向重振的隋唐大帝国的历史出口。特别是孝文帝在这场变革中所体现出来的英雄气魄，至今仍然有许多需要深入挖掘和总结的地方。河南省委书记郭庚茂在省领导与社科界专家学者座谈会上指出：“我们有很多很有价值的东西，比方说北魏孝文帝改革。洛阳最有名的地方是什么呢？不是别的，就是北魏孝文帝改革。这是最有特色、最有时代意义的问题。它印证了中华民族本身就是融合而来的，是不同的民族融合而成的，所以应倡导民族和解、民族和谐。这里可以挖掘的东西确实很多。”

党的十八届四中全会要求，要全面建成小康社会，就必须全面深化改革、全面依法治国、全面从严治党。全面建成小康社会，实现中华民族伟大复兴中国梦，全面从严治党，提高党的执政能力和执政水平，全面推进依法治国，建设法治中国，都离不开完善和发展中国特色社会主义制度，离不开全面深化改革。

当前，我国正处于社会主义初级阶段，全面建成小康社会进入决定性阶段，改革进入攻坚期和深水区，国际形势复杂多变，我们党面对的改革发展稳定任务之重前所未有、矛盾风险挑战之多前所未有。面对新形势新任务，我们党要更好地统筹国内国际两个大局，更好地维护和运用我国发展的战略机遇期，更好地统筹社会力量、平衡社会利益、调节社会关系、规范社会行为，使我国社会在深刻变革中既生机勃勃又井然有序，实现经济发展、政治清明、文化昌盛、社会公正、生态良好，就必须正确借鉴历史上改革的经验教训，包括北魏孝文帝改革给我们提供的有益启示。

一是改革从根本上讲是利益关系的调整，因此，要妥善处理，不能简单化。迁都洛阳是牵系着鲜卑贵族利益的大事，如果贸然行事，必然会遭到鲜卑保守势力的极力反对。于是孝文帝制订了一个周密的计划，在这个意义上，北魏迁都洛阳，其实是被孝文帝“骗”来的。他这样劝说各位大臣：“我贵为天子，稳坐平城多好，何必长途劳顿！迁都洛阳，还不是叫我们鲜卑人的子弟到那里增长见识，征灭南齐，打下一统江山！如果不迁都，我们在这里孤陋寡闻，子弟们像面对墙壁站着一样，什么也学不到，什么也不懂，怎能实现祖宗的创业大计！”北魏太和十七年（493年）八月，孝文帝以南伐为名，亲率30万大军南下，特命鲜卑旧贵族随行。历经近一个月的长途跋涉，当大军开进到洛阳之时，鲜卑将士都要求停止南伐，在洛阳休整。孝文帝见时机成熟，就说：“现在我们兴师动众，率三十万大军南下伐齐，如果无功而返，何以见世人？朕世代深居朔北，早想南迁中原，如果依照众卿之意不再南伐，那么就该迁都于此，众卿意下如何？我们以洛阳为京城，可以等待时机，继续南伐，完成祖宗大业。”这样一来，群臣也就只好答应迁都洛阳了。太和十九年（495年）六月，孝文帝下诏，迁都洛阳的人“死葬河南，不得还北。于是代人南迁者，悉为河南洛阳人。……九月庚午，六宫及文武尽迁洛阳”。为了全面走向汉化之路，由平城一带迁往洛阳的移民有108万左右。为了缓和部分鲜卑贵族不愿离开故土的情绪，孝文帝特许他们“冬则居南，夏便居北”，也就是说，他们可以冬天住在洛阳，夏天回到平城一带，这些人被称为“雁臣”。这当然是不得已的过渡方式，南迁与汉化的最终目标是不变的。结果，迁都洛阳的鲜卑人，经过30年，大体上已经汉化。一个统治民族仅仅经过30年的时间，就与被统治民族相融合，不能不说这是孝文帝改革的极大成功。由是，一个新纪元开始了！可以说，我们的先人在改革上的这种大智慧，令人敬佩，也令人感动。汉化与反汉化，民族融合与保持民族独特性，是一个巨大的矛盾体。改革本身意味着利益关系的重大调整。鲜卑族，是游牧民族，其生活方式与汉族很不一样，到了中原地区，要穿汉服，说汉话，与汉族通婚，改汉姓，意味着其过去熟悉的东西都要发生巨大的变化。但是，北魏孝文帝改革的一个后果是“河阴之变”，使改革出现了反复。反复，就意味着“根基不牢”，就意味着当时的谋划不是“深谋远虑”。因此，北魏孝文帝的改革如果不发生“河阴之变”，效果会更好！如果不是简单化，只用强力推进，只用武力推进，甚至使用“骗”的办法，而是有着更加成熟的执政方略，是完全可以避免这种代价的，那样改革的成就也就会更大、更持久。今天，推进中国的改革，推进河南的改革，就像市场经济初期一样，没有外在的推动力不行。改革是一场革命，必然触及利益格局的调整，没有一定的力度、气魄是推不动的，对于绊脚石一定要搬掉。不对固有的既得利益者痛下杀手，改革就不能推进，但如何妥善处理利益矛盾，尤其需要我们审慎。“河阴之变”的教训告诫我们，改革要让老百姓“既识其事，又得其利”。

二是改革有自上而下和自下而上两种。自上而下强调顶层设计，需要上层强力推动才能成功。北魏孝文帝改革是有着“顶层设计”的，对改革有着强烈的历史自觉性和历史主动性。孝文帝执掌北魏政权时，表面上统一了北方各部落，繁荣昌盛，实际上北魏面临的外部压力和内部挑战都是空前巨大的。审时度势，孝文帝认为只有大刀阔斧地进行改革，才能化解内外交织、错综复杂的矛盾，促进生产力的发展，强化国家实力，为夺取江南、统一中华打下坚实基础。就其外部压力而言，就是当北魏深入华北之后，却又面对着背后其他游牧民族的攻击。北魏的迁都，印证了孝文帝对大势的布局。450年，北魏有南侵意图后，南朝的刘宋即思联络柔然以制魏。平城距柔然太近，暴露在柔然的威胁中，而中原距离平城遥远。迁都中原，既可以消除柔然的威胁，又可以震慑中原，攻防南朝。就其内在动力来讲，就是“文明太后”等文明之士得到“真理”，意图完成从农奴制到封建制的转变、从野蛮到文明的转变。因为其传统的宗户制，杀人如麻，愚昧落后。但是这种改革，下边未必欢迎，这就需要上边的决心非常之大，才能得以成功。所以，从一定意义上说，冯太后、孝文帝改革的成功，正是“顶层设计”的成功。北魏孝文帝改革给予我们的深层启示还在于，当改革处于攻坚期和深水区，尤其需要“上兵伐谋”，需要更好的“顶层设计”。这就要求我们的改革必须制定正确的战略和巧妙的策略，既要有担当的精神又要有谋略和策略。自上而下的改革需要顶层设计，这对于当前中国的改革、河南的改革尤其具有启发作用。一般而言，自上而下的改革具有巨大的历史前瞻性。试想，如果没有孝文帝的“自上而下”改革换来的历史主动，那么，何来隋朝的统一，更谈不上唐朝的盛世。这就需要改革者有站在历史高处的宽广视野，有积极担当的使命意识。改革开放伊始，“摸着石头过河”是自下而上的改革，自下而上的改革具有局限性。自下而上的改革在中国搞了30多年，对改革我们已经有了理性认识，有条件有基础使之上升到理性、理论层面。因此，全面深化改革，需要做好“顶层设计”。就国际而言，中国提出的建设丝绸之路经济带和21世纪海上丝绸之路，着眼点即是欧亚大舞台、世界大棋局。就国内而言，我们要把全面建成小康社会、全面深化改革、全面推进依法治国和全面从严治党结合起来，就要统筹考虑转作风、反腐败、经济社会发展、法治中国、从严治党等重大问题。事实上，有些改革需要顶层设计，没有顶层设计就改不了。历史上的改变，有很多是自下而上的。但如果能够自上而下并且成功，那么其意义就更加重大，因为其长远性、战略性、指导性更加鲜明，对未来社会的影响也更大。河南省委提出的《河南省全面建成小康社会加快现代化建设战略纲要》就是为“十三五”乃至未来河南经济社会发展做出的新的“顶层设计”。

三是改革要努力把改革成果制度化。正像吕思勉先生所言，北朝统治者“其重视法学，转非中国之让所能逮也”。北魏经过一个世纪以上的立法努力，最终在孝文帝、宣武帝的时候，结晶为《魏律》12篇。程树德评曰：“太和中改定律令，君臣聚堂，考订之勤，古今无与伦比。”[①] 陈寅恪指出：“律学在江左无甚发展”，而“元魏之刑律取精用宏，转胜于江左承用之西晋旧律”。不仅如此，同样的制度在北朝也比南朝运行得更好一些。佛教的严格律令，为北方军事贵族集团所崇尚，而北方军阀又是佛教的主要拥护者。宗教与军阀两大贵族势力联合，就构成了这一时期制度的基础。北方的贵族是军阀，而南方的贵族是门阀，以“清谈”为意识形态。因此，正是凭借上述军事制度，北魏的精锐之师统一了北方，隋唐的金戈铁马最终统一了南方。龙门石窟中不仅塑佛陀多采用帝王之面容，而且更加大肆渲染孔武有力、威风凛凛之金刚，其塑像的原型其实就是当时战功卓著的武将，是北方的民族英雄。因此，北方军阀集团，要比南方士族贵族进步，特别是关陇府兵制度更是历史的进

① 《九朝律考》，中华书局，1963年。

步。事实上，从六镇制度向府兵制度的迈进，就是将兵权从世袭贵族手中夺取过来，这是中国历史上开天辟地的一件大事。与之呼应的，便是6世纪之后的文官选拔制度，由九品中正制向着国家统一考试制度——科举制的迈进。而这一文一武两项伟大变革，都是从鲜卑北魏时开始，而由隋唐完成的。故钱穆说，中华民族走向光辉灿烂之盛唐，靠的是如下三种制度为基础：均田制取消了经济上贵族与庶民的不平等，府兵制取消了胡人和汉人的区别，而进士制则开放政权，消融阶级，促进了全社会的文化进步和繁荣。而制度的失衡，也是盛唐走向崩溃的原因之一。“社会和平既久，文治日隆，骄纵日恣，对国家武装，不再有忧勤惕厉之感。非漫不关心，即穷兵黩武，滥用民力。对府兵本身，更没有一种合理的人道观念。从精神的转变，影响到制度，使其不能存在。”[①] 北魏改革之所以成功，与在制度建设上的上心是分不开的。因此，今天中国的改革，河南的改革，尤其需要重视“建章立制”工作，不断深化和巩固改革的成果。

四是改革从来不会一帆风顺，需要有反复的耐力和韧劲，对改革的复杂性要进一步重视。传统王朝历史学以中原王朝为中心，边夷四方都是中原历史叙述的附庸。虽然少数民族本身也有起源、迁徙和消亡，但一般都被配置在中国王朝断代史的大框架内。但是，从历史唯物主义和辩证唯物主义的视角看来，我们今天必须既看到其独立性和连续性，也要看到两个历史单元之间的交叉、重叠和相互影响。在这个意义上，中国历史不能仅仅以汉族为中心进行叙述，而只有从多民族之互动去观察，才是所谓“一体多元的历史”。十六国时期，由于建立政权者是少数民族，所以带来了重大的社会特殊性。其中的宗主督护制，是极为野蛮与落后的。但是，“汉化”政策改变了其劣根性。与之相应的是，汉民族的尚武精神日渐消亡，在北方“胡化”因素的

① 钱穆：《国史大纲》上册，商务印书馆，1996年修订本。

影响下重新焕发了生命力、竞争力和战斗力。可以说，鲜卑族和汉族一起，既保留了“文明”的优点，又把自己的落后（宗主督护制的野蛮和士族的颓废、不善武、不敢斗）改掉了，可以说鲜卑和汉族一起得到了新生。这是一个博弈的过程，也是一个拉锯的过程。对于其复杂性，我们要有必要的认知。

五是求改革之大功者，必须有付出巨大代价的思想准备。转型，这是一个痛苦的过程，也是一个获取新质的过程。事实上，如无孝文帝鲜卑族的付出和融合，必无后来隋朝的天下一统，唐代的繁荣兴盛也就失去了基础。制度改造之难，文化转型之难，只有那些在转型中做出巨大牺牲的人才能体会到。因为，就北魏贵族而言，反对“变俗迁洛”仍然大有人在。孝文帝迁都洛阳，改变鲜卑人多年的生活习惯，一直遭到保守势力的强力反对。而他重用汉族人才，更使一些鲜卑贵族产生了失落感。随着改革的深入，抵抗情绪越来越严重，孝文帝坚定不移地推行鲜卑汉化改革，以强有力的手段，严厉打击保守势力，维护改革成果。孝文帝最震撼历史的措施，是运用铁腕彻底实行鲜卑汉化工作，任何反对在所不计，甚至将太子处死亦在所不惜。身体“肥大”“不好读书”的皇太子恂，因不喜“河洛暑热”，想“轻骑奔代”，事发后被废为庶人。孝文帝以赐死太子为代价，稳定了洛阳的局势，展现了维护改革成果的决心。被打击的另一位是有大恩于孝文帝的鲜卑元老重臣穆泰，他与“早蒙宠禄、位极人臣”的鲜卑名将之后陆睿、元丕等反对迁都。但孝文帝英明果决，能控制全局。虽然一些人反对，但均不能影响他的汉化政策。北魏孝文帝改革，最后也有反弹，那就是“河阴之变”，北魏为此付出了巨大的代价。孝文帝之后，宣武帝和孝明帝相继继位，孝明帝之母胡太后“临朝称制”，混乱朝纲，引起“六镇之乱”。尔朱荣发动的“河阴之变”，是对“汉化”结果的反省和拨乱反正。在他看来，把都城迁回北地，有利于恢复粗犷勇戾之风。这样就能重振鲜卑民族和北魏帝国的昔日雄风，重新焕发出质朴、清洁、骁勇和强悍的精神。“河阴之变”是北魏晚期的一大政治变局，对北魏政权产生了深远影响，也在北魏社会的其他方面留下了深深的印迹。河阴之变后，北魏王朝迅速没落，从此一蹶不振。

六是对中原腹地的河南而言，北魏孝文帝的改革对于河南今天的改革也有着巨大的启示意义。南北朝的文化差异，孝文帝的文化融合，都是在中原大地上展开的。郭庚茂书记在文艺工作座谈会上指出，改革开放初期，国家对外开放政策是从沿海向沿江、沿边推进的，沿海地区率先改革开放，实现了率先发展。河南之所以在过去的改革开放大潮中慢了半拍、发展相对滞后，客观上是由于地处内陆，没能进入国家推进第一轮改革的统筹布局；主观上是由于受农耕文明影响深远，干部群众思想不够解放，思想观念上与沿海地区有差距。从一定意义上讲，推进工业化、城镇化、农业现代化的过程，就是与小农意识做斗争的过程，就是实现由农业文明的思想观念、思维方式向工业文明思想观念、思维方式转化的过程。当前，省委九届八次全会通过了《河南省全面建成小康社会加快现代化建设战略纲要》，对让中原更加出彩进行了系统设计，既提出了到2020年实现全面建成小康社会、在部分领域和区域率先基本实现现代化的目标，又描绘了到2040年左右全省基本实现现代化的远景目标。这就要求我们要积极适应和主动把握经济社会发展新常态，以现代化的思维方式谋划推动各项工作。我们感到，有可能阻碍河南省现代化进程的因素主要有四个方面：一是路子走不对，二是机遇抓不住，三是改革跟不上，四是干部素质能力不适应。特别是改革，决定国家命运，决定河南前途。在第一轮改革开放大潮中，我们受制于主客观条件的限制，改革慢了半拍，发展相对滞后。近年来，河南省在战略谋划、路径选择、发展策略、夯实基础等诸多方面下了很大功夫，但如果体制机制不优，就会使思路举措大打折扣，甚至无效。这一次全面深化改革，我们决不能再滞后，人为地造成制度差异，形成差距。当前，河南的各项改革思路对头，推进有序，体现了习近平总书记“改有所进、改有所成”的要求。但就总体而言，改革还处于初入轨道阶段，表现为：一是一些干部面对改革畏葸不前；二是改革重点聚焦不够；三是一些改革深度不够，还是浅层次的。如今，改革千头万绪，要选好题，找准突破口，力求从最重要、最急迫、最有效的事情做起。为此，一是要增强全面深化改革的使命感和责任感。康梁变法失败，给我们提供的是失败的教训。而北魏孝文帝改革给我们提供的则是成功的经验。要像北魏孝文帝改革一样，河南一定要下大决心，把改革抓紧抓成。二是改革需要献身精神、担当意识。北魏孝文帝改革是付出了巨大代价的，宗主督护制的解体、鲜卑族独特性的丧失以及后来的“河阴之变”以及孝文帝的丧子之痛，都体现了这一点。但这种代价相对于一个民族的凤凰涅槃、杂交优势和新生而言，却是必要的。我们身在其任，责任重大，必须直面挑战，勇于担当。三是要抓实，把各项改革落到实处。孝文帝推行汉化政策的最大特点是真抓实做。因此，河南的改革选题要实，抓住要害；方案要实，确保有可行性；实施要实，真抓实改。在新的战略起点上把握和适应新常态，解决发展面临的矛盾和问题，必须依靠改革。这一次全面深化改革，我们抓好了就是机遇，就能创造体制机制优势，抓不好就是挑战，就会形成新的差距，落后于人。

“慷慨歌谣绝不传，穹庐一曲本天然。中州万古英雄气，也到阴山敕勒川。”孝文帝推行的汉化改革，缓和了当时的矛盾，加快了以鲜卑族为中心的北方各民族的封建化进程，促进了北方各民族的大融合，使社会的政治、经济、文化都有了一定的恢复和发展，符合了历史大势。“敕勒川，阴山下，天似穹庐，笼盖四野。”北魏孝文帝，是在《敕勒歌》的歌声中走进中原的。朱熹在《朱子语类》中说“唐源流出于夷狄，故闺门失礼之事，不以为异”，其实就是这种内在关联。孝文帝迁都洛阳后，荒芜残破、迭遭兵祸的洛阳，再次从废墟中建立起来。《洛阳伽蓝记》记载，当时洛阳城有近11万余户人家，有庙宇1367所，各地商贾云集，丝竹讴歌，楼观出云，“门巷修整，阊阖填列；青槐荫陌，绿柳垂庭；天下难得之货，咸悉在焉”，洛阳又重新成为中原经济、文化的荟萃地。梁武帝派陈庆之护送魏北海王元颢回洛阳，在宴会上陈庆之说：“魏朝甚盛，犹曰五胡。正朔相承，当在江左。”他自认为长江以南才是“正朔”所在，言词中充满了对北魏的蔑视。但他在护送元颢到达洛阳，目睹洛阳的景象后，观点大变，“自晋、宋以来，号洛阳为荒土。此中谓长江以北，尽是夷狄。昨至洛阳，始知衣冠士族，并在中原，礼仪富盛，人物殷阜，目所不识，口不能传”。这是对北魏孝文帝汉化色彩浓烈改革的最大点赞。历史浩瀚如烟。以平城、洛阳为核心兴起的北魏，虽在历史上逐渐隐去，却留下无数荡气回肠的故事和传说。可惜孝文帝迁都5年而崩，年仅33岁。但自此，胡人迅速地向汉人的生活方式同化，而汉人则在许多方面采取了非汉族的生活方式，用陈寅恪先生精练的话来概括就是“汉文化的胡化和胡人的汉化”，这种多民族互动，最后形成了旷古未有的南北大融合。

陈桥兵变

王立群

后周显德七年（960年）正月初四，举国上下还沉浸在新年的喜庆中，时年8岁的周恭帝柴宗训即位才刚刚半年。距离都城东京（今河南开封）东北20公里的陈桥驿发生了历史上一次著名的军队哗变。这场兵变开启了中国历史上一个重要的王朝——宋朝，而且还将一个重要人物推上了历史舞台。

那么，这位走向前台的历史要人是谁呢？这次改变中国历史大势事件的来龙去脉又是怎样的呢？

梦醒：黄袍加身

后周显德七年正月初一，京城东京发生了一件大事。

当天，东京处处洋溢着节日的祥和气氛，举国上下都在庆贺中国最重要的传统节日。后周的文武大臣一大早上朝，向 8 岁小皇帝柴宗训跪拜朝贺。没人能想到（当事者除外），这个春节是柴宗训坐在皇帝龙椅上接受朝贺的第一个春节，也是最后一个春节。

朝贺还没有结束，北方边境镇州（今河北正定）、定州（今河北定州一带）突然送来军事急报：契丹举兵南侵，北汉从土门（今河北石家庄西）引兵东下，两军联合，直奔京都杀来。

这个突如其来的紧急军报让 8 岁的小皇帝不知所措，符太后刚刚 20 岁，册封皇后没几天就送走了丈夫，涉世未深，毫无政治经验。半年前周世宗柴荣临终前受诏主持朝政的是宰相范质、参知枢密院事王溥。两人匆忙议定，由小皇帝发布命令：令归德军节度使、检校太尉、殿前都点检赵匡胤率领宿卫禁军前往迎敌。

赵匡胤此时是什么官呢？禁军殿前司的总指挥。

五代军队大体分为中央禁军与地方节度使牙兵两类。后周中央政府军——禁军分为殿前司和侍卫司两部。殿前都点检是禁军殿前司最高统帅，下面还有副都点检、都指挥使、副都指挥使、都虞候四级官员。

赵匡胤领旨后，像历次出征前一样，即刻调兵遣将，部署军马。正月初二这天发生了两件事：

第一件事，殿前副都点检、镇宁军节度使慕容延钊作为先锋，率领精锐部队，先行出军。

第二件事，东京到处都在传扬着一个政治流言："将以出军之日，策点检为天子。"这句话是什么意思呢？"点检"即殿前都点检赵匡胤，意思是说，出兵那天，要拥戴赵匡胤登基。

一言流传，满城风雨。经历了政权频繁更迭的京都百姓没办法不相信流言，无法抑制他们内心的恐慌和不安。这个年头，宁可信其有，岂能信其无？虽然他们并不在乎谁来做天子，但他们害怕伴随着改朝换代而来的血雨腥风。

改朝换代受害最深的总是老百姓。10年前郭威兵变进入东京后，曾经纵兵抢杀掳掠，当年的情景至今仍历历在目。历史不会重演，但总会惊人地相似。一时间，富商大贾、市民百姓乱作一团，做好了随时逃离的准备。这股流言来得突然，传播得也迅速。但是，令人不解的是，“山雨欲来风满楼”，流言传遍了京都的大街小巷，皇宫大内竟然一无所知。

初三这天，赵匡胤率领大队人马，浩浩荡荡，由开封爱景门（后周东京外城北面有三门，爱景门在东）出城，百姓们看到的是一支纪律严明、井然有序的大军，没有出现流言传播的事情，京都百姓悬着的心稍稍安定下来。

但是，大军离开开封以后，禁军中有个号称通晓天文占星的军校苗训就指着天上说，他看到天上出现了奇异的天象：两个太阳，相互掐架。他还对赵匡胤的亲信楚昭辅说：这就是天命啊（此天命也）！苗训煞有介事的一番话迅速在军中传开。

当天，大军到达开封东北20公里的陈桥驿驻扎。出征前的传言、奇异的天象、苗训的解释当然是热点话题。将士们聚到一起，议论纷纷。议论什么呢？谋立新君。

诸将谋立新君有两大原因：

一是赵匡胤深得禁军军心。

此时的赵匡胤掌管后周禁军已经六年，有着广泛良好的群众基础，一人提议，众人纷纷响应。

二是将士们思功心切。

有人说，当今皇上年幼，不懂朝政，不能亲政，不能亲征。我们提着脑袋为国家抵抗外敌，却没人知道我们的功劳。倒不如先立点检为天子，然后北征，为时不晚。

这样，谋立新君的兵变发生了。

思议兵变的将士们将球踢出去了，接球者将怎么接呢？

一吓。

都押衙（掌管仪仗侍卫的官职）李处耘立刻把这件事告诉了赵匡胤的弟弟赵光义（原名“赵匡义”，赵匡胤做皇帝后，更名“赵光义”），赵光义当时任内殿抵侯（管朝仪）、供奉官都知（管扈卫），两人立即向赵匡胤的秘书归德节度使掌书记赵普汇报。话未讲完，众将纷纷拥入，七嘴八舌，众说纷纭，一句话，要先立太尉做天子。

赵普、赵光义极力劝解：“太尉赤忠，必不汝赦。”太尉赵匡胤是一位忠义之士，绝不会听任你们举行兵变，而且也绝不会饶了你们。赵普这番恫吓还挺有效，诸将相顾，亦有稍稍引去者。

二劝。

一会儿，将领们重新聚集起来。有人亮兵器，放出狠话：再有人说不同意就灭他的族！我们已经商量定了，太尉要是不愿意，我们岂能退回去等死？

赵普说：策立天子是天大的事，不精密筹划，轻举妄动，能成大事吗？众将这才坐了下来。

赵普接着说：现在是外敌压境，不如先出兵御敌，打完仗回来再议此事(外寇压境，将莫谁何？盘先攘却，归始议此)。但是，进帐的将领不答应，他们说，现在是“政出多门”。如果等到打退敌人，会发生什么事谁都不好讲。应当立即回京，“策立太尉”为天子，再出兵“破贼不难”。如果太尉不愿受策立，大军绝对不会再前进了。

三同意。

赵普一看形势不可逆转，马上说：现在的局势，想必诸位心里都清楚，外寇压境，我们的先锋已经渡过黄河，四周节度使林立。京城一旦动乱，不仅外寇长驱直入，四方恐怕也不会消停，局势肯定难以控制。策立太尉做天子可以，但是各位必须严肃军纪，禁止部下劫掠，京城人心安定了，四方才不会发生动乱，诸位才能长保富贵。否则，什么事情都可能发生。众将允诺，分头行动。

商议既定，赵普等人开始周密安排。

当夜，先派衙队军使（侍卫官）郭延赟急速返回开封，将此事告知赵匡胤的亲信殿前都指挥使（殿前禁军指挥官）石守信、殿前都虞候（殿前总纠察官）王申琦，这两位可都是赵匡胤的铁哥们儿。

当晚的陈桥驿，环列在赵匡胤大帐周围的众将领焦躁不安地等待天亮。

据司马光《涑水纪闻》卷一记载，拥立赵匡胤的将士们手拿利刃，大声喧哗，闯入陈桥驿。赵匡胤还没有起床，赵光义赶快入帐报告赵匡胤，“太祖惊起”，走出大帐。哗变的将领们露出白刃，说：“诸军无主，愿奉太尉为天子。”赵匡胤还没有来得及回应，有人已经将黄袍披在赵匡胤的身上（太祖未及答，或以黄袍加太祖之身）。众将在大帐外集体下拜，高呼万岁，“声闻数里”。赵匡胤坚决拒绝（固拒之），但是，手下的将领不答应，他们将赵匡胤扶上马，簇拥着“南行”返回开封。

李焘《续资治通鉴长编》的记载和司马光《涑水纪闻》的记载只有一点不同：入帐向赵匡胤报告的是赵普和赵光义两个人，和《涑水纪闻》相比多了一位赵普。其他记载，二书基本相同。

司马光（1019—1086年）和李焘(1115—1184年)都是宋代著名的史学家，因此，两个人的记载都比较可信，如果真要比较，司马光的记载似乎更可信。不管两个人的记载有多少不同，赵匡胤睡了一觉就成了皇帝并没有什么不同。

赵匡胤似乎很想拒绝这个职业，反复推辞（固拒之），但是，众将士逼着他回京。

最终，赵匡胤做出了一个“艰难”的决定，拉住马缰，发布命令说：“你们贪图富贵，强立我为天子，那就必须听从我的指挥，不然，这个皇帝我是不稀罕的（不知道是不是发自内心）。”众将士赶紧下马跪倒：“唯命是听。”

这就是现存史书中记载的赵匡胤陈桥兵变、黄袍加身的大致过程。我们可以再梳理一下：

正月初一，北方传来军事急报，契丹、北汉联合南侵，宰相范质、参知枢密院事王溥决定让赵匡胤出征迎敌。

正月初二，慕容延钊率先锋部队出发，京城盛传出征之日将立赵匡胤为天子的政治流言。

正月初三，赵匡胤率军出发，传言没有兑现。当天出现异常天象，军中盛传赵匡胤做天子的天命说。当晚，军队在陈桥驿驻扎。军队将领商定立点检为天子。李处耘向赵光义汇报，赵光义向赵普汇报。赵光义、赵普二人反对，反对无效。赵普分析局势，开始分头行动。派人向京城赵匡胤的铁哥们儿石守信、王审琦通报。赵匡胤当晚醉酒，众将士环绕大帅军帐四周等候天亮。

正月初四黎明，睡意蒙眬的赵匡胤被黄袍加身。

这样，赵匡胤成为中国历史上著名的黄袍加身“被皇帝”的人。从秦始皇称皇帝以来，这个位置一直为许多人所梦寐以求。赵匡胤创造了一个“奇迹”，睡梦之中竟然被人立为皇帝，一觉睡醒，就由执掌兵权的大臣成为新王朝的皇帝。

大家相信史书的这种记载吗？其实，无论信与不信，史书就是这样说的。

赵匡胤这一觉睡成了皇帝，也睡成了后周的叛臣。赵匡胤明白：光有军队的拥戴并不算完胜，那么，怎样才能得到朝中大臣的认可呢？怎样才能名正言顺地登基称帝呢？

回京：禅位登基

“黄袍加身”的赵匡胤在回京途中及到达京城后做了四件事。

第一，约法三章。

赵匡胤与诸将立下誓言：“我曾经北面向少帝与太后称臣，你们不能凌辱他们；文武百官和我曾经是同事，你们也不能凌辱他们；入京之后，不能抢劫府库财物。听从命令的，事成之后，重重有赏，不服从的，一律族诛。”众将领齐声听命。

赵匡胤约法三章，特别强调保护三类人：一是后周的皇帝、太后，二是文武百官，三是百姓。由于这三类在改朝换代中最容易受到伤害的人得到了最大限度的保护，所以，整个权力系统没有受到冲击，国家执法机关也没有遭到冲击，百姓同样没有受到摧残。

赵匡胤的做法一反五代十国时期改朝换代的陋习。他没有因为改朝换代大开杀戒，而是最大限度地保护前朝君臣的生命财产安全，最大限度地维持社会秩序的稳定，最大限度地保护全体百姓的利益。所以，政权过渡就避免了流血。

赵匡胤的做派固然有策略上的考量——最大限度减少阻力，但也显示了他为人宽厚的一面，至少说明他不是一位嗜杀成性的人。

第二，和平进城。

赵匡胤先派客省使潘美回城告谕后周皇帝和文武百官，给他们通个信儿；接着派昭辅立即回京妥善安排赵匡胤的家人。万事妥当，赵匡胤这才整饬军队回京。从仁和门（内城东面有两个门，南为仁和门，又称曹门）进入开封城，早已等候多时的石守信和王审琦立刻打开城门，迎接新皇帝。

赵匡胤的铁哥们儿负责把守城门，赵匡胤进城不成问题。但是，后周的其他文武大臣会接受这突如其来的变故吗？会俯首帖耳地顺从新皇帝吗？

此时，后周大臣们的早朝还没散。潘美带来兵变的消息后，百官大惊失色。宰相范质握着王溥的手说：“仓促派兵，这是我们的罪过啊。”指甲掐得王溥双手几乎出血，王溥不知道该如何应对。只有侍卫马步军副都指挥使、在京巡检（负责京师治安）韩通立即从内廷仓皇回奔，准备组织军队抵抗。不巧的是，他在路上遇到了散员都指挥使王彦升，王彦升勒马就追，韩通跑到自家门口，还没来得及关门，就死在王彦升的刀下，王彦升接着杀了他的妻子儿女。这是后周朝廷唯一的一次抵抗，而且抵抗未遂。

京都的百姓看到大军一夜之间去而复返，刚刚放下的心又被提了起来，但见大军纪律严明，秋毫无犯，人心遂安。赵匡胤命令大军各自回营，自己则回到都点检衙门，他要在这里最后一次办公。

一会儿，将士簇押着范质、王溥两位宰相到来了。赵匡胤见到他们，痛哭流涕，一副无可奈何的样子：我深受世宗厚恩，今日被将士逼迫，事已至此，愧对天地，你们说，怎么办？两位宰相战战兢兢，哪里知道如何是好。一旁的军校罗彦瓌持剑上前，厉声喝道："我辈无主，今日必得天子。"赵匡胤呵斥罗彦瓌不得造次，一个唱红脸，一个唱黑脸，罗彦瓌并没有退下。范质、王溥两人面面相觑，还是王溥识相，降阶先拜，范质深知已无回天之力，不得已也跟着跪拜在地，齐呼方岁。两个大臣领袖搞定了。

第三，禅位登基。

搞定了众官，赵匡胤立即赶往崇元殿，马上举行周帝禅位之礼。召集文武百官，直至晡时（下午 3 点至 5 点），人员到齐，却发现尚未准备禅位诏书。哪知道，翰林学士承旨陶谷突然从怀中拿出了早已准备好的诏书念给百官听。赵匡胤换上龙袍，正式登基，群臣拜贺，高呼万岁。礼成。封柴宗训为郑王，母亲符太后为周太后，迁居西京（《宋史》云西宫）。

第四，改元立号。

正月初五，改元建隆，大赦天下，立国号为大宋，史称北宋。在中国历史上延续了 300 多年的大宋王朝正式"粉墨登场"。

赵匡胤在短短的几天之内完成了改朝换代，速度之快，效率之高，令人咋舌。

这场改朝换代的大变故中后周大臣的不抵抗让人吃惊。赵匡胤明明是利用军权夺了后周的天下，为什么后周大臣们没有抵抗呢？

寻常：又不寻常

陈桥兵变，赵匡胤轻而易举地将后周柴氏的天下变成了大宋赵氏的政权。从历史的长时段发展来看，陈桥兵变具有重大历史意义，它是中国历史发展的一个重大转折。但是，在当时看来，陈桥兵变只是一次再寻常不过的军事政变。

为什么这么说呢？因为这是中国历史上的五代十国时期，这是一个什么都可能发生的时代。

第一，一个君臣义绝的时代。

《宋史》说：五代所建立的国家，传位不到三四代就改换姓氏，大臣侍奉君主就像受雇佣一样，旧皇帝下台，就侍奉新皇帝，大家习以为常。因此，后唐刚刚灭亡就向后晋称臣，后汉刚刚宣布禅让就当后周之臣。君主信赖的臣子、国家依赖的将领，一旦国灭，不能以名节定生死，伦理道德被废弃殆尽。大臣、将领把自己定位为给皇帝打工的，维系一个政权稳固的忠义理念就不重要了，给谁打工不是打，因此换个领导也无所谓，当臣子的不觉得耻辱。所以，这个时代的文臣武将历经几个朝代依然春风得意的比比皆是。

面对赵匡胤的兵变，宰相王溥率先降阶下拜，范质虽然犹豫了一下，但也随即下拜。禅让仪式正准备进行，忽然发现尚未准备禅位诏书，翰林学士陶谷立刻“出诸袖中”。风向一变，则顺风而偃。君纲不振，忠义不立，君臣义绝，国家颠覆自在意料之中。这是赵匡胤能轻易夺得后周政权而人心安的一个重要原因。

第二，一个枪杆子里出政权的时代。

李唐晚期，藩镇割据，嚣张跋扈，天下瓦解。五代十国是唐末混乱局面的延续。这是一个崇尚军事力量、完全以武力定胜负的时代。谁掌握了军队，谁就占据了主动，一旦兵控京师，就可以成为新朝的皇帝。当时有句话很流行，能够反映当时的局势和武将的心声，这句话是后晋安重荣从军卒升到成德节度使后说的——“见唐废帝、晋高祖皆自藩侯得国，尝谓人曰：‘天子宁有种邪？兵强马壮者为之尔！’”

天子是拥有强大军事力量的人，谁掌管了枪，谁就可以做天子。有没有皇室血统，完全不用考虑。

但是，这也产生了一个难以解决的问题。既然兵强马壮者能当上天子，而军事力量在不同的军阀将领之间又此消彼长，有机会的人自然不止一个，所以皇帝的更换频率很快，你方唱罢我登场，各领风骚没几天。

而且，五代时期，依靠军士拥立取得政权似乎成为惯例。在赵匡胤之前，至少已有三个成功的样板。第一个是后唐明宗李亶，第二个是后唐末帝李从珂，第三个是后周太祖郭威。在这三个样板中，郭威的榜样对赵匡胤影响巨大，因为赵匡胤亲自参与了这次事件，他对依靠兵变黄袍加身的流程已经谙熟于心了。在五代50余年的时间里，赵匡胤是第四个依靠军事政变取得政权的皇帝。因此，陈桥兵变，黄袍加身，对赵匡胤，对后周文臣武将，对后周的百姓，一点儿也不觉得突兀，是再寻常不过的事了。

君臣义绝，兴亡以兵，所以五代时期的文臣没有坚定的立场，如墙头草随风倒；武将则凭借兵强马壮，嚣张跋扈，恣意妄为。从后梁到后周的50多年时间里，天下更换了五个朝代，文武大臣早上还一起上朝朝拜皇帝，晚上则有人可能荣升为皇帝，接受同僚的朝拜，忠义之风荡然无存。在这种社会风气之下，子弑父，弟弑兄，臣弑君，兵变不断，看得人心惊肉跳，目瞪口呆。

在这样的历史背景下，后周的殿前禁军最高统帅赵匡胤抓住后周“主少国疑”的最佳时机，发动陈桥兵变，黄袍加身，这是再寻常不过的一次改朝换代了。

陈桥兵变是寻常的，然而又是不寻常的，因为这次兵变具有与以往历次兵变迥异的特色。

一句话，陈桥兵变是一次依靠军事力量为后盾的和平演变。

第一，兵不血刃。

陈桥兵变没有宫门喋血，不见遍野伏尸；没有四起的烽烟，不见连绵的兵祸。开封城的一砖一瓦都不曾受到毁坏，在和平演变中后浪推前浪，大宋把后周拍在了沙滩上。“在中国历史上也创立了一种不经过流血而诞生一个主要的朝代之奇迹。”这就是陈桥兵变寻常中的不寻常。

陈桥兵变后，赵匡胤率领大军严整有序地进城，没有发生战争。

史书中有一个细节，赵匡胤带兵出城时走的是外城东北侧的爱景门，回城时走的是东侧的仁和门。一些笔记中（如《玉照新志》《随隐漫录》）说当时北侧的城门守卫者拒绝接纳赵匡胤入城，为了避免流血，才转走东城门，没有发生像郭威进城时“矢射如雨”的抵抗。赵匡胤也提前安排好了家人的安全，对后周的小皇帝也采取了优待的政策。

没有战争，没有流血，一切井然有序，妥善处理后周皇室，这就与郭威兵变有了本质的区别。

当然，也不是说陈桥兵变中没人死亡，在京巡检韩通就是在准备组织反抗时被杀的，这当然是个例外。史书上还说“并其妻子”，一些笔记中又演绎成杀其全家。事实并非如此。据陈保衡于建隆元年（960 年）二月二日，也就是韩通死后的第二个月撰写的《韩通墓志》记载，王彦升并未全部诛杀韩通家人，韩通的二女、三女、四女以及幼子均得幸免（《北京图书馆藏中国历代石刻拓本汇编》第三十七册）。这次诛杀或者真的是一次突发事件，也很可能是赵氏集团有意识、有选择地清除政敌的一次行动，但不管哪种情况，都显然不同于纵容士兵的肆意屠杀。

第二，市不易肆。

郭威兵发开封之时，曾让手下人宣布：攻克京城，允许抢劫十天。等到大军进城后，“诸军大掠，通夕烟火四起”，手下人告诫郭威，“再不制止抢掠，今晚就只剩下一座空城了”。史书中记载了以下两则实例：

第一则，军士进入后汉的前义成节度使白再荣的住宅，将财物洗劫一空后，对白再荣说：“从前我们这些人曾在您手下奔走，今日无礼到这个地步，还有什么脸面再见您。”抢劫从前主子的财物，没有脸面再见他，不是选择自杀，而是让这个人在世界上彻底消失，就永远见不到他了。因此，军士割下白再荣的脑袋离去。

第二则，后汉的吏部侍郎张允，家产数以万计，但生性吝啬。这天晚上，他躲藏在佛堂顶棚板上，上去的人逐渐增多，顶板损坏而坠落，军士抢走了他身上的衣服，于是张允受冻而死。当时放纵军士大肆抢劫、杀人，残忍至此。

陈桥兵变时，赵匡胤约法三章，严禁抢劫，违者族诛，并许诺事成之后，重重有赏。大军入城后，赵匡胤立刻命令军士解甲还营，没有发生纵容军士趁火打劫的事情。相反，有几个市井无赖想浑水摸鱼，乘机抢掠，即被逮捕，斩杀于市，官府偿还了被抢者的财货。

陈桥兵变虽然也是以军事力量作为后盾保障，但的确是在和平有序中进行的政权转移。因此说，陈桥兵变的背后蕴含着以前兵变中缺乏的理性因素与政治良知，它预示着一个太平时代的即将到来。“兵不血刃，市不易肆”，作为大宋王朝开国事件的陈桥兵变包蕴的这些新的动向，已经为大宋300多年江山的政治运作铺垫了文明的基础。

960年的正月，在浓郁的新年气氛中，历史在不经意间，挥挥手，送走了一个旧王朝。这一年，赵匡胤34岁。

当然，陈桥兵变的成功，是由多方面的因素造就的，但必须具备两个条件：一是后周的王室毫无反制力量，一是赵匡胤拥有绝对的军事力量。历史选择了赵匡胤，是因为赵匡胤已经做足了功课，已经进行了充分的量的积累，陈桥兵变只是他政治生涯中的一个质的飞跃而已。

洛阳：丝绸之路东方起点

骆　非

当收音机里播出“丝绸之路：起始段与天山廊道的路网”跨国系列申遗项目成功列入《世界文化遗产名录》的消息时，我正危坐在丝绸之路赭红色的大地上，望着眼前的那座阳关烽燧出神。此时此刻，我面前仿佛闪现出一条深邃的历史古道，东起祖国腹地的洛阳，西至遥远的西域。这就是那条世人皆知的丝绸铺就的大道。几千年虽已过去，古道上的行人还能偶尔看到被大漠风沙撕向空中的丝绸碎片，游荡在万里长空，也游荡在人们的心间，最后凝固在这条古道上也凝固在人们的记忆里。

追溯丝绸之路的历史，自然不能忘记它在这条曾经抛撒着驼铃声的古道上书写的辉煌。我的老家“博望”镇的得名，就是缘于那位曾经在这条古道上豪迈走过的张骞。至今，我每次回故乡就会想起张骞，也想起他曾经走过的丝绸之路，回故乡时也就仿佛踏在这条古道上。汉帝国从统一之日起便开始注目西域，把“凿空”西域的担子重重地压在张骞的肩头。“凿，开也；空，通也。骞始开通西域道也。”汉武帝建元三年（前138年），张骞率领100多人的使团，经河西走廊向西域进发，经大宛、康居等国，辗转来到大月氏，打通了西域大道。元狩四年（前119年），张骞再次奉命率300多人的使团，带着牛羊万头和价值连城的货物出使西域诸国，使丝绸之路开始繁荣起来。汉帝国用丝绸、漆器、竹器、铁器等，采用馈赠、互市、贩卖等方式，换来西域诸国出产的骡马、骆驼、璧玉、珊瑚、翡翠等，使东西方文明古国得以进行着频繁而经常的经济、文化交流。遥想那时的丝绸之路上，浩浩荡荡的商队该是何等的壮观！如今，丝绸之路上那衔连的亭障、耸峙的烽燧，都已化作一个又一个废墟，昨日的壮观景象连同那些千古风流人物一起，被埋葬在这条古道的深处，堆积成厚厚的沉淀，让历史学家们去鉴别亚欧文明史的每一个断层。所幸的是那无阻无碍的大漠风沙尚能掀动远古的灵感，残砖叠着断瓦，夯土和着白骨，灰烬伴着箭镞……永久地植入人类文明的典籍。我抑制不住激动的心情，即兴在古阳关遗址上吟出了一首诗：“阳关烽燧何处寻？丝绸路上车辚辚。飞鸣箭镞自锈色，引路白骨空留音。春风轻拂征夫泪，狼烟渐融九天云。褒姒一笑千年后，西出阳关尽故人。”

据《穆天子传》等史籍记载，周人的始祖后稷曾播种于我国西域一带，创建了原始的农耕业。后来，由于气候的变化，周人大批东迁，进入辽阔中原，在洛阳建立起周王朝。他们把在西域培育起来的农耕文明同中原农耕文明实施嫁接，把身上流淌的雪山冰川般的血脉融入母亲河黄河的澎湃。周穆王十三年（约前962年），周穆王曾率领大队人马，携带大量丝织品等礼物，从洛阳出发，最终到达西王母之邦，会见西王母。我们抛却史籍中的一些传说和神话成分，也不难窥见这条中西交通路线的清晰轮廓以及在这条古道上东来西往的经济、文化交流盛况。它庄严地告诉世人，早在西汉张骞“凿空”

西域之前，中国和中亚之间就有了交往和沟通。是周穆王的这次驾幸，拨动了通向辽阔西域的一根最灵敏的神经，这根神经最后演化成一条如诗如画的丝绸之路。它东起中原腹地洛阳，穿过狭长的河西走廊和茫茫戈壁，从帕米尔高原的东北角登上去，纵贯现在的塔什库尔干，一直通向西亚广袤地区，直达遥远的欧洲。从此，人类文明走进了一个崭新的时代，东方和西方、中国和波斯、希腊以及阿拉伯世界，丝绸、香料、珠宝、花椒、大蒜、番茄、葡萄、经卷和乐器等汇成一条斑斓的物流河，在这条古道上辉煌地律动。当然，这条古道上也曾辚辚而过猎猎的战车，荫翳的大纛也曾遮挡过天空绚丽的阳光，冰大坂上留下过晶莹的马蹄印，斧钺剑戟的格杀声也曾回荡在幽长深邃的峡谷。

如果说西汉张骞"凿空"西域，标志着丝绸之路形成规模的话，那么，东汉班超"投笔从戎"讨伐西域大获全胜则标志着断绝了一个甲子的丝绸之路得以重新贯通。纵观丝绸之路的整个历史进程，不难发现：随着中国政治经济中心的东渐，洛阳作为丝绸之路西行的出发点和东来的终点，其为时之长、规模之大，以及影响之深远，较之长安亦不遑多让。东汉时记载丝绸之路上各国的距离，均以洛阳为出发点，如西夜国，"去洛阳万四千四百里"；安息国，"去洛阳二万五千里"；大月氏国，"去洛阳六千三百七十里"；莎车国，"去洛阳万九百五十里"等。西汉末年，"王莽篡位，贬易侯王，由是西域怨叛"，复受制于匈奴，丝绸之路为之中断，沦为荒草古道。直至东汉明帝永平十六年（73 年），始"命将帅，北征匈奴，取伊吾卢地，置宜禾都尉以屯田，遂通西域，于阗诸国皆遣子入侍。西域自绝六十五载，乃复通焉"。明帝置西域都护府，委派陈睦为西域都护。和帝时再次平定西域，使西域 50 余国内属。班超派甘英出使大秦，至于条支。安帝时，班超之子班勇出任西域长史，保护了丝绸之路的畅通。东汉"自建武至于延光，西域三绝三通"，都是朝廷派人从洛阳出发打通的。正如《后汉书·西域传》所述："西域风土之载，前古未闻也。汉世张骞怀致远之略，班超奋封侯之志，终能立功西遐，羁服外域。自兵威之所肃服，财赂之所怀诱，莫不献方奇，纳爱质，露顶肘行，东向而朝天子。故设戊己之官，分任其事；建都护之帅，总领其权。……立屯田于膏腴之野，列邮置于要害之路。”当是时，漫长的丝绸之路上“驰命走驿，不绝于时月；商胡贩客，日款于塞下”。西域诸国的商人，带着土特产到洛阳“奉献”，在得到汉帝国“赏赐”的商品之后，再运回西域，运往中亚、西欧出售。汉帝国的商人，带着金钱和丝绸，前往西域换回西域诸国的奇珍异宝，再运回洛阳。可以想见，在当时的丝绸之路上，胡汉商人来往穿梭、络绎不绝，呈现的该是一番什么样的景象。

洛阳是西域佛学家东来译经的集中地，也是汉人向西方取经的出发点。东汉时期的洛阳不仅有大量的商人云集，而且有大批的胡僧留居。同时，东汉帝国也派人从洛阳出发去天竺求法。东汉时期，在中国佛教史上最大的一件事，就是明帝时的“永平求法”。永平七年（64 年），明帝夜寝南宫，蒙眬中梦见一身高丈六、顶佩白光的金人，飞绕殿庭，甚觉惊奇。翌日早朝，明帝就此梦事询问群臣，博士傅毅奏道：臣闻天竺有得道者，名曰“佛”，飞行虚空，身有白光，其形如陛下所梦。明帝信以为真，就派大臣蔡愔、秦景等使于天竺，拜佛求经。他们西行至大月氏国，正遇上印度高僧摄摩腾和竺法兰，并得到了佛经和释迦牟尼佛像。3 年后，摄摩腾和竺法兰以白马驮载佛经、佛像来到洛阳，明帝敕令于洛阳城西雍门外御道北侧修造一座僧院。为纪念白马驮经之功，遂将此僧院取名“白马寺”。自此，西来的佛文化和中国的传统文化实施了融合。东土不但以其宽阔的胸怀接纳了摄摩腾和竺法兰，后来又以同样宽阔的胸怀输出了法显和玄奘。因此，丝绸之路不仅是联结汉与西域诸国的经济纽带，也是联结中国与中亚、西欧的文化纽带。

要探讨丝绸之路的滥觞，就不能不重视洛阳的地位和意义。先秦时期暂且不论，东汉时期洛阳之所以能成为丝绸之路东方的起点，主要是洛阳的东汉帝国首都地位使然。东汉选择洛阳作为首都，则是由于洛阳居黄河中游，是古代农业最发达的地区。它“处于土中，平夷阔达，万方辐辏”，有四通八达的水路交通网，还有“左河济，右泰华，伊阙在其南，羊肠在其北”的形胜地势。自古以来，河洛地区的桑蚕与丝织业一直十分发达，秦以后则远远超过关中泾渭流域，成为关东地区丝绸最大的集散地。那一时期的洛阳，荟萃着一大批能够担当起对外经济、文化交流的优秀人士，如窦固、窦宪、班超、班勇、甘英、徐干、蔡愔、蔡邕等，至于那些不畏艰险、远出西域谋取厚利的商人，更是不计其数。所有这些优越的条件，都促成了当时丝绸之路的繁荣。

东汉以后，洛阳仍然是世界上著名的商贸中心，通过丝绸之路远道而来的客商云集洛阳。曹魏、西晋、北魏、隋、唐等皆以洛阳为都或陪都，所以洛阳作为丝绸之路的东方起点经久不衰。到北魏时期的洛阳，“自葱岭以西，至于大秦，百国千城，莫不欢附”。洛阳的繁华程度不难想见。据《隋书》记载，隋朝初年，因突厥、吐谷浑“壅遏，故朝贡不通”。大业五年（609 年）正月，隋炀帝从洛阳御驾亲征，讨伐吐谷浑，吐谷浑所部 10 万余口、六畜 30 余万降隋。隋以其地置四郡屯田戍守。隋炀帝此举，进一步打通了和西域的联系，保障了丝绸之路的畅通。这时的丝绸之路，已从中亚向西到达地中海地区，向南延伸至南亚次大陆，分布于横跨亚欧大陆东西长约 1 万公里、南北宽约 3000 公里的区域内，成为人类历史上交流最丰富、交通规模最宏大的洲际经济、文化线路。至此，洛阳作为丝绸之路的东端起点达于极盛。

岁月悠悠，丝路悠悠。今日的丝绸之路上虽然喑哑了马嘶与驼铃，但取而代之的马达轰隆和汽笛长鸣依然召唤着人们走向未来的丝绸之路。近一个时期以来，丝绸之路上的经济交流越来越频繁，文化交流越来越深入，中国人民和丝绸之路沿线的亚欧各国人民的友谊越来越增进。我们相信，伴随着历史的进程，丝绸之路一定会越走越坦荡，越走越宽阔。

我唱山歌党定音

陈有才

我是“吃”民歌长大的。

庚辰年芒种节的前一天我出生在大别山山歌窝，一个叫眠牛地的小山村。这里的乡亲们几乎都会唱山歌，包括小调。山歌九腔十八调，形式丰富多彩。插秧季节，“人人一把秧在手，口唱山歌手插秧”。冬季，“十二月里腊梅开，长工上山打干柴”。干旱季节，“一上水车把脚挪，边车水来边唱歌”。薅秧时节，“太阳一出红似火，拔去稗子长稻禾”。谁家娶新媳妇了，唱撒轿头歌；谁家盖新房子了，唱上梁歌；开秧门了，唱开秧门歌，有时两家同时开秧门，还要先放三眼铳枪，三声炮响之后，不光开了秧门，两家还要斗山歌。喜事要唱，丧事也要唱。道士唱道一天，到夜晚了，丧家的小媳妇们在道士唱道的桌上，放上一碗白米，把剪好的各种花放在米上，道士根据这些剪花，唱出花名，唱不出花名的道士，就被小媳妇们取笑一通。

我出生时正赶上芒种季节，父亲正在田里插秧，正是“人人一把秧在手，口唱山歌手插秧”的季节。父亲说，我落地的第一声啼哭就加入了插秧歌之中。直接加入到唱山歌队伍是在我7岁时，父亲给我一杆放牛鞭子，我骑在牛背上，上山放牛了。大部分放牛的小伙伴都是光屁股孩子，他们都是唱山歌的好手，大一点的也有十几岁了，我把这山坡称为大别山歌坡。这山坡和那山坡的放牛孩子天然地分为两班。牛往山上一放，就拉开了斗歌的序幕：先挖土窑子，捡石头蛋子放在土窑子里，以备后用。先是拉歌，然后是夸歌、对歌、斗歌，斗歌就是骂歌。这时，双方斗歌升温了！一场战斗打响了！开始挖的土窑子、捡来的石子派上了用场。双方打起了石头仗，严重的能打得双方头破血流。好在斗成这个结局，双方也不生气，也不记仇，第二天赶着牛来，又开始了头一天的表演赛。我的山歌都是在这大别山歌坡学的。20世纪80年代初，有一家儿童文学杂志约我写一篇《我的学前班》，我就写了大别山歌坡，我说歌坡就是我的学前班。我的老师大都是和我一样的光屁股孩子。文章发出来后，还颇受同行们的好评。这个学前班，上了一年之久。8岁我入了私塾读书，才结束了这个学前班生活。这是我和大别山民歌结下的第一段不解之缘！也算是童子功，受用终生！这以后，一到放寒暑假，我还继续上山坡和小伙伴们操练！一直到我去安徽霍邱叶集中学读书，我已收集整理大别山山歌300余首，有的还发表在《霍邱报》上。

创作民歌是从1958年夏天开始的，1958年的新民歌运动的浪潮对我冲击很大，很自然地把我这个高中二年级学生卷了进去。我正在六安高中读书，暑假回到陈淋子家中，毛泽东一声“人民公社好”，全国掀起了人民公社化运动！我正好投入到这场运动之中，成天跟在干部后面搜各家铁锅、桌椅板凳，归大食堂，整整干了一个月。等开学了，回到六安，安徽刚刚开始公社化，比河南晚了一个多月。由于我亲身经历了公社化全过程，于是就动手写起了民歌。白天劳动，淘黑沙，大炼钢铁，夜里写民歌。大都发在《皖西日报》《安徽文学》《安徽青年报》等报刊。就这样写到高中毕业，考取大学中文系之后，我把发表的民歌、小小说、歌剧、相声一股脑儿都寄给了李霁野。他回信说：“初学武艺的人，一进武器库，刀、枪、棍、棒都想玩耍，但中国有句老话，不怕千招会，就怕一招精。从你寄来的剪报看，还是写诗为好。”从此一锤定音，我就专门写民歌和新诗了。这时写的东西，只能是练笔，总是羞答答地不敢承认这一段创作经历。所以，1963年阿红兄在《鸭绿江》上举办一个栏目——“我的二十五岁以前”，约我写一篇文章，我就把当年发表在天津《新港》上的组诗《波涛滚滚的长河》（笔名金波）当成我的处女作。这也是吴思敬先生主编的《中国诗歌通史·当代卷》称我1963年才开始诗歌创作的由来。

我真正自觉地进入到山歌创作，也是从1963年开始的。这一年是我人生的一个转折点。我从大学回到农村之后，经过一段调整。深秋，我背着锅巴面，从家门口出发，向大别山进军。先到金寨铁冲，从铁冲进入梅山水库库区，那年梅山水库大坝复修加固，水库水放完了。重阳节我就是在库区里过的，老乡们把我当贵宾迎到家中，喝菊花酒，唱山歌、情歌。也就在那年9月，我写的新诗和部分民歌在《河南日报》副刊“沃土”上发表，连发了几组组诗。我同时也用山歌参加了村史的写作，受到公社和家乡县文化馆的好评。最感动人的是得到当时的县委书记王正刚的关怀和重视。他让县委办公室主任打听我是哪个公社的，并亲自到公社找我问寒问暖。当他问我需要什么帮助时，我说看不到报纸和文艺书籍。他立刻让公社团委给我订了《人民日报》和《人民文学》，并且说，先读社会这本大书吧！更令我难忘的是，我家屋后一个邻居，叫崔六伯，是个瞎子，但他山歌一肚子两肋巴。我一有空就去他家，边帮他干活，边让他唱山歌。这天我去了，他一脸不高兴。他说，听说你的什么诗在《河南日报》露一鼻子，可我就是听不懂。他当场给我唱了一首民歌：你脚踏故乡土/你眼观故乡人/不唱故乡歌/巫婆子装假神！

我当时听了，脸红了。这对我震撼太大了。于是，痛下决心专攻五句山歌的写作。这期间《河南日报》副刊负责人余昂很支持我，副刊编辑许鸿科老师也很支持我，给我写信，最长的达 4 页稿纸之多。接连发表，他怕别人有意见，让我用笔名发表，信还在途中，他先给我起个笔名：陈淋人。还真不谋而合，我给自己起了个笔名“陈淋子”。我顺便交代一句：回到家乡，我都用真实姓名发表作品，金波笔名，从此不再用了。

这期间的代表作是《踩住丰收脚后跟》：天上浮云撵浮云 / 人争上游树争春 / 昨晚开了超产会 / 今朝挑肥人撵人 / 踩住丰收脚后跟。

这首山歌，被诗评家们提来道去，选进了小学课本。梁前刚著《五句子概说》（长江文艺出版社出版），其中记述我的文字达 8 页，讲了我对五句山歌所做的贡献，专门提到了这首山歌。

这阶段，我被评为全省上山下乡模范知识青年。1964 年 7 月，县委组织部选拔我为“四清”工作队员，分在王正刚书记蹲点的生产大队。1965 年秋，团中央候补书记徐惟诚（笔名余心言，杂文家）亲自来信阳考核我，推荐我参加 1965 年 12 月在北京召开的全国青年业余文学创作积极分子代表大会，县文化馆写个先进材料，省委宣传部没有通过。

当时的省委宣传部副部长于大申点名让我自己写，并要求要写好，准备在大会上发言。这就是我在大会上的发言稿:《我唱山歌党定音》。《人民日报》《光明日报》《文汇报》《中国青年报》《羊城晚报》《奔流》等报刊，除《中国青年报》摘要发表外，其余均全文刊发，引来了全国 27 家报刊向我约稿。发言中唱了与社员打成一片，参加抗旱车水时唱的一首山歌：一上水车把脚挪 / 边车水来边唱歌 / 唱歌车水都不会 / 齐向贫下中农学 / 先学车水后学歌。

当时的团中央书记处书记胡克实在大会上表扬我说，“先学车水后学歌”告诉我们的道理是多么深刻啊，只有先学会劳动，才能进入创作呀！周总理、朱德委员长接见我们时，我唱了一组山歌：《一路山歌进北京》。其中《车过黄河》：谁说黄水似泥浆 / 像俺山泉闪银光 / 打开窗子睁睡眼 / 错把黄河喊长江 / 声声笑到石家庄。

历史很会同人们开玩笑，就在我乘火车回来的途中，中央电台已经在播《论海瑞罢官》了。回到信阳，共青团地委安排我到处作报告，我就大讲周扬、胡耀邦、刘白羽、傅钟、顾大椿如何单独接见我们。紧接着“文化大革命”开始了，我的讲话都成了我是“周扬黑爪牙”的罪证。我的人生又跌入了低谷。

本来参加“四清”工作队的青年都是当革命接班人培养的，我算彻底没希望了。当时把我分配在南干渠水利工地编小报。直到 1969 年春，又让我去了杨山煤矿当了一名矿工，这下子“周扬黑爪牙”彻底黑了。下了 7 次井之后，我被调上来进了政工组，除了给《河南日报》写新闻稿，还当了一名播音员。就这也没有影响我的山歌创作。我偷偷地写了 5000 行的山歌叙事长诗《金沙滩》。好不容易熬到了粉碎“四人帮”，也就在 1977 年，全国学大寨，我的五句山歌又派上了用场，我拼命地写学大寨的山歌，批判“四人帮”的五句山歌，把包括《诗刊》在内的全国报刊扫了个遍！《诗刊》是刘章兄约的稿，在 1965 年的全国青创会上，刘章也是代表。我在大会上发言，他很有印象。当时，他借调《诗刊》当编辑，立刻就向我约稿。他一次发了十几首，影响很好。还有个小插曲，20 年后，汪国真来信阳，他是应地委领导、他中央党校同学的邀请，来写红色旅游景点歌曲的。一位副专员请他吃饭，让我作陪，他当时有点摆谱，我也不多说话，当地区领导介绍到我就是写五句山歌的陈有才时，他立马站起来，喊一声：“陈老师，你好！你 1977 年在全国报刊上发的那些五句山歌我有很深的印象啊！”

这中间，我用五句山歌形式写了长篇叙事诗《鸡公山歌》、小叙事诗《蜜蜂岩上等哥哥》等，都在省级以上报刊发表了。意外的惊喜是，我参加了全国第四次文代会，聆听了邓小平的重要报告，又见到了周扬。那是一个晚会的休息时间，他和夫人苏灵扬在谈心，我走了上去，说：“老部长，我就是你的黑爪牙陈有才呀！”周扬立马笑了：“你来参加四次文代会，就不黑了呀！”

直到1985年，我写了《情歌二重唱》，算是又找到了自我。我把每首诗前面引用一首大别山五句山歌。寄出去反响很好。第一组还在《青年作家》全国爱情诗大赛上得了优秀奖（当时没分一、二、三等奖），直到1990年，雷霆兄推荐到《诗刊》，发表了4首（本来准备发表6首，因两首是写农村男女偷情的，让主编杨子敏拿下来了），当期还配发评论《找回丢弃的珍宝》，反响很大。1990年初冬，我在人民大会堂见到了杨子敏，他握着我的手说：“老乡，你的诗要是这样写下去，中国诗坛是会有你的位置的啊！”我知道这个位置不是等来的，是要靠自己拼搏来的。这以后一直到1998年我出车祸，在病床上躺了100天，写了77首诗，出版了诗集《感觉再生》，得到一致好评，诗人王耀东认为这是我诗风的重大突破。诗人陆健写了评论文章，认为这是我“断裂后的裂变”。但这一切仍然与民歌不沾边。有意味的是，2001年的一天，我接到王海的约稿信。他办了一张《民工诗报》，约我用五句山歌写一组关于农民工的诗。我那时暂住北京，一见约稿信，脑子里立马跳出来一个想法，农民进城打工，山歌也进城同农民一起打工呀！冲口而出：山歌本是土里生/扎根深山沃土中/拽着主人褂襟子/跟前跟后手不松/也到城里学打工。

《我是首都农民工》题目也同时出来了！整整憋了30年的民歌情结一下子爆发了！我一个月之内写了300多首，挑了一组给《诗刊》，发出了4首。《民工诗报》《上海诗人》等报刊也发了一些。于是我萌生了出一本《我是首都农民工》集子的想法，便请老部长徐惟诚写个序，同时请刘章兄写个序，他一直都支持我五句山歌的创作。这部书请贺敬之题写了书名，出版了。我是想说，我与民歌结缘太早，根深蒂固，与生俱来；我与民歌结怨太深，爱恨情仇，刻骨铭心！有这前因，才有后果！2009年10月19日，摊开稿纸，突然就冒出来四句：小麦成熟只一晌 / 一阵南风刷金黄 / 风雨刷我七十载 / 至今一掐冒青浆。

紧接着又是一首：最爱平仄加醪糟 / 血含诗酒浓度高 / 早晚任君采一滴 / 擦根火柴就燃烧。

我从座椅上蹦起来了！但不敢读给妻道琴听，她是最反对我写民歌的，她不愿别人说我是民歌体诗人！写了 20 多首后我去请教肖哲庵老师，他是古体诗词专家。当我背出：练过晨操遛过鸟 / 静观蚂蚁上树梢 / 平生空有凌云志 / 没有蚂蚁爬得高。

他拍着大腿说："有才呀！诗就得这样写呀！"

我有了信心，发了 27 首给《诗刊》杂志诗词版责任编辑江岚。他转给了李小雨主编。李小雨让编辑部主任杨志学打电话给我，问我写了多少首，我说写了 100 多首。志学说，小雨让你都发来看看。我高兴极了，就选了几十首发去。最后，选了 18 首，《诗刊》以新歌谣刊发，并放在刊物的头条。卷首语中写道：

> "开卷"栏目，我们从老诗人陈有才新近创作的一批类似绝句、古风形式的作品中，选出十八首，并命名为"新歌谣"，此间自然有我们的意图所在。因为在看似千篇一律的写作中，发现了有可能打破千篇一律的因素。这里有作为诗歌的最为宝贵的东西——本真，所谓"清水出芙蓉，天然去雕饰"是也。看似简单，实则诗趣盎然。有才的作品也许是可以用来对付技术主义的东西。《诗刊》选稿，不计流派，只论诗质，让每一个有作为的诗人以各自擅长驾驭的形式在创新之路上尽力驰骋，是我们真实目的之所在。

北京一位诗友、《诗林》杂志原主编巴彦布说："有才，你给我们这个年龄段的诗友出了一口气，《诗刊》多年来没发过歌谣体诗歌了。我们这年龄的诗友，早上到公园，一见面就背你这些诗啊！"

我还得感谢诗坛一位重要人物。在北京一次诗歌研讨会上，谢冕谢老突然插话："我就不喜欢那字句整齐的乡土诗！"他大概说的是民歌体新诗吧。我说："谢老，谁还写那字句整齐的乡土诗啊！你不喜欢可以，你的博士生、硕士生太多，你不能把这都教给他们，让他们也不喜欢民歌体新诗啊！"谢老立即问他身边的朱先树这是谁呀？那时谢老还不认识我。吃中午饭时，先树兄把谢老和我拉在一起，先介绍了我，然后说，谢老，其他什么枪杆诗、墙头诗可以再研究，乡土诗还是应该承认的，中国离开了乡土诗，还有诗吗？

时隔不久，在郑州杨炳麟主编的《河南诗人》高峰论坛上，谢老发言时说，有才，我不反对民歌呀！这一点思敬、匡汉可以证明，杨晓民也可以证明。我昨夜看了你发表在《河南诗人》上的《擦根火柴就燃烧》，其中《香山小鸟也多情》写得多好呀！"她用京腔告诉我/剩下秋色俺两分"，这两句好极了。还有一首《忆母亲》中有两句"母亲又在油灯下，夜半为我补童年"，也好哇！我当时心中乐滋滋的，记得大诗人公刘在世时说：一个诗人，一辈子能留下两句诗就可以了。谢老一下子表扬了我四句诗，满意极了！借此机会，再一次感谢谢老的夸奖。

我从写民歌开始，不经意地又回到民歌创作，这中间经历了55年之久。今后创作路子不管怎么走，民歌始终是我心中永远解不开的一个结！

最后，还是用在全国青创会上发言时唱的一首山歌结束吧：爹亲娘亲没党亲/党的恩情似海深/教我成人教我唱/我唱山歌党定音/一辈不忘党的恩。

后　记

习近平总书记指出："一个国家、一个民族的强盛，总是以文化兴盛为支撑的，中华民族伟大复兴需要以中华文化发展繁荣为条件"；"不忘历史才能开辟未来，善于继承才能善于创新。优秀传统文化是一个国家、一个民族传承和发展的根本，如果丢掉了，就割断了精神命脉"。

应该说，编辑出版《中原文化：回望与前瞻》这本书，正是这样一份责任的驱使。

作为中共河南省委机关刊，《党的生活》杂志的这份责任，就是不辜负脚下这片沉实丰厚的文化热土，进而挖掘传承更多优秀的中华传统文化，以期与我们今天倡导的社会主义核心价值观同频共振，倡导积极进取的价值取向，增强人民的凝聚力和向心力，为实现中华民族伟大复兴中国梦做出一点自己的贡献。

开始着手这项工作，始于 2014 年以来我们在《党的生活》上开辟的“大河讲坛”栏目。令人欣喜的是，许多领导和专家、学者对这个栏目给予了极大的关注和支持，并提供了一批高质量的稿件。目前，这批稿件或已经刊出，或即将刊出，总之已经形成了阵势，有必要尽快以图书的形式整体呈现给读者。

现在，她终于面世了。

衷心感谢有关领导和各位专家、学者惠赐大作。

衷心感谢夏挽群先生、范文章先生为本书编纂给予的指导、投入的辛劳。

衷心感谢大象出版社，特别是社长王刘纯先生为本书出版给予的大力支持。

也许，我们目前所做的这点工作还微不足道，但还会坚持不断地做下去。植根于中华文化的重要发祥地河南，我们有信心做得更好。

这是庄严的使命，我们会永远揣在心上、扛在肩上！

党的生活杂志社

2016 年 3 月